クリシュナムルティの生と死

Krishnamurti: His Life and Death

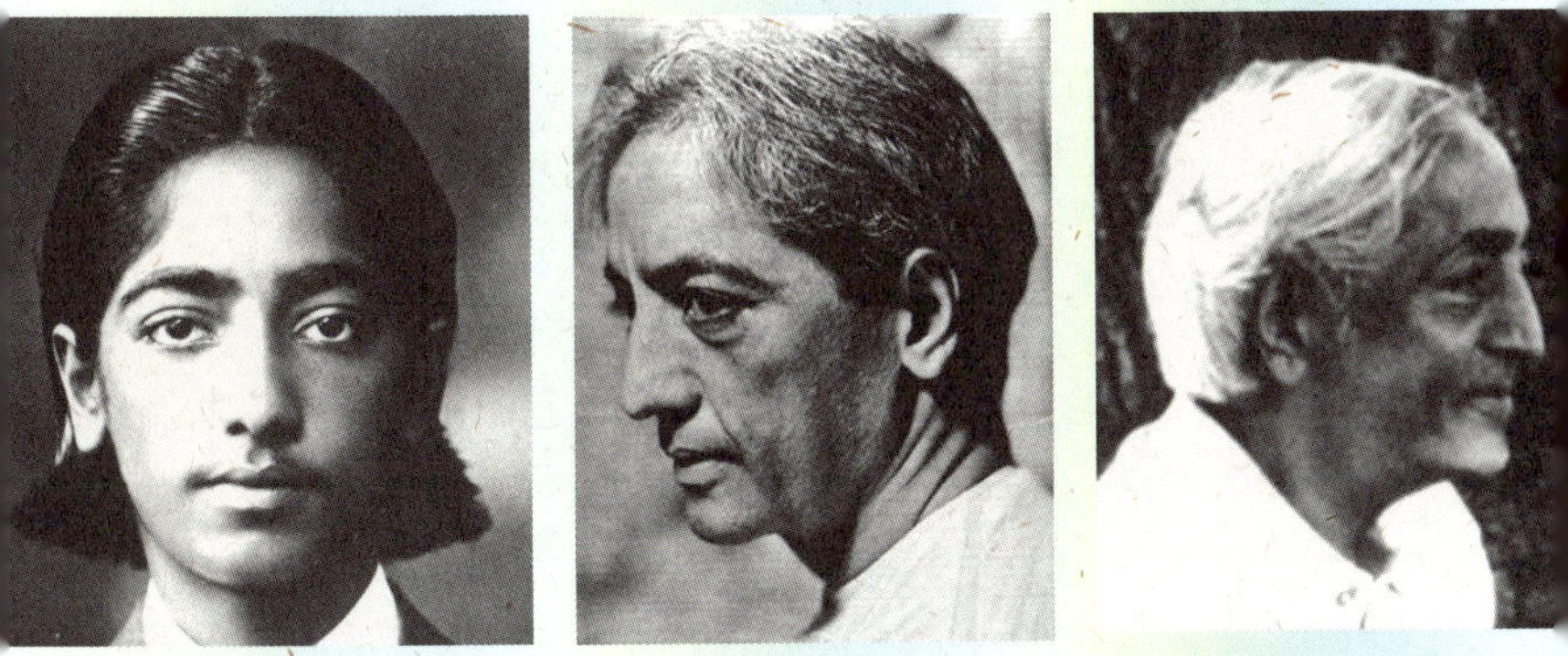

メアリー・ルティエンス［著］ ■ 大野純一［訳］

コスモス・ライブラリー

Further information about Brockwood Park School,
The Krishnamurti Centre, and other publications may be obtained
by writing to the Krishnamurti Foundation Trust Ltd.
Brockwood Park, Bramdean, Hampshire SO24 0LQ, England
E-mail: info@brockwood.org.uk Website: www.kfoundation.org

Japanese translation published by arrangement with
Krishnamurti Foundation Trust Ltd.
through The English Agency (Japan) Ltd.

クリシュナムルティの生と死
Krishnamurti: His Life and Death

◎

目次

- 原文中の（　）は訳文中でもそのままとし、［　］は〔　〕とした。訳文中の〔　〕内は訳語の言い換えや補い、短い訳註などである。やや長い訳註は、それぞれ各章ごとの通し番号を付けて、欄外に付した。
- 原文の脚註も、それぞれ各章ごとの通し番号を付けて、欄外に付した。
- 原文中の斜体の文字には、訳文中では傍点をふってある。
- 原文中の引用参照文献には、邦訳のないものにも適宜題名を訳して添えておいた。
- 若干の固有名詞等には、適宜対応する原語を参考までに添えておいた。

掲載写真の出典

[三〇年間にわたってクリシュナムルティは滅多に撮影されることを許さなかったので、中年期の写真が不足している]

〈一二四～一二五頁の間〉

1 K、ニティヤ、リードビーター（アディヤールにて、一九一〇年）。ラーダ・バーニア所蔵

2 チャリングクロス駅に到着したニティヤ、ベサント夫人、K、ジョージ・アランデール（一九一一年五月）。著者所蔵

3 K（ロンドンにて、一九一一年）。著者所蔵

4 エミリー・ルティエンス夫人（一九一二年）。著者所蔵

5 K、ニティヤ、ヘレン・ノース、ルティエンス一家（エルダー城にて、一九二三年）。著者所蔵

6 ペルジーネの城郭ホテル下の運動場（一九二四年）。著者所蔵

7 ニティヤ（インドにて、一九二四年）。著者所蔵

8 ペルジーネの城郭ホテルにある円塔の出入口にいるK（一九二四年）。著者所蔵

9 ラジャゴーパル（エールヴァルトにて、一九二三年）。著者所蔵

10 リードビーター（シドニーにて、一九二五年）。著者所蔵

写真出典

25 Kの最後の講話（ヴァサンタ・ヴィハーラにて、一九八六年一月四日）。マーク・エドワーズ撮影

マーク・エドワーズに対し、複製権の所有者であるクリシュナムルティ・エデュケーショナル・トラストの好意により公表された彼の写真の複製を提供してくれたことに深謝する。

メアリー・ルティエンス

謝辞

本書で言及されなかったクリシュナムルティの多くの友人に対して私は陳謝したい。彼の生涯を一巻に圧縮する際に、本質的部分を形成していない多くの細部を省略しなければならなかったが、彼の発達にとって不可欠だったいかなるものも省略されていないということを彼らに理解していただければと思う。

デヴィッド・ボーム、メアリー・カドガン、マーク・エドワーズ、ププル・ジャヤカール、ドクター・パルチャー、故ドリス・プラット、ヴァンダ・スカラヴェッリに対して、とりわけスコット・フォーブスとメアリー・ジンバリストに対して、それぞれの著書からの引用を許可してくれたことに深謝する。また、レイ・マッコイに対して、私が依頼した本、ビデオテープおよびカセットをブロックウッド・センターから迅速に送ってくれたことに、そしてラーダ・バーニアに対しては、〈プロセス〉の始まりについて述べたベサント夫人宛のニティヤの長い手紙の写しを親切にもアディヤールの神智学協会アーカイブからお送りくださったことに、それぞれ謝意を表したい。

まず第一に、故シヴァ・ラオの友情と寛大さなしには、私はけっしてクリシュナムルティの伝記の執筆を企てることはできなかったであろう。

メアリー・ルティエンス

序文

クリシュナムルティは、彼の教えに関心がある人々が内輪でそれについて議論することは奨励したが、それについてのいかなる正式の解釈もすべきではないと何度か要求した。本書は、それゆえ、多数の本、カセット、オーディオ・ビデオテープを通じて接することができる教えについて、説明または評価することは一切企てていない。本書の目的はむしろ、教えがその上に立脚しているところの啓示の源を発見し、一人のきわめて注目すべき人間の性質を解明し、彼の成長・発達の過程をたどり、そして彼の長い生涯を展望することである。これは、数年間の間隔によって分けられた詳細な三巻本――第一巻と第二巻の場合は八年間――で果たすことは困難である。

第一巻『覚醒の年月 *The Years of Awakening*』〔邦訳『クリシュナムルティ・目覚めの時代』高橋重敏訳、めるくまーる社、一九八八年――以下『目覚めの時代』〕が出版された後、私は自分が記録した出来事を信じているかどうか尋ねられた。一九二八年まで――すなわち、私が二十歳まで――は、一九二五年のオランダでの気違いじみた出来事を除き、私は確かにそれらを信じていた。それが私の答えだった。その後、私の態度は、クリシュナムルティ自身のそれに従って変化した。

私は、クリシュナムルティを知らずに過ごさなかった時を一度も思い出せない。これは、彼が一九一一年に初めて英国にやって来た時、私の母が彼の世話をしたからである。当時彼は当惑した十七歳の若者で、年齢よりずっと幼く見えた。その二年前、神智学協会の指導者たちによって、インドで来るべきメシアのための乗り物［器］として選ばれていた。私の母は、私が三歳になる前の一九一〇年に神智学協会に加入しており、私はその教義――人間の友愛とすべての宗教の平等への信念という、外面的には非常に単純なもの――の上で育てられた。「天にましますわれらが父」のかわりに、私は毎朝次のように朗唱するように教えられた。「私は世界中に伸びている愛の金鎖中の一つの環《リンク》であり、私は自分の環を明るく強くし続けることを約束する。」しかしながら、神智学には秘教的核心があり、私がそれに十分気づいたのは十三歳頃のことであった。この秘教的核心と協会の創立については本書の第1章で述べられるであろう。

神智学は私の両親の間に亀裂を生じさせ、それは年が経つにつれて広がっていくことになったのだが、しかし皮肉なことに、母が神智学を発見したのは父を通じてであった。一九〇九年に私の父エドウィン・ルティエンスは、フランス人銀行家ギョーム・マレーから、ディエップ［フランス北部のイギリス海峡に臨む港市・海水浴場。一九四二年八月連合軍特別襲撃隊の侵入があった］から程遠くない、ノルマンディー海岸のヴァレンゲヴィルに、彼の家を建てるよう頼まれた。建設用地への最初の訪問から戻った父は、マレー夫妻は神智学徒だと母に告げた。それはどういう意味かと母が父に尋ねると、彼は、よくわからないが、彼らは常に施錠されている秘密の書棚を持っていると言った。これが私の母の好奇心をそそり、そして彼女が父の二度目のヴァレンゲヴィル訪問の際に父に同行した時、彼女はマレー夫人に神智学の信念をかいつまんで教えてくれるよう説得した。彼女を最も感心させたのは、マレー夫妻の正常さ、〝いんちき〟宗教に付きもののはずと彼女が見込んでいた気違いじみたところが彼らにはまるでなかったことである。彼らの唯一の尋常でない点は、彼らが厳格な菜食主義者だったことである。クリスマスに、マレー夫人は私の母に、神智学協会会長アニー・ベサント夫人【脚註1】による一九〇七年の「ロンドン講演」を送った。それは、母の自伝【脚註2】によれば、彼女をあまりにも「夢中にさせ、歓喜で」いっぱいにし、数瞬間彼女は「非常に興奮した」ので、「喜びで思わず叫ぶ」のをほとんど抑えることができなかった。それは、彼女に新しい霊的理解の展望を開いてくれたように思われた。

私の母は転向への準備が整っていた。熱情的に妻を愛してはいたが、自分の仕事に没頭し、彼女と五人の子供たちに付き添う暇などなかった、ますます野心的になり、成功しつつある建築家に嫁いでから十三年後、彼女は自分の感情的および知的欲求を刺激してくれるような何か満足のいく仕事を必死になって捜していた。家事と通常の社会生活は彼女をひどく飽き飽きさせており、そして彼女の子供たちは完璧な乳母［子守役］によって面倒を見られていた。彼女は婦人参政権運動の熱烈な支持者になった（が、刑務所に送られてむりやり投獄されるのを恐れて、けっして闘士にはならなかっ

【脚註】

（1）ベサント夫人（一八四七年生）は、牧師のフランク・ベザントと結婚した。二人の子供の誕生後、彼女は信仰をなくし、大胆にもそれを夫に告白した。彼は彼女を離婚し、そして彼女は、子供たちを世話するため法廷で自ら弁護人を任じて激しく争ったが、彼らの保護権は夫に与えられた。彼女はそれから公然たる無神論者・社会改革者、チャールズ・ブラドローの同僚、およびバーナード・ショーの親友になった。一八八九年、W・T・ステッドが、神智学協会の創立者の一人ブラバツキー夫人の大著『シークレット・ドクトリン』の書評を依頼した時、神智学に改宗した。［訳註：『目覚めの時代』によると、離婚後、夫人は自分の名前の発音を「ベザント」から「ベサント」に変えた。それゆえ、本書では「ベサント」と表記する。］

（2）*Candles in the Sun* (Hart-Davis, 1957).（『日なたの蝋燭』）

た）。彼女は社会学関係の本をたくさん読み、「道徳教育連盟 Moral Education League」と呼ばれる、売春の国家による取締に関心のある組織に加わり、そのためのパンフレットを書き、英国の多くの場所での会合に出席した。この仕事の一部として、彼女は性病治療のための「性病院 Lock Hospital」への週一回の慰問者になり、そこで患者たちにディケンズを読み聞かせた。（彼女には卓越した朗読の才能があった。）彼女はまた、遺伝対環境といった問題を考えるため、ブルームズベリ・スクエアの自宅で夕方の討論会を組織した。が、彼女の同時代人の実に多くとは違って、彼女はスピリチュアリズム【脚註3】にも、また、彼女の人生のその段階では、オカルティズムやインドの神秘主義といった、ダーウィンによってキリスト教信仰の土台を削り取られたために実に多くの西洋人を東洋に引きつけていたものにも関心がなかった。

非常に献身的な性質の持ち主で、青春期にイエスに強い親近感を持った熱烈なクリスチャンだったので、近くメシアが到来すること、および世界をこのとてつもなく偉大な出来事へと準備させる必要があると信じることは、私の母の存在のあらゆる側面を満足させた。一九一〇年の初めに［神智学］協会に入った後、彼女の全精力はこの運動に注ぎ込まれた。彼女は、神智学に関する講演をしながらあちこち旅することができるようになるため、演説のレッスンを受けた（彼女は熟練した演説者になった。）彼女は、やはり最近の転向者であるドクター・ハーデン・ゲスト（後のゲスト卿《ロード》）と共に、「同胞愛についての神智学教義を実行することを望んでいるすべての人を団結させるため」、新たな神智学ロッジ【脚註4】を開設した。

一九一〇年の夏、ベサント夫人はインドから英国にやって来た。そして私の母は、フェビアン協会［一八八四年に創立された漸進的社会主義思想団体］での「理想的な政治形態」に関する彼女の講演を聞きに行った。バーナード・ショーとシドニー・ウェッブ［共に、フェビアン協会の創立者］が演壇にいた。「初めて彼女を見た時、私はかなりのショックを受けた」と私の母は書いている。「彼女は、私がこれまで見てきた誰とも違っているように見えた。彼女は、きわめて女性的な性質の、なだらかにたれている白いローブを纏っていたが、巻毛の短い白髪をいただいた彼女の格好のよい大きな頭はまったく男性的に見えた。彼女は六十三歳だったが、精神力の衰えの兆しなど微塵も見せなかった。彼女は、私がこれまで出会ったうちで最も見事な活力《ヴァイタリティ》の持ち主だった。」

数週間後、私の母は再びキングスウエイのあるホールで「キリストの到来」について彼女が演説するのを聞き、その後で大胆にも彼女に近づき、彼女を昼食に招いた。彼女は受け入れた。昼食の時に他に唯一居合せていたのは私の父だった。

ベサント夫人は、到着するなり、帽子を脱いでいいかどうか尋ね、そしてそうした時、巻毛の短い白髪を振って広げた。私の母はこれが彼女の特徴的振る舞いであることに後日気づいた。私の母は、彼女が奇妙に褐色がかった虎のような目を持ち、それが母をまっすぐに探るように見、最も内側の思いを見抜いているように見えたと自分が思ったと回想している。私の父は、この最初の会見

【脚註】

（3）スピリチュアリズム――すなわち、死者が生者と、特に霊媒を通じて交信できるという信念――は、まだ当時最も盛んに論じられていた問題の一つであった。「心霊研究協会」が、証拠を調べるため一八八二年に英国に設立された。あらゆる種類の超自然的なものへの関心が広まった。

（4）協会はロッジ［支部］に分かれていた。英国のすべての大都市、およびヨーロッパの多くのそれらにロッジがあり、集会や講演の手配をしていた。

でベサント夫人に好感を持ち、特に、立ち去る前にタヴィストック・スクエアに新しい英国神智学本部（現在は英国医学協会によって占有されている）を設計するよう彼に求めた時、好印象を受けた。私の母に対する彼女の影響に彼が憤るようになったのは、ずっと後になってからであった。

一九二九年、三十四歳の時、クリシュナムルティは、彼の人生をすっかり変えた霊的体験の後、神智学協会と袂を分かち、来るべきメシアの役割を放棄し、いかなる正統的宗教または宗派にも属さない、彼自身の宗教哲学を持った一人の教師として、世界中を旅してまわることになった。彼の教えの唯一の目的は、民族、宗教、［排他的な］国民的感情、階級、伝統など、人と人とを分かつすべての獄舎から人間を自由にし、それによって人間のサイキ［意識的・無意識的精神生活の全体］の変容を引き起こすことである。彼の九十一回目の誕生日の三ヶ月前、一九八六年二月の彼の死以来、クリシュナムルティの教えへの関心は減じてきてはいない。むしろ、彼の評判は広まっている。彼がその割にはあまり広く知られていない理由は、彼がけっして個人的に知れ渡ることを求めていなかったことにある。人々は口伝てに、あるいはたまたま彼の本の一つに出会って彼の存在を知るのである。

クリシュナムルティが神智学協会によって賛美されていた間は、金銭および土地や財産の寄付がその会員たちによって雨あられと彼に注がれた。彼が協会を辞め、彼の役割を拒んだ時、彼はこれらの贈り物を寄贈者たちに返還し、そして追随者あるいは五〇〇ポンドの年金以上のお金を得られるかどうかまったく知らずに、彼の新たな人生を始めた。それが起こった時、彼はより広くかつずっと興味深い世界から新たな追随者たちを引きつけ、そしてお金は、まるでマジックによるかのように、彼が望んだ事業のほとんどのために現われた。「何であれまず実行すること。もしそれが正しければ、お金はやって来るでしょう。」終生、彼はそう言うのを常としていた。

クリシュナムルティは誰のグルになることも拒んだ。彼は人々が盲目的かつ言いなりに従うことを望まなかった。彼は、インドから西洋に持ち込まれるグル崇拝のカルトや超越瞑想の類《たぐい》を嘆いた。特に彼は彼のまわりに別の宗教を創り上げ、階層制《ヒエラルキー》を築き、権威を行使しかねない弟子たちを欲しなかった。彼がその教えのために求めたことのすべては、人々が彼ら自身を内面的および外面的にあるがままに正確に見ることができるような、そういう鏡の役をそれ［彼の教え］が果たし、そしてもし自分が見たものを彼らが嫌だと思うなら、彼ら自身を変えることである。

クリシュナムルティの特別の関心は、子供たちの精神が、その中で彼らが育った社会の諸々の偏見で硬直化する前に彼らを教育することにあった。彼が創立し、彼の名を冠している七つの学校――インドに五校、英国に一校、カリフォルニアに一校――は今もなお繁盛している。彼の最古の学校、一九三〇年代の初頭にマドラスとバンガロールの間に創立されたリシヴァレー校は、現在［本書が出版された一九九〇年時点だと思われる］三四〇人の生徒を有し、うち三分の一が女子であり、そしてインドで最も良い学校の一つだという評判を得ている。一番小さいハンプシャーの英国校にはわずか六十人の生徒しかいないが、二十四ヵ国から来ており、男女半々である。

彼の死後すぐに、成人用の大きなクリシュナムルティ・センターが、英国校の近くにそれとはまったく別個に開設された。このセンターの構想とその建設は、クリシュナムルティの人生の最後の二年間における彼の主たる関心事の一つであった【次頁、脚註5】。現在までに、比較的小さな三つの成人用センターがインドに建設されている。クリシュナムルティはまた、もっぱら管理運営的な性質の三つのファンデーション［財団］――それぞれ理事会を持っている――を一九六〇年代に英国、インド、カリフォルニアに設立した。また、二十一ヵ国に関連した委員会がある。

クリシュナムルティは、これらの委員会のあるだけの国々に、女王から仏教僧に至るまであらゆる社会階層・地位・職業の数多くの友人を持っていた。若い頃にはバーナード・ショー、レオポルド・ストコフスキーおよび彫刻家アントワーヌ・ブールデル〔ロダンの師。本文一一八頁参照〕が彼の最大の賛美者の中にあり、後年にはオルダス・ハクスレー、ジャワハラル・ネルーおよびパブロ・カザルスが彼の友人の中にいた。より最近では、彼は〔前インド首相、故インディラ・〕ガンディー夫人、ノーベル医学賞受賞者モーリス・ウィルキンズ〔一九一六〜。ニュージーランド生れの英国の生物物理学者。DNAの分子構造解明に寄与〕、物理学者デヴィッド・ボーム博士、生物学者ルパート・シェルドレークおよび男優テレンス・スタンプと親交を持ち、また、ジョナス・ソーク〔一九一四〜。米国の医師・細菌学者。ソークワクチンを開発した〕とダライラマを含む、彼にインタビューした、あるいは彼と討論した著名人の何人かとも知己を得た。クリシュナムルティが科学と宗教の間に架橋するのを助けたことは疑いがない。

クリシュナムルティの聴衆の規模は大きくはなく、彼の最後の二十年間には、彼が話したホールまたはテントの規模に従って、千人から五千人までの範囲であった。彼の話を聞きに来た人々にとって何が彼の魅力だったのだろう？　聴衆の大半は若者だったが、ヒッピーの数は驚くほど少なかっ

【脚註】

（5）このセンターの写真がプリンス・オブ・ウェールズの本、*A Vision of Britain* (Doubleday, 1989)（『大ブリテンの風光』）の中に出ている。

た。彼の聴衆は、大部分はマナーのよい、清潔な身なりの、男女半々の人々から成り、そして彼が雄弁の才を備えていなかったにもかかわらず、彼らは真剣かつ熱心に彼に傾聴した。彼の教えは人々に慰めをもたらすことではなく、彼らに揺さぶりをかけて世界の危険な状態に気づかせることを目指していた。なぜなら、彼によれば、あらゆる個人は文字どおり世界の縮図なので、各々がそうした現状に責任があるからである。

　クリシュナムルティの魅力の一部は、疑いなく彼の外見であった。少年の頃を除き、彼は並外れて美しかった。そして老年においてさえ、彼は美しい風采、骨格および身のこなしを保っていた。が、こうしたこと以上に、人々を彼に引きつける個人的磁力《マグネティズム》があった。公《おおやけ》には彼は厳しく、時にはほとんど激烈にすら話すことがあったが、個人的面談や小グループでの場合は、大きな温かさと愛情を感じさせた。彼自身は他人に触られることは好まなかったが、坐って誰かに話しかけている時、しばしば前屈みになって片手を相手の腕や膝の上に置くことがよくあり、また、彼に助けを求めに来た友人や誰かの手をしっかり握ることを好んだ。とりわけ、彼が真面目な話をしていない時は、彼は笑い、冗談を言い、そして馬鹿話しを交わすことを好んだ。彼の太く低い、大きな笑い声には、人をなごませる、伝染性の響きがあった。

　死後もクリシュナムルティへの関心が続いている、または高まってさえいるという事実は、思うに、この個人的な磁力の一部が彼のカセットやビデオテープに伝導しているということだけでなく、人々が必死に求めている現在のためのメッセージを彼の教えが持っているということを示している。人は彼が言ったことの多くに同意しないかもしれないが、彼の誠意を疑うことはできない。

第1章　「クリシュナ少年はどうなった？」

クリシュナムルティの人生に関して最も注目すべきことは、彼の青春時代に彼についてなされた予言が、元々期待されていたのとは非常に異なった仕方でではあったが、実現されたということである。彼がどのように成長したかを理解するためには、彼を育成した神智学的神秘主義について少なくとも若干の知識を持つことが不可欠である。「人類の普遍的同胞団《ブラザーフッド》の核を作ること」をその目的とした神智学協会は、あの非凡なロシア人神秘家、千里眼の持ち主にして奇跡の起し手、ヘレナ・ペトロヴナ・ブラヴァツキー夫人と、スピリチュアリズムに深い関心があり、また千里眼を自称していた南北戦争の退役軍人、ヘンリー・スティール・オルコット大佐によって、一八七五年にアメリカで創立された。オルコットが言ったように、終生ずっと「親友」［chum：通例は男同士の仲良しを言う］であり続けたこの奇妙なカップルは、彼らのオカルト的信条としてきわめて多くの東洋の様々な伝統を採用したので、一八八二年、彼らは本部をマドラスの南の郊外にあるアディヤールの大きな敷地内に移した。それはアディヤール川がベンガル湾に合流する地点にある非常に美しい所で、そこにはインドで最大のバンヤン樹の一つと、荒漠たる砂浜へと伸びている一マイルほどの川岸地域がある。以来ずっと協会の国際本部はそこに留まり、より多くの家を建て、より多くの土地を獲得していき、そしてそこから運動はすぐに世界中に広がっていった。

協会員になるための必要条件は、人間の同胞性《ブラザーフッド》とすべての宗教の平等への信念を支持することだけであったが、協会の核心には「秘教部門 Esoteric Section」があり、それへの入部資格は、志願者が彼の誠実さと協会への有用さを証明した後に初めて与えられた。

秘教部門は、いくつかの宗教の古代の知恵の中から、いわゆる「聖白色同胞団 Great White Brotherhood」などと呼ばれるような、偉大な霊的存在者たちの聖なる位階《ハイアラーキー》 hierarchy が存在するという考え方を採り入れた。人類は一連の生（再生）を経て究極の完成へと進化する（これは、あらゆる人が、いかに多くの回数の生を要しようと、結局は成し遂げるのだが）という説を受け入れたなら、人間はあらゆる種類の進化段階にあるということ、あるいはいわゆる「大師《マスター》」を信じることは困難ではなかった。大師は、一連の生を経て、カルマの車輪、良し悪しの別なく自分がまく種を刈り取るという、あの容赦ない因果応報の法則から解放され、人類が進化の道をたどるのを助けるために彼らと共に留まる方を選んだ、完成した魂［の持ち主］であった。多くの大師がいたが、神智学協会を彼らの特別な保護下に置いたと言われている二人の大師は、モーリヤ大師とクートフーミ大師だった。ブラヴァツキー夫人の時代には、これらの大師はチベットのある峡谷に、立派な人間の姿をして、お互いに近くに暮らし、そしてそこから世界の他の場所に旅するため、しばしば出て来ると信じられていた。彼らはまたチベットに留まったまま、自らを現出《マテリアライズ》させ、また、協会の指導者たちへの手紙【脚註1】を現出させて、それで交信することができた。ブラヴァツキー夫人は何ヶ月もの間チベットで大師たちと暮らし、彼女自身が進んで師事したモーリヤ大師から、彼女が常に切望し、後に彼女の大著『イシス・アンヴェールド（ヴェールを剥がれたイシス）』と『シークレット・ドクトリン（秘密経典）』ならびに秘教部門を通じて世界に知らしめることになった、オカルト的教えを授けられたと主張した。(1)［本節の訳文に関しては、章末〈参考〉を参照のこと］

霊的存在者たちの聖なる位階中の大師たちよりさらに高いところにロード・マイトレーヤ、ボーディサットヴァがいた。このお方は、一九〇九年のクリシュナムルティの「発見」の当時、ちょうど二千年前に新しい宗教を創始するためにイエスの身体を占有したように、間もなく、彼のために特別に用意された人間の乗り物を占有するであろうと、神智学徒たちによって信じられていた。ボーディサットヴァは、世界が特に彼を必要としている時に化身した。聖なる位階の中の彼の上には、ブッダを含む、さらに偉大な存在がいた。(2)

ブラヴァツキー夫人は一八九一年に死に、そして神智学協会初代会長オルコット大佐の一九〇七年の死去を受けて、アニー・ベサント夫人が会長に選ばれ、その後彼女はアディヤールを拠点にした。彼女と彼女の主たる同僚チャールズ・ウエブスター・リードビーター（前英国国教会牧師・ブラヴァツキー夫人の弟子）は共に千里眼だったが、ベサント夫人は後に、彼女の精力のほとんどをインドの自治のために注ぐようになった時、彼女のオカルト的能力をわきへやった。ベサント夫人もリードビーターも共に、マスターたちと親密に接触を保っていると主張した。しかしながら、彼自身のマスター、クートフーミの代弁者になり（ベサント夫人の大師はモーリヤだった）、大師の指示を実行して、彼の初期の弟子たちをオカルト的「弟子道」に沿って導いたのはリードビーターだった。これらの大師は、弟子たちが十分に進化しているかどうか、進んで気遣っていた。弟子道上の階梯は、見習い **Probation**、入門 **Acceptance**、その後四回のイニシエーションを経て、五回目の「アデプトフッ

【脚註】
（1）何通かのいわゆる「マハートマ・レター」が大英図書館に保管されている。

ド Adepthood」［アデプトは、秘教哲学という科学に精通した人を言う］のそれで完結し、完成、ニルヴァーナの境地に到達する。

リードビーターによれば、大師たちは今もなおブラヴァツキー夫人が知っていたものと同じ身体をまとって、チベットの同じ峡谷に、奇跡的に老化から守られつつ暮らしていた。しかしながら、彼らはもはや彼らの峡谷を離れることはなかったが、アストラル界においてこちらから彼らの家を訪ねることはできた。(3) リードビーターは、弟子入りの志願者が眠っている間に、アストラル体の彼らをクートフーミ大師の家に連れて行き、それから朝、彼らが志願していた階梯に首尾よく至ったかどうか彼らに告げることを常としていた。彼を、また大師や教え込まれたその他の聖なる存在の実在を熱烈に信じている信徒たちに対してリードビーターがいかなる権限を行使するようになったか、また彼らの信仰がいかなる俗物根性［上にへつらい下に横柄な態度］と嫉妬を生じたか、想像しうるであろう。リードビーターは、彼およびベサント夫人は共に高度に進化していたので、クリシュナムルティがアディヤールに来た時までには、すでに四回目のイニシエーション、すなわち「アルハット」［最高の道に入り、解脱に達した聖者の境地］のそれを通過していたと主張した。

ジッドゥー・クリシュナムルティは、一八九五年五月十一日【脚註2】、マドラスとバンガロールの間にある小さな丘の町、マダナパールで生まれた。彼の父親ジッドゥー・ナリアニアは、いとこのサンジーヴァンマと結婚し、十人の子供を生んだが、クリシュナはそのうちの八番目の子だった。ナリアニアは英国行政下の税務局官吏で、退職前には地方長官の地位に昇格しており、そういうわけで、テルグー語を話す、この厳格に菜食主義を守っているバラモンの一家の暮らし向きは、インドの標準から見て悪い方ではなかった。ナリアニアは神智学徒で、サンジーヴァンマはクリシュナ神の崇拝者だった。この神自身が第八子だったので、彼女は八番目の子にこの神にちなんで命名した。

サンジーヴァンマは、この第八子が何らかの形で非凡な存在になるであろうという予感を抱き、夫の抗議にもかかわらず、この子は礼拝室［プージャ・ルーム］で産み落とされるべきだと主張した。この礼拝室には、普通、儀礼的沐浴をし、清浄な衣服を着てからでしか入れない、とあるバラモンの著述家は指摘した。「誕生、死および月経周期が儀礼上の汚染の焦点であった……この部屋で子供が産み落とされるなど、想像もできないことであった。」(4)にもかかわらず、そうだったのである。

サンジーヴァンマのその他のお産の場合とは違って、今回は容易な出産だった。翌朝、著名な占星家によって赤ん坊の星占いが行なわれ、この占星家はナリアニアに、彼の息子は非常に偉大な人間になるだろうと請け合った。何年もの間、この予言がかなえられる見込みはありそうになかった。占星家は、ナリアニアを見かけるたびに尋ねた。「クリシュナ少年はどうなった？……待つのです。私があなたに言ったことは本当です。きっとあの子は非常に素晴らしい、偉大な人間になるでしょう。」

二歳の時、クリシュナはマラリアでほとんど死にかけた。その後数年の間、彼はマラリアの発作と鼻血に苦しみ、それが彼を学校から遠ざけ、他のどの子よりも彼を母親に近づけることになった。彼は彼女と一緒に寺院に行くことを好んだ。彼はひどくぼんやりし、夢想的な子で、また学業が苦

【脚註】

（2）この日付は、一日を午前四時から午前四時までとして数えるヒンドゥーの占星術による計算に従っている。西洋式計算によれば、彼は五月十二日の午前〇時三〇分に生まれたことになるであろう。

手でそれを嫌っていたので、教師たちには知恵遅れだと思われていた。にもかかわらず彼はきわめて観察力が鋭く、そして終生そうあり続けることとなった。一度に長い間立ったまま木々や雲を見つめたり、しゃがんで花や昆虫をじっと見つめたりすることがよくあった。彼はまたとても物惜しみしない性質で、これもまた彼が終生保ち続けたもう一つの特徴であった。学校から鉛筆や石板や教科書なしで戻ってくることがよくあったが、それは彼がそれらを自分より貧しい子供にあげてしまったためである。また、朝、乞食たちがいつものように生米をもらいに家に来て、彼の母が食べ物を配るために彼を外に送り出した時も、最初の人の袋にすべての米を注ぎ込んでしまったので、もっと欲しいと言って戻ってくるのだった。夕方、再び彼らが調理した食べ物をもらいにやって来て、召使いたちが彼らを追い払おうとした時、クリシュナは彼らに食べ物を渡すため家の中に駆け込んでくるのだった。サンジーヴァンマがごちそうとして特製の砂糖菓子を作れば、クリシュナは彼の分のごく一部だけを取って、残りを兄弟たちにあげてしまうというふうだった。

クリシュナにはまた、機械好きという、彼の夢想的性質と奇妙に矛盾しているように思われるもう一つの性格的特徴があり、これも終生なくなることはなかった。これが最初に示されたのは、彼が父親の時計を分解して、その仕組みを知ろうとした時である。元通りにそれを組み立て直すまで彼は学校に行くことを拒み、食事すらとろうとしなかった。そしてどうやら、彼はそれに成功したようである。

クリシュナと、三歳年下の弟のニティヤナンダ（ニティヤ）との間には特別な絆《きずな》があった。クリシュナがぼんやりとして勉強が苦手だったのとは対照的に、ニティヤは利発で学業優秀だった。そして彼らが成長するにつれて、クリシュナはますますこの小さな弟に頼るようになった。

一九〇四年、クリシュナの一番上の姉が死んだ。二十歳で、非常に高い霊的資質を備えた娘だった。クリシュナが透視力があることを初めて示したのは、彼女が死んだ後であった。彼と母親は共に、しばしば、庭の中の特別な場所で死んだ娘を見たのである。しかしながら、翌年、クリシュナが十歳半だった時、さらに大きな悲劇が一家に降りかかった。サンジーヴァンマその人が死んだのである。クリシュナは、彼女の死後、姉を見た時よりもずっとはっきり彼女を見た。これはナリアニアが確認した事実である【脚註3】。

一九〇七年の暮れ、ナリアニアが五十二歳の時、それまでの給料のわずか半額の年金付きで強制的に退職させられた時、彼はアディヤールで何らかの資格で奉職したい旨をしたためた手紙をベサント夫人に送った。（正統的ヒンドゥー教徒だったが、彼は一八八二年以来神智学協会のメンバーであった。神智学はすべての宗教を容認する。）彼は彼女に、自分は十五歳から五歳までの息子がいるやもめで、ただ一人の娘は嫁に行ったので、息子たちの世話をする者は自分しかいないと告げたのである。（クリシュナは八番目の子で、二人の弟と一人の妹が生存していたので、二十歳で死んだ姉以外に四人がすでに死んでいたにちがいない）。ベサント夫人は、最寄りの学校でも三マイル離れていること、また子供たちは構内でやっかいの種になりかねないという理由で、彼の申し出を断わった。幸いにも、ナリアニアが執拗に申し入れた結果、とうとう一九〇八年の終わりに書記補の職を与えられた。一

【脚註】

（3）クリシュナの誕生と幼少期の話は、一九一一年にアディヤールで英国人のある神智学徒に向かってナリアニアにより口述されたもので、二名の信頼できる証人の面前でナリアニアによって署名された。

九〇九年一月二十三日、彼は息子たちと一緒にアディヤールに引っ越しした。構内には利用できる家がなかったので、すぐ外にある、何の室内衛生設備もない老朽化した小屋をあてがわれた。少年たちは、ひどい身体的状態で到着した。

夫と喧嘩していたナリアニアの妹が一時家事の手伝いに来ていたが、彼女は自堕落な女だったらしく、またひどく料理が下手だった。医者になることを志望していた長男のシヴァラムは、マドラスのプレジデンシー・カレッジに入り、一方、まだ十四歳になっていないクリシュナと、同じく五月生まれでまだ十一歳になっていないニティヤは、マイラポアのスブラマニアン高校に、毎日往復六マイル歩いて通った。学校で、クリシュナはほぼ毎日、ぽかんとしていたために鞭打ちされた。五歳だった幼いサダナンドは、身体的および知的に通学するのに十分ではなく、終生知恵遅れのままであった。

一九〇六年、五十六歳だった時、チャールズ・リードビーターは、世界中の神智学協会を寸断した性的スキャンダルに巻き込まれた。一九〇〇年から一九〇五年にかけて、彼はアメリカ、カナダおよびオーストラリアで長期講演旅行をし、人々を神智学に転向させ、また、思春期の少年たちに特別の指示を与えた（彼は指導教官として大きな評判を築いていた）。それから、シカゴ出身の二人の少年が、彼がマスターベーションを習慣にするよう彼らに勧めていたと、両親に告白した。彼らが共謀した形跡はなかった。これは、同性愛が一般大衆にとって忌わしいものであるだけでなく、マスターベーションが狂気と盲目に行き着く【脚註4】と思われていた当時のことであった。ベサント夫人は、これを耳にした時、ひどく心を痛めてリードビーターに手紙を書いた。というのは、イニシエーションの必須条件の一つは絶対的な性的純潔だったからである。リードビーターは、一定の場合にマスターベーションを、性的想念に取り憑かれて罪悪感に駆られるよりははるかに小さな悪として擁護したと答えた。それでも彼は、神智学協会内では――彼がそれを信じなかったからではなく、彼女のために――二度とその実践を擁護しないと約束した。

リードビーターは、彼に対する告発に答えるため、一九〇六年五月十六日にロンドンのグロスヴェナー・ホテルで開かれる審議会に出頭するよう求められた。そうする前に、彼は協会に辞表を提出した。事が表沙汰になるのを避けるため、インドにいた会長のオルコット大佐が彼の辞表を受理した。これは、彼が聴聞会で嫌疑を晴らさなかったので彼を追放することを望んでいた多くの会員をはなはだしく憤激させた。その後、リードビーターはほぼ三年間、田舎、イングランドあるいはジャージー島で暮らし、時々ヨーロッパに旅して個人的に教え、また、彼が協会内にかかえていた多くの友人によって財政的に支援されていた。彼の以前の生徒たちのほとんどは、彼の潔白の証人となった。一九〇七年六月にベサント夫人が圧倒的多数決によって会長に選ばれた時、集中的な運動《キャンペーン》の後、一九〇八年の終わりに彼を協会に再入会させることに成功した。しかしながら、彼は二度と公の地位に就くことはなかった。彼女はインドで彼の助けを必要としていたので、彼に来るよう人を迎えにやった。一九〇九年二月十日、彼はアディヤールに到着した。ナリアニアがクリシュ

【脚註】

（4） *The World Through Blunted Sight*, Patricck Trevor-Roper, p. 155 (Thames and Hudson, 1988).（『なまくら眼《まなこ》に映った世界』）

ナと彼の弟たちを連れてそこに移住してから三週間と経っていなかった。

リードビーターは、本部建物のそばにある小さな、いわゆる「オクタゴン・リバー・バンガロー」［アディヤール川に臨む、ベランダに囲まれた八角形の平屋］に住むことになった。彼の主な仕事は、世界中から寄せられる膨大な量の手紙を処理することであった。彼は、秘書としてオランダ人の青年、ヨハン・ヴァン・マネンを連れてきていたが、若いイギリス人、アーネスト・ウッドからも秘書補として追加的な助けを得ていた。ウッドは速記法を心得ており、すでに三ヶ月前からアディヤールに滞在して月刊誌『ザ・セオソフィスト *The Theosophist*』の仕事をしていた。ウッドは安宿に住んでいたのだが、彼の部屋の隣には、スブラーマニャム・アイヤールという若いインド人が住んでいた。彼はナリアニナの友人だった。この二人がクリシュナとニティヤに会い、彼らの宿題を助けていたのである。

マネン、ウッドそしてスブラーマニャムは水浴のために毎晩海辺まで降りていくことが習慣になり、そこでクリシュナとニティヤが、協会の構内を出たところに住んでいた他の何人かの子供たちと一緒に水遊びしているのがよく見かけられた。ある日、ヴァン・マネンはリードビーターに、自分たちと一緒に出かけるべきだ、なぜなら少年たちの一人が彼の興味を起させるかもしれないと自分は信じているからだと示唆した。リードビーターは出かけ、直ちにクリシュナを見つけて、この少年は今まで見たこともないほど素晴らしい、一点の利己心もないオーラを持っていると言った。彼はウッドに、いずれこの少年は偉大な霊的教師になるだろうと予言した。ウッドはびっくりした。というのも、クリシュナの宿題を助けていた経験から、ウッドは彼を特に愚鈍と見なしていたからである。

海辺でクリシュナを見てから程なくして、リードビーターはナリアニアに、学校で授業がない日に少年を彼のバンガローに連れてくるように求めた。ナリアニアは承諾した。リードビーターはクリシュナを彼の脇に坐らせ、自分の手を少年の頭の上に載せ、そして彼の前生を述べ始めた。その後、毎土曜日と日曜日に、過去生への訪問とその叙述が続けられ、初めは、いつも立ち会っていたナリアニアによって、後にはウッドによって速記で、書き留められた。一連の過去生を通じてクリシュナに与えられた名前はアルキオン Alcyone【脚註5】だった。オクタゴン・バンガローでのリードビーターとクリシュナとの最初の出会いの日は定かではないが、ベサント夫人は彼についてどうやら何も聞かずにアメリカでの講演旅行のため四月二十二日にアディヤールを発っているので、多分その日以降のことであろう。

リードビーターの同性愛的傾向を考慮すれば、彼を引きつけたのはクリシュナの外見だったというのはありえないということが強調されねばならない。その素晴らしい目を別にすれば、当時のクリシュナの容姿は少しも魅力的ではなかった。痩せて骨ばり、栄養不良で、一面に蚊に刺された痕があり、眉毛にまでシラミがたかっており、歯は乱杭で、前髪は頭頂まで剃り上げ、後ろは弁髪にして背中に垂らしていた。その上、彼は空ろな表情をしており、それが彼をほとんど知恵遅れのように見えさせていた。当時の彼を知っていた人々は、彼と〔末弟で知恵遅れの〕サダナンドには大差はないと言っていた。ウッドによれば、彼はとても身体が弱かったので、彼の父親は一度ならず、あ

【脚註】
（５）*The Lives of Alcyone*（「アルキオンの転生」）は後に『ザ・セオソフィスト』に毎月連載された。

の子はいずれ死ぬだろうと断言していた。(クリシュナ自身、後年、もしリードビーターが彼を〝発見〟していなかったら、間違いなく死んでいたにちがいないと述べることになる。)リードビーターとの最初の出会いについてのクリシュナ自身の話が残されている。これは数年後に書かれたものである。

初めて彼の部屋まで出かけて行った時、私はとても怖かった。というのも、たいていのインドの少年はヨーロッパ人を恐れていたからである。そのような怖れがなぜ引き起こされるのか、私にはわからない。が、皮膚の色の違いという、その明らかな一因とは別に、子供の頃多くの政治的扇動があり、私たちの想像力が周囲の悪口によってひどくかき乱されていたことは確かである。また、インドにいるヨーロッパ人たちは、一般にけっして私たちに親切ではなく、私をなおのこと苦い思いにさせるような多くの残虐行為をよく目にしたということを告白しなければならない。だから、神智学徒でもあるそのイギリス人がいかに違っているかがわかったことは、私たちにとって驚きであった。(5)

オクタゴン・バンガローでこうした課業が始まってから間もなく、リードビーターはウッドに、あの少年はいずれロード・マイトレーヤ(または、彼がしばしば呼ばれていた世界教師)のための乗り物[器]になるだろう、また、彼、リードビーターは、その定めのために彼を訓練するようマスター・クートフーミに命じられたと告げた。(6)

リードビーターは、すでに乗り物——醜聞事件の当時彼の忠実な支持者だったシカゴのドクター・ヴェラ・ヴァン・フックの息子で、端正な顔だちの十四歳のフバート——を選んでいたことを忘れていたらしい。ベサント夫人は、アメリカ旅行中の「来るべき教師」についての公開講演の中で、次のように発表した。「私たちは、〈彼〉が今度は西洋に訪れることを待ち望んでいます——キリストが二千年前に訪れた東洋にではなく。」リードビーターは、フバートが七歳の時、シカゴで彼を選んでいた。ベサント夫人は一九〇七年に彼に会っており、そして今、一九〇九年に再び彼に会った彼女は、彼の母親を説得して、彼をアディヤールに連れて行ってリードビーターの訓練を受けさせようとした。母親と息子は、フバートがすでにすげ替えられていたことなどつゆ知らずに、十一月中旬にそこに到着することになっていた【脚註6】。

間もなく、リードビーターはナリアニアに、クリシュナとニティヤを退学させ、なお父親と一緒に暮らしながら、彼の監督下で教育を受けさせるように説得した。（クリシュナは、ニティヤなしに何かをすることを拒んだ。）彼らに歴史を教えたリードビーター自身の他に、四人の家庭教師が彼らにあてがわれた——アーネスト・ウッド、スブラーマニャム・アイヤール、ドン・ファブリツィオ・ラスポリ（神智学徒になった時、イタリア海軍から退役した）、およびアディヤールに新たに参入した元技師のディック・クラーク。が、最も重要な課題は英語だった。ベサント夫人がアディヤールに到着した時に少年たちが夫人に話せるようになっていることが、何よりも望まれていたからである。彼らはすでにある程度英語を知っていたので、この課題は困難ではないと感じた。彼らはすぐに母

【脚註】

（6）フバートと彼の母親はアディヤールに五年間滞在した。彼はその後オックスフォードに行き、結婚し、そしてシカゴで弁護士になった。彼はリードビーターをひどく恨んでいた。*The Last Four Lives of Annie Besant*, A. H. Nethercote, p. 193n. (Hart-Davis, 1961).（『アニー・ベサントの最後の四回の転生』）

語のテルグー語を忘れ、不幸にして他のいかなるインドの言語も教えられなかった。

ディック・クラークにはまた、クリシュナとニティヤの見だしなみを整える仕事が与えられた。彼らはシラミ駆除を施され、毎朝清潔な衣服をあてがわれた。前髪は肩まで伸ばして切ることが許され、クリシュナは口内に歯列矯正板を取り付けられ、クラークはそれを毎日締めねばならなかった。四人の家庭教師に加え、アディヤールに駐在していたオーストラリア人、ジョン・コードが彼らの体力増進役となった。が、彼らの身体洗いを監督し、きちんと股間を洗わせるようにしていたのはリードビーターだった。彼は、腰布をつけたまま入浴するという、ヒンドゥー式の儀礼的入浴法を嘆いていた。体育と食育が強いられた——長距離自転車走、水泳、テニスおよび体操。クリシュナはこれらの屋外活動を楽しんだ——彼は生まれつきのアスリートだった——が、依然として学課の方は絶望的だった。家庭教師の授業を受けるかわりに、彼は、開いた窓際に立って特に何を見るともなく、ぽかんと口を開けていることがよくあった。何度も何度も彼はリードビーターに口を閉じるよう諭された。彼は従ったが、しかしすぐにまた開いてしまうのだった。とうとうある日リードビーターは腹に据えかねて、彼の顎に平手打ちをくらわせてしまった。これが彼らの関係を終わらせたと、クリシュナは後年はっきりと述べている。彼の口はじっと閉じられるようになったが、彼はリードビーターに対して二度と再び以前と同じ感情を持つことはなくなった。

リードビーターは、少年たちの身体的改善よりも彼らのオカルト的訓練の方にずっと関心があった。八月一日の夜に彼は、二人が眠っている間にアストラル体の彼らをクートフーミ大師の家に連れて行った。大師は二人を見習いとして受け入れ、その後五ヶ月間、クリシュナが入門を認められるまで、リードビーターは彼をアストラル体で大師の許に連れて行き、十五分間の訓示を受けさせた。訓示の最後に大師は、彼の話を若干の短い文章で要約するようにした。翌朝オクタゴン・バンガローでクリシュナは、彼が憶えていたマスターの言葉を書き留めるようにした。ディック・クラークとアディヤールに住んでいた一人の夫人が、これらの手記はクリシュナ自身によって非常に苦心して書き留められたこと、また、彼が借りた唯一の助けは綴りと句読点についてだけだったという事実の証人になった。後にアルキオンによる *At the Feet of the Master*（『大師のみ足のもとに』）という小さな本にまとめられたのは、これらの手記だった。この本は二十七ヵ国語に翻訳され、現在も刊行されている。アルキオンは「はしがき」で、「この本に書いてあることは私の言葉ではありません。私を教えてくださった大師のお言葉です」（田中恵美子訳、竜王文庫、一九九八年）と書いた。

一九〇九年十一月十七日、ベサント夫人はインドに戻り、クリシュナは初めて彼女に会った。それが二人の間の尽きない愛の始まりだった。リードビーターは、帰りの旅の途中でヨーロッパにいた彼女に、彼が調査していたアルキオンの過去生について書き送っていたが、この少年に対する彼の期待のことを彼女が知ったのは、アディヤールに到着してからだった。神智学総会【脚註7】のためベナレスに向かう前に彼女は三週間アディヤールに滞在したが、その間少年たちは本部内の彼女の部屋に置かれ、そこで彼女は読み方を教えた。当時ナリアニアは息子たちが自分の影響下からますます外されていくことに反対しており、リードビーターはそれに我慢がならなかった。彼女は、ま

【脚註】

（7）年次総会は、毎年、アディヤールの神智学協会国際本部とベナレスのインド部門本部で交互に開催された。ベサント夫人はベナレスに家を持っていた。

すますつのりつつあった両者の軋轢を和らげることができた。彼女は、ナリアニアの同意を得て、彼女がベナレスにいる間は息子たちが本部建物内の彼女の部屋に留まるよう手配したのである。

十二月三十一日、リードビーターはベサント夫人に電報を打ち、クートフーミ大師がその夜にクリシュナを弟子として受け入れる意向を示唆してきたので、彼女もぜひ立ち会ってほしいと伝えてきた。(7) 翌日彼女は儀式について憶えていたことをリードビーターに書き送り、ロード・マイトレーヤがクリシュナの世話を彼女とリードビーターに託したというのは本当かどうか確かめてほしいと彼に頼んだ。リードビーターは答えた。「ロード・マイトレーヤが、同胞団を代表してクリシュナの世話をわれわれに託したというのは本当です。クリシュナは深い感銘を受け、以来彼は別人のようになりました。」

が、程なくして、もっとはるかに刺激的な出来事が起ころうとしていた。一九一〇年一月八日、劇的な電報のやり取りが起こった。リードビーターからベナレスのベサント夫人へ：「イニシエーションは十一日と決定。スーリヤ〔「アルキオンの過去生」中でのロード・マイトレーヤの仮名〕ご自身が執り行なうでしょう。その後シャンバラ【脚註8】訪問と決定。三十六時間の隔離を要す。」これに対して即答があった。「階段室のドアをロックし、必要な時間だけ聖堂〔部屋〕と私のベランダを閉鎖されたし。私の部屋、秘書とリューブケ夫人【脚註9】の部屋を必要に応じて使われたし。万事につき、私の権限の行使を一任します。」

一月十日月曜日の夜から十二日の朝まで、クリシュナとリードビーターはベサント夫人の部屋に籠り、ニティヤとディック・クラークがドアの外で寝ずの番をした。クラークの記録によると、リードビーターとクリシュナは「二晩と一日の大部分の間彼らは身体から離れたままで、ごくたまに戻ってきては、私たちが彼らのベッド脇に備えておいた栄養食（ほとんどは温かいミルク）をごく一部だけ、だが栄養を吸収するのに十分な程度摂った。」クリシュナはベサント夫人のベッドに、リードビーターは床に横たわっていた。(8)

リードビーターがベサント夫人に宛てた手紙によれば、クリシュナは十一日の朝、目を覚ますなり「憶えている！　憶えている！」と叫んだ。リードビーターは彼に憶えていることを全部話すように言い、そしてこれらの記憶内容が十二日に書き留められ、それをまとめた長い手紙がベサント夫人に送られた。リードビーターは、これらは、時制についてのちょっとした手助けと若干の言葉の補足以外はクリシュナ自身の言葉でまとめられたものだと請け合った。クリシュナによって記録されたところによれば、モーリヤ大師はクートフーミ大師の家におり、ベサント夫人およびリードビーターも居合わせていた。それから彼らは全員一緒にロード・マイトレーヤの家に行った。そこには他の数人の大師たちがいた。クリシュナは、代父母のリードビーターとベサント夫人と共にロード・マイトレーヤの御前に導かれ、そして彼に対してされた一連の質問に正しく答えたので、彼は聖白色同胞団への参入を認められた。翌日の夜、彼は〈世界の王 King of the World〉に会うために連れて行かれ、そしてそれは、彼が書いているように、「今までで最も素晴らしい経験でした。な

【脚註】
（8）ゴビ砂漠にあるオアシス。オカルト階層制度の王、ヒンドゥー経典のサナート・クマーラが住んでいた。
（9）ヘレン・リューブケ夫人。彼女の部屋はベサント夫人の客間の隣にあった。リードビーターは彼女を「よからぬ影響」の元凶と見なしていたので、これは彼に彼女を引っ越しさせ、彼女の部屋にのろ［水性白色塗料］を塗るための格好の機会を与えた。

ぜなら〈彼〉は私よりさほど年上ではない少年ですが、私が今まで見た誰よりもハンサムで、全身が神々しく輝き、そして〈彼〉が微笑む時、それは陽光のようです。〈彼〉は海のように力強いので、何ものも〈彼〉に立ち向かえませんが、しかし〈彼〉は愛そのものなので、私はまったく〈彼〉を恐れることはできませんでした。(9)」

クリシュナがベサント夫人の部屋から出てきた時、外で待ち受けていた誰もが彼の前にひれふした。その直後に撮られた写真からは確かに、彼が何か非常に素晴らしい体験をしたことがうかがわれる。このすべてについて、彼は後年、他の人々が彼に告げたこと以外は、何も憶えていなかった。

三月には、ナリアニアはベサント夫人に二人の少年の法的後見権を委譲することに同意した。彼女は彼らを彼女自身の部屋の隣室に移したが、彼らはオクタゴン・バンガローでレッスンを受け続けた。九月に、彼女は彼らをベナレスに連れて行き、そこで彼らは彼女の家「シャンティ・クンジャ」に彼女と共に滞在した。クリシュナはベサント夫人の特別な信奉者グループから五人を選び、クートフーミ大師から教えられたものとしての弟子入り資格を彼らに教えていいかどうか尋ねた。これら五人の中には、セントラル・ヒンドゥー・カレッジ〔一八九八年にベサント夫人により設立された〕の三十二歳の学長ジョージ・アランデールと、P・G・ウッドハウス〔英国生まれの米国のユーモア作家〕の兄で、同カレッジの英語教授だったE・A・ウッドハウスがいた。ベサント夫人は、その要求に喜んで、リードビーターに書き送った。「彼が伸びているのを見ることはとても嬉しいことです。彼に祝福を。……彼は急速に成長しており、はにかみや臆病さは跡形も見せず、雄々しくて優雅な威厳を示すようになっています……彼はジョージ〔アランデール〕に対して実に不思議な仕方で父親然として振る舞っています。」クリシュナ自身がリードビーターに、彼が大師の教えについて記した手記を送ってよこすよう頼んだ【脚註10】。

ウッドハウスは、ベナレスにいた当時のクリシュナについて書いている。

われわれの心を特に打ったのは、彼の自然さであった……そこにはいかなる尊大さや気取りもなかった。彼は依然として引っ込み思案で、年長者に対して控えめで、彼らを敬い、そして誰に対しても礼儀正しく、親切だった。その上、彼が好意を寄せている人々に対しては、一種熱烈な愛情を示し、それは格別に魅力的だった。

彼は、自分の〝オカルト〟的地位についてまったく意識していないようであった。彼はけっしてそれをほのめかさなかった――けっして、一瞬たりとも、彼の言動の中に、いささかもその気配を忍び込ませないようにした。……もう一つの特質は澄みきった無私性だった。彼はこれっぽっちも自分自身にとらわれていないようであった。……われわれは、彼の中に完成以外の何ものも見ようとしない、盲目的な帰依者だったわけではさらさらない。われわれは彼より年長者で、教育者であり、青春時代についてそれなりの経験を持ち合わせていた。もし彼の中に自惚れや気取り、あるいは〈聖なる子 holy child〉としてのポーズ、あるいは生意気な自意識がちょっとでもあったら、われわれは疑いなく逆の裁断を下したであろう。(10)

【脚註】

（10）リードビーターはこの手記〔その後消失した〕を送る前に、タイプで打った。『大師のみ足のもとに』に使われたのはこのタイプ打ちしたヴァージョンである。

ウッドハウスが述べたことは、クリシュナの性質に、彼の最晩年までそのまま当てはめることができるだろう。

〈参照〉本節の訳については、より正確を期するべく、神智学協会ニッポンロッジの高橋直継会長にご教示を仰いだ。貴重なご指摘なので、以下にほぼそのまま紹介させていただく。

Great White Brotherhood は通例として、「聖白色同胞団」と訳されてきました。「ハイアラーキー hierarchy」にはもともと「聖なる位階」という意味がありました。そこから、主に聖職者や天使などの階級制を表す用語として使われるようになりました。ですので、この場合は、単に「階層組織」とするよりも、「聖なる位階」という、もともとの意味を示したほうが良いと思います。もっとも、「ハイアラーキー」にどういう日本語をあてるかについては、これまで混乱があり、最近では「階層」の意味で解釈されることも多くなってきていましたが、私はこの機会に語源を確かめ、その思想的系譜を鑑みて、「聖なる位階」という新たな訳語を考えてみました。ですので、これは、これまで使われたことのない訳語です。ハイアラーキーは、いわゆる「組織」ではなく、神智学協会は特定の「教義（ドグマ）」を持たない団体なので、そうした言葉を意識的に避けました。

ですので、『シークレット・ドクトリン』の訳も、通例として使われている「秘密教義」には抵抗があり、もともとの単純な意味に立ち返って「秘密の教え」としたらどうかとも考えましたが、ドクトリンには「経典」の意味もあり、この書が『ジャーンの書』と呼ばれる秘密の経典の英訳とその注釈を根幹とした本であることを考えれば、むしろ『秘密経典』としたほうが良いのかもしれません。最近は誰もが「秘密教義」という訳をためらいもなく使うようになっているようですが、私はこれには納得できません。

ちなみに、故・仲里先生は、『秘経』という訳語をあてておられました。一見、解りづらい訳語ですが、意味からすれば、これが一番適訳かとも思われます。

第2章　「とてつもないパワー」

一九一一年の初め〔一月十一日〕に〈東方の星の教団 The Order of the Star in the East〉が創立された。クリシュナをその長とし、ベサント夫人とリードビーターをその保護支援者として。教団の目的は、世界教師が近く到来することを信じている人々を結集させ、彼を受け入るような世論が醸成されるのを助けることであった。ジョージ・アランデールが教団付き秘書となった。季刊誌『ヘラルド・オブ・ザ・スター *Herald of the Star*』が発刊され、アディヤールで印刷された。

その年の二月、ベサント夫人は少年たちをビルマ旅行に連れて行った。クリシュナは、そこで多数の美しい仏陀像を見たことから彼への崇敬の念を抱き、以来それをけっしてなくすことはなかった。彼らがアディヤールに戻ると、リードビーターはベサント夫人に、少年たちを英国に向かわせることが大師の願いだと告げた。ベサント夫人は、それゆえ、三月二十二日に彼らと共にボンベイに向けて出発した。途中ベナレスで洋服が彼らに買い与えられ、また、ごく幼い頃に彼らの耳に開けられた大きな穴が医者によって縫合され、彼らはひどい苦痛を味わった。（クリシュナの耳のわずかな傷跡はけっして消えなかった。）ヒンドゥー・カレッジから数カ月間の休暇をもらったアランデールが彼らに付き添った。

四月二十二日、一行はボンベイから出航した。ベサント夫人はリードビーターに、彼宛の週毎の手紙の第一通目で、少年たちは彼らの靴が「窮屈」だと気づいたが、洋服はとてもうまく着こなしていること、また、クリシュナは船長が彼に「船の仕組みの一部、とりわけ〝マルコーニ無線電信装置〟を見る」ことを許してくれたのでとても喜んだ、と報告した。

　ベサント夫人と彼女の被後見人を出迎えるためチャリングクロス「ロンドンの中央。ストランド街西端の繁華な広場」駅に来た英国の神智学徒たちの間には大きな興奮が渦巻いた。クリシュナを待ち受けている輝かしい運命は秘密にされていなかったのである。群集の中に、以後二十年間にわたり自分の人生がクリシュナを中心に展開することになった、三十六歳のエミリー夫人がいた。ベサント夫人は、少年たちと共に、英国での彼女の一番の親友エスター・ブライト夫人と、未亡人になっていた彼女の母親と一緒に、ドレートン・ガーデンズ八十二番地に滞在することになった。五月八日、ボンド・ストリートの神智学本部で集会が開かれ、その場で彼女は東方の星の教団の結成を発表し、団員《メンバー》として登録したい人はすべて氏名をジョージ・アランデールに知らせるようにと言った。エミリー夫人はいち早くそうした人の一人でり、その後程なくしてベサント夫人は彼女に教団の英国代表になるよう求めた。エミリー夫人によって神智学に転向させられ、団員に登録することになった他の二人は、ミス・メアリー・ドッジと、セントジェームズ宮「王宮付近の上流の住宅地」にある大邸宅ウォリック・ハウスに彼女と暮らしていたデラウェア伯爵婦人ミュリエルだった。ミス・ドッジは英国に二十年間住んでいたアメリカ人で、今はひどい痛風で肢体不自由な状態になっていたので、車椅子を使わなければならなかった。彼女は、祖父のウイリアム・アール・ドッジから、銅山株、不動産および鉄道から得られる財産を相続していた。彼女はベサント夫人に、彼女が英国にいる間自由に使えるように車を一台提供した。

　少年たちはロンドンのすべての名所を見に連れて行かれた。彼らは洋風の靴がきつくて辛かったので、歩くのをひどくいやがった。ベサント夫人は、神智学集会を開いたイングランドとスコットランドの様々な場所に彼らを連れて行った。エミリー夫人は彼らに付き添ってオックスフォードに行ったが、そこで五月のひどく寒い日に催された園遊会での彼らのことを思い出した――ぶるぶる震えている二人のインド人少年がひどく惨めで寒そうに見えたので、彼女は彼らの肩を抱いて、母親役をしてあげたいと切に願った。彼女は、五人の子供のうちの年上の二人と一緒に、彼らを六月二十二日のジョージ五世の戴冠式の行進を見に連れて行った。

その後ベサント夫人はロンドンのクイーンズホールで「世界教師の到来について」と題する三回にわたる講演を行なった。関心がとても大きかったのでホールは満員になり、そのため何百人もの人が入場を断わられた。彼女は、華麗ではあったが、堂々たる雄弁家だった。一九一二年にクイーンズホールで同じテーマについて彼女が話すのを聞いた女流作家イーニッド・バグノルドは、自伝中で次のように述べている。「演壇上に登場した時、彼女は燃えていた。彼女の威光は隅々にまで達した。」

八月、ベサント夫人と少年たちは、サリー州のエッシャーに別荘を持っているブライト家に滞在した。エミリー夫人はそこに何度か彼らを訪ね、クリシュナが、多分クートフーミ大師からの指令の下でリードビーターによって彼のために処方された厳格な規定食《ダイエット》の結果、ひどい消化不良に苦しんでいたことを思い出した。「日中は何杯ものミルクを、そして朝食にはポリッジ［オートミールや穀類を水か牛乳などで煮詰めてどろどろにした粥］と卵を食べなければならなかった。痛みで眠れぬ夜を過ごした後、ベサント夫人の厳しい監視の下で、規定された朝食を必死になって食べようとしていたクリシュナの姿が今でも目に浮かぶ。彼から皿を引ったくって、彼の体内に休息を与えてやりたいとどんなに願ったことか。激痛を伴う消化器系の障害は一九一六年頃まで続いた。[11]」クリシュナほど従順ではないニティヤはミス・ブライトに、食べ物に香辛料がまぶされていないと文句を言った。

リードビーターによれば、大師は少年たちが英国で教育され、オックスフォードに行くことを望んでいた。それゆえ、八月に、一九一四年十月にクリシュナが居を定めることが期待されていたニュー・カレッジに、彼らの氏名が〔入学申込者として〕記帳された。

インドに戻り、リードビーターと再び合流した後、クリシュナへのロード・マイトレーヤの最初の顕現と言われたものが、十二月二十八日のベナレスでの神智学総会で起こった。リードビーターは、アディヤールにいたラスポリへの手紙の中で次のように述べている。クリシュナが立ったまま、東方の星の教団の新しい団員たちに証明書を手渡していた。すると、突然、リードビーターは「とてつもないパワー」が彼〔クリシュナ〕を通じて流れているのを感じ、そして次の団員たちが縦列で通過しようとした際に彼の足元に倒れ込み、そのうちの何人かの頬には涙がどっと流れ落ちた。翌日、秘教部門のある会合でベサント夫人が「彼らが目のあたりにし、そして感得してしまったからには、クリシュナの身体がボーディサットヴァ〔世界教師〕によって選ばれ、そしてたった今も彼に合うように整えられつつあるという事実を隠し通すことなどもはや不可能です」と、初めて公言した。

一九一二年一月、ベサント夫人はナリアニアから、彼の息子たちの後見権を取り戻すための訴訟を起こすという脅しの手紙を受け取った。彼は、彼が毛嫌いしていたリードビーターから息子たちを完全に隔絶することを彼女が約束した場合に限り、彼女が彼らを英国に連れて行って教育を受けさせることに快く同意していた。ナリアニアによれば、彼女は彼にこの約束をした。リードビーターは、しかしながら、この時、クリシュナを第二イニシエーションに備えさせるのに適した静かな場所を見つける決心をしていた。彼が意図していたとおり少年をニルギリ丘陵に連れて行くことをナリアニアによって禁じられたリードビーターは、ヨーロッパでふさわしい場所を見つけるため密かにインドを去り、一方ベサント夫人は、二月十日に少年たちと共にボンベイから出航すると公表しておいて、実際には三日に出航した。彼女はナリアニアに、直ちにアディヤールを立ち退くよう命じる手紙を書いた。

今回はディック・クラークが少年たちに付き添い、また、クリシュナが〝発見〟された当時は外国で講演していた、神智学協会の卓越した指導者C・ジナラジャダーサ（ラジャ）も同行した。三月二十五日、クラークとラジャにだけ付き添われて、少年たちはシチリア島のタオルミーナ［島北東部の保養地］に旅した。そこにはすでにリードビーターが逗留しており、またそこでアランデールと合流した。彼らはそこにほぼ四ヶ月間逗留し、ホテル・ナウマチアのワンフロア［最上階］全部を占有し、ベサント夫人は五月から六月まで彼らと一緒に過ごした。滞在中に、クリシュナとラジャは、リードビーターの言によれば、第二イニシエーションを、またニティヤとアランデールは第一イニシエーションをそれぞれ受けた。

アランデールは七月にインドに戻り、一方、ベサント夫人、ラジャおよび少年たちは英国に戻り、そしてリードビーターはジェノヴァに行って短期間滞在し、以後二度と英国に行くことはなかった。ベサントは彼に手紙を書き、ナリアニアから八月末までに少年たちを返すよう求める手紙を受け取ったと知らせた。その手紙はマドラスの新聞『ザ・ヒンドゥー *The Hindu*』に公表され、同紙はベサント夫人、リードビーターおよび神智学協会への陰険な攻撃を一気に開始した。編集人はベサント夫人の個人的な敵で、彼女もリードビーターも共に、ナリアニアを掌握し、間もなく彼女に対して起こされる訴訟の資金を引き受けていたのは彼〔編集人〕だと信じていた。彼女は今やこの編集人が少年たちの誘拐を企てるかもしれないと心配になり、そのため、インドに行く前に少年たちを英国に残し、彼らが田舎に隠れているように周到に手はずを整えた。デラウェア伯爵婦人は彼らに、彼女の大きな家、アッシュダウン・フォレストの「オールド・ロッジ」を貸し、彼らはラジャとディック・クラークを家庭教師とし、リードビーターの以前の二人の弟子をボディガードとして、六ヶ月間逗留した。ブライト夫人とミス・ブライトが家事を受け持った。エミリー夫人は何度もそこまで足を運んで彼らに面会した。彼女とクリシュナとの間の互いの愛情が深まっていった。

ナリアニアがマドラス高等裁判所でベサント夫人に対して起こした訴訟における彼の主張は、要するに、彼が彼女に与えた少年たちの後見権を、彼が最も嫌っていた人物に委譲する権利は夫人にはない、ということであった。彼はまた、リードビーターと年上の息子との間に「不自然な結びつき」があったと申し立てた。ベサント夫人は、彼女自身の弁護を自らしたが、敗訴になった。ただし、リードビーターとクリシュナとの不自然な結びつきに対する最も有害な告発は退けられた。彼女は少年たちを彼らの父親に引き渡すよう命じられた。彼女は直ちに控訴したが、またもや敗訴になった。彼女はそこで英国の枢密院に上訴した。彼女に有利な判決が下され、彼女に訴訟費用が裁定として下された。上訴が認められたのは、主に、少年たちの希望が法廷で顧慮されたことも、取り上げられて申し立てられたこともなかったという理由のためであった。少年たちはインドに戻ることを願っていなかったし、また、彼らの同意なしにマドラス高裁の命令が実行されうるものでもなかった。が、実に多くの遅延があったので、この判決は一九一四年五月二十五日まで下されず、その時までにはクリシュナは十八歳――インドの法律によれば少年たちが成年に達する年齢――になっていた。(12)

クリシュナは、評決を聞いた時、インドのベサント夫人に手紙を送り、彼女がマドラスの停車場で彼に会って以来の彼女のすべての親身な世話に対して感謝した。「あなたが私に望んでいる唯一のことは、あなたが私を助けてくれたように、私が他の人々に助けの手を差し伸べられるようになることだと知っています。今や私が成年に達し、あなたの後見なしに自分の意志に自由に従えるようになったからには、このことを常に忘れないように心がけたいと思います。」クリシュナは心のこもった短い手紙をベサント夫人に書き送ることをけっして怠らなかったが、その中で自分の本当の精神状態のことを告げることはほとんどなかった。

第3章 「なぜ彼らは私を選んだのでしょう？」

法廷の審理が続いていた間、二人の少年はあちこち連れまわされた。一九一三年の夏、ノルマンディー海岸のヴァレンゲヴィルに滞在した。M・マレーによって彼らに一軒の家が提供されたのである【脚註1】。アランデールは、少年たちの家庭教師として教えるのを助けるため、セントラル・ヒンドゥー・カレッジを辞職していた。クリシュナは二人のイニシエート――これはアランデールとラジャを意味していた――に付き添われないかぎり、けっして外出すべきではないという大師からの指示がリードビーターを通じて届いた。ラジャはアランデールよりずっと厳格だったので、少年たちは家庭教師としての彼に憤慨した。

エミリー夫人もその夏ヴァレンゲヴィルにいて、彼女の五人の子供たちと一緒に別の家に滞在しており、午後にはテニスやラウンダーズ〔英国の野球に似た球技〕といったゲームに興じた。主たる活動は、しかしながら、エミリー夫人を編集人として英国で毎月発行予定の、新しい、拡大版の『ヘラルド・オブ・ザ・スター』を企画することだった。その夏の間、クリシュナはエミリー夫人の「全

【脚註】
（1）これは、エドウイン・ルティエンスがマレー夫妻のために建てた二軒目の家で、「ル・コミューン Les Communes」と呼ばれていた。

生活」となった。彼女の「夫、家庭、子供たちは背景に消えていった。」彼女はクリシュナを彼女の「息子でかつ教師」と見なし、[13] そして彼は、その後数年間、ほぼ等しく彼女に献身した。

その年の十月、ミス・ドッジが、クリシュナに五百ポンド、ニティヤに三百ポンドをそれぞれ生涯年金として定めた。この収入がクリシュナを勇気づけ、初めて自分の独立を主張する手紙をリードビーターに書き送る気にさせたようである。彼、クリシュナは、ラジャなしでも「ジョージ〔アランデール〕をより良くコントロールし、導く」ことができることがわかったので、「彼〔ラジャ〕を義務から解放する」よう〔リードビーターに〕求めた。彼は続けた。「自分の世話は自分自身が引き受ける、そういう時が来たのだと私は思います……私は今まで自分の責任を感じるいかなる機会も与えられず、赤ん坊のように引きずりまわされてきたのです。」ラジャは呼び戻されたが、この要求は快くは受け入れられなかった。その時まで、リードビーターはクリシュナがまったく従順だと見なしていたのである。

誘拐の怖れが再燃したため、アランデールは一九一四年一月に再び少年たちをタオルミーナに連れて行くよう指示された。今度はエミリー夫人が彼らに同行し、そしてベサント夫人に手紙で、責任を負うべき対象たる自分の子供たちを残して、自分の子ではないクリシュナに付いて行くとは何ごとかと厳しく咎められた。少年たちの次の移転先は、ワイト島〔英仏海峡の島で、イングランドの一州〕の〔保養地〕シャンクリンで、そこでクリシュナはゴルフのやり方を覚えた。ラジャのかわりにベナレスからE・A・ウッドハウスが家庭教師として派遣されており、そしてアランデールの叔母ミス・フランチェスカ・アランデールが家事を担当した（クリシュナはベサント夫人から、生活費として月一二五ポンドを受け取った）。ミス・アランデールは、かつてブラヴァツキー夫人の弟子だった、いかめしい顔つきをした女性で、引っ詰めの白髪をいただき、スチール縁の眼鏡をかけていた。エミリー夫人はしばしば彼らに会いに行った。彼女と森の中を歩いていた時、クリシュナは妖精のような小さな生き物をよく見かけ、彼女にもそれらが見えたわけではないと知って驚いた。彼は当時、彼女が彼に朗読して聞かせた詩――特にシェリーとキーツ――と、旧約聖書の一部にもっぱらの関心を示したと彼女は回想している。彼は、「ソロモンの歌」をほとんど暗記していた。

この頃ジョージ・アランデールはエミリー夫人にひどく嫉妬するようになり、彼女がクリシュナに及ぼしていた害悪についてベサント夫人に報告していた。ベサント夫人が五月五日に枢密院での上訴に勝った後、少年たちは家庭教師たちと一緒にコーンウォール州の海辺の町ブーデに移ったが、エミリー夫人はアランデールによって彼らを訪ねることを禁止された。彼は夫人に、彼女は「クリシュナの高次の資質を犠牲にして彼の低次のそれを強調することによって、大師の仕事を妨げて」おり、また、彼が本当は誰かについて彼女はほとんど何も知らないと告げた。彼はクリシュナに、アストラル界から、そこでの出来事で彼が憶えているものを「もたらす」よう催促し続けたが、クリシュナは自分が本物と感じなかったいかなるものもけっして「もたら」そうとはしなかった。

クリシュナは、エミリー夫人に会わないことへの代償として、ブーデでオートバイを与えられた。彼はそれを延々と磨き、エンジンをいじくりまわすことを楽しんだ。ディック・クラークは、彼は生まれながらの機械工《メカニック》だと言った。彼はまたゴルフがとてもうまくなり、プロ並みの優れた技量を発揮するようになった。（五年後に彼はミュアフィールドで優勝し、後に、それは彼の人生で最も誇らしい瞬間だったと述べている。）

七月、B・シヴァ・ラオが、クリシュナにサンスクリット語を教えるため、ベサント夫人によりブーデに派遣された。シヴァ・ラオは、アディヤールでリードビーターが「アルキオンの過去生」を編纂するのを彼が手伝っていた当時にすでに少年たちを知っていた。青年［二十三歳］だった彼は、元気づける影響を与える存在だったが、一九一四年八月四日に［第一次世界］大戦が勃発した時、彼は召還されてしまった。戦争は、ブーデの陰鬱な宿舎での生活に何の影響も与えなかった。秋に、ニティヤがオックスフォードで家庭教師と一緒に勉強するため出発すると、クリシュナはより一層孤立した。クリシュナは普通の生活を切望し、エミリー夫人に書き送った。「なぜ彼らは私を選んだのでしょう?」彼には若い仲間が誰もおらず、彼は笑うことが好きだったというのに、一緒に笑う相手は誰もいなかった。そしてエミリー夫人が訪問禁止にされていたので、厳格なミス・アランデールが、彼が出会う唯一の女性であった。

ベサント夫人がクリシュナの孤独と不幸に思い至っていたかどうかは疑わしい。彼女は今やインドの自治のための仕事にすっかり没頭しており、そのためにあまりにも積極的に運動したので、一九一七年にオータカムンドで三ヶ月間拘留された。この間リードビーターは長い講演旅行に出かけており、それは一九一五年に彼がオーストラリアに落ち着くことで終わり、そこに彼はコミュニティを設置した。彼はクリシュナのことを忘れてしまったかに見えたが、彼は［世界教師の］「到来」について神智学協会の雑誌に美文調の記事を書き続けた。

一九一五年の三月末に、やはり不幸で孤独で、またオックスフォードで家庭教師と一緒に勉強をしすぎて、目を酷使していたニティヤは、フランス赤十字社のための急使としてフランスに逃れた。クリシュナもまた行くことを切望し、そしてベサント夫人から同意を伝える電報を受け取った時、喜びで震えた。彼は制服を注文するため急遽ロンドンに行ったが、ひどく失望したことには、許可が突然撤回されてしまった。少年たちがどちらもオックスフォードに入るための勉強を続ける方が重要だと思われたためで、そのため彼はウッドハウスだけを伴ってなお一層陰鬱な宿舎に舞い戻った。なぜなら、ベサント夫人が、戦時中は支給月額を維持することが困難だと気づいていたからである。対照的に、アランデールはしゃれた新品の制服を着て、英仏赤十字社のためにロンドンの病院で働いていた。彼とクリシュナは、以後二度と親密になることはなかった。ニティヤはフランスから呼び戻され、ブーデでクリシュナに合流した。

アランデールが邪魔にならなくなったので、兄弟はより一層親密になり、また、以前より幸福になった。クリシュナはエミリー夫人に再び会えるようになったからであり、またニティヤはフランス赤十字への奉仕のために二個の金メダルをもらったからである。クリシュナは、懸命に勉強することにより、当初目論まれていたより一年後の一九一六年十月までに「リスパンシャンズ Responsions」（オックスフォード入学試験）［かつての学位第一次試験］に合格することを望んでいた。これは、ニティヤの方が彼より先にオックスフォードに入学することを意味していた。

一九一六年の四月末に少年たちは永久にブーデを去り、ウッドハウスは近衛歩兵第三連隊 Scots Guard に入った。彼らはロンドンで一ヶ月を過ごし、ミス・ドッジとデラウェア伯爵婦人と一緒に、二人が共有していた、ウインブルドン公園にある「ウエストサイド・ハウス」という美しい庭付きの大きな家に滞在した。少年たちはしばしばウォリユック・ハウスに食事に出かけたが、ウエストサイド・ハウスは彼らに、富裕な貴族的家庭の贅沢な暮らしぶりについての最初の体験を味わわせた。彼らはまた、引退した法廷弁護士ハロルド・ベイリー＝ウィーバーの影響を受けた。彼は、結婚して神智学に転向する以前は豪奢な暮らしをしていた。彼は依然として非の打ちどころがない服装をし、〝生きている喜び *joie de vivre*〟にあふれていた。彼は、彼らが交際することになった最初の「俗人」だった。彼は彼らに、彼の行きつけの洋服屋を紹介し、衣服への趣味を育み、そして靴の磨き方さえ教え込んだ。その後彼らは身体に合わせたスーツ、シャツおよび靴、さらにはグレーのスパッツ〔くるぶしの少し上まである短いゲートル〕とグレーのホンブルグ・ハット〔中折れ帽：狭いつばが両側でややそり上がり、山の中央がへこんだフェルト帽〕を着用し、金の握りのついた籐製のステッキ〔マラッカ・ステッキ〕を携えるようになった（このスタイルはミス・ドッジの年金によって可能になった）。以来、クリシュナはけっして良い衣服への愛好とそれらへの関心をなくすことはなかった。

ウエストサイド・ハウスでのこの期間は、少年たちにとって比較的幸福なものであった。テニスコートが二面もあった。彼らは、午前中のほとんどをガウンを羽織ってぶらぶら歩きし、どこであれ望みどおりに映画を見に行き、エミリー夫人を訪ねることができた。彼らは、ルティエンス家の子供部屋では年下の子供たちが彼らを家族の一部として扱ったので、いつでもすっかりくつろいでいられた。ウエストサイド・ハウスの欠陥は、過度に軽薄な言動をデラウェア伯爵婦人が直ちにベサント夫人に報告することを知っていたので、最高に行儀正しく振る舞わねばならなかったということである。彼女は、鷹揚な性質の持ち主だったミス・ドッジとは大違いの、気むずかしい小柄な女性だった。

が、彼らの学習は間もなく再開されねばならなかった。ベイリー＝ウィーバーによって少年たちの個人教師、ジョン・サンガーが探し出された。彼は、ケント州ロチェスター近辺に妻と一緒に暮らしており、他には三人の生徒しかいなかった。クリシュナはサンガー氏が優れた教師であることがわかったが、しかし一九一七年三月まで以前にオックスフォード入学試験に通る見込みはないと告げられた時は失望した。しかしながら、問題はこの試験だけではなかった。ニュー・カレッジは訴訟の時に少年たちの氏名を受験者名簿から削除していた。そこでベイリー＝ウィーバーは彼らをクライストチャーチかベイリャル・カレッジ［オックスフォード大学の男子カレッジ］に入れるべく試みていた。

ロンドンへの訪問後、サンガー家に戻る途中にクリシュナはエミリー夫人宛に手紙を書いたが、それは彼女に対する彼の愛の性質と、アランデールが及ぼした不必要な悪影響を示している。

親愛なるマミー、この世にはあまりにも多くの別離があるので、もし私たちが幸福になりたければ、それに慣れなければなりません。もし人が誰かをとても深く、そして純粋に愛するなら、人生は実は一つの大きな別離です。この世では私たちは、自分自身のためではなく他の人々のために生きなければならず、ですから利己的であってはならないのです。母上、あなたが近頃どんなに私の助けになったか、ご存じないでしょう。勉強をし、大師が私に望んでおられることをしようという願いを私の中に生み出したのはあなたなのです。私が純粋に生き、純粋なことを考え、多くの人々を悩ませている想念を払拭するようにさせてくれたのもあなたなのです。たとえあなたが私の妨げになってきたといかにしばしばあなたが思われようと、わが聖母 holy mother たるあなたが私の助けになってくれたのは確かなのです。

非常に発達の遅い方だったが、クリシュナはまったく正常な若者だった。が、イニシエートは絶対に純潔であることが必要だと教え込まれていたので、彼には「汚らわしい」［beastlyの訳：beastly pleasuresは獣欲を意味する」と思われた「悪い夢」によってひどく悩まされた。彼は、目覚めている時には彼の想念が純潔この上ないことを知っていたので、それらを理解できなかったのである。エミリー夫人は彼に、それらは単に自然のはけ口〔safety valve：（抑圧されたものへの）安全弁〕にすぎないと請け合うことによって、彼を助けることができた。

一九一七年の初めには、少年たちをオックスフォードに入れることへのすべての望みが放棄されねばならなかった。どのカレッジも、訴訟の一件および「メシア」としてのクリシュナの評判のゆえに彼らを受け入れようとしなかった。そこでサンガー氏が彼らをケンブリッジの自分の旧カレッジ〔セント・ジョーンズ〕に入れようとしたが、うまくいかなかった。六月までに、ロンドン大学に挑む以外に選択肢はないことがわかったが、それはケンブリッジよりももっと難しい試験を受けねばならないことを意味していた。

彼にはまったく不向きな課目の果てしない詰め込み学習に、クリシュナはうんざりしていたに違いない。どうやら彼は、彼自身のためというよりはずっとベサント夫人を喜ばせるために我慢していたようである。彼は、しかしながら、彼独自の力の一つを伸ばし始めていた。彼は十一月十一日にラジャに次のように書いた。「私がニティヤの目の世話をしていると知ったら、喜んでもらえるかもしれません。両目ともすこぶる良くなり、彼は左目〔その時までにほとんど失明同然になっていた〕では物が見えるのです……ここ〔サンガー氏の家〕では、誰かが頭痛や歯痛で困ると、私のところにやって来ます。ですから、私がかなり有名になっていることは想像していただけるでしょう。」そして数週間後、彼はベサント夫人に次のように書いている。

私は最近、しきりにあなたのことを考えていました。何としてでも、再びご尊顔を拝したいとしきりに思っています。なんとおかしな世界なのでしょう！　あなたが少し弱っておられるのではないかととても心配しています。いつものようにあなたは働き過ぎていらっしゃるのではありませんか？　私はただ、そちらに行ってあなたの面倒を見てあげたいだけです。そうすればもう一度あなたを元気にしてあげられると私は信じています。私は人々を癒す力を伸ばしつつあり、それを毎日ニティヤの目に施していて、それで両目ともずっと良くなっているのです。

一九一八年一月、「少年たち」――クリシュナは二十三歳、ニティヤは二十歳だったが、われわれは依然としてそう彼らを呼んでいた――はロンドンに来て、四日間の大学入学資格試験を受けた。クリシュナは、最も苦手な数学とラテン語でもよくできたと感じたが、しかし三月に彼らは、ニティヤは優等で合格したが、クリシュナはしくじったと聞かされた。そこで彼はサンガー氏の所に戻らなければならなかったが、ニティヤの方は法廷弁護士の勉強をするためロンドンに留まった。サンガー氏はクリシュナにひどくがっかりさせられた。彼は興味深い意見を吐露した。ニティヤの精神の方が鋭い知性を備えていたが、精神自体はクリシュナのそれの方が大きい。彼は対象へのより幅広い把握力を持っていたが、自分の考えを即座に表現できないという弱点がある、という。(14)

五月、クリシュナはこれを最後にサンガー氏の許を去り、夏のほとんどをウエストサイド・ハウスで過ごした。九月、クリシュナは再び大学入学資格試験を受け、再び大きな期待をしたが、数学とラテン語でしくじった。その冬、彼は毎日バスでウインブルドンからロンドン大学まで通って講義を受けたが、彼には興味が起きなかった。この受講は一九一九年の初めまで続いたが、それから彼はニティヤと一緒にロンドンに移り、アデルフィ、ロバート・ストリートのアパートに住んだ。彼は毎日ロンドン大学に通い続け、一方ニティヤはまだ法廷弁護士の勉強をしていた。彼らはロンドンのわれわれの家で多くの時間を過ごした。学校から家に戻って、広間のテーブルの上にグレーの中折れ帽と金の握りのついたステッキが置かれているのを見ると、胸がわくわくした。ちょうどP・G・ウッドハウス〔英国生まれの米国のユーモア作家。クリシュナの家庭教師だったE・A・ウッドハウスの弟〕とスティーヴン・リーコック〔カナダのユーモア作家・経済学者〕を見つけたばかりのクリシュナは、客間の中の本棚に立ったまま寄りかかって〔食事の時以外は、彼は滅多に坐らなかった〕、『ピカデリー・ジム *Piccadilly Jim*』と『ナンセンス・ノベルズ *Nonsense Novels*』をわれわれに音読して聞かせた。彼はあまりに大笑いしたので、しっかり言葉を述べられないほどだった。彼はひどくうつりやすい笑い声をしており、けっしてそれをなくすことはなかった。週末にはよくわれわれは彼らと一緒に映画を見に行き、そして彼らは家中を使っての隠れん坊に加わった。彼らは私にとって独特の魅力を持っていた。彼らは行く先々で、周囲に魅力をかもし出した。彼らは外国人として同じくらい目立っていたので、英国人の兄弟よりもずっと互いに似通って見えた。彼らの英語のアクセントには同様の陽気で快活な調子があり、彼らは同じような笑い声と、既製品の靴には合わない、同じように細い足を持ち、二人とも指の第二関節を曲げずに、第一関節を曲げることができ、そしてつややかでまっすぐな彼らの黒髪に塗ったある種の軟膏が良い香りを放っていた。その上、彼らは私が知っていた誰よりも清潔で良い身だしなみをしていた。ニティヤの方が兄より背が低かったので、彼らは同じスーツを着ることはできなかったが、しかし彼らはJKNという合同のイニシャルを付けたシャツ、ネクタイ、靴下、下着、ハンカチを共用した。

一九一九年六月、ベサント夫人が英国を訪れた。それは、前に彼女が兄弟――今や彼らはそう呼ばれねばならなかった――に会って以来四年半後のことだった。夫人の英国滞在中にクリシュナは星の教団のある会合で司会をつとめたが、それは、その種のものとしては、彼女の前回の訪英以来彼が果たした初めての仕事だった。彼はけっして、神智学と星の教団への関心をなくしたことを彼女に告げなかった。彼女がインドに戻る前に、彼は彼女に、もし三度目の大学入学資格試験に失敗したら、フランス語を学ぶためにフランスに行って暮らすための許可を求めた。彼にロンドン大学に入るための勉学を期待してももはや見込みがないことを知って、彼女は同意した。一九二〇年一月、ニティヤは法律の試験に合格した、一方、同月にクリシュナは三度目の大学入学資格試験を受けたが、合格の見込みはないと感じて、答案用紙を白紙のままにした。その四日後には彼はパリにいた。

第4章 「自分の夢をかなえることはけっしてできそうにありません」

当初クリシュナは二人の神智学徒にして星の教団員である、マダム・ブレチと彼女の妹と一緒にパリに住み、エミリー夫人への郷愁にかられて、彼の不幸と彼の役割への幻滅のどん底に達していた。彼は二月一日にエミリー夫人に次のように書いている。「自分の夢をかなえることはけっしてできそうにありません。それが素晴らしいものであればあるほど、それだけ悲しく、変えようがなくなるのです。私の夢をご存じでしょう、母上。それはあなたと永久に **ad infinitum** 一緒にいることです。私は自然の気まぐれ **lusus naturae**（造化の戯れ **a freak of nature**）〔奇形児の意味もある。「奇人」さらには社会からの「はみ出し者」といったニュアンスも込められているようである〕なのです。そしてその自然の気まぐれが苦しんでいるというのに、自然はその気まぐれを楽しんでいるのです。」そしてその十日後：「ああ、母上、私はこの若さで、悲しみを永遠の伴侶として老いていかねばならないのでしょうか？　あなたにはあなたの青春時代とあなたの幸福があり、そして人間と神によって与えられるもの――家庭――をあなたはお持ちでありませんか！」

クリシュナがパリで最初に会った人々の一人は、ファブリツィオ・ラスポリであった。ラスポリは戦争の勃発とともに海軍に再入隊し、この当時は平和会議へのイタリア海軍派遣団の団長としてパリにいた。二月十一日の手紙で、クリシュナはエミリー夫人に次のように告げている。

ラスポリと私は小さなレストランで昼食を共にしました。私たち二人は長時間にわたり話し合いました。彼は私と同じようにひどく狼狽しています。気の毒な旧友のラスポリ……彼は、四十二歳だというのに、行き場のなさを感じており、C・W・L〔リードビーター〕やベサント夫人が言ったことをどれも信じていません。……彼はどうしたらいいかわからず、何の野心〔前向きの意欲〕も持っていません。実は、私たちは二人とも同じ不幸な船に乗り合わせているのです。……彼は私とまったく同じことを考え、感じているのですが、彼が言うように、いったいどうしたらいいのでしょう？　私たちは二人とも惨めな思いをしたのです。

が、間もなく、ブレチ家の近くに住んでいるマンツィアーリーと呼ばれる家族によって明るさを与えられることになった。マダム・デ・マンツィアーリーは、フランス人に嫁いだ、美しい、非常に情熱的な小柄なロシア人女性で、娘が三人と息子が一人いたが、子供の時にその全部を星の教団員にしていた。当時パリにいたのは、十九歳と十五歳の末の娘マーセラとヨランダ（マーとヨーとして知られていた）だけだった。優れたピアニストで作曲家だったマーが、クリシュナの特別な友だちになった。マダムは彼にフランス語を教え、彼を展示会やコメディ・フランセーズやロシア・バレーに連れて行ったが、彼は、遊び心と敬意を交錯させながら彼に接していた娘たちとピクニックに出かける方をずっと好んだ。ただ、彼は、この家族と彼らの友人たちが彼によって「霊感を与えられた」と感じ、また彼が彼らにとって「生ける炎 living flame」になっていることに気づいて当惑した。彼がエミリー夫人に告げたように、彼らは大師たちに会いたがっていたが、それに反して「私は、ご存じのように、いっこうに関心がないのです。」けれども彼がある種の神秘体験を持ったことは確かで、そのことを彼はエミリー夫人に語り伝えている。

彼女〔マダム・デ・マンツィアーリー〕が話しているうちに突然、私は彼女にも部屋にも他のあらゆるもの **toute les choses** にも無意識になりました。それはまるで私が一瞬の間気絶したかのようで、自分が何を言っていたか忘れてしまい、彼女に私が言っていたことを繰り返してくれるよう頼みました。それはまったく言いようのないものです、母上。私は、まるで私の精神と魂が一瞬間連れ去られたかのように感じ、ほとんど異様に感じたことは確かです。マダム・デ・Mはその間ずっと私を見つめており、私はとても異様な感じがすると告げ、そして言いました。「ああ！　この部屋はとても暑くはありませんか？」それは、私が「霊感を与えられた」とかそうした類のことを彼女に思ってほしくなかったからなのですが、実は私は霊感を与えられ、とても異様に感じたのです。……私は立ち上がり、しばし立ったままで考えをまとめなければなりませんでした。母上、請け合って言いますが、それはとても異様でした。実に異様でした。私たち自身〔彼自身とマダム〕の間に、神智学用語で言えば絶対的に *absolutely* 誰かがいたのですが、私は彼女には告げませんでした。

ニティヤは一九二〇年二月にパリでクリシュナに会い、彼とマダム・デ・マンツィアーリーは互いにとても好意を寄せ合うようになった。ニティヤはとうとう、単にクリシュナの弟としてではなく、彼自身としての彼に関心を持った人を得たのである。マダム・デ・マンツィアーリーの夫が二月に亡くなり、その後彼女は、今は小さな屋根裏部屋で一人暮らしをしていたクリシュナにすっかり献身することができた。七月にクリシュナは、ジュネーブ湖畔のアンピオンに出かけ、そこにすでに確保されていた別荘で、マンツィアーリー一家と共に二ヶ月間滞在することになった。そこに滞在中に彼は少女たちに『仏陀の徳行道 ***The Buddha's Way of Virtue***』を朗読したが、それは彼が以前抱いていた信仰心の一部を彼の中に目覚めさせた。彼を最も打ったのは以下の一節だった。「いっさいを克服し、いっさいを知り得た私は超然として汚れなく、束縛されず、欲望の滅却によって完全に解放された。誰を師と呼べばいいのか？　自ら道を見出したこの私が。」

アンピオンでのこの休暇は、クリシュナが今まで過ごしたうちで多分最も幸福な普通の一時《ひととき》であった。彼はエミリー夫人がそこに居合わせられなかったことを嘆いた。「あなたにもぜひ子供っぽい、陽気な一時を楽しんでほしいとどんなに願ったことか」と彼は書いた。彼は、とりわけ、シャモニーへの遠足に彼女を同行させることを切望した。「そこの山々が実に静かで厳かに見えたので……私にとっては神自身の顕現であるその姿をあなたにもぜひ見せてあげたいと願ったのです。」山々を彼が自覚したのはこれが最初であり、以来彼は山々への愛と崇敬の念をけっして失うことはなかった。

クリシュナはこの時、ラジャ〔ジナラジャダーサ〕が再び英国に来ており、リードビーターの以前の弟子ラジャゴーパラチャリア（ラジャゴーパル）をケンブリッジに連れて行こうとしていることを聞いた。当時二十歳の青年だった彼は、前生では聖ベルナール〔一〇九〇?―一一五三。フランスの聖職者、シトー派の大修道院長〕で、素晴らしい未来を持っていると言われていた。クリシュナは、エミリー夫人に告げたように、ラジャがいるからには、過去生とかオカルト的な〔弟子〕〔道〕に沿った歩みといったすべてが再開するだろうと予想した。ラジャは、神智学協会にある種の儀式を新たに採用することを望んでいると言われていた。「私はラジャに手紙を書いて、彼が自分のまばゆい儀式を星の教団で使わないかぎり、私にはどうでもいいことだと伝えるつもりです。……多分、彼はD〔デラウェア」婦人が私たちについて、また私たちの債務についてしゃべったことを信じ込んでいるのでしょう。彼らが私を「教育する(?)」のに大金を投じたのだから、私はT・S・〔神智学協会〕への「奉仕」でそれを返済しなければならないと彼が私に言ったのであれば、私は彼に、私の方から彼に私をインド等々から連れ出してほしいと頼んだことは一度もないと言わねばならないでしょう。どのみちそれはたわごとであり、私はそういったことに辟易《へきえき》しています。」

彼は、『ザ・ディサイプル *The Disciple*』〔弟子〕という、神智学協会秘教部門発行の新しい雑誌の新刊見本をラジャから送られた時、なおのこと動揺した。彼はエミリー夫人に書いている。

> 私の髪は逆立ちました。ご存じのように、私は大師等々を本当に信じており、ですからそれを馬鹿げたものにしてもらいたくないのです。……『ディサイプル』はいかにも矮小で不純です。……ご想像いただけるかと思いますが、私はとても反抗的な気分になっており、恥ずかしい思いにさせられるようなどんなものにも属したくはありません。……もしも〔アンダーラインが四本も引かれている〕私がT・S・内で何らかの指導的な地位に就くとすれば、それは〔ありのままの〕私ゆえにであって、他の人々が私について考えていることゆえにでも、彼らが私のために地位を創り出したがゆえにでもないでしょう。

が、彼はこの反抗心をベサント夫人にはまるで見せなかった——彼が示したのは、彼が常に感じていた彼女への献身の念だけだった。七月の彼女の七十三歳の誕生日のために書き送った手紙で、彼はそれを心から表明した。彼はまた、すでにフランス語を楽に読み、理解できるようになったので、ソルボンヌに行って哲学を受講するつもりだと彼女に告げている。

九月末、クリシュナはニティヤに合流し、アデルフィのアパートに一週間滞在した。彼はラジャに頻繁に会い、またラジャゴーパルにも会って、彼が「すこぶる好青年」だと知った。九月にパリに戻る前のロンドンでのこれらの日々の間に、明らかにラジャの影響のせいで、星の教団への彼の関心が再び目覚めさせられ、エミリー夫人がまだ編集していた『ザ・ヘラルド』の論説を毎月書くことを引き受けた。この執筆は彼には大きな負担となり、彼はますます恐れるようになったが、財政難に陥っていたこの雑誌の売上に大きな効果を生じた。クリシュナ自身が寄付を募る手紙を書いたところ、運営していくのに十分なだけのお金が集まってきた。エミリー夫人の息子でプロのジャーナリストになっていたロバートがその編集人になった時、雑誌は儲かるようになった。

パリに戻ったクリシュナはソルボンヌに通い、またエミリー夫人の助言で、演説のレッスンを受け、そして月末には神智学協会の会合で自発的に話した。彼の報告によれば、彼は演壇に上がる前には気後れして身震いしたが、いったん登壇すると「場数を踏んだ話し手のように冷静になりました。人々は拍手喝采し、満面に笑みを浮かべました。……話すことが嫌ではなくなったので、これからは話すようにします。いつかはそうしなければならないのですから、とても嬉しく思っています。」これは、彼の成長における重要な一歩であった。

クリシュナは一九二一年一月、ベサント夫人に、彼のフランス語は「開花」しつつあり、また「インドで役立つであろう」サンスクリット語を受講したと書き送り、さらに次のように言い添えている。「私の人生における唯一の望みは、あなたと神智学のために尽くすことです。きっとうまくいくでしょう。ラジャからお聞きになったと思いますが、私はインドに赴《おもむ》き、自分の職責を果たしたいと思っています。」しかしながら彼は一度もサンスクリット語を学ばず、ソルボンヌに滞在することもほとんどなかった。二月の初め、彼はひどい気管支炎にかかり、マダム・デ・マンツィアーリーは、彼が滞在していた小さな安ホテルから、マルブフ通りの彼女自身のマンションに彼を移し、そこで娘たちと一緒に彼の世話をした。同時に、ロンドンのニティヤはウイルス性の水痘にかかっていた。二人の兄弟がやや回復した時、彼らは一緒にアンティベに行き、健康を取り戻すために三ヶ月間逗留することになった。そこでクリシュナは、三月にエミリー夫人に告げたように、彼自身の内面を真剣に見つめるための時間を持った。

私は星の教団とT・S・〔神智学協会〕について、しかし何よりも自分自身について Mais surtout de moi- même、非常に多くのことを考えてきました。私は自分自身を見出さねばなりません。その時初めて私は他の人々を助けることができるのです。実際、私は「老紳士 Old Gentleman」〔エゴ ego〔次頁、訳註1参照〕または高次の自己 higher self を指すラスポリの表現〕を階上の寝室から起こさせ〔目を覚まさせ〕て、何らかの責任を引き受けねばなりません。身体と精神が十分スピリチュアルではないので、今、私はそれらを目覚めさせて、「彼」が住めるようにしなければならないのです。もし私が助けになりたければ、私は同情と完全な理解、そして何よりも surtout 無限の愛を持つことが必要です。私は月並みな言い方をしていますが、私にとってはそれらは新しいのです。

パリに戻った時クリシュナはまだ健康からは程遠かったので、マダム・デ・マンツィアーリーは彼を友人の「自然療法医」、ポール・カートン博士に会わせた。博士は彼に非常に厳格な食事療法を課し、彼はそれに忠実に従った。クリシュナはけっして菜食主義者であることをやめず、アルコール、ティーまたはコーヒーには手をつけなかったが、彼は新しい食事療法を、そのどれにも長くはこだわることなく、終生試み続けた。老年期には、彼はほぼ薬局一店分ほどのビタミンおよびその他の健康食品と丸薬を摂取した。

今や兄弟双方の人生に大きな変化が襲った。五月に入ると、ニティヤの肺に斑点があることが判明した。クリシュナがこれを聞きつけるやいなや、彼はニティヤをパリに呼び寄せ、カートン博士の治療を受けさせた。博士は、彼を治す唯一の方法は、あたかも彼が結核の最終段階にあるかのように扱うことだと主張した。マダム・デ・マンツィアーリーは、それゆえ、自由に使うことができ

［訳註］

（1）ブラヴァツキー著『神智学の鍵』の用語解説によれば、エゴは「自我」の意。人間における「私は私である」という意識、つまり私は存在するという意識を言う。秘教哲学は人間に二つのエゴがあると教える。死すべきものである人格我と高次の神聖な非人格我で、前者をpersonalityと呼び、individualityと呼ぶ。

ちなみに、クリシュナムルティは『クリシュナムルティの教育原論』の中で次のように述べている。

ここでわれわれは私的《パーソナル》personalなものと非私的《インディヴィデュアル》individualなものとを区別しなければならない。私的なものとは偶然的accidentalなものであり、そして偶然的なものとは、ナショナリズム、迷信、階級意識［対立］といったものを伴う、その中でわれわれがたまたま生まれ育てられた環境あるいは境遇のことである。私的または偶然的なものは瞬間的momentaryである。その瞬間が一生続くかもしれないのだが。そして現在の教育システムは私的なもの、偶然的なもの、瞬間的なものに基づいているので、それは結局は思考をねじ曲げ、自己防衛的恐怖を教え込むようになる。

る一軒の家があった、パリ近辺のボワシー・サン・レジェに彼を連れて行って完全な休息をとらせた。それは、法廷弁護士になるという彼のすべての思いの終わりであった。

ベサント夫人は、七月、神智学国際会議に出席するためパリにいた。続いて第一回東方の星の教団総会が開催されることになっていて、ニティヤはそれに参加することを許された。教団は今や三万人もの団員を持ち、そのうち二千人が総会に参加した。ベサント夫人とクリシュナが一緒にフランス語で総会の開会宣言をし、その後クリシュナがすべてを取り仕切った。ベサント夫人とニティヤのどちらも、彼の巧みなさばき方に驚喜させられた。ベサント夫人は『セオソフィスト』九月号に次のように書いた。「彼は、討議された問題の把握の仕方、内容を掌握した上でのしっかりした議論の進め方によって出席者全員を驚かせた。……が、彼の最も偉大な点は、万人の内なる〈隠れた神〉の実在と無限の力、およびその〈神性〉が実在することの――彼にとっては――必然的な結果を強く確信していたことである。」

兄弟は八月をマダム・デ・マンツィアーリー、マーとヨーと共にボワシー・サン・レジェで過ごし、エミリー夫人およびそれぞれ十五歳と十三歳になっていた私の姉ベティーと私が、別の家で彼らに合流した。われわれと一緒に滞在していたラジャゴーパル、ならびにアディヤールでクリシュナの体操を監督したジョン・コードも一行に加わっていた。熱を出していたニティヤは病弱な生活を送っていたが、残りの一行は午後にはラウンダーズに、また夕方にはわが家の庭でかん高い笑い声をあげながら「めくら鬼」［目隠し遊び：目隠しをした鬼が自分を押したり突いたりする仲間をすばやくつかまえて名をあてる遊び］、「彫像」、「ロシア人の内緒話」といった子供っぽい遊びに興じた。クリシュナは、まるで他の何ごとにも関心がないかのように、彼の心のありったけをこれらのゲームに注ぎ込んだ。青春時代にそうしたすべての愉しみを奪われていたので、まるで今どんなにそれを味わっても味わい足りないかのようであった。

ベサント夫人がインドに戻る前に、クリシュナが彼の使命を果たし始めるため、クリシュナとニティヤがその冬にインドで夫人に合流すると取り決められた。が、九月までにニティヤの容態がさらに悪化したので、コードに伴われて、クリシュナは彼をスイスアルプスのヴィラーズに連れて行った。同月中旬に、ニティヤをコードと一緒にヴィラーズに残して、クリシュナはヴァン・パラント男爵の家に滞在に出かけた。男爵は、オランダのデーヴェンターの近くにある五千エーカーの林地に囲まれた彼の美しい、十八世紀初頭の先祖伝来の家――エルダー城 Castle Eerde――をクリシュナに譲渡することを望んでいた。途中、クリシュナはアムステルダムに立ち寄り、そこで十七歳の魅力的なアメリカ人の少女、ヘレン・ノースと出会った。彼女は、神智学協会オランダ代表だった叔母の家に滞在して、バイオリンの稽古をしていたのである。生まれて初めて彼は恋におちた。

クリシュナがヴィラーズに戻ってから間もなく、ニティヤの容態が許せば、兄弟は十一月十九日にマルセイユからボンベイに向けて出航すると決められた。ニティヤの容態は確かに好転し、十月の末頃マダム・デ・マンツィアーリーは彼に付き添ってレザンに行き、有名な肺の専門医ローリエ博士の診察を受けさせた。不幸にも博士は、ニティヤはインドに旅するのに十分なほど良くなっていると断言した。一方クリシュナは、関係者たちに別れを告げるためにロンドンで二週間過ごした後、神智学協会と星の教団の総会のためオランダに行って一週間過ごした。そこで彼はヘレンに再会し、ますます深く恋心をつのらせた。パリで、マルセイユへの出発の前日に彼はエミリー夫人に手紙を書いた。

あなたとヘレンから長期間お別れすることになり、とても惨めな思いをしています。私はひどく恋しており、それは私の側の大きな負い目になっているのですが、他にどうしようもないのです。私はあたかも内側にひどい痛手を負っているかのように感じます。……彼女もまたそれを感じていると思います。それはわかっているのですが、他にどうしようがあるというのでしょう?……私がどんな思いをしているか、あなたにはおわかりいただけないでしょう。こんな思いになったことは今まで一度もありません。いったいどうなっているのでしょう?……「下手な考え休むに似たり」「よい知恵もないのにいくら考えても、時間が経つばかりで何の効果もない」。なんと惨めなことか!! あなたに神の祝福がありますように。

兄弟がボンベイとアディヤールに到着した時、彼らは大歓迎を受けた。アディヤールでは、ベサント夫人は、彼女自身が住んでいる本部棟に接続され、川が海に合するあたりの、アディヤールで最も美しい眺めを見渡せる家の最上階に、ベランダ付きの彼ら専用の部屋を設けた。彼らは共に、アディヤールは彼らが今まで見たうちで最も美しい場所だと思った。クリシュナは、特に、大陽が沈む頃に椰子の木立を抜けて散歩する時の美しい光景を楽しんだ。彼らは、ボンベイに到着するやいなやインド服に着替えた（クリシュナは、インドでは常にインド服を、西洋では洋服を着用するようにし、できだけ目立たないようにすることを望んだ。が、ヨーロッパでは時々、夜間インド服に着替えることがあった。）

兄弟がアディヤールに到着してから間もなく、彼らはマドラスに住んでいた彼らの父親に会いに行き、ひれ伏して、インド人の良き息子たちのように額で彼の足に触れた。老人は彼らに会えたことがとても嬉しかったので、涙にくれて話すことができなかった【脚註1】。

兄弟は三ヶ月半だけインドに滞在し、その間彼らはベサント夫人と共にインド各地に旅し、クリシュナはベナレスの集会での講演の一つを受け持った（その時以来、また彼の人生の他のいかなる時にも、彼は自分の講話のためのメモをとることはなかった。）ベナレスで彼はジョージ・アランデールと再会したが、彼は最近、十六歳の美しいバラモンの少女ルクミニ・デヴィと結婚したばかりだった。この結婚は大騒ぎを起こしていた。クリシュナはまたアディヤールでも「来るべき教師」についての講話をしたが、それは正確に未来を予見していた。「〈彼〉はわれわれが望んでいることを説くことも、誰もが好きな甘ソップ［飴玉］をわれわれの感情に与えるために来るのでもありません。それどころか、〈彼〉は、われわれが好もうが好むまいが、われわれ全員を目覚めさせるためにやって来るのです(15)。」

クリシュナはアディヤールであまりベサント夫人に会うことはなかった。これは彼女が、一九一五年以来編集していたマドラスの日刊紙『ニュー・インディア』のオフィスで毎日過ごしていたからである。気分がふさぎ、ヘレンへの郷愁にかられていたクリシュナは、アディヤールで嫉妬絡みの非常に多くの内紛があることを知って苦しんだ。彼は毎日自室で茶話会《ティー・パーティー》を催して、人々を和合

【脚註】
（1）ナリアニアは一九二四年二月に死んだ。彼の長男シヴァラムは医者になったが、一九五二年に死に、四人の息子と四人の娘を残した。クリシュナの末弟サダナンドは一九四八年の彼の死までシヴァラムと一緒に暮らした。精神年齢が子供のままだった彼はとても遊び好きで、ゲームを楽しみ、甥や姪にとても愛された。（シヴァラムの長男ジッドゥー・ナラヤンからの情報。）

させ、「彼らの党派心を打ち砕」こうと試みた。「誰もがしきりに私に会い、話しかけ、そして私の助言を仰ぎたがっています」と彼はエミリー夫人に告げた「なぜなのかは神のみがご存じです。私にはわかりません。ですが、母上、心配はご無用です。私は自惚れたりはしませんので。」

兄弟がインドにほとんど到着するやいなや、リードビーターがコミュニティの長としてまだ暮らしていたシドニーへ彼らが行って、一九二二年四月の神智学総会に出席することが決められていた。彼らは三月にラジャ［ジナラジャダーサ］と一緒にコロンボから出航したが、その地の蒸し暑さがニティヤの咳をまたもや再発させ、彼は航海中とても具合が悪かった。フリマントルでクリシュナは、「星の教団の兄弟たちはあなた方を歓迎します」という電報をパース［ウェスタンオーストラリアの州都］から受け取った。彼はエミリー夫人に書いている。「背筋に悪寒が走ります。この地には私を歓迎しようと待ち受けている人々がいるのです。『私を歓迎する』というようなことを聞いたことがありますか？　ここ以外の他のどこかにいられたらいいのですが。……これからずっとこういうことになるのでしょうね。ああ神よ、私が何をしたというのでしょう……おお！　私はそういったすべてが嫌なのです。」けれども『ヘラルド』七月号への彼の論説で、彼はアデレードからパースまでのドライブの美しさと、新しい国にいることの高揚感をとても叙情的に描写したので、誰も彼の本当の気持ちをうすうす感ずることもできなかった。

パースでは、クリシュナは二度話すという「責め苦」を味わわねばならなかった。「私はまったく話したくなかったのですが、人々は皆とても喜んで、私が言ったことに感謝したのです。皆が私に会いに来ること、会合、そして献身等々――そういったすべてをいかに私が嫌悪しているか、おわかりいただけないでしょうね。そういったすべては私の性分に反しており、私はそういう仕事には不向きなのです。」「T・S・の人々」のことを彼は好きになれず、自分は彼らの仲間だとは感じないが、しかしその外では自分は「無比の奇人」なのです、と彼は書いた。

リードビーターはシドニーの波止場で兄弟らに会い、彼らがほぼ十年ぶりに彼に会って喜んだのと同様に、彼も彼らに会って喜んでいるようだった。「彼は本当に素晴らしい老人です」とニティヤはラスポリに書き送った。「以前より穏やかになったということ以外、彼は全然変わっていません。……ちょうどアディヤールでそうだったように、彼はあらゆることをもちろんのことと思い、けっして疑問を持たず、他の誰かが疑いそうなことにもけっして疑問を差しはさみません。」が、大きな相違は、彼が今はリベラル・カトリック教会の司教になっていたことである。この教会は使徒の継承を主張する古カトリック主義［教皇不可謬説を排撃する主張］、あるいはヤンセン主義［C. Jansen の教会改革の精神を奉じた主張］教会の派生物であった。彼は赤色の長い日常法衣、佩用《はい》［勲章のように胸などに付ける］十字および司教の指輪［右手中指にはめ、教区と結婚している意を表わす］を身に付け、彼の時間のほとんどをクリシュナが嘆いた宗教的勤めを執り行なうのに費やしていた。クリシュナは［リードビーターへの］礼儀から儀式の一つに参列したが、退屈からほとんど気絶しそうになった。

ニティヤはシドニーで医者に診てもらったが、X線写真によって、彼の左肺が病んでいるだけでなく、今や右肺も冒されていることが判明した。彼は、治療のため直ちにスイスに戻るよう勧告された。インド経由で行くことは暑すぎるだろうということになり、そこで兄弟はサンフランシスコ経由で旅することに決め、途中下車してオーハイ［Ojai : O-high と発音するという原註が付いている］峡谷に滞在することにした。アメリカ神智学協会事務総長で、総会のためシドニーにいたA・P・ウォリントン氏が彼らに同行することになった。彼にはメアリー・グレイ夫人という神智学協会の友人がおり、彼女から三～四ヶ月間小屋を喜んで貸すという申し出を受けていた。サンタバーバラに近い、標高千五百フィートのこの峡谷は、肺病患者にとって好適な気候の地だと言われていた。シドニーを離れる前に、クリシュナはリードビーターを通じてクートフーミ大師からのお告げを受け取った。彼はそれを書き写してエミリー夫人に送っている。

御身《おんみ》に対してもまた、われわれは最高の期待を抱いている。汝自身を強固にし、広げて、精神と頭脳をより一層内なる真の〈自己〉に役立つようにすべく心がけよ。見解や方法の相違には寛大であれ。なぜなら、その各々が内側のどこかに真理の断片を隠し持っているからである。たとえ、しばしばそれがほとんど元の面影もないほど歪められていようと。各々の無知な精神の地獄の闇の中の、あの最もかすかな光の輝きを探し求めよ。なぜなら、それを認め、育成することによって、汝は赤児の兄弟を助けうるのだから。

クリシュナは評した。「これこそはまさに私が欲していたことです！　なぜなら私はとかく狭量になり、兄弟から目を背けがちだったからです。」

クリシュナもニティヤもカリフォルニアに魅了された。バークレー大学の構内をくまなく見せてもらった後、クリシュナはエミリー夫人に書いた。

そこではあの階級と皮膚の色による尊大さは見受けられませんでした。……私はとても感動させられたので、その場所の整然とした美しさをインドに持ち帰りたくなりました。正しい学問的雰囲気の創り出し方をよく心得た、もっぱらそういうインド人たちのために。ここにはこの雰囲気が欠けており、彼らにはわれわれインド人のような品位がありません。……ああ、そのような大学がインドに移され、宗教が教育より以上にではないにしても、それと同じぐらい重要だと感じているわが〔国の〕教授たちが配属されればいいのですが。

兄弟は七月六日にオーハイに到着し、そこにあった松材製の小さな別荘で二人きりになった。そこは峡谷のずっと東の端で、オレンジとアボカドの木立に囲まれていた。一人の女性が彼らの朝食と昼食を作りにやって来た。そして「ハインツさんにはとても世話になっています」〔エミリー夫人への手紙〕が、彼らは自分で炒り卵《スクランブル・エッグ》とポテトチップの夕食を上手に作れるようになった。ウォリントン氏は近くにあるもう一軒の別荘にいた。最初の数週間は万事つつがなくいった——彼らは馬に乗って山の中に行き、深い峡谷を流れ落ちて来る小川で沐浴し、今まで一度も味わったことのないすべてのしがらみからの自由を思いきり楽しんだ。やがてニティヤが熱を出し、ひどく咳き込み始めた。ニティヤを休ませようとすると彼がひどく苛立つようになったので、クリシュナは、そんな時にはとりわけ彼と二人きりでいることを苦にするようになった。そんな折に、幸いにも、彼らの世話をしていたグレイ夫人の許に滞在していた女友だちの妹が彼らの人生に加わってきた。これが、生まれながらの看護婦然とした、十九歳のかわいい金髪娘ロザリンド・ウィリアムズだった。彼らはすぐに彼女が気に入った。「彼女はとても快活で、陽気で、ニティヤを機嫌よくさせ続けてくれます。これは彼には不可欠です」とエミリー夫人に告げた。「彼女の姉はT・S・〔神智学〕の人間なので、それについて何でも心得ていますが、にもかかわらず彼女はとても感じがいいです。」彼女は、ニティヤの世話をするため、母親の同意を得てグレイ夫人の許に滞在することにした。最初から彼女はクリシュナの友人というよりはむしろニティヤの友人だということがわかった。クリシュナはまだヘレン・ノースにラブレターを書いていた。

多くの人々がアルバート・エイブラムズ博士によって発明された電気的装置による治療を受けるよう促していた。これは、エイブラムズの主張によれば、ほんの数滴の血液から結核を含む多くの病気を診断し、治すことができるというものであった。兄弟はこの方法を試すことに決め、ニティヤの数滴の血液を吸取紙に吸わせて、氏名以上の何の情報も添えずに、ロサンゼルスのエイブラムズ博士の弟子に送った。二日後、報告書が届いた：左肺、腎臓および脾臓に結核。ウォリントン氏は貴重な機械の一つ（「オシロクラスト」と呼ばれるブラックボックス）を借用すべく取り計らい、ニティヤは電線によって患部に取り付けられた金属板とともに一日数時間も坐り、その間中クリシュナは彼にO・ヘンリーと旧約聖書を読んで聞かせた。ボックスの中身は周到に秘密にされていた。この機械はうるさい時計のようにカチカチと鳴ったが、何の感覚も与えなかった。

第5章　「神に酩酊しています」

シドニーにいたクリシュナに対する大師のお告げは彼に大きな影響を与えた。八月十二日に彼はエミリー夫人に、過去二週間にわたり自分は毎朝そして寝る前にそれぞれ三十分間それについて瞑想してきたと書いている。「大師たちとの古い接触を私は取り戻しつつあり、そして結局、人生で重要なのはそれだけなのです。」こう書いてから五日後、彼は彼の人生を根本から変えた三日間にわたる体験をした。しかしながら、ニティヤの筆になるその詳しい報告書がベサント夫人とリードビーターに送られたのは二週間後のことであった。

　私たちの山荘は峡谷の上の端にあり、数百ヤード先に一軒の山荘を専有しているウォリントン氏以外は、近くに誰も住んでいません。そしてクリシュナとウォリントン氏と私は約八週間ここにいて、休息したおかげで、体調が良くなってきました。時々訪ねてくるのは、谷に一軒の家を持っている、アメリカ・リベラル・カトリック教会司教総代理のウォルトン氏や、ロザリンドという若いアメリカ人の少女ぐらいです。彼女は近くに一、二週間滞在し、私たちと一緒に時を過ごしに来るのです。約二週間前、私たち五人全員がたまたま一緒に居合わせた時に、あなたにお伝えしたいこの出来事が起こったのです。

　起こったことの本当の意味、その厳密な重要性については、もしあなた方がその気になれば、むろん私たちに教えることができるでしょう。が、ここで私たちは、神々が再び人間たちの間を短時間ながら歩きまわる世界へと送り込まれ、私たち全員が大きな変化を遂げさせられたので、今や私たちの羅針盤はその道しるべとなる星を見出したように思われます。私たち全員の人生が、起こったことによって深甚な影響を受けたと言っても過言ではないと私は思います。

正確に言えば、クリシュナが出来事の筋道を語るべきなのです。なぜなら私たちは皆、必要に応じて進んで手助けしようとしていた単なる傍観者にすぎなかったからです。が、大部分の時間クリシュナは身体を抜け出していたので、彼は詳細をすべて憶えているわけではなく、また、彼の身体が部分的に私たちに委ねられているという思いで、私たちは終始非常に注意深く彼を見守ったので、何もかもが鮮明に私たちの記憶に残っているのです。ウォリントン氏は体調が万全ではなく、私もまだあまり動きまわることは許されていないので、幸運にもロザリンドがクリシュナの世話役になり、そして私が思うに、彼女はすでにその報いを受け取ったのです［〔弟子道の〕見習いを許されたことによって］。

十七日の木曜日の夕方、クリシュナはやや疲労と不安を感じ、私たちは彼の首筋の中程に、大きなビー玉ほどの大きさの畏縮した筋肉のように見える、痛そうな塊《かたまり》があるのに気づきました。翌朝は、朝食後に横になって休むまでは、彼は具合が良さそうでした。ロザリンドと私は外に坐っており、ウォリントン氏とクリシュナは中にいました。ウォリントン氏の呼び声に応じてロザリンドが中に入ると、クリシュナの具合が明らかに悪くなっているのがわかりました。というのは、彼はベッドに横になったまま、まるでひどい痛みの最中にあるかのように、寝返りを打ち、うめき声をあげていたからです。彼女は近づいて彼の脇に坐り、彼がどうしたのか見出そうとしましたが、クリシュナははっきりした答えを返すことができませんでした。彼はまたうめき声をあげ始め、急に震えとおののきの発作が起こり、そして震えをかわすために歯をくいしばり、両手を固く握りしめたのです。クリシュナがひどい暑さを訴えたことを除けば、それはまさしくマラリア患者の挙動でした。ロザリンドがほんのしばらくの間彼を押えて静まらせるのですが、再び、［マラリア熱による］悪寒が走ったかのように、震えとおののきが起こるのでした。それから彼は彼女を押しのけて、ひどく暑いと訴え、そして彼の目は彼が不思議な無意識状態に深く陥っていることを示していました。ロザリンドは彼が再び静かになるまで彼のそばに坐っていたのですが、その時彼女は彼の手を握りしめ、母親がわが子にするように、彼をなだめるのでした。ウォリントン氏は部屋の反対側に坐っており、後で私に話してくれたように、物質界以外の界《ブレーン》から伝わってくる影響の結果、クリシュナの身体の中で何らかのプロセスが起こりつつあるということに気づいたのです。気の毒にもロザリンドは最初ひどく不安になり、いぶかしげに見上げました。するとウォリントン氏はいずれ良くなるから大丈夫だと請け合いました。しかし朝のうちに事態はさらに悪化し、私が彼のそばに行って坐ると、彼は再びひどく暑いと訴え、そして私たちが神経過敏になっていて、彼をひどく疲れさせると言いました。そして数分ごとに彼はベッドの中で起き上がって、私たちを押しのけ、またもや震え始めるのでした。この間中ずっと彼は半ば無意識になっていたようです。というのは、彼がアディヤールやそこの人々のことを、まるで目の前のことのように話したからです。それから彼はほんのしばらくの間静かに横になったのですが、やがてカーテンのカサカサいう音や、窓のガタガタ鳴る音や、ずっと遠くの畑を鋤で耕している音などが再び彼を目覚めさせると、静穏が欲しいとうめくように言うのでした。暑くなり始めると、彼は数分ごとに執拗にロザリンドを押しのけ、それから再び彼女にそばにいてもらいたがるのでした。

私は近くに坐りましたが、近づきすぎないようにしました。私たちは家を静かで暗くしておくべく最善を尽くしましたが、人がほとんど気づかないようなかすかな音は防ぎようがありませんでした。けれどもクリシュナはあまりにも敏感になっていたので、ごくかすかなチリンチリンと鳴る音すら彼の神経を苛立たせるのでした。

その後昼食になると、彼は静まり、どうやらすっかり具合が良くなったらしく、十分に意識が回復していました。ロザリンドが彼に昼食を運んでくると、彼はそれを食べ、私たち全員が食べ終わるまでずっと彼は横になっていました。それから数分後、彼は再びうめき苦しみ、やがて、あわれにも彼は自分が食べたものを戻さずにはいられなくなりました。震え、うめき、そわそわし、半ばしか意識がなく、その間中ずっと、まるで苦痛の中にあるかのような様子――午後はずっとそんな状態が続きました。とても奇妙なことに、私たちの食事の時間が来ると、たとえ彼自身は何も食べなくても、彼は静かになり、ロザリンドは自分の食事をとるのに十分なほど長く彼を離れることができ、そして就寝時刻には、夜通し寝られるほど十分に静かになったのです。

翌日の土曜日、彼の入浴後にそれは再び始まり、彼は前日よりもさらに意識が薄れているように思われました。日中ずっとそれは、規則的な間合いで彼に休息を与え、ロザリンドに食事を許しながら続きました。

しかし土曜日は最悪の日で、日曜日には私たちは輝かしいクライマックスを目のあたりにしたのです。三日間にわたりずっと、私たちは皆精神と感情を平静平穏に保つよう心がけ、そしてロザリンドは三日間クリシュナのそばで過ごし、彼が彼女の世話を望んだ時に応えるべく備え、また彼が一人きりでいることを望んだ時はそうしました。彼と共にいる彼女を見、自分の愛を没我的に、いささかの私情も交えずに注ぐことができる様子を見守ることは実に快いものでした。こういったすべてが起こる以前にも、私たちは彼女の中のこの偉大な特質に気づいており、そしてその瞬間に女性が一人でそばにいていいのか疑問に思ったのですが、その後の出来事は、多分、その瞬間にクリシュナと私たち全員を助けるために特別にここに連れて来られたのだということを示したのです。彼女はまだ十九歳で、神智学のことをほとんど知らないにもかかわらず、この三日間彼女は偉大な母親役を果たしたのです。

日曜日には、前述したように、クリシュナはさらに具合が悪くなったらしく、ひどく苦しんでいたようで、震えと熱が激しくなったように思われ、彼の意識はますます断続的になっていきました。彼が自分の身体をコントロールしているらしく思われる時は、彼はその間中ずっとアディヤールのことや、A・B〔アニー・ベサント〕とアディヤールの「パープル・オーダー」〔ベサント夫人によって結成された内部集団で、紫色の絹の肩掛け《ショール》を羽織っていた〕のメンバーたちのことを話し、彼自身がずっとアディヤールにいると想像していました。それから彼は言うのでした。「インドへ行きたい！　なぜ彼らは私をここへ連れてきたのだろう？　自分がどこにいるのかわからない。」そして何度も何度も言うのでした。「自分がどこにいるのかわからない。」もし誰かが家の中で動けば、彼はほとんどベッドを飛び降りそうになるので、私たちは、彼の部屋に入るたびに彼に警告を与えねばなりませんでした。けれども、六時頃、私たちが夕食をとっている時には、私たちが食べ終えるまで彼はすっかり静かになっていました。それから突然、家中が何かすさまじい力でいっぱいになったように思われ、クリシュナはまるで取り憑かれたかのようでした。彼は誰もそばに近寄らせようとせず、汚さ――ベッドの汚さ、家の耐え難い汚さ、まわりにいる全員の汚さ――にひどく文句を言い始め、そして苦痛に満ちた声で、彼はたまらなく森に行きたいと言いました。その時彼はおいおいとすすり泣いていたので、私たちはあえて彼に触れる勇気がなく、どうしたらいいかわかりませんでした。彼はベッドを離れて床の暗い片隅に坐り、おいおいとすすり泣きながらインドの森の中に行きたいと言ったのです。突然、独りきりで散歩に出かけたいという意向を示しました。が、私たちは彼にそうしないよう、なんとか思いとどまらせました。彼が夜間歩行するのにふさわしい状態にあるとは思えなかったからです。それから彼が独りきりになりたいという願いを表明したので、私たちは彼を残してベランダに集まりました。すると数分後クッションを抱えて彼は私たちに加わり、できるだけ私たちから離れて坐りました。外に出るのに十分な力と意識が彼に与えられたのですが、そこでまたもや彼は私たちの前から消え失せ、そして彼の身体は、ポーチに取り残されて坐ったまま支離滅裂なことをつぶやいていました。

そのベランダの上の私たちは奇妙な集団でした。ロザリンドと私は椅子に坐り、ウォリントン氏とウォルトン氏は反対側に私たちと向き合ってベンチに坐り、そしてクリシュナは私たちの右側の数ヤード離れたところにいました。大陽が一時間前に沈み、薄暗い大空としだいに黒みを増していく薄明かりを背に紫色に染まる、ずっと遠くの丘に顔を向けて、私たちはほとんど何も話さずに坐っていました。すると、クライマックスが差し迫っているという思いが私たちに押し寄せてきました。私たちの思考と感情のことごとくが、何か偉大な出来事への妙に安らかな期待でぴんとはりつめていたのです。

それからウォリントン氏が天与の霊感を得ました。家の前には、数ヤード離れて新緑の若葉をつけた胡椒の若木が立っており、それが今や香《かぐわ》しい花をたわわに咲かせ、鮮やかな色のハチドリや、かわいらしいカナリアや、「ブンブンいう蜜蜂の出入りする場所」になっています。彼はクリシュナに、外に出てその木の下まで行くよう優しく促し、最初はクリシュナはそうしようとしませんでしたが、やがて自発的に出かけていきました。

今や私たちは星明かりの闇の中におり、そしてクリシュナは空を背に黒々としている若葉の天蓋の下に坐りました。彼はまだ無意識のうちにつぶやいていましたが、間もなくほっとしたため息をつき、「おお、なぜもっと前にここに連れて来てくれなかったのですか?」と、叫ぶように私たちに尋ねた。それから短い沈黙が訪れた。

やがて彼は詠唱し始めました。ほぼ三日間近く彼は何も口にしておらず、彼の身体は激しい緊張ですっかり消耗していたので、私たちが聞いたのは、アディヤールの「聖室 Shrine Room」で毎晩歌われていたマントラ［真言］を唱えている静かな疲れた声でした。それから沈黙。

ずっと以前タオルミーナで、托鉢修道衣をまとったわれらのロード・ゴータマ［仏陀］の美しい絵をクリシュナが瞑想的な眼で見上げている時、私たちは、ありがたくも一つの思想を届けるために来られた〈偉大な方 Great Lord〉の聖なる臨在を、至福の一瞬間、感じたことがあります。そして再びこの晩、クリシュナが胡椒の木の下で祈りの歌を歌い終えた時、私は菩提樹下の〈タターガタ〉［仏陀］を思い浮かべ、あたかも再び〈彼〉がクリシュナに祝福を送られたかのような、あの光輝の波動が平和な谷間に広がっていくのをまたもや感じたのです。

私たちは、これで用意万端整ったのかどうかわからないまま、じっと眼を木に凝らして坐りました。というのは、今や全き沈黙があり、そして私たちが見つめると、突然大きな〈星〉が木の上で一瞬輝いたのを見、そしてクリシュナの身体が〈偉大な方〉のために準備されつつあることを知ったからです。私はウォリントン氏に身体をもたせかけて、その〈星〉のことを告げました。

あたりは〈偉大な方の存在〉で満たされているように思われ、そしてひざまずいて拝みたいという大きな切望が私の中にこみ上げてきました。なぜなら、私たち全員の心の憧れである〈偉大な方〉が自らやって来られたからです。そして私たちの眼には〈彼〉は見えませんでしたが、全員が〈彼〉の光輝を感じたのです。それからロザリンドの眼が開けられ、そして彼女は見たのです。彼女の顔は変貌し、それはこれまで見たことのないものでした。なぜなら彼女は、その晩の栄光を肉眼で見えるほど十分に祝福されたからです。「〈彼〉が見えませんか、〈彼〉が見えませんか?」と彼女が私たちに言った時、彼女の顔は神々しくなっていました。なぜなら、彼女は聖なるボーディサットヴァ「ロード・マイトレーヤ」を見たからです。多くの人はそのようにロードを一瞥するために幾生もの間待つのですが、彼女は無垢の眼を持ち、忠実にわれらがロードに仕えていたのです。そして見ることができなかった私たちは、星明かりの中で恍惚とした青白い彼女の顔に映ったその夜の光輝を見たのです。けっして私は彼女の顔の表情を忘れはしないでしょう。なぜなら、見ることはできませんでしたが、私は〈彼〉が私たちの方に向かい、そしてロザリンドにいくつかの言葉をかけているのを感じたからです。「そうします、そうします」と彼女が答えた時、彼女の顔は聖なる恍惚で輝いており、そして彼女は言葉を、あたかもそれらが素晴らしい喜びとともに与えられた約束であるかのように話したのです。けっして私は、彼女を見つめた時に目のあたりにした彼女の顔を忘れないでしょう。私さえもが彼女が見たものでほとんど祝福されていたのです。彼女の顔は彼女の心の恍惚を示していました。というのは、彼女の存在の最奥部は〈彼〉の臨在で燃え立っていたのですが、彼女の眼は見たからです。そして静かに私は、〈彼〉が私を〈彼〉の僕《しもべ》として受け入れてくれるように祈り、そして私たち全員の心はその祈りでいっぱいになったのです。遠くに、私たちは聖なる音楽が優しく奏でられるのを聞き、そして私たちから隠されていましたが、私たち全員がガンダルヴァ［天空の音楽を作る宇宙の天使］の楽の音を聞いたのです。

居合せていた多数の〈方々 Beings〉の光輝と栄光は三十分近く続き、そしてロザリンドは、喜びに震え、ほとんどむせび泣きながら、「ほら、見えますか？」あるいは「音楽が聞こえませんか？」と何度も繰り返し言いました。それから間もなく私たちはクリシュナの足音を聞き、そして彼のほの白い姿が闇の中をこちらに向かって来るのが見え、そしてすべては終わりました。やがて「ああ、あの方がやって来ます。あの方のところまで行ってください、あの方のところまで行ってください」とロザリンドが叫び、ほとんど気を失って椅子に倒れこみました。正気に返った時、ああ、彼女は何も憶えていませんでした。何も――なおも耳に残っている楽の音を除き、すべてが彼女の記憶から消え去っていたのです。

翌日再びクリシュナの震えと半覚半醒状態がぶり返しましたが、今度は長い間合いでほんの数分間ずつ続いただけでした。日中ずっと彼はサマーディ【脚註1】状態で木の下に坐り、そして夕方、前夜と同様に坐って瞑想していると、ロザリンドは再び彼のまわりに三つの人影が現われ、クリシュナの身体を木の下に残したまま、彼を連れてすばやく立ち去って行くのを見ました。それ以来、毎晩、彼は木の下に坐って瞑想しています。

【脚註】

（1）サンスクリット語。ここではおそらくトランス状態として用いられている。単純な定義は以下のとおりである。「サマーディの素晴らしい過程は死を滅却し、永遠の幸福へと行き着き、そしてブラフマン［真実在］の最高の祝福を授ける。」

私は自分が見聞きしたことを述べましたが、この出来事がどんな影響を私たち全員に及ぼしたかについては話しませんでした。私たちが目撃することを特別に許された輝かしい出来事を十分に理解するには、少なくとも私にとっては、時間がかかるだろうと思えるからです。しかし私は今、人生はある一つの道にだけ、つまりロード［偉大な方］への奉仕にだけしか費やすことができないと感じています。

クリシュナ自身もまたこの体験についての報告をベサント夫人とリードビーターに書き送ったが、しかし彼は無意識あるいは半覚半醒状態だったので、そのごくわずかしか憶えていなかった。彼は自分の報告を以下のように締めくくった。

私はこのうえもなく幸福でした。なぜなら、私は見たからです。何一つ今までと同じではありえないでしょう。私は生の源泉の澄み切った清水を飲み、私の渇きは癒されたのです。二度と再び私が渇きをおぼえることはありえないでしょう。二度と再び私が暗闇に陥ることはありえないでしょう。私は〈光〉を見たのです。すべての悲しみと苦しみを癒す慈悲心に触れたのです。それは私自身のためのものではなく、世界のためのものです。私は山頂に立って、力強い〈方々〉を見つめました。私は輝かしい、癒すような〈光〉を見たのです。〈真理〉の泉が私に開示され、闇は晴らされたのです。栄光に輝く愛が私の心を酔わせました。私の心が閉じることはけっしてありえないでしょう。私は〈歓喜〉の泉、永遠の〈美〉の泉の水を飲んだのです。私は神に酩酊しています。

この報告の少し前の方で、彼は次のように書いている。

最初の日、私がそうした状態［ほとんど無意識だったが、まわりで起こっていることはよくわかり、そして毎日正午頃には正気に返った――そういう状態］で、今までより自分のまわりのものがはっきり意識に入っている時に、私は最初のきわめて超常的extraordinaryな体験をしました。道を補修している人がいました。その人は私自身でした。彼がつかんでいるつるはしも私自身でした。彼が砕いていた石そのものも私自身の一部でした。青い草の葉も私の存在そのものでした。私はまたその道路補修工のように感じそして考えることができ、そして木［の枝や葉の間］を通り抜けていく風、さらには草の葉にとまっている小さな蟻をも感じることができました。鳥たち、ほこり、そして騒音までもが私の一部でした。ちょうどその時、少し離れた所を通過中の車がありました。私はドライバーであり、エンジンであり、タイヤでした。その車が私から遠ざかっていくにつれて、私は自分自身から離れ去っていきました。私はあらゆるものの中にいました、というよりはむしろ、あらゆるもの――無生物も生物も、山も虫も、生きとし生けるすべてのもの――が私の中にあったのです。一日中、私はこの幸福な状態にありました。

ウォリントン氏もまたこの体験報告を書き、他の二報告の真実性を保証した。三つの報告書の写しがミス・ドッジとエミリー夫人に送られ、後者に対して、きわめて私的なものなので、非常に信頼できる誰かに数通の写しを作るよう頼んでほしいという依頼文が添えてあった。そこで彼女は、この仕事のために、タイプライティングを修得していたラジャゴーパルを選んだ⑯。

それからの静かな二週間にわたりクリシュナが毎晩胡椒の木の下で瞑想し続けた後、九月三日に再び不思議な半覚半醒状態が始まった。が、今度はそれらは毎晩、瞑想後の夕方六時半から八時半または九時まで規則正しく起こり、脊椎の痛みを伴っていた。そしてその痛みは強まっていき、数日後には激痛になった。ニティヤはクリシュナの状態を毎日書き留め、それらを後でまとめて長い物語にしてベサント夫人とリードビーターに送った。(17) ニティヤが言うところのクリシュナの「エゴ」は引っ込み、苦痛に耐えていた「フィジカル・エレメンタル【脚註２】」を容《い》れた彼の肉体を離れたので、クリシュナが「戻って来た」時、彼はその痛みのことをまるで憶えていなかった。次の三ヵ月間にわたり毎晩肉体がこうむった苦悶についての記述は痛ましい。ニティヤとその間ずっと立ち会っていたウォリントン氏は、そのような苦痛がありうるとは信じられなかった。「フィジカル・エレ

【脚註】

（２）高次の意識が引っ込んだ時に肉体の本能的および純然と身体的な行動をコントロールする部分のこと。それはより低い進化段階にあり、教導を必要とする。

「訳註」西洋の秘教的伝統では、一般に、物質体・エーテル（生命）体・アストラル（星気）体の区別が立てられてきた。そしてそれらがそれぞれ固有の「意識」を持つとされる。フィジカル・エレメンタルとはこのうちの物質体を指す。『クリシュナムルティとは誰だったのか』の著者アリエル・サナトは次のように述べている。

手短に言えば、「エレメンタル」は神智学の著作でそれぞれの「乗物［器］」または意識レベルが「それ自身の心《マインド》」を持つという事実を指すのに用いられる用語である。プロセスとの関連でここで言われているフィジカル・エレメンタルとは肉体が持つ意識であり、それが口を利いているのである。このエレメンタルは交感神経系と関係を持つと言われている。

メンタル」は、やがて〈プロセス〉として知られることになったものが起こっている間中毎晩小屋にやって来たロザリンドを、彼の死んだ母親と間違えた。

　時々クリシュナは焼かれているような感覚に襲われ、そのため彼は飛び出して行って流れに漬かることを望んだので、無理やりそれを阻止しなければならなかった。なぜなら、彼がたまたまどこにいようとおかまいなしに、気を失って、「恐ろしい音を立てて」転倒しがちになったからである。彼は普通、ベッドから落下しないように、床に敷いたマットレスの上に薄暗がりの中で横たわっていた。彼はあまりに多くの光には耐えられなかったのである。ニティヤは、まるで焼き殺されつつある人を見守っているようなものだと言った。肉体の異なった部分を襲った苦痛は長い発作となって起こった。わずかな小康状態にある時には、クリシュナは複数の眼に見えない特定の存在、または「手術を施すために」毎晩やって来るように思われるある存在とよく会話をした。クリシュナは彼らのことを単に「彼ら（they または them）」とだけ呼んだ。どうやら彼は、何が起こりつつあるのかについて指示を与えられていたようだ。というのは、彼が「おお、今晩は悪化するのですか？わかりました、大丈夫です」などと言うのがよく聞こえたからである。痛みが強まるにつれて、彼はすすり泣き、悶え苦しみ、ひどい金切り声を上げ、時には大声で中止を求めたりした。「フィジカル・エレメンタル」はよくすすり泣き、「おお、どうかお願いです。これ以上無理です」と言い、それから急に話しやめると、今度はクリシュナの声が「大丈夫です。私はそういうつもりではなかったのです。どうぞお進めください」、とか「今度は大丈夫です、進めましょう」とか言うのだった。

　九時、彼の肉体への夜の作業《ワーク》の後、彼はミルクを飲みながら（この当時、彼は夕方けっして夕食をとらなかった）、よく他の人々と一緒に坐り、そして彼らは何が起こったかを彼に告げた。彼は、彼らがまるで見知らぬ誰かのことを話しているかのように聞き、そして起こっていたことへの彼の関心は彼らのそれと同じくらい大きかった。それについて彼の記憶は何も留めていなかったので、それは彼にとってまったくの初耳だったのである。

あるひどく容態の悪い晩に、彼は「おお、母上、なぜあなたはこのために私を産んだのですか?」とうめくように尋ねた。彼は数分間の休憩を乞い、そして他の人々は彼が自分の母親または話し相手になっている〈彼ら〉に、多大の自信をもってこう言っているのを聞いた。「ええ、おかげでずっと多く自分の足で立つことができるようになりました。肉体のことは心配しないでください。それを泣きやめさせることは私にはできませんので。」そして時々〈彼ら〉は彼に何かを言い、そして彼らは「呵々大笑」した。「フィジカル・エレメンタル」が「お願いだから戻ってきて、クリシュナ」と叫び求めているのを他の人々が聞いたこともある。もしクリシュナが戻れば、〈プロセス〉は止むだろうから。肉体への一定量の作業が毎晩果たされなければならないように思われ、そしてもしも途中で中断があれば、それは最後には埋め合わせられた。

クリシュナの肉体はますます疲労し、痩せ衰えていき、そして彼の苦しみを見守らねばならないことは他の人々に大きな緊張を強いた。十月の初め、〈彼ら〉は、今まで以上にすさまじい苦悶を伴うであろう、彼の目に対する作業を始めた。「〈彼ら〉がその晩クリシュナに告げたところによれば、彼が〈彼〉を見ることができるようにするため、彼の目が洗浄されているところ」だとニティヤは書いた。「が、その洗浄のありさまは聞くも恐ろしいものでした。私たちは、彼がこう言っているのを聞いたのです。『それは砂漠の中に縛りつけられたまま、自分の目蓋を切り取られて、灼熱の太陽に自分の顔をさらすようなものです。』」

ある夕方早く、クリシュナが沐浴から戻り、夕方の作業が始まる前に胡椒の木の下で瞑想した時、彼は他の人々に、その晩〈偉大なる訪問者〉が来られるはずだと告げた（彼らは、このお方は、以前二、三度来たことがあると言われているロード・マイトレーヤではないと理解した）。クリシュナがニティヤに、瞑想後に戻る彼の部屋に仏陀の絵を掛けておくよう頼んだので、ニティヤは〈偉大な方〉が誰であるかについてなんの疑問も持たなかった。その晩の作業はクリシュナの肉体がこうむったもののうちで最も苦痛に満ちたものだったが、しかし胡椒の木の下のあの最初の日曜日の晩以来最も輝かしいもののように思われた。というのは、彼らは全員〈偉大なる存在《プレゼンス》〉が一瞬間来たことを感じたからである。後で、ニティヤとロザリンドがクリシュナと一緒に彼の部屋にいた時、クリシュナは彼らには見えない人々に話しかけ始めた。どうやら「作業」が成功だったことが請け合われ、そして彼らは彼に祝詞を述べていたらしい。彼が「私にはお祝を言っていただくほどのことは何もありません。あなた方ご自身も同じことをされたのですから」と言っているのが聞こえた。祝賀者たちが去った時、クリシュナはなおも無意識のまま言った。「母上、今度は何もかもが違ってくるでしょう。今後は、私たちの誰にとっても人生はけっして今までと同じではなくなるでしょう。私は〈彼〉を見たのです、母上、そして重要なのはそれだけなのです。」

が、これがクリシュナの身体的苦しみの終りではなかった。〈彼ら〉は今度は彼の頭の中の何かを開け始め、それは彼に筆舌に尽くしがたい苦しみをもたらしたので、彼は叫び続けた。「どうか、それを閉じて。お願いだから閉じて。」苦痛が耐えがたくなった時、〈彼ら〉はそれを閉じ、それからすぐ後に再びそれを開けると、肉体は叫び始め、やがて気を失ってしまった。これが四十分ほど続いた。それがついに止まった時、肉体は、他の人々が驚いたことには、四歳ほどの子供の声でおしゃべりし始め、幼少期の出来事を思い出した。

〈プロセス〉は、クリシュナとニティヤがハリウッドにいた数日を除き、十二月の初めまで衰えずに続き、そして毎晩それが終わった時、依然として自分の母親と間違えていたロザリンドに向かって、幼少期の出来事のことを片言《かたこと》で一時間余りしゃべった。彼は彼女に、おしゃべりな妖精の遊び友だちのこと、またいかに自分が学校に行くのが嫌だったかを告げた。彼は母親の死について述べた。「彼は彼女が病気だと思い、そして医者が彼女に薬を与えているのを見て、彼は彼女に懇願しました。『それを飲まないで、お母さん、それを飲まないで。それは汚らわしいもの、何のためにもならないから。どうかそれを飲まないで。お医者さんは何も知らないんだから。彼は汚らわしい人です。』」少し後、うろたえた口調で彼は言った。「なぜそんなに静かなの、お母さん、何が起こったの？　なぜお父さんはドーティーで顔をおおっているの？　お母さん、僕に答えて、お母さん。」

〈プロセス〉が毎晩進行している間中、九月十七日の手紙でエミリー夫人に告げたように、クリシュナは朝のうち「やや風変わりな記事」を書いていた。「私は今までに二十三頁、まったく独力で書きました。」[18]

ベサント夫人とリードビーターは、クリシュナの八月十七〜二十日の体験を第三イニシエーションの通過に帰したが、しかし〈プロセス〉の理由を見出すことはできなかった。クリシュナ自身は、それは彼の肉体をロード・マイトレーヤの受け入れに備えさせるために彼が経なければならなかった何かであり、それを妨げたり軽減したりするためのいかなる企てもなされるべきではないと確信していた。この状態にある彼を見た唯一の開業医は、彼がよく知っていて信頼していた、英国人の神智学徒で星の教団団員でもあるメアリー・ロック博士だった。彼女はその原因をまったく解明することができなかったし、また、彼が意識を回復しないかぎり彼女は彼を検診できなかったであろう。もしも見知らぬ医者や心理学者が部屋にはもちろんのこと、家に入りでもしたら、クリシュナはただちにそれに気づき、〈プロセス〉は間違いなく停止してしまっただろう。

では、〈プロセス〉とは何だったのだろう？　ニティヤによって当時与えられ、他の人々によって採用された説明は、それはクリシュナの「クンダリニー」、時には「蛇の火」とも呼ばれるものの覚醒であり、脊椎の基底に中心を置いたそれが真のヨーガの修行によって覚醒させられると、途方もないエネルギーの解放と透視力をもたらすというものである。リードビーターはこれに異論を唱え、彼のクンダリニーが覚醒させられた時、不快感以上のものは味わわなかったとベサント夫人に書き送っている。クリシュナは、彼が少年の頃に持っていた以上の透視力を〈プロセス〉後に発達させてはいない。いずれにせよ、クンダリニー説を妥当とするにはあまりにも長く〈プロセス〉は続いた。時々医者、心理学者およびその他の人々が、それが何だったのかについて示唆してきた。偏頭痛、ヒステリー、癲癇および精神分裂病のどれもが示唆されてきた。が、これらのどれも該当しない。多くの神秘家たちは、むろん、幻《ビジョン》を見、声を聞いたが、しかしこれらは果たしてこれほどの身体的苦悶を伴っていただろうか？　何らかの物理的説明はあるだろうか？　人は、神秘的なそれしかありえないという結論に至ることを強いられるのだろうか？　確かだと思われるのは、以後数年間にわたってクリシュナの肉体に起こったことが何であれ、それは、彼の後の教えの源となった何らかの超越的な力またはエネルギーのための経路に彼がなることを可能にしたということである。

第6章　「孤立感……」

続く二月に、パイン・コテージ〔山荘〕とそのまわりの、より大きな家を含む六エーカーの土地を購入する機会が訪れた。クリシュナがこれを入手したいという願いを表明し、そこで起こったすべての出来事の後、いかにこの場所が神聖になったかを指摘した時、ミス・ドッジによって資金が提供された。クリシュナは大きい方の家を「アーリヤ・ヴィハーラ」（高貴な修道院）と呼び、すぐ後にさらに七エーカーが購入され、財産を保持するために「ブラザーズ・トラスト」（兄弟信託）が設置された。クリシュナの生涯を通じて、お金は、必要な時に寄付や遺贈の形でやって来た。そして後には、彼は自分の本からお金を作った。けれども彼は、ミス・ドッジからの五百ポンドの年金以外は、けっして自分自身のために確保することはなかった。

一九二三年の初めから、クリシュナはオーハイから精力的に働き始め、何十通もの公式の手紙を扱い、『ヘラルド』誌に月毎の論説を書き、カリフォルニアの星の教団を改造し、近隣で講話をし、インドの学校のための募金をした。五月には、エイブラムズ博士によるさらなる診察の結果、再び治療すべきだと言われたニティヤと一緒に、彼は米国内を巡回旅行し、最後に神智学総会のためシカゴに到着した。彼らは、七月の神智学協会および星の教団のウイーンでの大会に出席するようあらかじめ手配されていた。エミリー夫人はプリマス〔イングランド南西部の港市〕で彼らに会い、ベサント夫人に次のように報告した。クリシュナは、たぶんより美しくなった以外、外面的にはほとんど変化していないように思われた。が、「制御されてはいるがしかしとてつもない凝縮したパワーが彼の中を流れていることに、人はあらゆる瞬間に気づきました。」大会後、クリシュナはヘレン・ノース〔彼女は当時アムステルダムにいた〕と再会することになっていたのだが、彼は自分が知られていないどこか静かな場所で「家族」休暇を持てないだろうかと尋ねた。ジョン・コードの友人が、オーストリア側のチロルにあるエールヴァルトという村の外側にある「ヴィラ・ソンブリック」という名の山荘〔シャレー：屋根の突き出たスイスの田舎家。シャレー風の家〕をクリシュナが自由に使えるように計らい、そこで彼とニティヤは友人たちの一行と共に七週間過ごした。この一行はエミリー夫人、私の姉ベティーと私、ヘレン、マー・ド・マンツィアーリー、ラジャゴーパル（この当時ケンブリッジに在学していた）、コードおよびイギリス人の少女ルース・ロバーツ（クリシュナがシドニーでちょっとした恋心を通わせ合った相手）から成っていた。クリシュナ、ニティヤ、エミリー夫人、ヘレンおよびラジャゴーパルはソンブリックに滞在し、そこで一行全員が食事をとったのだが、私を含む彼ら以外の人間は別の山荘に泊まった。最初の二週間は本当に幸福な休日だった。それは山歩きには申し分のない場所で、ラウンダーズ球技ができる平坦な野原があった。山中のピクニックでは、クリシュナ、ニティヤおよびラジャゴーパルがよくインドのマントラを詠唱し、それはとりわけ森の中を美しく伝わっていった。

それから八月中旬に〈プロセス〉が再び、毎晩本格的に始まり、九月二十日まで続いた。クリシュナというよりはむしろ「フィジカル・エレメンタル」は、彼が「出かけて」いる時、今度はヘレンを母親と間違えた。エミリー夫人は、すべての出来事を詳述した日記形式の手紙をベサント夫人に送った。「あんなにも優雅さと美しさと活力をみなぎらせて彼〔クリシュナ〕が跳ぶように丘を下りて来るのを見ていると、」彼女は書いた。「彼の哀れな肉体が毎晩耐えていることなどほとんど信じられません。」ある晩の責め苦の後、彼は叫び、「これほどひどかったことはない」と言った。ニティヤは後で次のように書いた。「エールヴァルトでの最後の数日間は、苦痛が依然としてかなり激しいにもかかわらずクリシュナの意識を覚ましたままにするという実験を〈彼ら〉は試みましたが、しかしこの意識は一回に十秒か二十秒しかもたず、苦痛があまりにも激しくなるやいなや、クリシュナは肉体を離れてしまうのでした。」

九月二十日の晩、おそらくクートフーミ大師からのものと思われるニティヤ宛のメッセージをクリシュナが「もたらし、」ニティヤはそれを書き留めた。

ニティヤ、よく聞きなさい。ここではこれでお終いにし、これをもって最後の晩とするが、それはオーハイで続けられるであろう。が、これは汝ら次第である。汝らはともにより多くのエネルギーを持つべきである。成功は、汝らが来月することにかかってくるであろう。何ものも邪魔に入らせてはならない。それはここでは成功だった。が、オーハイでの成否はもっぱら汝らにかかっており、そこでは、もし汝らの準備ができたら、より一層の激しさで継続されるであろう。

汝［ニティヤ］がこの場所を去る時には、細心の注意を払わなければならない。それは型から取り出されたばかりの新しい壺のようなもので、いかなる悪い振動もそれにひびを入れかねないからである。そしてこれ［ひび入り］は修理および作り直しを意味し、それには長い時間がかかるであろう。もし汝がしくじれば、それは何もかも初めからやり直すことを意味するであろう。

このメッセージは、文体がクリシュナのそれにもニティヤのそれにもまったく似ていないという点で、特に興味深い。

エールヴァルトを去った一行のほとんどは、オランダのエルダー城にヴァン・パラント男爵の客として滞在するために出かけた。男爵はその財産をクリシュナに提供していた。それが私邸として使われたのは、その時が最後だった。クリシュナを長とする信託《トラスト》団体が結成され、そこに不動産が譲渡され、エルダー城は東方の星の教団の国際本部になった。

〈プロセス〉がオーハイで続くことになると信じていたニティヤは、そこでもう一人イニシエートを持つ必要があると感じ、そこでラジャゴーパル（英国に来る前にイニシエートになっていた）はケンブリッジから一年間の休学許可を得て、彼らに同行した。彼らは今度はアーリヤ・ヴィハーラに住み、一方ロザリンドは母親と一緒にパイン・コテージに住んだ。（ヘレンはニューヨークの実家に行かなければならなくなった。）

彼らの到着後すぐに〈プロセス〉が再び始まり、あまりにもひどかったので、初めてニティヤは心配になり、リードビーターに手紙を書いて、これで万事「大丈夫」なのかどうか不安げに尋ねた。クリシュナは今度は、ますます激化していく苦痛を自分自身で耐えるようにさせられつつあった。「このごろは、」とニティヤはリードビーターに告げた。「ヘレンは彼に付き添っていませんし、ロザリンドは私たちの隣室にいますが、彼は彼女を望んでいないようです。苦痛が去った後、クリシュナは肉体を離れ、すると肉体は憔悴してやるせなさそうに泣くのです。彼は自分の母親を呼び、そして彼がロザリンドではなくヘレンを望んでいることがわかりました。クリシュナの肉体が時々言うことからなんとか理解するかぎりでは、肉体に施されねばならない作業がまだたくさんあり、多分何ヵ月もかかることになりそうです。

十一月二十六日、クリシュナの肉体はあるメッセージを「もたらし、」ニティヤはそれをリードビーターへの右の手紙に含めた。「今実施されている作業はとてつもなく重要で、かつきわめて微妙なものである。この実験が実施されるのは世界で初めてのことである。家の中のあらゆるものはこの作業に道を譲らねばならず、誰の都合も――クリシュナのそれさえ――考慮されてはならない。」

不思議なことに、リードビーターはこの不思議な現象を自ら目撃するためにオーハイに行くことを欲しなかった。彼は単に、ベサント夫人に書いた手紙の中で「この出来事の全体にひどく困惑しています……私自身が教えられてきたことにまったく反しているのです。万事申し分ないとあなたが私に請け合ってくれることを切に望みます。」ベサント夫人は当時彼女のオカルト・パワーを棚上げにしていたが、どうやら彼を安心させることができたらしく、その時以降リードビーターはクリシュナへの全責任を彼女に託した。ニティヤ宛に彼は書いた。「われらが愛するクリシュナの中で起こっている恐ろしいドラマは私の理解を超えています。」

〈プロセス〉が二ヵ月間進行した後の一九二四年初め、クリシュナはエミリー夫人に次のように書き送った。

私はますます神経過敏になり、ますます疲れてきています。あなたや他の人たちがここにいてくれたらいいのですが。私はこのごろ非常にしばしば泣き出したくなるのですが、それは今までなかったことです。それは他の人々にとっても私自身にとっても困ったことです。ヘレンがここにいてくれたらいいのですが、それは不可能事ですし、また多分〈彼ら〉は、私が先に進むのを誰かが助けることを望まないでしょう。ですから私はそれをすべて自分自身でしなければならないのです……どれほど懸命にやってみても、そこには孤立感があるのです。野原にぽつんと立っている松の木のそれのような。……ここ十日間、文字通り悪戦苦闘の連続でしたが、私の背骨と首はとても強くなっていき、そして一昨日、私は途方もない夜を迎えました。得体の知れない球状のものが私の背骨を上っていって首筋に達し、それから二つに別れて、一つは頭の右側に、もう一つは左側に行き、とうとうそれらは両眼の間［眉間］、ちょうど鼻の上で出会ったのです。そして私は〈ロード〉と大師を見ました。それは途方もない夜でした。もちろん、すべてが極度に苦痛に満ちていました……が、間違いなく、私たちは間もなく休日を迎えることでしょう。

クリシュナはこの体験をベサント夫人に伝え、またニティヤも彼女にそれについての報告をした。ニティヤは、それは「第三の眼」の開眼だと推測した。ヨーガ文献では、「第三の眼」はしばしば「シヴァの眼」として言及されている。それは額の真中にあり、そしてクンダリニーのように、透視力と関連している。「クリシュナの透視はまだ始まっていませんが、」とニティヤは言い添えた。「それはもはや単に時間の問題でしょう。私たちがここに来てからこれまでに、百十夜にわたってプロセスが起こったのです。」

ロック博士がオーハイに着いたのは三月の末だった。彼女は、リードビーターに頼まれて、当時住んでいたシドニーから、クリシュナについて報告するために派遣されたのである。彼女は二週間滞在して、毎晩「プロセス」を観察した。クリシュナはエミリー夫人に「彼女は事の全体にひどく感動しました。私たちは少しも気が狂ってなどいないのです。」ロック博士は、四月十一日――「私たち全員にとって素晴らしい夜」を迎えたとニティヤがベサント夫人に告げた日――にもまだそこにいた。その夜、クリシュナはあるメッセージを「もたらし」、そしてニティヤはその最初の部分はロード・マイトレーヤご自身からのものだと信じた。

わが息子たちよ、汝らの忍耐と勇気に私は満足している。それは長い悪戦苦闘であったが、〈われわれ〉に関するかぎり、それは素晴らしい成功であった。多くの困難があったが、〈われわれ〉はそれらを比較的容易に乗り越えてきた。……汝らはよくそれを切り抜けてきた。準備がすっかり整ったわけではないが。……長きにわたって引き延ばされ、汝らには明らかに果てしがないと思われたに違いない苦痛を与えたことを申し訳なく思うが、しかし大いなる栄光がわれわれ一人ひとりを待ち受けているのだ。……わが祝福を汝らに与える。

〈われわれ〉は後日再開することにするであろうが、汝らが〈私〉に会うであろう、ウエサク［Wesak：五月の満月の晩に催されるオカルト大祭で、その年は五月十八日に当たっていた］の前にこの場所を去ってヨーロッパに向かうことを私は望まない。〈われわれ〉は汝の体内の三つの場所を保護してきたが、間違いなく苦痛は避けられないであろう。それは手術のようなものである。それは終わるかもしれないが、汝は後でその影響を感じざるをえないであろう。

あいにく、ロック博士が〈プロセス〉のことをどう思ったかについての彼女自身からの説明は何も得られていない。

兄弟は、ラジャゴーパルおよびニューヨークで彼らと出会ったヘレンと共に、六月十五日に英国に到着した。ベサント夫人も英国におり、兄弟は彼女の絶え間ない活動に巻き込まれ、それはオランダのアルンヘムでの神智学協会および星の教団の大会と、それに続くオーメンでの第一回キャンプ〔集会〕で最高潮に達した。オーメンは、エルダー城から一マイル離れた所にある、ヴァン・パラント男爵から寄贈された土地の一部の上にあった。このキャンプは、以後、大戦直前まで年一回の恒例行事となった。

この後クリシュナはとうとう、切望していた「家族」休暇を楽しむ自由を得た。その年に選ばれた場所は、ドロミティ（アルプス）内のペルジーネ村の上手の、切り立った丘の頂上にある十一世紀の城郭ホテルだった。一行は、マー・デ・マンツィアーリーを欠き、イタリア人女性が一人と数人のインド人の友人が加わった以外は、前年のそれと同じだった。われわれは、銃眼付き胸壁の角にある二つの塔ならびにホテル内の数部屋を占有し、広大なダイニング・ルームの突き当たりで食事をしたが、そこは他の客から仕切られており、オーストリア人のベジタリアン・コック付きだった。城の真下には、エールヴァルトにあったようなラウンダーズ球技用の平坦な原っぱがあった。が、クリシュナは、〈プロセス〉が再び始まる前に一週間にも満たない猶予しか与えられなかった。〈プロセス〉が始まった時、その塔の占有者たちはホテル内で夜食を共にしに来なかった。われわれ残りの者たちは、何か——クリシュナの身体をロード・マイトレーヤの占有に備えさせるための何か——が毎晩進行していることを知っていたが、しかし私が〈プロセス〉について告げられ、またオーハイの体験についてのクリシュナとニティヤの報告が私に音読されたのは翌年になってからだった。

その年の休日には明確な目的があった。四人の少女——ヘレン、ルース、ベティおよび私——は、クリシュナの促しでシドニーに行き、そこでリードビーターによる弟子道 Path of Discipleship に沿って「向上させられる」ようにすべきだと決められていた。（兄弟が六月にオーハイを離れた時、ロザリンドはすでにそこに行っていた。）その夏にベサント夫人と一緒にクリシュナが出かけた様々な場所での彼のすべての公開講話は、弟子道のためには、向こう見ずに行動し、危険を冒して生き、窓から飛び出し、自分自身を根本的に変えることができるほど十分に強く感じることが必要だと強調した。ペルジーネでは、エミリー夫人の提案で、今度はそうした線に沿って彼はそこに集まった一行に向かって話し始めた。朝のラウンダーズ・ゲームの後、彼はよく原っぱのリンゴの木の下に坐って、目指すべき資質をわれわれにたたき込んだものである。彼は少女たちに、結婚やわが家を望むことは人間としてごくまっとうなことだが、ロードがやって来た時は、これらのものを望みながら、なおかつロードに仕えることはできなくなると言い聞かせた。もしも彼女たちがその二つの生き方のどちらをもてあそぼうとすれば、彼女たちは中産階級的《ブルジョワ》になり、そして凡庸さほど始末に負えないものはない。が、彼女たちは頑《かたくな》になってはならない。愛と輝かしい幸福によって成長すること、それが成長するための唯一の道なのである。完全な精神的および肉体的純潔もまた不可欠だった。

十六歳になったばかりの私を最年少とする四人の多感な少女たちが、女子修道院の外で純潔な人生を生きるように教えられていたのだ。性《セックス》と結婚に対するクリシュナの態度は数年後には変わることになったが、一九二二年にマー・デ・マンツィアーリーが婚約したということを聞いた時は、彼女は自殺した方がましだとまで彼は言った。（婚約は、彼女がエールヴァルトに行く前に急に取りやめになった。）ペルジーネでは、彼はわれわれ全員に対して非常につらく当たり、気にさわる不愉快な真実をわれわれに告げて、しばしばわれわれを泣かせた。彼は、われわれ全員がおそろしく感応が遅いことを見出した。彼はエミリー夫人に、言われたことをただ吸い取っているだけのたくさんのスポンジに向かって話しているようなものだと言った。彼は、われわれをもっと「へこませる」ことができればと願っていた。「君たちは、闇の中を手探りして、自分自身で明かりを点すかわりに、暗い部屋の中で誰かが君たちのために明かりを点すのを待っている人々のようなものだ。[19]」

けれども、彼の辛辣さにもかかわらず、われわれに対する彼の愛と、われわれが美しい人間へと成長すべきだという彼の切望――われわれが「凡庸」になってしまうことへの彼の大いなる危惧――を人は感じた。

〈プロセス〉は九月二十四日に止み、その時クリシュナは、ロード・マイトレーヤからのものと彼が信じたメッセージを「もたらした。」


〈私〉に仕えることを学べ。その〈道〉を辿ることによって汝らは〈私〉を見出すであろうから。

汝ら自身を忘れよ。その時にのみ〈私〉は見出されるからだ。

〈偉大なる方々〉を探し求めてはならない。〈彼ら〉が汝らのすぐそばにいるかもしれない時に。

汝らは、日光を求める盲いた人のようだ。

汝らは、食べ物を供されたのにそれを食べようとしない飢えた人のようだ。

汝らが求めている幸福はずっと遠くにはない。それはありふれたどの石の中にもある。

もしも汝らが見さえすれば、〈私〉はそこにいる。もしも〈私〉が助けることを汝らが許せば、私は助け手になる。

他のメッセージからは非常に異なったこれらの詩句は、間もなくクリシュナが書くことになる詩に文体がより一層近づいている。

第7章　「古い夢は過ぎ去った」

エミリー夫人の夫は、シドニー計画のことを聞いた時それに強く反対したが、ミス・ドッジがエミリー夫人と四人の少女たちの往復運賃支払いを申し出た時、彼の結婚を解消するというリスクなしにそれを阻止すべく彼にできることは何もなくなった。彼の反対にクリシュナが気づいていたかどうかは疑わしい。というのは、彼は弟子志望者に関しては結婚に反対だったが、しかし家庭破壊者ではなかったからである。

クリシュナとニティヤは、エミリー夫人と四人の娘と共に、〔一九二四年〕十一月二日にベニスからボンベイに向けて出発した。（ラジャゴーパルは、彼の最終学年のためにケンブリッジに戻っていた。）航海の最後の日にニティヤは突然喀血した。それからの十二ヵ月間は、クリシュナにとって、とても愛していたこの弟への深い憂慮の日々となった。

われわれは、翌年シドニーに行く前に、先ずアディヤールに、それからデリーに滞在することになった。マダム・デ・マンツィアーリー、マーおよびヨーが待ち受けていたアディヤールに到着後すぐに、クリシュナの〈プロセス〉が再び始まったが、この度は、ルースと共にシドニーに直行していたヘレンからの助けは得られなかった。その上、ニティヤは再び容態が悪化して、マダム・デ・マンツィアーリーと共にオータカムンドに行っていたので、彼からの助けも得られなかった。「おそらくいつの日にかそれはすっかり止むでしょうが、」とクリシュナは〔一九二五年〕一月にアディヤールから、デリーにいたベサント夫人宛に書いた。「今のところはかなりひどい状態です。仕事などとてもできません。今やそれは昼夜の別なく起こっているのです。」が、それは以前ほど激しくはなくなっていた。これを書く少し前に、クリシュナはかねてからの念願だった大学建設のための用地を探すため、彼の生地であるマダナパールに出かけた。彼は、町から約十マイル離れた、海抜二千五百フィートの高さにあるテットゥー渓谷に美しい場所を見つけた。翌年彼は、そこに三百エーカーを購入するためのトラストを結成することができた。そこはリシコンダ Rishi Conda 山が見下ろす場所にあったことから、彼はそれをリシヴァレーと改名し、そこに大学ではなく学校が設立された。それは、クリシュナが設立することになった合わせて八校中の最初のものとなった。

兄弟はシドニーでの四月の神智学総会に出席するよう招かれていたので、ルティエンス一家と共にそこに向けての旅に乗り出した。依然として非常に具合が悪かったニティヤの世話を助けるため、ラジャが彼らに同行した。シドニーのある専門医が、彼が切り抜けるためには全力を尽くす必要があり、直ちに都市を離れねばならないと断言したので、そこで彼は［オーストラリア南東部の］ブルー山脈中にあるルーラまで上り、そこで高級な丸太小屋が彼のために確保された。まだシドニーにいたロザリンドが彼の看護婦として、付き添いの既婚婦人と共に彼に同行した。クリシュナは彼の時間をルーラとシドニーとの間で使い分けた。クリシュナは少女たちがシドニーに来られるようにできるだけのことをしたが、彼がそこの教会の雰囲気を嫌悪しており、また、彼のことを破壊的影響を及ぼす存在だと察知したリードビーターによって歓迎されていないことは明らかだった。モスマンの郊外にある「ザ・マナー」［訳註1］に集っていた大きな共同体の他のメンバーたちと一緒に風通しの悪い［蒸し暑い］部屋に坐って瞑想しようとしていたわれわれに向かって、彼は窓越しによくニヤッと笑いかけ、ウインクしたものである。[20] リードビーターの手ほどきに従って「道Path」を一歩一歩前進していくことに全員が熱中していることに、彼はどうにも我慢がならなかった。それは嫉妬や俗物根性の温床にもなっていたのである。クリシュナに比べると、ザ・マナーの誰もが粗野で凡庸に思われた。彼はリードビーターに〈プロセス〉について話そうとしたが、後者は助けになりそうな見解を何も持ち合わせていなかった。それはまったく彼の体験の範囲外のことであり、間違いなくイニシエーションに必要な準備ではなかったのである。

オーストラリアの多くの場所で、クリシュナの仕事のために何区画もの土地が彼に寄進され、白い石造の大円形劇場が、ザ・マナーに程近いバルモラル港の外れの輝かしい敷地にちょうど建てられたところで、ロードがやって来た時にはそこで語るだろうと期待されていた。これを含む土地が、クリシュナの要請でいくつかのトラストによって保有された。

六月までに専門医は、ニティヤが旅行に十分なほど回復したと見なした。兄弟が、ロザリンドおよび神智学徒であるスエーデン人医師と共に、六月二十四日にサンフランシスコに向けて出航した時、私は自分の人生から光が永久に消え去ってしまったと感じた［訳註2］。多分シドニーで第一イニシエーションを通過していた私の母は、ヘレン、ルース、ベティおよび私をザ・マナーに残して、すでに英国に戻っていた。

［訳註］

（1）The Manor：Manorは英国封建社会の荘園領主の広壮な屋敷のこと。

（2）著者のルティエンスは当時ニティヤに恋していたので、自分ではなくロザリンドがあらかじめ彼の世話役に選ばれていたと聞かされて、嫉妬のあまり自殺したいとさえ思ったと『目覚めの時代』に記している。

当時ニティヤがますます衰弱していたので、それは不安に満ちた航海となった。その終わり頃クリシュナはベサント夫人に宛てて書いた。「私たちは切り抜け、そしてニティヤはもう一度よくなるでしょう。愛する母上、非常に心配な時が続きましたし、今もそうですが、あなたと大師たちがついてくださっています。」オーハイでわずか二週間ながら連日エイブラムズ式治療を受けた後、ニティヤの容態は改善した。しかしながら容態の軽減は一時的で、ニティヤがまったくベッドを離れられないほど衰弱してしまったので、その後三ヵ月間、クリシュナの全精力は彼の看病に費やされた。ニティヤが死ぬことを大師たちが許さないだろうとベサント夫人とリードビーターの両者によってもし請け合われなかったら、クリシュナは絶望してしまっただろう。彼の生命はかけがえのないものだったのだ。

その間、ベサント夫人はクイーンズ・ホールで講演するため、シヴァ・ラオと共に英国に行っていた。妻のルクミニと共に世界講演旅行中だったジョージ・アランデールが、オランダのエルダー城からさほど遠くないフイゼンにある神智学コミュニティに滞在していた。そこは、神智学徒でリベラル・カトリック教会の司教《ビショップ》、ジェームズ・インゴール・ウェッジウッドによって運営されていた。リードビーターの以前の弟子で、リベラル・カトリック教会の司祭《プリースト》である、オスカー・ケラーストロムという名の若いノルウエー人もフイゼンにいた。アランデールはロンドンのベサント夫人に電報を打ち、驚くべきことが起こりつつあると伝えた。オスカーが第三イニシエーションを、ウエッジウッドが第二、そしてルクミニが第一のそれをちょうど通過した。クンダリニーがウエッジウッドとルクミニの中でちょうど覚醒させられた、と。(アランデールはすでに第二イニシエートであり、彼およびオスカーはともに透視力を獲得したと公言した。)もう一本の刺激的な電報後、ベサント夫人は彼女のクイーンズ・ホールでの講演を取り消し、エスター・ブライト、エミリー夫人、シヴァ・ラオおよびラジャゴーパルを連れてフイゼンに行った。

ベサント夫人が到着してから二日後の七月二十六日、アランデールは司祭に叙《じょ》せられ、ミス・ブライト、エミリー夫人およびラジャゴーパルは第二イニシエーションを通過したと言われ、そして八月一日の夜、アランデールとウエッジウッドは第三イニシエーションを、ルクミニは第二のそれを通過した。四日にはアランデールが司教に任ぜられた。この処置へのリードビーターの同意が電報で求められていた。何の返事も来なかった時、アランデールは、アストラル界でリードビーターの「心からの同意」を受けたと主張した。彼らが儀式から戻った時、ベサント夫人は、処置を強く非難するリードビーターからの電報を見つけた。フイゼンの出来事のどれもリードビーターによって正式に認められてはいなかったのである。

アランデールは大師たちからの指示を「もたらし」続けた。イニシエートはそれ以外の者と同室すべきではないこと。すべてのリベラル・カトリックの司祭は絹製の下着を着用しなければならない（これは貧しい司祭たちには非常に厳しかった、とエミリー夫人は注記している）。コープ〔聖職者が行列などで身に着ける（マント形の）大外衣〕を慎重に選ばねばならないが、帽子はかぶらないこと（ミス・ドッジは、司教用の豪華な礼服を購入するよう求められた時、初めてびっくりした。）ベサント夫人、ウエッジウッドおよびアランデール夫妻は、いかなる形で卵を食べることもやめるよう告げられた。（エミリー夫人によれば、ベサント夫人だけがこの指示を厳守し、その結果、それ以降彼女は半ば絶食状態になった。）

八月七日の夜、クリシュナ（オーハイで）、ラジャ（インドで）、アランデールとウエッジウッドが、第四イニシエーション、つまりアルハット・イニシエーション〔訳註3〕を通過したとアランデールによって言われ、そして二夜後には、ロードの〔到来した際に共に働くことになっている〕十二使徒のうちの十人の名前をアランデールは「もたらし」た。それはベサント夫人、リードビーター、ラジャ、アランデール、ウエッジウッド、ルクミニ、ニティヤ、エミリー夫人、ラジャゴーパルおよびオスカー・ケラーストロムだった。クリシュナは顧慮されていなかったが、しかし彼がアストラル界でそのすべてを承知していることはもちろんのことと思われていた。

『ヘラルド』六月号の中でアランデールは、クリシュナはニティヤの健康上の理由からその年のオーメン・キャンプに出席できないだろうが、ベサント夫人と自分は出席するだろうと発表し、また全員がそれに出席することを特別な義務と見なすことを彼は望んだ。それゆえ取り消しは少なく、そして八月十日にはフイゼンの一行はオーメンに移動し、その日の午後にキャンプと総会が開催された（ベサント夫人は〔エルダー〕城に滞在していた）。翌日の講話の中でベサント夫人は、ロードはすでに彼の使徒を選んでいるが、しかし彼女はそのうちの七人の名前を発表することしか許されていないと公表した。その七人とは、すでにアルハットになっていた彼女自身とリードビーター、ラジャ、アランデール、クリシュナ、オスカー・ケラーストロム、および数日中にアルハットになるであろうルクミニであった。[21] 夫人は、後で指摘されるまで、自分がウエッジウッドを除外し、クリシュナを彼自身の使徒の一人に指名してしまったことに気づかなかった。彼女は、十四日の別の公

〔訳註〕
（3）神智学では、アルハット Arhatは最高の道に入り、解脱に達した聖者のこと。

開講話中でこれらの誤りを修正した。キャンプはその日に解散し、フイゼンからの一行はそこに戻って行った。アランデールは興奮して言い続けた。「何か他のことが起こったのを私は知っていますが、それは不可能に思われます。」翌朝ベサント夫人はエスター・ブライト、エミリー夫人、ルクミニおよびシヴァ・ラオを彼女の部屋に呼び、彼女、リードビーター、クリシュナ、ラジャ、アランデール、ウエッジウッドおよびオスカーの全員が十三日の夜に彼らの最後の第五イニシエーションを通過したが、しかしそれによって彼らがなんら特別扱いされることになるわけではないと、はにかみがちに告げた。

エミリー夫人は当時のフイゼンでのヒステリー沙汰に巻き込まれており、それについてクリシュナに熱狂的に書き送っていた。彼は電報で返事をよこし、リードビーターがこれらすべての出来事を正式に認めたのかどうか彼女に尋ねた。彼女は、ベサント夫人自身がそれらの発表を行なっていたと電報で返事をし、「彼女を信頼しなさい」と言い添えた。エミリー夫人がロンドンに戻ると、クリシュナからの懐疑に満ちた、非常に悲痛な手紙が彼女を待っていた。彼女は、彼の要請で、この気違いじみた時期の彼女宛の彼の手紙をすべて破棄した。それらが人手に渡って、アランデールが「もたらした」すべてのことを正式に認めるよう手紙で彼に懇請していたベサント夫人を傷つけるかもしれないと彼は恐れたのである。彼女を傷つけたくなかったので、彼は自分がニティヤの世話で忙殺されていたので、そのどれにも気づかなかったとだけ答えた。以前から彼は、ニティヤの看護の助けとしてラジャゴーパルをオーハイに派遣してもらえないかどうか尋ねていた。この要請は了承され、キャンプが開催される前にラジャゴーパルはアメリカに向けて出発した。

ベサント夫人は、神智学協会の創立五十周年記念としてアディヤールで開催される総会のため、その冬クリシュナが彼女と共にインドに行くことを懇望した。彼は少しもニティヤのそばを離れたくなかったが、十月末にニティヤが徐々に回復しているように思われ、そしてマダム・デ・マンツィアーリーが彼の世話をするためオーハイに行くことを申し出てくれたので、クリシュナは、ベサント夫人を喜ばせるため、ロザリンドおよびラジャゴーパルと一緒にいやいやながら英国にやって来た。彼が到着するやいなやエミリー夫人は彼と長々と話し、彼がフイゼンとオーメンでの最近のすべての出来事についてひどく不愉快になっていることに気づいた。彼にとっては美しく、内密で、神聖な何かが、公然と醜悪で、低俗で、滑稽ものにさせられてしまったのである。エミリー夫人は彼に、自分が感じていることをなぜベサント夫人に告げないのかと尋ねた。そんなことをして何になるというのですか、と彼は言った。彼らはただ「黒い力《ブラック・パワー》」が彼に取り憑いたと言うだけでしょう、と。それでも彼は何度かベサント夫人にあえて告げてみたが、彼女がそれを受け入れたようには思われなかった。エミリー夫人は、ベサント夫人がアランデールによって催眠術をかけられ、そして滑稽なほど彼女自身がだまされやすくなっていたのだと感じた。

十一月八日にナポリからコロンボに向けて出航した一行は、ベサント夫人、クリシュナ、エミリー夫人、ロザリンド、ラジャゴーパル、シヴァ・ラオ、ウエッジウッド、アランデールおよびルクミニから成っていた。二人の司教［アランデールとウエッジウッド］は、長い赤の法衣姿でナポリを歩き回りながらクリシュナに、もし彼が自分たちのことを「アデプト Adept」［訳註4］および彼の選ばれた使

［訳註］

（4）神智学では、アデプトは、イニシエーションの段階に達し、秘教哲学という科学に精通している存在を指す。

徒として承認すれば、ニティヤの生命は奪われずにすむだろうと告げた。クリシュナはそんなことをしようとせず、彼らに話しかけないようにした。シヴァ・ラオは、ニティヤを救うための大師たちの力をクリシュナが疑ったことは一瞬たりともないと信じていた。が、十三日の夜、ちょうど彼らがスエズ運河に入った時、ニティヤの死を告げる電報がベサント夫人に届けられた。クリシュナと同じ船室にいたシヴァ・ラオによれば、続く十日間は苦悶に満ちていた。夜になるとクリシュナはすすり泣き、うめき、そして時々、目覚めた意識状態では話すことができない彼の出生地のテルグー語で、ニティヤを求めて叫んだ。しかしながら、一行がコロンボに着くまでには、彼は自分の悲嘆をほとんど祝福とも言えるものへと変え、そしてニティヤについての一篇の文章を書き、それは『ヘラルド』一九二六年一月号用の彼の論説の中で公表された。

われわれ二人の兄弟のこの世での楽しい夢は終わった。……二人にとって沈黙は特別な喜びであった。その時二人はお互いの考えや気持ちを容易に理解できたからである。たまに苛立つことはもとよりあったが、それはほんの数分も経てば消え去り、二人はまた仲良く流行歌を口ずさんだり、詠唱に時を忘れたりしたものである。われわれは二人とも同じ雲、同じ木そして同じ音楽が好きだった。気質は違っていたが、人生を愛する点では同じだった。われわれはなぜか難なくお互いに理解し合うことができた。……幸福な生活だった。が、私はこれから死ぬまでこの世で弟に会うことはないのだ。

古い夢は過ぎ去り、新しい夢が芽生えつつある。固い大地を突き抜けて一本の草花が顔を出すように、新たな視界が開け、新たな意識が生まれつつある。……苦悩から生まれた新たな力が血管を脈打ち、過去の苦しみから新たな共感と理解が生まれつつある。他の人々の苦しみを軽くし、たとえ苦しむとしても彼らがそれに気高く耐え、あまりにも多くの傷跡を残さずにそれを抜け出してほしいと、より一層願うようになった。……肉体的には引き裂かれはしたが、しかしわれわれはけっして別々ではない。われわれは一つになったのである。クリシュナムルティとして、私はこれまで以上の熱情と、信念、そしてこれまで以上の共感と愛を具有するに至った。なぜなら、私の中には今やニティヤナンダの身体、存在も溶け込んだからである。……私は依然として泣くことを知っているが、しかしそれは人間的なことである。今や私は、これまで以上の確信をもって、外部のいかなる出来事によっても壊されえない真実なる生の美、真の幸福、束の間の出来事によってけっして弱められることのない偉大なる力、そして永遠にして不壊であり、何ものにも屈することなき大いなる愛があることをはっきりと感ずる。

ニティヤの死はベサント夫人にとってひどいショックだったが、彼女の信頼の土台を削り取りはしなかった。これに反して、その時以後クリシュナは、ロード・マイトレーヤおよび乗り物［器］としての彼自身の役割への信頼は失わなかったが、リードビーターによって提示されたものとしての大師たちへのそれはなくしたように思われる。アランデールとウエッジウッドは、ニティヤが死んだのはクリシュナが彼らを承認しなかったからだときわめてはっきり表明した。

リードビーターは、ヘレン、ルース、ベティおよび私を含む七人の一行と共に、数日後コロンボに到着した。われわれはメルボルンでニティヤの死のことを聞いていた。アディヤールに行っていたベサント夫人、クリシュナ、その他が、われわれに会うためにコロンボに戻った。クリシュナに対するリードビーターの挨拶は、「少なくともあなたはアラハットです」だった。

インドに渡航した後、一行全員のためにマドラス行きの特別列車が用意され、どの駅でも群集、花輪および平伏での出迎えがあった。私がニティヤを熱愛していたことを知っていたクリシュナは、列車の中で私の隣に坐った。「クリシュナはこの上なく優しくし、」と私は日記に記した。「そして私にニティヤのことを話した。彼らは今やいつも一緒なのだ。そしてK自身は今までよりずっと素晴らしく、ずっと柔和だ。」

アディヤールの状況は非常に痛ましかった。ルースは、フイゼンで発表されたイニシエーションのどれもリードビーターは信じていないことを明かした。それゆえ二分派――アランデール・ウエッジウッド派とリードビーター派――があり、クリシュナと彼自身の信奉者はその両者から距離を置き、そしてクリシュナへの愛と崇敬の念を少しもなくしていなかったベサント夫人は、その全員を和解させようとしていた。ある朝彼女は上のクリシュナの部屋まで行き、彼の手を取って彼女の応接間に連れて行った。そこにはリードビーター、ラジャ、アランデール、ウエッジウッドが召集されていた。夫人はソファーの彼女自身とリードビーターの間にクリシュナを坐らせて、彼が彼らを彼の弟子として認めるかどうか彼に尋ねた。彼は、多分ベサント夫人自身以外の誰も認めるつもりはないと答えた。(この出来事の記憶はクリシュナが終生忘れずにいた数少ないものの一つである。というのは、その後程なくして彼は事実上すべての過去の出来事を思い出せなくなるからである。)

神智学総会に続いて、十二月二十八日に星の教団の大会があった。三千人以上の出席を得て朝八時からバンヤン樹の下で開かれた最初の集会で、クリシュナが〈世界教師〉についての話の終りに近づいていた時、彼は突然変容した。彼は「〈彼〉は、欲し、願い、切望している人々の許にだけやって来るのです」と言っていたのだが、その時彼の顔は変化し、そして彼の声はとてつもない威厳とともに朗々と響き渡った。「そして私は、思いやりを欲し、幸福を欲している者、解放されることを切望している者たちのためにやって来る。私は改革するためにやって来るのだ。取り壊すためにではなく。私は、破壊するためにではなく、建設するためにやって来るのだ。[22]」

われわれのうちの、その変化に気づいた者たちにとって、それはぎょっとさせる瞬間だった。（ウエッジウッドとアランデールは、思うに、彼は単に経典を引用しているにすぎないと言った。）ベサント夫人は確かにそれに気づいた。星の教団大会の最後の集会で、彼女はついに次のように言った。「……［十二月二十八日の］その出来事は、選ばれた乗り物がはっきり聖別された［世界教師の用に供されるべく奉献された］こと……ずっと以前選ばれていた肉体が最終的に受け入れられたことを示しています。……〈到来 Coming〉が始まったのです。」そして『セオソフィスト』一九二六年一月号で、彼女は次のように書いた。「十二月二十八日にわれらが兄弟クリシュナジが彼の『演説』を終わろうとしていたまさにその時に、われらが〈世界教師〉たるロードが突然彼の身体を占有し、クリシュナジの文《センテンス》に割り込んで、二、三の文を語った時でさえ、なんの興奮も、なんの動揺もありませんでした。」リードビーターも同様に確信した。シドニーに戻ってから彼は、〈彼〉が五十周年記念［訳註5］総会で「一度以上〈乗り物〉」を用いたことには「疑いの『う』の字もない」と言明した。[23]

［訳註］

（5）リードビーターは「五十周年」に Jubilee という言葉を用いている。これはユダヤ史で「ヨベル［安息］の年」のことで、ユダヤ民族がカナンの地に入った年から起算して五十年ごとの年。そこから転じて、五十年祭をも意味する。

クリシュナ自身もなんの疑いも持っていなかった。アディヤールで開かれた星の教団各国代表者集会での講話で、彼は言った。「二十八日の記憶は、あなた方にとってあたかも貴重な宝石を見守っているかのようであるべきであり、それを見つめる都度あなた方は感激でぞくぞくしなければなりません。そうすれば、〈彼〉が再び到来する時、――そして、間もなく〈彼〉が再び到来すると私は確信しているのですが、――それはあなた方にとって、前回よりもずっと気高く、はるかに美しい出来事になるでしょう。[24]」さらに「一九二六年一月五日の」弟子たちの集会で彼は言った。「私は、個人的にはあの日からすっかり違ってしまったと感じます……水晶の花瓶、今やその中に世界中の誰もが花を活けることができるような、清められた広口瓶のように。そして花はその中で生き、けっして枯れることはないでしょう。[25]」

エミリー夫人は彼女の日記に、クリシュナが今や自分は貝殻のように感じる――それほど絶対的に非個人的《インパーソナル》になっている――と彼が彼女に告げたと書き留めている。どのように彼の顔も声も変わったかを彼女が彼に述べた時、彼は残念そうに言った。「それを自分で見ることができたらよかったのですが。」それはロード・マイトレーヤの顔だったと彼は信じていたのだろうか？　彼の人生のほぼ最後まで、ベサント夫人とリードビーターが常に気にかけていた「顔」の重要性を彼は強調していたが、しかしこれは彼が自分の全身に対してそうしていたように、常に非個人的に尊重していた彼自身の顔の美しさを指していたように思われる。身体はどうやら彼に預けられ、彼が世話をすることになっていたようだ。自分の身体からのこの完全な分離感覚は、彼の一生を通じて続いた現象であった。

第8章　「内面に絶え間ない動揺が」

クリシュナは五月までインドに留まり、それからロザリンドとラジャゴーパルと共に英国へと旅立った。（私の母、ベティーおよび私は一月末に出発し、ヘレンとルースはシドニーに戻っていた。）ラジャゴーパルが星の教団の組織統括書記官としてニティヤの後釜に坐ったことは自然に思われた。彼はまた同教団の「国際会計部長」という新しい役職にも就任した。彼は生まれながらの組織者で、クリシュナはすべての財政的業務を彼の敏腕に委ねることをこの上なく喜んだ。

クリシュナの要請で、ラジャゴーパルはその年のオーメン・キャンプ前に、エルダー城での七月三日から三週間にわたる集会の手配をした。出席への招待状がウインブルドンのウエストサイド・ハウスから特別な友人たちに送られ、彼らは食費および宿泊費として週当たり二ポンドの支払を求められた。多くの異なった国籍を持つ三十五名の人々が受諾した。マー・デ・マンツィアーリー、ジョン・コード、ロザリンド、ラジャゴーパルおよびルティエンス家の三人が含まれていた。城は当時までにはトラストによって電気および適切な配管設備が施されており（以前は石油ランプと、投下される餌をがつがつ食べる巨大な鯉がいる壕に直行している秘密の土牢があった）、いくつかの寝室が共同寝室に変えられていた。クリシュナだけが個室をあてがわれた。最初の三日間は、彼は気管支炎でベッドに寝ていた。その後は毎朝、広い客間で、ゴブラン風つづれ織り《タペストリー》の下のソファーの上に足を組んで坐ったまま、一時間ほどわれわれに話した。エミリー夫人、マーおよび私はそれぞれの日記に書き留め、ロードが何度か彼を通じて語ったという信念をそれぞれが独自に確認した。

天気は申し分なく、そしてわくわくしながらバレーボール試合に興じるのに十分なほどの人数がいた。「人がここで感じているように、肉体的、精神的、感情的に本当に生き生きと感じること以上に素晴らしいことはこの世にはない。Kが言ったように、終始あの幸福感を持つこと以上に。」と私は日記に書いた。私はこの集会中にクリシュナと非常に親密になった。エミリー夫人は彼女の日記に次のように書き留めた。最後の日の講話でクリシュナは「以前にはけっしてなかったような仕方で話したので、彼の意識とロードのそれとがこの上なく完全に融合していて、もはやいかなる区別もないと人は感じる。彼は言った。『私について来なさい。そうすれば私はあなた方に〈幸福の王国〉への道を指し示すであろう。私はあなた方一人ひとりにその庭への門の錠をあけることができる鍵を与えるであろう』、そしてロードの顔がクリシュナの顔を通して輝いた。」

クリシュナの友人や追従者たちのほとんどは、以後彼を「クリシュナジ **Krishnaji**」と呼んだ——接尾辞の「ji」は親愛な敬意を示している。本書中で彼のことをクリシュナと呼ぶことはあまりにも馴れ馴れしく、クリシュナジはあまりにもインド的であり、またクリシュナムルティはあまりにも長たらしい。それゆえ、本書ではこれ以降ずっと彼のことを「K」として言及することにする。彼自身も自分自身にそう言及していた。

キャンプが七月二十四日に開かれた時、エルダー城の一行は、城内に留まっていたKを除き、一マイル離れた松林の中のいくつかのテントへと移動した。約二千人【次頁、脚註1】が、美しく組織されたキャンプに出席した。ベサント夫人は、七月初めにヨーロッパに来た時、フイゼンに直行した。

にもかかわらず、彼女とウエッジウッドは、城に滞在中にキャンプ講話に出席した。キャンプの中央には荒削りの丸太で出来た円形劇場があり、天気が良い時はそこで集会が開かれ、そして毎晩、日が暮れるとキャンプファイアが焚かれた。彼はよくキャンプファイアのためにインド服に着替え、そして火の神アグニへの賛歌を詠唱しながら、高さ十五フィートの丸太のピラミッドに点火した。やがて火がめらめらと燃え上がると、彼は話し始めるのだった。

二十七日の夕方、エミリー夫人は、彼女の日記によれば、「クリシュナが現われた時、直接そこに〈彼〉［ロード］がいるように思われた。彼はとてもいかめしい顔つきをし、力がみなぎっているように見えた。」ジェノヴァ在住の英国人銀行家に嫁いだイタリア人女性で、Kがアディヤールにいた一九〇九年以来の彼の知己で、ペルジーネでわれわれと行を共にしたカービー夫人は、次のように書いている。その晩の彼の外見には普通でない威厳があり、そして彼の声にこもっている力は増し続け、より荘重かつより豊かに響き渡っていき、「とうとうロードがお出ましになり、〈彼〉が語っていたのです。……それが終わった時、私は自分が頭の先から爪の先まで震えていることに気づきました。」彼女が翌朝彼を見ると、「彼はいつもどおり親切で愛情深く、そして私が彼の外見全体がどう変わったかを彼に告げると、『私もそれを見ることができればよかったのですが』と彼は言いました。……クリシュナジは、まるでぜひとも休息を必要としているかのように見えました。……

【脚註】
（1）星の教団の一九二六年の年次報告書は、総会員数を四十ヵ国で四万三千人と報じた。そのうち三分の二は神智学協会会員でもあった。

なんという人生でしょう、気の毒なクリシュナジ。彼が「いけにえ《サクリファイス》」であることに疑問の余地はありません。[26]」

その晩の彼の講話の一部は以下のとおりである。

私は、あなた方がやって来て、私の窓から見るようにしていただきたい。それはあなた方に私の天国を見させ、あなた方に私の庭と住居を見させることだろう。するとあなた方は、重要なのは何をあなた方がするかでも、何をあなた方が読むかでも、あるいはあなたはこれこれである、またはこれこれではないという他の誰かの評言でもなく、〈真理〉が住まうあの住居に入ろうとする強い願いを持つことだということがおわかりになるだろう。……私は、あなたがやって来て、それを見ていただきたい。やって来て、それを感じていただきたい……そして私に「おお、あなたは違う、あなたは山頂にいる、あなたは神秘家だ」と言わないでいただきたい。あなた方は私に空言を与え、あなた方の言葉で私の〈真理〉をおおってしまう。私は、あなた方が自分が信じているすべてのものとの関わりを絶ってほしいとは思わない。私は、あなた方が自分の気質を否定してほしいとは思わない。私は、あなた方が自分が正しいと感じていないことをしてほしくはない。が、あなた方の中に幸福な人はおられるだろうか？　〈永遠《エターニティ》〉の味を味わったことがある人はおられるだろうか？……私はすべての人、本当に愛しているすべての人、苦しんでいるすべての人に属している。で、もしもあなた方が歩きたければ、あなた方は私と一緒に歩まなければならない。もしもあなた方が理解したければ、あなた方は私の精神《マインド》を通して見てみなければならない。もしもあなた方が感じたければ、あなた方は私の心《ハート》を通して見てみなければならない。そして私は本当に愛しているがゆえに、私はあなた方にも愛するようになってもらいたい。私は本当に感じているがゆえに、私はあなた方にも感じるようになってもらいたい。私はあらゆるものを愛おしく思うがゆえに、あなた方にもすべてのものを愛おしく思うようになってもらいたい。私は保護することを欲しているがゆえに、あなた方も保護すべきである。そしてこれが生きるに値する唯一の生であり、所有するに値する唯一の〈幸福〉である。[27]

講話が終わった時、ウエッジウッドがベサント夫人に寄りかかって彼女に何かをささやいているのが目撃された。彼女とKが城に戻るやいなや、彼女は彼に、彼を通じて語っていたのは彼女がよく知っている強力な黒魔術師《ブラック・マジシャン》だったと告げた。Kは、びっくり仰天して、もし彼女が本当にそう思ったのなら、自分は二度と公の場で話すことはしないと伝えた。黒魔術師が話に出されることはその後は二度となかった。私はたまたまその晩は城に泊まっており、Kはこの出来事のことを私に話し、「かわいそうなアンマ」と言った。彼は、夫人の精神が感化されやすくなっていて、ウエッジウッドが彼女に言ったことを何でも信じるようになっていたことに気づいたのである。

ベサント夫人は、突然、一九〇九年以来行っていなかったアメリカにKと共に行くことに決めた。講演旅行が彼女のために急遽手配され、そして彼女は、K、ラジャゴーパル、ロザリンドと共に八月二十六日に出発した。二十人の報道記者がニューヨークで乗船してきて、Kが仕立てのよいグレーのスーツを着ているのを見て失望した。あるジャーナリストは彼のことを「内気な、ひどくおずおずした、眉目秀麗なインド人の少年」と述べた。彼は次のような見出しにひどく当惑させられた。「星のカルト、来るべき神《ロード》の栄光を待望」「テニス用フランネル服姿の新しいメシア」「新しい神、プラスフォアーズ［訳註1］姿で登場」

ウォルドーフ-アストリア・ホテルでは、四十人の記者がK一人だけにインタビューした。ベサント夫人がいないと、彼はずっと内気ではなくなった。『ニューヨーク・タイムズ』は、多くの会見記者が「抜け目ない言い回しの質問で彼の揚げ足を取ろうとした。彼はすべての落とし穴を巧みに避け、意気揚々と切り抜けることによって、彼らの賞賛を博した。」と報じた。彼は、後年、この当時ある映画会社から、仏陀の生涯に関する映画で主役を演じるため週五千ドルの申し出があったとしばしば述べた。これは、もし彼がその気になればそれで生計を立てていけるだろうと彼に感じさせたので、彼を喜ばせた。

Kがサンフランシスコでベサント夫人に会い、喜々として彼女をオーハイに連れて行ったのは、夫人が三十回の講義をし終えた十月三日になってからだった。彼は、ラジャゴーパルと共に、バージニア州ウオーム・スプリングスで休息をとっていた。彼は一年間ほどオーハイを離れていた。そこに到着してから二日後、彼はエミリー夫人に書いた。「ここで私はニティヤなしにいます。……そこで彼が病気で寝込み、そこから彼が立ち去って行ってしまった部屋に入った時、私の肉体はおそらく泣いただろうと思います。奇妙なものです、肉体というのは。私は実は動揺していなかったのですが、私の肉体は普通ではない状態にあったのです。……私は彼が生身でいないことに慣れつつあります――そうするのはかなり難しいことですが。私たちは他のどこでよりも多くここで暮ら

［訳註］
（1）スポーツ用のゆるいニッカーズ。通常のものより四インチ長いことから。

し、共に苦しみ、共に幸福を味わったのですから。」

胸のあたりに痛む腫れ物（それは結局はひいた）があったため、ハリウッドの二人の医者が、Kが計画していたその冬のインド行きを禁じた。ベサント夫人はオーハイに彼と共に留まることに決め、エミリー夫人に、ベティーと私共々そこで彼に加わるよう懇請する手紙を書き送った。ベティーは王立音楽学院 Royal College of Music に入ったばかりで、行きたがらなかったが、しかし私の母と私は十一月末に喜々として出発し、K、ベサント夫人、ラジャゴーパルおよびロザリンドと共に五ヵ月近くの素晴らしい［天国にいるような］日々を過ごした。Kとベサント夫人は、それほど長い、平和で幸福な時を一緒に過ごしたことはそれまで一度もなかった。Kは当時詩を書いていた。毎晩われわれは出かけて行って日没を見たのだが、それは彼に多くの霊感を与えたので、戻ると彼はよく詩を書いた【脚註2】。われわれがここにいる間、彼は彼の最も人間的な面を見せ、私に彼のパッカードの運転を教えた時、私にひどく苛立ち、そこで私が仕返しに勝手に車を走り出せた時には、心配のあまり半狂乱になった。

［一九二七年］一月には、彼が「おなじみの厄介ごと《オールド・ビジネス》」と呼んでいた彼の背骨の基底と首のあたりの激痛が再び始まったが、今回は、「意識を失う」ことなくそれに耐えることができたように思われる。それが終ってからようやく、彼はくつろぐことが必要になり、一時間ほど自分の肉体を離れて、

【脚註】

（2）彼の最初の詩「勝ち誇るイニシエートの賛歌 Hymn of the Initiate Triumphant」は一九二三年に『ヘラルド』誌に発表された。それ以外の彼の六十篇の詩が、彼が詩を書くのをやめた一九三一年まで『ヘラルド』誌に発表され、単行本としても刊行された。

子供になった。この際には、私は彼を助けることができた。私が初めて彼のところに行くと、「フィジカル・エレメンタル」が私に私は誰かと尋ね、それから言った。「そう、もしあなたがクリシュナとニティヤの友だちなら、多分大丈夫。」それは四歳位の子供が話しているような感じで、私のことを「母さんAmma」と呼んだ。子供はKのことをひどく恐れているようで、「気をつけて、クリシュナが戻って来る」というようなことを言った。Kが戻って来た時、彼はその子供が言っていたことをまったく憶えていなかった。

エミリー夫人がある日、「所有欲がらみの愛」によって彼が何を意味しているのかと彼に尋ねると、彼は答えた。「誰も皆同じです――彼らは皆私に何か特別な要求をする権利、私に近づく何か特別な道を持っていると思い込んでいるのです。」これは彼の人生の最後まで続いた――人々は自分が何らかの点で彼を所有しており、他の誰よりも彼を理解していると思っていた。実際には、果たして誰かが彼を十分に理解していただろうか？　誰も彼を所有してはいなかったことだけは確かである。

二月九日には、彼はリードビーターに次のように書き送っている。「私は自分が一人の〈教師〉の意識に融合しつつあり、いずれ〈彼〉が私の中に充満するだろうと、はっきりわかっています。また、私のコップがほとんど溢れんばかりになっており、間もなく溢れ出すだろうということを感じ、かつ知っています。……私はあらゆる人を幸福にすることを切望しており、いずれそうするでしょう。」

ベサント夫人がオーハイに到着後間もなく彼女は、Kの念願だった学校建設のため、オーハイ峡谷上流に四百五十エーカーの土地を購入した。彼女はそれから、オーメンでのそれのような年次キャンプ用として、さらに二百四十エーカーを峡谷の下端に入手するための資金調達を試みた。けれども、「ハッピー・ヴァレー・ファンデーション」［幸福峡谷財団］という別のトラストが設立され、二十万ドルの寄付の公募【脚註3】が開始された。全額が結局は寄付され、土地が購入されたが、しかし「ハッピー・ヴァレー・スクール」が開校されたのは二十年後であった。

Kと共に四月にオーハイを去る前に、ベサント夫人は米国連合通信社［AP通信］に対して一通の声明文を出した。それは「〈神霊 Divine Spirit〉が今一度、クリシュナムルティという一人の人間に降臨しました。彼はその人生において文字通り完璧です、彼を知っている人々が証言できるように。」で始まり、「〈世界教師〉がここにいます。」で終っていた。

その年のオーメン・キャンプ前に、エルダー城で一ヵ月の集会が持たれた。城の入口の側面に立っている大きな納屋の一つがいくつかの小部屋から成る二階家に改造されていたので、その時には六十人を受け入れる余地ができていた。最初の一週間中、Kは再びひどい気管支炎にかかっていた。彼が病気の間中、エミリー夫人が午前中に彼の詩をわれわれに朗読し、一方病床の彼はエドガー・ウォレス［1875-1932.英国のスリラー小説作家］の本を読んでいた。六月二十日には、彼は下りて来て講話をするほど十分に回復した。

集会では、エミリー夫人とラジャゴーパルとの間で星の教団の改造について多くの議論がなされ

【脚註】

（3）この公募をする時、ベサント夫人は『セオソフィスト』四月号で次のように書いた。「私はこの新しい事業に、五十三年間にわたる公の仕事と私の財政的将来の全部を賭する覚悟でいます。」

た。非常に多くの人が〈教師〉が到来したと信じるようになった以上、教団の目的はもはや妥当ではなくなったのである。六月二十八日に新しい目的が立案された。「一、この世に〈世界教師〉が顕現したことを信じるすべての人々を結集させること。二、人類のために〈彼〉が〈彼の〉理想を実現するよう、万全を尽して〈彼〉のために働くこと。この教団はいかなる教義《ドグマ》も、信条《クリード》も、信念《ビリーフ》体系《システム》も持たない。その依って来たる源《インスピレーション》［生みの親］は〈教師〉であり、その目的は〈彼〉の普遍的な生命を具体的に表現することである。」教団名は「東方の星の教団」から「星の教団」に、機関誌は「ヘラルド・オブ・ザ・スター」から「スター・レヴュー」に改められた。それ以降、各国はそれぞれ同誌の自国版を発行することになったが、それに加えて「インターナショナル・スター・ブレティン」が「スター・パブリッシング・トラスト」によって刊行されることになった。同トラストは一九二六年にオランダで設立されており、以来長年にわたってKの講話を公表することになった。

この年のエルダーでのKのテーマは、前年のそれが「幸福の王国」だったのに対して、「解放」であった。エミリー夫人は彼が言ったことのいくつかを書き留めた。

> あなた方は、私ゆえに［私に言われたから］ではなく、私にもかかわらず［私に逆らってでも］解放を遂げなければなりません。……これまでの人生をずっと、とりわけこの数カ月間、私は自由になるべく苦闘してきました——友人たちから、私の本から、私の絆から。それと同じ自由のためにあなた方も苦闘しなければなりません。内面に絶え間ない動揺がなければなりません。あなた方の前に絶えず鏡を掲げ、そしてもしもその中に、あなた方が自ら創り上げてきた理想にそぐわない何かを見つけたら、それを変えなさい。……私を権威に祀り上げてはなりません。もしも私があなた方にとっての必

需品になったら、私が去ってしまった時あなた方はどうしますか?……あなた方の中には、あなた方を自由にするであろう飲み物を私があなた方に与えることができる、あなた方を解放させるであろう公式を与えることができると思っておられる人もいる――が、そうではないのです。私はドアになることはできますが、しかしあなた方自身がドアを通り抜けて、その向こうに解放を見出さなければならないのです。……真理は夜盗のようにやって来るのです――あなた方がそれを少しも予期しない時に。私はできれば新しい言語を創出したいのですが、そうできないので、あなた方の古めかしい専門語や概念を破壊したいのです。誰もあなた方に解放を与えることはできないので、あなた方はそれを内面に見出さねばなりません。が、私はそれを見出したので、あなた方に道を指し示したいのです。……解放を遂げた者は〈教師〉になったのです――私のように。炎の中に入り、炎になるための力は各人の中にあるのです。……私はここにいるので、もしもあなた方があなた方の心の中で私をつかまえるなら、私はあなた方に到達するための力を与えるでしょう。……解放は少数の者、選ばれた者、選民たちのためにあるのではないのです。

K自身の哲学がついに現われ始めたのであり、そしてこれは集会に居合せた人々のほとんど、とりわけ、何をすべきか、また「道」をどの程度先まで進んだかを告げられることに慣れていた神智学協会の秘教部門のメンバーたちをびっくり仰天させた。彼は、結局、大師たちや他のすべてのグルは不必要だ、誰もが自分自身で真理を見出さねばならないと言っていたのである。彼はこの集会で、「托鉢僧《サンニャーシ》」になりたいという切望についてエミリー夫人に大いに語った。彼は自ら、これは彼が立ち向かわねばならなかった、最後にして最大の誘惑だったと言った。

アランデール、ウエッジウッド、およびKに個人的に献身していたラジャでさえも、当時彼らが滞在していたフイゼンから、Kの意識がロードのそれとすでに融合したとは彼らは信じておらず、統一戦線が維持されなければならないと一致して宣言していた。K自身は今や彼の用語を変えていた。意識の融合は彼にとって「〈最愛の方 the Beloved〉との結合」になり、それは解放に他ならなかった。

神智学の古い指導者たちは必死になって彼らの権限にすがりついていた。彼らの影響力の土台が削り取られつつあったからである。彼らが弟子道のために弟子たちを訓練し、「道」の上の段位《ステップ》を少しずつ授けることがもはやできなくなったら、彼らの権威はどうなってしまうのだろう？　もしも〈教師〉が、秘教部門のまさに核心を攻撃する革命的声明をしていたら、「世界教師の到来」についての講義をし続けることができるだろうか？

ベサント夫人はその年再びキャンプにいたが、しかし彼女は明らかにエルダー集会にも出たがっていた。Kが来ないよう説得したにちがいない。というのは、彼女は、七月二十八日、キャンプ開催の三日前に彼に哀願調の手紙を書いていたからである。

親愛なる方……クライマックスが今年エルダーで訪れるだろうと私はかなり以前から感じており、この麗しい時間のためにそこに居合せ、あなた自身を取り巻く人々の中のただの一人になりたいとどんなに願ったことでしょう。ですから、あの偉大なる祝福に浴したすべての幸運な人々と一緒にそこにいなかったことをとても悲しく思っています。多分私は愚かしいのでしょうが、どうしてもそこに居合せたかったのです。どれほど私があなたを愛しているか、あなたはご存知ではないのです。どれほどあなたと共に時を過ごし、あなたに寄り添いたいと思ったことでしょう。ですから私は、自分の悪いカルマを今さらながらいささか嘆きました。私はなんという馬鹿者なのでしょう。大挙して入るかわりに、一人でそこにいられたらどんなによかったことでしょう。(28)

キャンプ開催の前日、ベサント夫人が到着する前に、多くの人々を悩ませていた質問――すなわち、彼は果たして大師たちおよびオカルト・ヒエラルキーを信じているのか、それともいないのか？――に対して、Kは初の公的な回答を与えた。それはおそらく、彼自身の立場について彼が今までにしたうちで最も重要な声明であった。

少年の頃、ヒンドゥー教徒によって描かれているように笛を携えたシュリ・クリシュナ［神］を私はよく見たものです。なぜなら、私の母がシュリ・クリシュナの熱心な帰依者だったからです。……成長して、リードビーター司教と神智学協会に出会った時、私はK・H大師を見始めました――またもや私の前に置かれた形、彼らの観点からの現実の姿で。かくしてK・H大師は私にとっての目的になったのです。後ほど、私が成長するにつれて、私はロード・マイトレーヤを見始めました。それは二年前のことで、以来、絶えず私は、私の前に置かれた形で彼を見ています。……さて最近は、私が見ているのは仏陀であり、〈彼〉と共にあることは私の喜びであり、栄光でした。私は、〈最愛の方〉によって私が何を意味しているのかと尋ねられました。私は意味、見解を与え、それをあなた方は自分の好きなように解釈するでしょう。私にとってそれはそうしたすべてなのです――それはシュリ・クリシュナであり、K・Hであり、ロード・マイトレーヤであり、仏陀ですが、にもかかわらずそれはこれらすべての形を超越しているのです。特定の名前をつけて何になるというのでしょう？

……あなた方が気にしているのは、クリシュナムルティという特定の人間の肉体の中に〈彼自身〉を顕現させた〈世界教師〉などという存在が果たしてあるのだろうか、ということです。が、世界中の誰もこのような質問を気にしないでしょう。私が説明しなければならないというのは残念なことですが、しかししなければなりません。私はできるだけ曖昧にすることを欲し、実際にそうしてきました。わが〈最愛の方〉とは大空であり、花であり、あらゆる人間です……わが〈最愛の方〉と私は一体であると、確信をもって、他の人々を納得させるための度を越したいかなる興奮も、誇張もなしに言えるようになるまで、私はけっして語りませんでした。私は、誰もが欲する漠然とした一般的な事柄について話すようにしました。「私は〈世界教師〉である」とはけっして言いませんでした。が、今、私はわが〈最愛の方〉と自分が一体だと感じているので、私はそう言明します。しかし、そうするのは私の権威をあなた方に押しつけるためでも、私の偉大さ、〈世界教師〉の偉大さをあなた方に納得させるためでも、生の美しさを納得させるためでさえもなく、ただひたすらあなた方の心の中、あなた方の精神の中に〈真理〉を探し出そうとする願望を喚起させるためなのです。もし私が自分は〈最愛の方〉と一体だと言うなら、また今後そう言うとすれば、それは私がそれを感じ、知っているからです。私は自分が切望してきたものを見出し、それと結合したので、今後はいかなる分離もないでしょう。なぜなら、私の思考、私の願望、私の切望——個別的な自己のそれら——は消え去ったからです。……私は、朝の空気に香りを添える花のようなものです。それは誰が通り過ぎていこうと無頓着です。……今まであなた方は教団の二人の保護者「ベサント夫人とリードビーター」——あなた方に〈真理〉を告げてくれる他の誰か——の権威に頼ってこられた。が、実は〈真理〉はあなた方の内にあるのです。……〈最愛の方〉とは誰のことなのか、と私に尋ねても無駄です。説明が何のためになるというのでしょう？　なぜなら、あらゆる動物、あらゆる草の葉、苦しんでいるあらゆる人、あらゆる個人の中にあなた方が〈最愛の方〉を見ることができるようにならないかぎり、あなた方は〈彼〉を理解することはできないからです。[29]

ベサント夫人は、ラジャおよびウエッジウッドと共にフイゼンからキャンプに行った。集会中の彼女の主要な演題は「〈世界教師〉はここにいる」であったが、Kが実際に言っていたことと、彼女が予想していたロードの発言とを調和させることができなかった。彼女は八月十五日にフイゼンに戻り、そのため、キャンプの運営を買って出て手伝っていた団員たちに向かって二日後にKが行なった講話を聞き逃した。講話は通常は速記で書き留められ、発表されたが、この講話の公式記録はない（多分、ベサント夫人の心情を察して抹消されたのだろう）。そのわずか一文だけが、エミリー夫人の日記に記録されて残っている。「あなた方自身が助けを借りる必要がなくなるまで、あなた方は助けを差し伸べることはできません。」この講話についての報告書がベサント夫人に届き、彼女をひどく狼狽させ、また、彼女が言ったように、他の多くの人をも狼狽させた。ラジャゴーパルと共にヴィラーズで休息していたKは、ベサント夫人に手紙を書き、自分が何を言ったのか思い出せないと言った。「残念ながら、彼らは皆自分自身で考えることを嫌がっているようです。」と彼は言い添えた。「他の人々の考えの上に気楽に腰かけている方がずっと容易なのです。……母上、私たちはお互いに助け合わなければなりません。それ以外の何も重要ではないのです。」

が、国会議員で、神智学協会ウエールズ事務局長のピーター・フリーマンによれば、「彼［K］は、今までに神智学の本を一冊も読み通すことができなかった――われわれの神智学『用語』を理解することができず、彼は多くの神智学の講義を聞いたが、そのどれも彼ら［講演者］が真理を知っているということを納得させなかった。[30]」

ヴィラーズ滞在後Kはパリに行ったが、そこで彫刻家アントワーヌ・ブールデルのモデルになることを約束していた。当時六十六歳だったブールデルはたちまちKに魅了された。「クリシュナムルティの話を聞くと人は驚嘆させられます――かくも多くの知恵とかくも歳若い人物……クリシュナムルティは大賢者です。もしも私が十五歳だったら、私は彼に従っていたでしょう。」そう彼は言ったと引用されている[31]【脚註4】。

ラジャゴーパルとロザリンドが十月三日にロンドンの戸籍登記所で結婚し、その後聖母マリア・リベラル・カトリック教会で宗教的儀式が執り行なわれた時、Kは出席しなかった。ベサント夫人がロザリンドを花婿に引き渡した。ラジャゴーパルは確かにロザリンドを深く愛していたが、彼女が適正にKと旅行できるように結婚を促したのはベサント夫人だった。オーハイのアーリヤ・ヴィハーラが彼らの居宅になることになった。Kはこの結婚のことをどう思ったか憶えていない。しかしながら、結婚一般についての彼の感じ方は当時までには変わっていた。彼はもはやそれを災厄とは見なさなかった。

【脚註】

（4）ブールデルの最高傑作の一つと見なされているKの胸像は、現在、パリのブールデル美術館にある。

第9章　「私はあなた方の松葉杖になることを拒みます」

　一九二七年十月、Kはベサント夫人と共にインドに行った。同月二十七日にボンベイに上陸すると、彼らに会いに来た報道記者たちに向かって、ベサント夫人はKについての声明を出した。「私は、彼が自らの意識を〈世界教師〉の遍在的意識の断片、アムサ *amsa* と融合させた……と認められるにふさわしいと見なされたことを証言します……そして今、彼はあなた方の許へ、彼自身と同じ国民の許へ、彼自身と同じ民族の許へ、しかし両者を超えて、戻ってきたのです。なぜなら、彼は全世界に属しているからです。」

　この宣言が、ひれ伏して崇めたてることを自然な傾向とするインド人たちにどんな影響を及ぼしたかは想像に難くない。しかしながらアランデールは、Kがその冬に直面した納得しがたい状況［次頁にある以下の状況のことと思われる――彼が「〈最愛の方〉との結合」を遂げた今となってもなぜ苦痛が続くのか、その理由がわからずに当惑した。］と、神智学徒たちの当惑を例証する記事を『セオソフィー・イン・インディア』誌に書いた。「われわれの会長はロードがここにいると宣言してこられた。……さて、私にはこの声明と……〈ロード〉は〈彼〉の輝かしい肉体の中におられるという、〈ロード〉についての私自身の知識とを調和させることは不可能である。」

　リードビーターは、十二月の神智学総会のためにアディヤールにいた。八日にKはエミリー夫人に宛てて書いた。「私は長々と彼と話し合いました。……彼は驚くほど私と同意見です。私がどう感じているのかと彼が尋ねたので、私は彼に告げました。クリシュナはもはやいない――あるのは川と海です、と【脚註1】。彼は言いました。その通り。古《いにしえ》の書物のように、それはまったく真実だ、と。彼は非常に親切で、いつになく敬虔でした。」

［一九二八年］一月にKはエミリー夫人に手紙を書き、彼の頭の具合がひどく悪化し、何度か気を失ったにちがいないと再び告げた。今やそれが彼を離れることはほとんどなかったが、しかしそれは彼が講演のためにインド各地を旅するのを妨げることはなかった。彼は、苦痛が続いている理由をリードビーターが説明できないことに失望した。Kは、自分の身体的苦しみのすべてを、肉体をロードに占有させるための準備として受け入れていたが、しかし彼が「〈最愛の方〉との結合」を遂げた今となってもなぜ苦痛が続くのか、その理由がわからずに当惑した。

ラジャゴーパルがロザリンドと共にオーハイにいた今、Kの旅の同伴者となったのは古い友人のジュドゥナンダン・プラサド（ジャドゥー）だった。彼は前年の夏、ペルジーネにおり、エルダー集会に加わっていた。彼はとても魅力的な若者で、気質がラジャゴーパルよりもずっとニティヤに似ていたので、Kはより自然な親近感を彼に感じた。彼は、一月の末にKと共にヨーロッパに戻った。Kは、乗客仲間たちからの再三の要請に応じて、初めて航海中に討論会を開いた。

三月三十一日、彼はフレンズ・ミーティング・ハウスで英国での最初の公開講話をした。多大の

【脚註】

（1）進化の果てに、エゴは、紆余曲折を経つついくつもの生を次々と通過した後、生命の川を離れて〈ニルヴァーナ〉の海へと溶け込むという、東洋哲学における言い伝え。

関心が寄せられたため、何百人もの入場を断らねばならないほどだった。四日後、ジャドゥーはKと共にアメリカへと出航した。最初のスター・キャンプが五月にオーハイで開催されることになっており、ベサント夫人によって峡谷の下端に購入されていたキャンプ用地には、カリフォルニアの美しい常緑の樫の木、トキワガシholm oakの木立ちが含まれていた。が、キャンプ前の五月五日の夜、彼はハリウッドボウル［ハリウッドにある自然の地形を利用した円形劇場］で、一万六千人の聴衆に向かって米国での最初の講話をした。『ロサンゼルス・タイムズ』によれば、「解放による幸福」についての彼の講話に、聴衆は「明らかにじっと注意を集中させて」聞き入っていた。

最初のオーハイ・キャンプにはわずか千人ほどしか出席しなかった。にもかかわらず、それは大成功だった。Kの朝の講話はオーク・グローブ［樫の木立］の中で行なわれた。五月三十日、キャンプ終了から二日後に、K、ラジャゴーパルおよびジャドゥーは英国に向けて出発したが、ロザリンドはオーハイに残った。ベサント夫人は同時に英国にやって来ており、Kは彼女と共にパリに行き、そこで六月二十七日にエッフェル塔ラジオ放送局から、推定二百万人の聴取者に向けて「幸福の秘訣」についてフランス語で放送した。

その夏、オーメン・キャンプの前に、エルダー城でかつてなく大きな集会が持たれた。今回は別の納屋も改造されていたので、星の教団員たち以上を収容する余地があった。レオポルド・ストコフスキーと彼の妻がやって来て数日間滞在し、またロイター通信社会長ロデリック・ジョーンズ卿も、彼の妻で作家のイーニッド・バグノルドと共に滞在した。Kは今や多くの異なった国籍の無数の友人を持っていたが、彼が長年にわたって特に親密になった夫妻は、パリ在住のエジプト人、カルロおよびナディーン・シュアレス［次頁、訳註1参照］だった。

＊

ベサント夫人は、とても情のこもった手紙で伝えられていたKの特別な要請に応じてオーメン・キャンプに出向くつもりだったが、病気がそれを妨げた。彼は彼女の健康をひどく心配していたが、彼女の欠席のおかげで、彼女を傷つける恐れなしにキャンプファイア講話で自分が言いたいことを言うことができた。キャンプが開催される前に、その組織委員たちに向かって、もしも星の教団が「〈真理〉しかも唯一の〈真理〉を保持する容れ物であると主張」すれば、ただちに教団を廃止すると告げた。集会中、彼は次のような質問をされた。「あなたが弟子を望まないというのは本当ですか？」「儀式や儀礼についてどう思われますか？」「〈道〉に沿った段階などはないと、なぜあなたはわれわれに言えるのですか？」「あなたは神などいないし、いかなる道徳律も、善も悪もないとわれわれに告げますが、そうなるとあなたの教えと通常の唯物論とはどこがどう違うのですか？」「あなたはキリストの再来ですか？」Kの答えからの以下の抜粋は、質問者たちがいかにわずかしか彼を理解しなかったかを示している。

もう一度私は言います。私は弟子は持たないと。もしもあなた方が〈真理〉の何たるかを理解して、特定の個人に従わなければ、あなた方一人ひとりが皆〈真理〉の弟子となるのです。……〈真理〉は希望を与えません。それは理解を与えるのです。……個人崇拝にはなんの理解もないのです。

［訳註］
（1）カルロ・シュアレスは『クリシュナムルティと人間の結合 *Krishnamurit and the Unity of Man*』の著者で、クリシュナムルティと対談している（『私は何も信じない』所収「英知の炸裂」）。

……私は、霊的《スピリチュアル》成長のためにはいかなる儀式も不要だと今までどおり主張します。もしもあなた方が〈真理〉を探し出したいのなら、あなた方は外に出て行き、人間の精神と心の限界のずっと彼方にそれを発見しなければなりません――そしてその〈真理〉はあなた方自身の内にあるのです。〈生〉それ自体を目標とする方が、必然的に〈真理〉を引き下げ、かくしてそれを裏切らざるをえない仲介者やグルを持つよりもずっと簡単なのではないでしょうか？……私は言います。〈解放〉は、理解する人間によって進化のどの段階においても成し遂げられうるのであり、そしてあなた方がしておられるように、段階をありがたがることは必要不可欠ではないと。……後で私の言葉を権威として引用しないでいただきたい。私はあなた方の松葉杖であることを拒みます。私は、あなた方の崇拝のために檻の中に入れられるつもりはありません。あなた方が山の新鮮な空気を運んで来て、それを小さな部屋の中に閉じ込める時、その空気の新鮮さは消え失せて淀んでしまうのです。……私は、神はいないとは一度も言いませんでした。私は、あなた方の中に顕現したものとしての神だけがあると言ったのです――が、私は〈神 God〉という言葉を使いたくはありません。……私はむしろそれを〈生 Life〉と呼ぶ方を好みます。……もちろん、善も悪もありません。善とはあなた方が恐れていないもののことであり、悪とはあなた方が恐れているもののことです。ですから、もしもあなた方が恐怖を破壊すれば、あなた方は霊的に成就するのです。……あなた方が生を愛し、その愛をすべてのものの前に置き、そして、あなた方の恐怖によってではなく、その愛によって判断する時には、あなた方が道徳と呼んでいるこの淀みは消え失せるでしょう。……友よ、私が誰であるかということをどうか気にかけないでいただきたい。あなた方にはけっしてわからないでしょう。……あなた方が考える私というものが〈真理〉と関係があるなどと思われるのですか？　あなた方は〈真理〉に関心があるのではなく、〈真理〉を受け入れる器の方に関心があるのです。……水を飲みなさい、もしも水が清ければ。私はあなた方に、私はその清水を持っていると言明します。浄化し、大いに癒してくれるあの香膏《こうこう》を持っている、と。しかるにあなた方は私にお尋ねになる。あなたは誰なのか、と。私は〈生〉であり、ゆえにあらゆるものなのです。(32)

彼は、総会を次のような言葉で閉じた。「これらのキャンプには何千もの方々が参加された。もしもその全員が理解したら、この世界の中でできないことなどあるでしょうか！　明日にでも世界の様相を一変させることができるでしょう。」

今や八十歳になっていた気の毒なベサント夫人は、互いに相容れないものを調和させようとして非常に不幸な老年を過ごしていた。Kが言っていたすべてに適応するため、一九二八年十月にKがインドに到着する前に、彼女は世界中の秘教部門を閉鎖した（彼女は一年以内にそれを再開することになったのだが）。Kは、これを彼女が実行したことは素晴らしいことだと認めた。彼がアディヤールに到着した時、彼女はそこに行って挨拶することができなかったが、しかし次のように書き送った。「愛する方、……私は秘教部門を無期限に停止し、すべての教えをあなたに一任いたします。」そして翌日。「お帰りなさい、愛する方。私は、あなた、唯一の権威であるあなたのためにすっきりした足場を整えるべく万全を尽しました。(33)」Kがメアリー夫人に告げたように、ベサント夫人は神智学協会会長の職を辞して、彼に従ってどこへでも付いて行きたいと願ったが、彼女の大師がそれを許さないだろうというのであった。その冬のすべての集会で彼女は、以前は常にしていたように

1 K、ニティヤ、リードビーター（アディヤールにて、１９１０年）

2 ロンドンのチャリングクロス駅に到着したニティヤ、ベサント夫人、K、ジョージ・アランデール（１９１１年5月）

5 〈対向頁上〉ヴァン・パラント男爵の車の中およびそのかたわらの〈左から右へ〉ヘレン、メアリー、ニティヤ、ベティー、K、エミリー夫人（エルダー城にて、１９２３年）

6 〈対向頁下〉ペルジーネの城郭ホテル下の運動場で球技に興じているところ（１９２４年）

3 K（ロンドンにて、１９１１年）

4 エミリー・ルティエンス夫人（１９１２年）

8 〈右〉ペルジーネの城郭ホテルにある円塔の出入口にいるK（１９２４年）

9 〈下〉ラジャゴーパル（エールヴァルトにて、１９２３年）

7 〈対向頁〉ニティヤ（インドにて、１９２４年）

⑪　〈右〉ベサント夫人とＫ（オーハイにて、１９２７年）

⑫　〈下〉Ｋ（オーメンにて、１９２８年頃）

⑩　（対向頁）リードビーターと二人の若い弟子（シドニーにて、１９２５年）

⑬ K（エルダー城にて、１９２９年頃）

⑭ Kと著者（オランダのシェーヴェニンゲンにて、１９５３年）。５８歳当時のKの珍しい写真。

彼と一緒に演壇にいるかわりに、聴衆と一緒に地面に坐ると言い張った。同時に彼女は、Kがエミリー夫人に報告したように、「あなた方はあなた方の、そして私たちは私たちの道を行くことにしましょう。私にも教えることがあるのです。」とKに言っていたアランデールを支持していた。ベサント夫人はまた、「クリシュナムルティ自身の意識はロード・マイトレーヤの全知をそっくり共にしているわけではない、」と自ら『セオソフィスト』十二月号の中で書き、またスリ・クリシュナ〔神〕の金言「人類は多くの道をたどって我が許にやって来る」を引用することによって、「無論、われらがクリシュナジはロードの全知をそのまま具有しているわけではありません」と彼女に書いていたリードビーターのことも支持していた。Kはエミリー夫人に、間もなく彼と神智学協会との間に「はっきりした分裂」が起こり、その方がこのように上辺を繕っているよりもずっとまし」であろうと書いた。彼の頭と背骨は非常に悪化していたが、「以前と違って、」誰も助けになることはできなかった。

その年Kがベナレスにいた間に、リシヴァレー・トラストが軍当局から、Kが別の学校のために望んでいた三百エーカーの土地を入手した。これは、ベナレスのちょうど北側にあるガンジスの河岸沿いの美しい場所、ラジガートにあった。仏陀が悟りを開いた後に最初の説法をしたサルナートとカーシーを結んでいる巡礼の道が、地所内を通り抜けている。トラストの全資金はこの土地に費やされるだろうが、しかしそれは「やむをえないことであった。」

＊

一九二九年二月、Kとジャドゥーはヨーロッパへと出航した。パリ、エルダー城およびロンドンへの短時間の訪問後、彼はニューヨークへと向かった。ロンドンで私は、自分が婚約したことをK

に告げていた。船上から彼はエミリー夫人に書いた。「正直なところ、最初は私はそのすべてに狼狽させられました――私が何を言いたいかおわかりでしょう――が、あなたと一緒にいる間私はそれについて慎重に考えたので、今はまったく大丈夫です。私の考え方やものの見方がメアリーの成長の妨げになってはならないのです。これからずっと私と行を共にする人は非常にわずかでしょう。彼女がそれから抜け出した時には満開の花［立派な人間］になっているよう、私は望んでいます。」その同じ日（三月五日）に、彼はマー・デ・マンツィアーリーにこう書いていた。「私は誰も見放しませんが、誰もが私を見放すことでしょう。」古い友人たちのうちでは、彼が死ぬまでずっと彼に付いて行ったのはマーだけであった。マー・デ・マンツィアーリーは、キリスト教会一致運動［全宗教間協力／相互理解推進運動］に彼女のエネルギーのはけ口を見出していた。ルースはすでに、リベラル・カトリック教会の一司教の許に嫁いでいた。Kとヘレンは次第に疎遠になっていった（一九三〇年代初めに彼女はスコット・ニアリングと結婚した）。私の姉のベティーは彼にひどく反発した。ラジャゴーパルは、いずれ見られるように、彼から離れていった。もちろん、古い友人たちの多くは彼らの死まで忠実だったし、後になって彼に出会った人の多くは彼の死およびその後まで忠実だったが、しかし通常は嫉妬と傷心から彼に敵対した他の人々もいた。初期の日々には、彼が人々に彼らが好んでいる何かを言った時は、彼を通じて語っているのはロードだと彼らは主張し、そうではない何かを彼らに告げた時は、彼らは聞くのを嫌がり、語っているのはKだと言うのが常であった。同様にして、その後彼が何か不快なことを言った時は、彼は他の誰かによって「感化」されたことをよく非難されたものである。

〈最愛の方〉と自分との結合についてのKの確信にもかかわらず、彼は今まで彼の人間的な面を失わなかったし、以後もけっして失うことはなかった。その年オーハイで、彼、ラジャゴーパル、およびジャドゥーは、エミリー夫人に彼が告げたように「長々と談話に興じ、喧嘩し、興奮し」た。彼らはまた大笑いし、馬鹿真似をし、互いに悪ふざけし合った。ラジャゴーパルは忘れられない笑い声――というよりはむしろクスクス笑い――の持ち主だったが、これに対してKの笑い声はより大きくて太［低］かった。彼は、終生、初見の人々には人見知りし、控えめで、けっして世間話を交わさなかった。ロンドンのわれわれの家で、ベサント夫人と共に彼はバーナード・ショーと会ったことがあり、その時ショーは彼に「自分が今まで会ったうちで最も美しい人間」[34]だと断言したが、しかしKはあまりにも内気で、彼に十語ほどしか話しかけないほどだった。

彼は、性《セックス》は、大師たちの弟子になることを目指しているすべての人間においては昇華されねばならない、ロードの乗り物においてはなおさらそうされねばならないと信じるよう育てられてきたが、身体的にはまったく正常な男性だった。彼は性へのこの狭量をやがてはすっかり手放すことになるが、しかし彼はけっしてそれを問題視すべき何かと見なしていたわけではない。とりわけ、彼の容貌のゆえに、多くの女性たちが彼に恋することは避け難いことだった。彼の妻であると主張して書き送る頭のおかしな女性が一人以上現われ、そして、もし彼がいずれかの少女と連れ立っているところを公の場で見かけられると、新聞は直ちに婚約を報じるといった有り様だった【脚註2】。

【脚註】

（2）ニューヨークのいくつかの新聞にはヘレン・ノースと彼との婚約報道が載り、そして私の父は一九二七年の私と彼との婚約発表をなんとか阻止した。

この年、Kがオーハイにいた六ヵ月間、キャンプの前まで、彼の頭と背骨の痛みがひどく悪化し、彼は非常に疲れたので、新しい医師が彼に、彼がこうむっていた気管支炎の頻繁な発作は、彼がもっと休息しなければ、肺結核へと転じかねないと警告したほどであった。それゆえ彼は、ロンドンのクイーンズ・ホールでの三回の講義を含む、その夏のすべての講話を取り消し、オーハイおよびオーメン・キャンプとエルダー集会に限ることに決めた。

五月二十七日に始まったオーハイ・キャンプは出席者が倍増した。彼はオーク・グローブでの彼の講話の一つで次のように宣言した。「今、私は言います。いかなる自惚れもなしに、正しい理解をもって、精神《マインド》と心《ハート》のすべてを込めて断言します。私は、生の栄光であり、それにすべての人間、個人ならびに全世界が至らなければならない、あの燃え盛る炎である、と。[35]」彼が間もなく星の教団を解散するだろうという噂がキャンプ中に広まった。これを彼は数週間後に実行した。八月三日のオーメン・キャンプの最初の集会で、ベサント夫人および三千人以上の星の教団員の面前で、また、何千人ものオランダ人がラジオで聞いている中で、彼は彼自身の歴史中の一時代《エポック》に終止符を打った。

私は主張します。〈真理〉は道なき土地であり、あなた方はいかなる道によっても、いかなる宗教、いかなる宗派によってもそれに近づくことはできない、と。それが私の見解であり、それに私は絶対的かつ無条件に固執します。……もしもあなた方が先ず最初にそのことを理解すれば、一つの信念を組織化することがいかに不可能なことかがおわかりになるでしょう。信念はもっぱら個人的なものであり、あなた方はそれを組織化することはできないし、またそうしてはならないのです。もしもあなた方がそうすれば、それは死物と化し、結晶化してしまいます。それは、他の人々に押しつけられる信条、宗派、宗教になるのです。

まさにこれこそは、世界中のあらゆる人がしようと企てていることです。〈真理〉は限定され、狭いものにされ、弱い人々、ほんの束の間しか不満を抱かない人々のための慰みものにされるのです。〈真理〉を引きずり降ろすことはできないのであって、むしろ個人がそれに向かって昇るべく努めなければならないのです。あなた方は山頂を谷底に運び降ろすことはできないのです。……以上が、私の見解からする、星の教団が解散されなければならない先ず最初の理由です。これにもかかわらず、あなた方は多分他の教団を結成し、〈真理〉を探し求める他の組織に属し続けるでしょう。私は、霊的な類《たぐい》のいかなる組織にも属したくはありません。どうかこのことを理解していただきたい……もしもこの目的のために組織が創り上げられれば、それは松葉杖、弱点、束縛の元になり、かくして個人を不具にし、彼が成長し、あの絶対的で無条件の〈真理〉を彼自身が発見することの中に存する彼の独自性《ユニークネス》を確立するのを妨げるに違いありません。ですからそれが、たまたま私がその長であるがゆえにこの教団を解散することに決めたもう一つの理由です。

これはなんら大それた行為ではありません。なぜなら、私は追従者を欲していないからであり、本気でそう言っているのです。あなた方が誰かに従うやいなや、あなた方は〈真理〉に従うのをやめてしまうのです。私の言うことにあなた方が注意を払うかどうかには、私は関心がありません。私はこの世界である一つのことをしたいと願っており、確固たる集中力でそれを成し遂げるつもりでいます。私の関心はぜひとも必要な唯一のこと、人間を自由にすることにあるのです。私の願いは人間をすべての獄舎、すべての恐怖から自由にすることであって、宗教や新たな宗派を創設することでも、新しい理論や哲学を確立することでもありません。するとあなた方は当然ながら、ではなぜあなたは絶えず語りながら世界中を巡り歩くのかと私に尋ねるでしょう。どういう訳で私がそうするか、あなた方に教えましょう。追従者が欲しいからでもなければ、特別な弟子たちの特別なグループが欲しいからでもありません。私は、地上においても、霊性の領域においても、いかなる弟子も、いかなる使徒も持ったりはしません。

私を惹きつけているのは金銭の誘惑でも、安楽な人生を生きたいという願いでもありません。もし私が心地よい生活を送りたいのなら、私はこのようなキャンプに来て、じめじめした土地で暮らしたりはしないでしょう！　私が率直に申し上げているのは、これを最後に、このことにきっぱりと決着をつけてしまいたいからです。こういった幼稚な議論を年一年と繰り返したくはないのです。

私にインタビューしたある新聞記者は、何千人もの団員のいる組織を解散するなどとんでもないことだと見なしました。彼にとっては、それは大それた行為だったのです。なぜなら、彼はこう言ったからです。「今後あなたはどうされるのですか？　どうやって生きていくのですか？　あなたに従う人はいなくなり、人々はもはやあなたに耳を傾けなくなるでしょう。」耳を傾けようとする人、生きようとする人、自分の顔を永遠なるものに向けている人がたったの五人でもいれば、それで十分でしょう。理解しようとしない人、どっぷりと偏見に浸かっている人、新しいものを欲せず、むしろ新しいものを彼ら自身の不毛で淀んだ自己に合うように解釈しようとする人を何千人も持ったところで何の役に立つというのでしょう？……

十八年間にわたってあなた方はこの出来事、〈世界教師の到来〉のために準備してこられた。十八年間にわたってあなた方は組織を整え、あなた方の精神と心に新たな喜びを与え、あなた方の人生をそっくり変え、あなた方に新たな理解を与えてくれるであろう誰かを探し求めてこられた。あなた方を生の新たな地平へと引き上げ、あなた方に新たな励ましを与え、あなた方を自由にしてくれるであろう誰かを。――そして今何が起こっているか、ご覧になるとよい！　熟考し、あなた方自ら論理的に考え、そしてどのような点でその信念があなた方に相違をもたらしたか――ただし、バッジを付けるといった、取りに足りない、馬鹿げた、表面的な相違ではなく――発見してごらんになるとよい。どのような仕方でそのような信念が生の非本質的なすべてのものを一掃しただろうか？　それが唯一の判断の仕方なのです。いかなる点であなた方はより自由で、より偉大か、虚偽と非本質的なものに基づいたあらゆる社会に対してどの程度まで危険な存在になっているだろうか？　どんなふうにこの星の教団という組織のメンバーは他とは違っただろうか？……

あなた方は自分の霊性のことで、自分の幸福のことで、自分の啓発のことで他の誰かに頼っておられる。……私があなた方に、あなた方の自己の啓発のため、栄光のため、浄化のため、自己の不朽性のためにはあなた方自身の内側を見つめてみる必要があると言う時、あなた方の誰一人としてそうしようとはしません。少しはおられるかもしれませんが、しかしごくごくわずかです。だとしたらなぜ組織を持つ必要があるのでしょう？……

あなた方は文字を打つためにタイプライターを使いますが、それを祭壇に置いて崇めたりはしません。が、組織があなた方の主たる関心事になる時には、まさにそれこそがあなた方がしていることなのです。「そこにはどれくらいの数の団員がいますか？」それが、どの新聞記者からも私が尋ねられる最初の質問です。何人いるのか私は知りません。私はそれには関心がないのです。……あなた方は、どの程度まであなた方が進歩したか、あなた方の霊的段位はどの程度かを告げられることに慣れてこられた。なんと幼稚なことか！　あなた方が不朽かどうかを、あなた方自身以外の誰があなた方に告げることができるというのでしょう？

……が、真に理解することを願い、初めも終りもないあの永遠のものを見出そうとしている人々は、より大いなる熱情をもって共に歩み、非本質的なあらゆるもの、真実ではないもの、影のようなものに対して危険な存在になるでしょう。……そのような一団をこそ私たちは創り出さなければならないのであり、そしてそれが私の目的なのです。その真の友情――それをあなた方はご存知ないようですが――のゆえに、各人の側の真の協力が起こるでしょう。そしてこれは、権威のゆえ、救済のゆえではなく、あなた方が本当に理解し、それゆえ永遠なるものの中で生きることができるようになるがゆえに可能になるのです。この方が、あらゆる快楽、あらゆる犠牲よりもはるかに偉大なことなのです。

以上が、二年間にわたる慎重な熟慮の後に私がこの決定を下すに至った理由のいくつかです。それは一時の衝動から出たものではありません。私は誰かによって説得されてそれに至ったのではないのです――そのようなことに関して私は説得されたりはしません。二年間にわたりこれについてゆっくりと、慎重に、忍耐強く考えた末に、今、私は教団を解散することに決めたのです。あなた方は他の組織を結成し、他の誰かをあてにすることはできるでしょう。それには私は関心はありませんし、新しい獄舎を創り上げて、それらの獄舎を新たに飾り立てることにも関心はありません。私の唯一の関心は人間を絶対的に、無条件に自由にすることなのです。[36]

第10章　「私はわが道をさらに進んで行きます」

教団の解散後、エルダー城とそのすべての土地は、キャンプが設営された四百エーカーを除いてヴァン・パラント男爵に返還され、一方、オーストラリアの何区画もの土地の全部と、シドニー港の外れの円形劇場はそれらの寄贈者たちに戻された。その冬Kはベサント夫人と共にアディヤールに行き、彼女のために神智学協会との和合を装い続けたが、その年の末までにベサント夫人が世界中の秘教部門を再開した時、協会から辞任した。にもかかわらず、彼らの個人的な相互の愛情はけっして揺らぐことはなかった。一九三〇年二月にインドを離れる際に書いた「わが最愛の母上」としての彼女宛の手紙で、彼は言った。「C・W・L〔リードビーター〕が私および私が言っていることに反対していることを私は知っており、それは私にとっては重要ではないのですが、どうかそれについて心配なさらないでください。こういったすべては避けられないことですし、また、ある意味では必要なことでもあるのです。私は変わりえないし、おそらく彼らも変わるつもりはないでしょうから、葛藤はやむをえないのです。百万人の人が何を言おうと言うまいと一向にかまいません。私は自分の何たるかを確信しており、わが道をさらに進んで行きます。」

シドニーのリードビーターは、今や「〈到来〉は失敗した」と言っていた。アランデールは、Kに「神智学の神殿《パンテオン》内の壁龕《へきがん》〔像などを置く壁のくぼみ〕を一つだけ割り当てるが、それ以上は与えない」と。ラジャは、Kの教えは「スペクトルの中のもう一つの色」であったと。そしてウエッジウッドは、ベサント夫人は「正気ではなかった」ので、Kの意識がロード・マイトレーヤのそれと融合したと彼女が言った時、彼女は信頼されうる状態にはなかったのだと。[37]

何百人もの人が教団の解散によって心痛を味わわされた。その一人はデラウェア婦人で、彼女は一九三〇年に他界した。ミス・ドッジは、五年後の彼女の死までKに忠実であり続けた。最も苦しむことになったのはおそらくエミリー夫人だったが、それは解散のゆえではなく、自分は追従者を望まないというKの宣言のゆえであった。十八年間にわたって彼女は彼が「私について来なさい」と言うのを待ちわびてきたのであり、そう言ってくれれば彼女は喜々として家庭、夫および家族を放棄したであろう。今や彼女の存在はまったく目的がなくなってしまった。彼女は、自伝『日なたの蝋燭 *Candles in the Sun*』の中で次のように書いた。「クリシュナはなんとか個人的な愛を超越することができたのだが、私にはできなかった。彼が愛していないということではなく、誰一人もはや彼にとって必要がなくなったということである。彼は普遍的な愛に到達したのだ。彼自身が言ったように、『純粋な愛は、万人に与えられるバラの芳香のようなものです。大陽は誰の上にそれが輝くかを気にかけません。……真の愛、純粋な愛の特質は、妻と夫、息子、父、母といったいかなる区別も知らないのです。』」エミリー夫人は、家族への責任を負いながらこの世界で生きなければならない人々にとっては、これはあまりにも抽象的で助けにならない――Kは、実は人生から逃避しているのだ――と感じた。彼は彼女を納得させようと非常に忍耐強く努め、オーハイから彼女に次のように書いた。

私が言っていることについてあなたがそんなふうに感じているというのは残念なことです。私が感じている法悦《エクスタシー》はこの世界の所産なのです。私は、悲しみ、離別と執着ゆえの苦痛、死、生の連続［にまつわる不安や恐怖］など、人間が日々経験するあらゆることを理解し、克服しようと思いました。私はそれを理解し、克服したかったのです。そしてそうしました。ですから私のこの法悦は本物であり、限りないものであって、逃避ではないのです。私はこの絶え間ない不幸からの出口を知っているので、人々がこの悲しみの泥沼から抜け出すのを助けたいのです。これは断じて逃避ではありません。

彼女は今や、自分が彼を失望させたと感じてどんなにみじめな思いをしているかと彼に告げ、それに対して彼はこう応えた。「愛しい母上、私はあなたに〝失望〟などしていません――なんということをおっしゃるのでしょう、そしてなんということを私にお書きになるのでしょう。あなたが何を味わっておられるか私は知っていますが、しかしどうかそれを心配なさらないでください。……あなたはただ力点を移さなければならないだけなのです。いいですか、人はいかなる信念も観念すらも持ってはなりません。というのは、それらはあらゆる種類の反応《リアクション》と応答《リスポンス》に属しているからです。……もしあなたが注意怠りなくし、観念、信念等々から今現在自由であれば、その時には限りなく見ることができるようになり、そしてこのように知覚することが無上の喜びなのです。」が、彼女は、いかなる信念も観念も持ってはならないと告げられた時、今まで以上に当惑した。

オーメンとオーハイの年次キャンプは今や一般に公開され、今までと同じようによく参加された。

というのは、それらは違った種類の聴衆――かつてのKにではなく、彼の言い分に関心がある人々――を引きつけていたからである。これが彼が望んでいるキャンプのあり方だった。彼は今やオーメンの、彼のために建てられた小屋に滞在した。（何人かの人々が松の木立の間にいくつかの小屋を建てていた。）彼の仕事のための寄付金が入り続けた。ラジャゴーパルがKのすべての財務の世話をし、彼の旅行を手配し、そしてスター・パブリッシング・トラストによる彼の講話の印刷を引き受けた。ラジャゴーパルはまた『インターナショナル・スター・ブレティン』を編集した。

一九三〇年のオーメン・キャンプ後、Kはラジャゴーパルと共にアテネ、コンスタンチノープルおよびブカレストへと旅し、そこで彼は公開講話を行なった。アテネから彼はエミリー夫人に書き送った。「パルテノンほど美しく、単純で、力強いものを見たことは今まで一度もありません。アクロポリスは全部が驚嘆に値し、思わず息をのませられますが、人間の表現の性質を帯びた［範疇に入る］他のあらゆるものは低俗で、凡庸で、混乱しています。これら少数の素晴らしいギリシャ人たちはなんという人々だったことか！」彼をそれほどわくわくさせた芸術作品は、他にはルーブルにある翼を広げた勝利の女神「サモトラケのニケ Winged Victory of Samotrace」像と、ボストン美術館にある仏陀の石頭だけだった。（彼はかつて、仏陀のこの頭像について『ヘラルド』一九二四年三月号に記事を書いたことがある。）

ブカレストでは彼は、宮殿で彼に会うことを求めた、ビクトリア女王の孫娘であるルーマニアのマリー女王と二度個人的会見をした。彼はまた、そこでは日夜警察に護衛されなければならなかった。なぜなら、何人かの国家主義的なカトリックの学生たちが彼を殺すと脅していたからである。彼は警察の警戒をとんでもない冗談扱いにした。一九三一年一月と二月には、彼はユーゴスラビアとブダペストで語った。彼が旅した所ではどこでも、彼は公開講話ならびに私的会見を行なった。三月にロンドンで行なわれた講話には、Kの教えの微妙な発展と彼の文体の変化が認められる。

あらゆるものの中に、すべての人間の中に、生の全体性 totality、生の完全性 completeness があります。……完全性によって私は意識の自由、個人性 individuality からの自由を意味しています。あらゆるものの中に存在しているあの完全性は進歩することはできません。それは絶対的なのです。獲得すべく努力することは無駄ですが、しかしもしあなた方が〈真理〉、幸福はすべてのものの中に存しており、そしてその〈真理〉の実現は［真理ではないものを］消去することによってのみ遂げられるということを悟ることができれば、その時には時間を超えた理解が起こるのです。これは否定の行為ではありません。ほとんどの人は無 nothing であることを恐れています。彼らは、自分が努力している時、それを肯定的状態と呼び、そしてその努力を徳 virtue と呼ぶのです。が、努力がある時には徳はないのです。徳は努力とは無関係です。あなた方が無の状態にある時、あなた方はすべてのものである［全体性を実現する］のです。自己拡張をはかることによってでも、「私」、個性 personality を強調することによってでもなく、権力、貪欲、羨望、所有欲、虚栄心、恐怖および情欲を生み出すあの意識を絶えず消去し続けることによって。絶えず気づきを働かせて自分を見守り続けることによって、あなた方は十分に意識的になり、それから精神と心を解放し、調和を知ること。それが完全性なのです。(38)

Kがラジャに書き送ったように、ある報道記者が彼はキリストなのかと彼に尋ねた時、彼はこう答えた。「ええ、その言葉の純粋な意味では。伝統的で、一般に容認された意味でではなく。」後ほど彼はエミリー夫人に告げた。「母上、私はけっしてそれ〔〈世界教師〉であること〕を否定したわけではなく、ただ、私が誰かまたは何かは重要ではなく、重要なのは彼らが私の言うことを吟味検証することだと言っただけで、それは私が〈世界教師〉であることを否定したことを意味するものではないのです。」彼はけっしてそれを否定することはなかった。

八月には、その年アメリカに留まっていたジャドゥーが脳卒中で死んだという知らせが届いた。彼に大きな親近感を抱いていたKにとって、彼の死は大きな打撃だった。さらに多くの旅行とオーメン・キャンプの後、Kは十月、疲れ切ってオーハイに戻り、インドに行くかわりに完全な休息をとることに決めた。ラジャゴーパル夫妻には今やラーダという女の赤ん坊がおり、彼女をKは熱愛するようになった。一家がハリウッドに行き、そこでラジャゴーパルが扁桃切除手術を受けることになった時、Kは人生で初めてまったくの独りきりにさせられた。彼はパイン・コテージから十二月十一日にエミリー夫人宛に書いた。「このようにして独りきりになったおかげで、何かとてつもないものが私に与えられました。そしてそれこそはまさに私が必要としていたことなのです。これまで私の人生では、あらゆるものがまさにふさわしい時にやって来ました。私の精神はとても静穏ですが、しかし集中しており、私はそれを猫がネズミを見守るように見守っています。私は本当にこの独居を楽しんでいますが、自分が感じていることを言葉にすることはできません。が、いずれにせよ思い違いしてなどいません。今後三ヵ月間、または自分が欲するかぎり、私はこうしているつもりです。私が完成させられることはけっしてないでしょうが、しかし私は自分が持っているすべての浅薄なものをおしまいにしてしまいたいのです。」彼は、ラジャゴーパル夫妻が戻った時には、自分の食事はコテージの中で盆に盛ってすませるつもりだと言い添えた。Kが過去の記憶をほぼ完全に失ったのは、この独り暮らしの時からだったようである。これは、記憶は、実際的な目的のため以外は、当日から翌日へと持ち越されるべきではない重荷だという、彼の後の教えと一致していた。

一九三〇年代初めのKの精神状態をわれわれが窺い知れるのは、エミリー夫人宛の彼の手紙からだけである。翌年［一九三二年］の三月、彼は彼女に書き送っていた。「私は他の人々が渡るための橋を架け、彼らが生から離脱したりせず、より豊饒な生を味わうようにさせようとしているのです。……自分が〝悟った〟もののことを考えれば考えるほど、それだけより明確にそれを言い表わし、架橋を助けられるようになるのですが、しかしそれには時間がかかり、真の意味を与えるために絶えず言い方を変えていかねばなりません。言うに言われぬものを言い表わすことがいかに困難か、あなたはご存知ではなく、しかも言い表わされたものはもはや真理ではないのです。」終生、彼は言うに言われぬものを異なった言葉および言い方で表現すべく試み続けた。

Kに同調させられるどころか、エミリー夫人は彼に対してひどく批判的で、彼に率直に言う勇気がないので、彼の陰で多くの人々がおそらく考え、言っていたことを彼に告げた。この年の九月に、例えば、彼女は次のように書いていた。

人々があなたを理解していないことにあなたは驚いているようですが、しかしもしも彼らが理解したら、私はもっと驚くでしょう!!　結局、あなたは彼らがずっと信じてきたあらゆるものをひっくり返していらっしゃる――彼らの土台をたたき壊して、その代わりに漠然とした抽象概念を提示していらっしゃる――のです。あなたは、ご自身がおっしゃっていることは言い表わしえないものであり――また、自分自身で発見するまでは理解されえない――と言っています。だとしたら、どうしてあなたは彼らが理解することを期待するのですか？　あなたは他の次元から話していらっしゃるのであり、三次元の世界で生きることがどういうものかをすっかりお忘れになっているのです。……あなたは、何かを成し遂げるためにエゴを完全に破壊することを唱道していらっしゃるのですが、しかしその何かをあなたが成し遂げるまでは、それについて何も知りえないのです！　当然ながら人々は、それについて自分が何かを知っているエゴの方を好むのです。……あなたにはエゴがないので、どのような人間の問題もあなたには何の意味も持たず、一方、至福についてのあなたの抽象概念は、彼らが知っているものとしての世界で生きることを依然として望んでいる人々にとっては何の意味も持たないのです。[39]

彼女がこれを書いていたのと同じ日に、アメリカ巡回旅行中のKは次のように彼女に書き送っていた。「私は何かとてつもないもので溢れています。私はあなたにそれを言葉で告げることはできません。沸き立つ歓喜、生きいきした沈黙、生きている炎のような強烈な気づき……私は二、三人の患者に自分の手による治療を試みたことがあり、彼らにそれについて口外しないように求めましたが、それはすこぶる効果がありました。失明しかかっていたある女性は、すっかり回復するだろうと思います。」

Kは疑いもなくある種の治癒力を持っていたが、しかし彼は常にそれについては非常に口が重かった。なぜなら、彼は人々が身体の治療者としての彼の許に来ることを望まなかったからである。ある集会での質問に応えて、彼は次のように答えた。

人が全《まった》き whole 存在であり続ける道を示してくれる〈教師〉と、一時的にあなたの傷を癒してくれる人のどちらをあなたは持ちたいですか？　奇蹟は魅力的な児戯です。奇蹟は毎日起こっています。医師たちは奇蹟を行なっています。私の多くの友人は霊的治療師《スピリチュアル・ヒーラー》です。が、彼らは身体を治すことはできるかもしれませんが、彼らが精神と心をも健康にしないかぎり、病気が再発するでしょう。私は心と精神の治療に関心があるのです、身体のそれではなく。偉大な〈教師〉はいずれも奇蹟を行なうことはないと私は思います。なぜなら、それは〈真理〉への裏切り行為だからです。[40]

青春時代にKは確かに透視能力を持っていて、それを発達させることができたかもしれない。かわりに、彼は故意にそれらを抑制した。人々が助けを求めて彼の許に来た時、彼は彼らについて、彼らが進んで彼に明かそうとする以上のことを知ろうとは思わなかった。ほとんどの人は仮面をかぶって彼のところに来る、と彼は言った。彼は、彼らがそれを脱ぐことを願った。もしそうしなければ、彼は、彼らの私信を読んだりしないのと同様、その［仮面の］背後を覗き込もうとはしなかった。[41]

戦争まで、Kの人生は旅の連続で、行く先々で講話と私的会見を行ない、合間にオーハイで休息をとるようにしていた。彼はエミリー夫人に、現在の出来事に関する本で彼が読むべきだと彼女が思うものの題名と、ついでに『ニュー・ステーツマン・アンド・ネーション』紙を送るように頼んだ。これを彼女は実行したが、しかし当時彼がしていた膨大な文通やら、出版のための彼自身の講話の訂正やらで、彼には実際には探偵小説以外のものを読む暇はなかった。行く先々で彼は新しい交際を持ち、新しい友人を作り、多種多様な人々に語りかけ、世界で進行中のことについて、いかなる本からのそれよりもずっと貴重な知識を得た。

一九三二年十一月、Kはラジャゴーパルと共にインドに行った。ベサント夫人は病気で、急速に記憶を失いつつあったが、しかし彼女は、Kとリードビーターが出席したアディヤールでの神智学総会にどうにか出席した。Kは、エミリー夫人に告げたように、ラジャと長々と話し合った。「彼らは皆一つの文句を暗記しています――あなたはあなたの道を行き、われわれはわれわれの道を行くが、しかしわれわれは出会うでしょう。……彼らは私にここに来て欲しくなかったのだと私は信じています。はっきりした敵意があります……アディヤールは素晴らしいですが、人々は死んでいます。」

総会後Kはインド国内を巡回旅行し、一九三三年五月にアディヤールに戻り、それからヨーロッパに戻る前にそこでベサント夫人と会ったが、それが最後の出会いとなった。(彼女は九月二十日に死んだ【次頁、脚註1】。)以後四十七年間、彼が神智学協会本部に戻ることはなかった。

ベサント夫人の死から二ヵ月後、Kとラジャゴーパルがその次にアディヤールにいた時、彼らは、グリーンウエイズ・ロード六十四番地にあるヴァサンタ・ヴィハーラに初めて滞在した。これは、Kのインドでの本拠として建てられたばかりの、六エーカーの土地付きの家であった。それはアディヤール川の北側にあり、それに対して神智学協会の(二六〇エーカーの)私有地は南側にあり、海まで続いていた。ヴァサンタ・ヴィハーラは、Kが望んでいたよりずっと大きな家で、エミリー夫人はそんなにも神智学協会の構内に近いところにそれを建てたことに対して彼を叱責した。それに対して彼は応えて、彼とラジャゴーパルは「印刷、人々、作業員等々の点で」かねてからマドラスを最適の場所と見なしており、これが彼らが見つけることができた唯一の土地だったのだと言った。「私たちは神智学協会とその教えになんら反対しているわけではありません。」と彼は言い添えた。「私が戦っている相手は彼らではなく、世の中の考え方や理想なのです。」彼は、同じ手紙の中で、エミリー夫人にできるだけ彼を批判するよう乞うている。「人が批判的であればあるほど、それだけ私たちはお互いに理解し合えるのです。」彼女はこれに便乗して、彼に対する批判をけっしてやめようとはしなかったが、彼女の手紙は同時に彼への愛で溢れていた。

このインド訪問中に、Kはマドラスの北方一七〇マイルにあるリシヴァレーまで車を走らせた。ここには、ご記憶かと思うが、一九二八年に彼の仕事のために土地が購入されていた。J・V・スッバ・ラオがそこに設立された男女共学校の初代校長となり、三十年間在任したが、その間学校は成長し、繁栄した。Kは、訪問中に、毎日五時間教師たちに講話を行なった。

教育は、Kの一生を通じての最も熱情的な関心事の一つであった。彼は常に子供たちを愛し、そ

【脚註】

（1）ジョージ・アランデールが次の神智学協会会長になり、そして一九四五年の彼の死により、彼はラジャ［ジナラジャダーサ］に引き継がれ、一九五三年の彼の死の数カ月前まで在任した。

［訳註］スリランカ出身のラジャの後、インド出身のシュリ・ラム［現会長ラーダ・バーニアの父］が一九五三年から七三年まで第五代会長を務めた。次に英国出身のジョン・コーツが一九七三年から七九年まで第六代会長に任じ、一九八〇年にはラーダ・バーニアが第七代会長としてその後を引き継ぎ、現在に至っている。現会長は一九八〇年、二〇〇〇年九月、二〇〇三年八月に来日し、東京において一般公開講演会を行なった。

して彼は、もしも彼らが偏見、宗教、伝統的イデオロギー、国家主義および競争意識なしに十分に開花するよう育てられたら、世界に平和がもたらされるかもしれないと感じていた。が、どこで教師たちを見つけたらいいのだろう？　大人が彼自身を条件づけから自由にする方が、子供が条件づけられないままでいるよりも明らかにずっと困難であった。それは完全な自己変容を意味するであろう。自分の偏見を放棄することは、Kにとっては愛国心、英雄的行為および宗教的信仰などの理想はすべて偏見だということに留意すれば、実際には自分の個性を放棄することに等しかった。この教育という分野では、Kには変則的なところがあった。彼は、自分が創設した学校が競争なしに「学問的優秀さ」を実現することを期待した。これは、もしも両親が彼らの子供たちに大学の学位取得を強要しなかったら可能だったかもしれない。インドでは、とりわけ、良い職を得るためには学位が不可欠だったのである。

一九三四年の初めに、オーストラリアとニュージーランドでの講話が続いた。オーストラリアの新聞は非常に友好的だったが、神智学徒たちはそうではなかった。リードビーターは、アディヤールでベサント夫人の葬儀に参列してから帰る途中、ちょうどパースで死去したばかりだった。彼の遺体が火葬に付されるためにシドニーに送られた時、Kはたまたまそこに居合わせており、そしてKはエミリー夫人に、彼は葬儀には出かけたが、しかし礼拝堂の中には入らなかったと報告した。「『ザ・マナー』〔九〇〜九一頁参照〕の人々は彼の死によって困惑させられており、彼が亡くなった今、彼らが〔弟子道を〕前進した時に誰が彼らにそれを告げてくれるのだろうと尋ねていました。」ニュージーランドでは新聞はより一層友好的だった。彼は、しかしながら、〝反宗教的〟だったので、放送することを許されなかった。「訪問中だったバーナード・ショーは人々に、私は偉大な宗教的教師なので、それは誠にけしからぬことだと告げました。彼はそれについて私に書いて寄越しました。あいにく私は彼に会いませんでしたが。私は素晴らしい会合を持ち、多大の関心を集めました。当地の友人たちはそれを保持し続けてくれるだろうと、私は思います。」

その年オーハイに戻ったKは、かねてから彼のために手配されていた南米での巡回講演旅行に備えて、あるリンガフォン・コースからスペイン語を学び始めた。彼は彼の法悦的な熱情を少しも失っていなかった。十一月に彼はエミリー夫人に書き送っていた。「私は限りない愛、あるいは何かそういったものではちきれんばかりです。私は横溢する英知と知恵で陶酔しています。それは驚くべきもので、それを言葉で言い表わすことは馬鹿げています。実に陳腐になってしまうからです。『ソロモンの歌（雅歌）Song of Songs』、仏陀およびイエスのそれ［訳註1］を書いた人の精神状態を想像してみてください。そうすればあなたは、私のそれがどんなものかおわかりになるでしょう。それはかなり大言壮語に聞こえるかもしれませんが、そうではないのです——いたって単純で、心を焼き尽くすものなのです。」

これを書いた際に、エミリー夫人が八月に彼に送っていた次の手紙に彼が異議を唱えていなかったことは明らかである。

【訳註】

（1）『実践の時代』から判断するかぎり、『仏陀の福音 *The Gospel of Buddha*』や『アジアの光 *The Light of Asia*』および聖書のことだと思われる。

あなたが単に逃げ路を見出しただけではないとどうしておわかりになるのですか？　あなたは人生に、そのありのままに――そのすべての醜悪さにおいて――直面することができず、常に詰綿にくるまってきた〔過保護にされてきた〕――比喩的に言えば――のであり、最も美しい場所へと飛翔することによって常に醜悪なものを免れてきたのです。あなたは常に〝退却〟していらっしゃる。あなたは、あなたに法悦を与える逃げ路を見出したのです――が、そのようにすべての宗教的神秘家たちはしてきたのです。……自分は法悦〔状態〕――神――真理、等々に到達したという他の誰かと同様にあなたが正しいかどうか、部外者としての私がどうして知ることができるでしょう？〔この手紙への返事はない。〕

一九三五年の初めにニューヨークで三回話し、また、フィラデルフィアの付近に「サロビア Sarobia」という名の一軒の家と大きな私有地を持っていた古い友人、ロバート・ローガンおよび彼の妻サラの許にしばらく滞在した後、Kは三月三日、ラジャゴーパルと共にリオデジャネイロに向けて出航した。これは八ヵ月に及ぶ巡回講演旅行の始まりで、その間彼はブラジル、ウルグアイ、アルゼンチン、チリで、さらに帰る途中にメキシコ・シティーで講演を行なった。(42)

Kが英語でしか話さなかったので、これらの講話を聞きに行った何百人もの人々は彼を理解できなかったが、明らかに〝魔法にかかったかのように〟坐っていた。彼は、各々の講話を始める前に、自分はいかなる宗教的宗派または政党にも属していないと宣言した。「組織化された信念は、人と人とを分裂させる大きな障害です……」と彼は言った。「私がしたいと思っていることは、あなた方個々人が、深くかつ完全な達成によって、苦しみ、混乱および葛藤の流れを渡るのを助けることなのです。」

ブエノスアイレスと（［ウルグアイの］文部大臣から話すよう招請を受けていた）モンテヴィデオでは、彼の写真と放送番組で広く知れ渡っていたので、彼は群集の目につかずに外出することはできなかった。同時に、多くの敵対的な記事がカトリック系の新聞に掲載され、彼を国外退去させるための努力がカトリック教徒たちによって払われた。彼は、それほど多くの関心と熱狂があることに驚いた。しかし、彼にとってのこの旅行のハイライトは、ダグラスの双発機での一時間二十分間に及ぶアンデス山脈上空横断飛行（彼の最初の飛行）だった。それは「世界中で最も危険な飛行」だとあらかじめ告げられていたが、彼はすっかりそれを楽しんだ。

彼が行なった講話の一つの中で、「私たちの日常生活でかくも大きな役を果たしている性《セックス》の問題に対するあなたの態度はどのようなものですか？」という質問に答えて、彼は性についての彼の最初の公の表明を行なった。彼は次のように答えた。

それが問題になってしまったのはなんの愛もないからです。私たちが本当に愛している時にはいかなる問題もなく、そこには調和と理解があるのです。私たちが真の愛情、いかなる所有欲も含まれていないあの深い愛をなくした時にのみ、性の問題が起こるのです。私たちが単なる感覚に完全に負けてしまった時にのみ、性にまつわる多くの問題が出て来るのです。大半の人々は創造的思考の喜びをなくしてしまったので、当然ながら彼らは性の感覚に頼り、それが問題と化して彼らの精神と心を腐食させていくのです。

この旅行による疲労困憊（旅が終わった時の彼の体重は百十二ポンド［五十キロ］を切っていた）の後、Kはオーハイおよびスイスのヴィラーズで休息し、体力を回復させるのに長い時間を要した。彼は、しかしながら、一九三六年の冬にはラジャゴーパルと共にインドに行くのに十分なほど回復し、ヴァサンタ・ヴィハーラの庭で講話を行なった。お互いの相違にもかかわらず一九五三年の彼の死までKと友好的であり続けたラジャ［ジナラジャダーサ］は、何度か彼に会いに来た［次頁、訳註2参照］。「この古いもの、結晶化したものの粉砕は、」とKは一九三七年初めにエミリー夫人に書いた。「一日で果たせるものではありません。絶え間ない、無選択の気づき choiceless awareness がなければならないのです。私はそのすべてに陶酔し、スリルを覚えています。」

「無選択の気づき」は、Kがその後しばしば用いるようになった言葉である。エミリー夫人はそれを理解していなかったし、確かに若干の明確化を必要とする言葉である。選択は方向、意志の行為を含意している。Kは、それについて彼が説明したように、自分自身の内部で起こっているすべてのことを、それを変えよう、あるいは方向づけようと努力せずに刻々に見つめるという意味での気づきについて話していたのである。それは、なんの努力もなしに自己変容へと導くであろう、純粋な観察、凝視の問題であった。

Kはこの当時のインドの状況に戦慄させられていた――すさまじい貧困、不幸および憎悪があり、そしてインド人たちは国家主義によってそれらを解決できると信じていた。「私たちは［彼の仕事のために］新しい人々を見つけなければなりませんが、それは至難です。私たちは、過去十年間にあたかも何も起こらなかったかのように、ここで始めなければならないのです。」Kは、いかなる社会改革も人間の不幸を終らせることはないだろうと主張した。人々は、いかなる新しいシステムも、かつての彼ら自身に合ったものに変えてしまうだろう。歴史を通じてずっと、あらゆるユートピア的革命運動は古い秩序へと逆戻りしてしまった。なぜなら、その中の人間が少しも変わらなかったからである。どのような種類の社会も個人の結果であり、そして個人は社会の結果である。個人とは

［訳註］

（2）リシヴァレー・スクールの校長だったバラスンダラム［一六六頁参照］は、「クリシュナムルティの思い出」（『片隅からの自由――クリシュナムルティに学ぶ』コスモス・ライブラリー　所収）の中で、ラジャについての次のようなエピソードを紹介している。

私はインド科学研究所の奨学研究員で、疑い深い性分でした。私は誰にも会わずに研究に没頭していました。が、どういうわけか、一九四七年に妻と一緒にクリシュナジに会ったのです。最初の日から彼は私に「バラスンダラム君、私は君の友だちです」と言ってくれ、その後何度か会った時も必ずそう言ってくれたのです。仕事や、その他あらゆる状況において、彼は友だちでいてくれ、その言葉は彼の存在と大きな愛情に包まれていました。大戦後彼がインドにやって来た時、彼はとても愛情深く、若者たちに会って彼らと知り合うことを望んでいました。彼が滞在していたマドラスのスターリング・ロードの家の外にはパンダル（天幕）が張ってあり、彼はほとんどの時間その下に坐っていました。ある日私はドーティーとクルターを着、紫色の帽子をかぶり、脇の下に何冊かの探偵小説を抱えた紳士がクリシュナムルティの部屋に入っていくのを見ました。で、私は「これは聖人にあるまじきことだ」と考えました。しばらくするとその紳士が出てきて、去っていきました。好奇心に負けて、私は急いで中に入り、クリシュナジの隣に本の束が置いてあるのを見ました。「先生、この種のものを読まれるのですか？」すると彼は応えました。「ええ。ただ私は読むのが遅いのです。」それから私は尋ねました。「これらの本をあなたに持ってきたのはどなたですか？」彼は言いました。「彼が誰だか知らないのですか？　神智学協会会長のジナラジャダーサさんです。」これは一九四七年のことでした。

あなたであり私である。社会を外側から変容させることはできない。その変容は、われわれの各々が、自分自身の内側で人間存在を全面的に変容させることによってのみ起こりうるのである。

第11章　「深い喜悦」

一九三七年の春、Kとラジャゴーパルはローマにいた。ムッソリーニがイタリア国内でのすべての公開講話を禁じていたので、コンテッサ・ラフォーニの邸宅でKのための集会が手配された。ここで彼は、後に彼の人生で顕著な役割を果たすことになったヴァンダ・パッシーリに出会うことになった。彼女は、フローレンス社会では著名な貴族地主で、フローレンスの二つの音楽団体の創設者であり、また当時のすべての大音楽家［訳註1］の友人だったアルベルト・パッシーリの娘だった。ヴァンダ自身、プロ並みのピアニストであった。一九四〇年に彼女はマルキェーゼ・ルイージ・スカラヴェッリという、やはり優れた音楽家で、ローマ大学の哲学教授になった人物と結婚した。集会の後パッシーリ夫妻はKに、フィエゾレ［イタリア中部トスカナ州の古都・保養地］の上手にある彼らの家、イル・レッチオを訪れるよう求めた。ヴァンダと彼女の兄弟がそれを両親から相続した後、Kはその後しばしばそこに滞在することになった。

その夏オーメンでKは、一生の間彼を時々悩ませることになった枯葉熱［特に花粉症］に初めて罹っ

［訳註］
（1）『実践の時代』によれば、これらの大音楽家にはトスカニーニ、ホロヴィッツ、カザルスなどが含まれており、パッシーリ夫人はカザルスと姻戚関係にあった。

た。そしていつものように、彼は気管支炎の発作を起こした。彼はオーハイに戻ることをとても喜び、そこで一九三七―三八年の冬の間彼は休息し、ラジャゴーパル夫妻以外の誰にも会わなかった。「私は自分自身の内なる発見に心底からわくわくしています。」と彼はエミリー夫人に書いた。「多くの考えが浮かび、私は徐々にそれらにふさわしい言葉と表現を見つけ出そうとしています。深い喜悦があります。強いられたり、人為的に刺激されたりされるべきではない成熟があるのです。それのみが生にあり余るほどの豊かさと真実性をもたらすことができるのです。私は、この静けさと一見して目的のない瞑想を心から喜んでいます。」

これは多分、いかなる方向あるいは目的もなしに「自分自身の内側に予期せぬ驚くべき発見をすること」という、Kにとっての〝真の〟瞑想についての最初の言及である。そのような時には、彼の精神はその最も鋭利で、探索的で、生きいきした状態にあった。精神をある一つの言葉または対象に引き留めることによってそれを鎮静させるとか、他の何らかの種類の技法を実践するといった、一般に理解されているものとしての瞑想についての考えは、彼にとっては鈍感さをもたらす無用な代物《しろもの》であった。

一九三八年の夏、Kがオルダス・ハクスレーに会った時、彼を非常に元気づける友交が始まった。その年の二月に、ハクスレーの友人でカリフォルニアに住んでいたジェラルド・ハード〔訳註2〕が、Kとの面会を求めていたのである。ハクスレーはその当時入院していたので、ハードがハクスレーと彼のベルギー人の妻マリアをオーハイに連れて来たのは四月になってからだった。（ハクスレー夫妻と彼らの息子は一九三七年にカリフォルニアに到着していた。）Kとハクスレーは直ちに意気投合した。十一月にハクスレーは、アメリカ人のW・H・ベイツ博士によって導入された眼の運動法を用いて彼の眼の治療を始めた。Kは後に彼自身毎日この方法を実行したが、それは彼の眼に異常があったからではなく、予防措置としてであった。その実行の結果だったかどうかはともかく、彼はその長い人生の間に一度も眼鏡をかける必要がなかった。

初めのうちKはハクスレーの際立った知性にいささか圧倒させられたが、ハクスレーがドラッグによって誘発されたものではない神秘体験のために彼のすべての知識を注ぎたいと思っていることを発見するやいなや、彼は彼がまとめていた「要点 the points」と呼んでいたものについてハクスレーに話すことができることを見出した。Kは、彼自身に三人称で言及しながら、ハクスレーとの散歩の様子を次のように述べている。

彼〔ハクスレー〕は素晴らしい人物だった。彼は音楽について、現代および古典の別なく話すことができ、科学とその現代文明への影響についてきわめて詳しく説明することができ、そしてもちろん諸々の哲学、禅、ヴェーダーンタおよび当然ながら仏教にきわめて精通していた。彼と散歩に出かけることは歓びであった。彼はよく路傍の花について語って聞かせ、またはっきりと見ることはできなかったのだが、われわれがカリフォルニアの丘陵の中で動物のそばを通り過ぎる時はいつでも、彼は

〔訳註〕
（2）『ジェラルド・ハード（一八八九—一九七一年）。歴史家、科学著述家、教育者、哲学者。多くの記事を書き、三十五冊以上の著書がある。「アルコール中毒者更生会」の共同設立者。一九六〇年代以来西洋で広まっていった「意識開発運動」の先駆者。

その名前を言い当て、現代文明の破壊的性質とその暴力性を詳しく述べたものである。クリシュナムルティはよく彼が小川や路面の窪みを渡るのを助けたものである。この二人はお互いに、愛情深く、思いやりにあふれ、そして言葉を交えない通い合いを伴った不思議な関係を持っていた。彼らはよく、一言もしゃべらずに一緒に坐っていたものである。(43)

オーメンでの最後のキャンプとなった十五回目のそれは、その年の八月に催された。(一九四〇年のドイツによるオランダ侵攻後、キャンプは強制収容所になった。)一九三八年はミュンヘン危機の年であった。Kは、もちろん、平和主義者だった。ラジャゴーパルは、その年はKと共にインドに行かなかった。かわりにKは、ペルジーネにいたことがある古い友人、V・パトワルダーン(パットとして知れられていた)と共に旅した。十月六日に彼らが到着したボンベイでは、Kはインド人の友人たちが政治上の「狭量な嫉妬沙汰」に熱中していることに気づいた。彼らの何人かはガンディーの追従者で、刑務所に入っていた。Kはガンディーに何度か会ったが、彼を賞賛することはなかった。Kはけっして政治には巻き込まれなかった。彼には、ドイツの攻撃性と大英帝国主義［領土拡張主義］との間にいかなる相違も認められなかった。「地球の半分を略奪してきたからこそ、」と彼はエミリー夫人に書いた。「英国は攻撃性をむき出しにしないでいるだけの余裕があるのです。」心底は、彼らは他のあらゆる国と同じように「冷酷で貪欲」だったのであるが。そして十一月には、まだ滞在していたインドで彼は再び次のように書いた。

気の毒にもユダヤ人たちが身の毛のよだつような屈辱を味わっているという点で、私はまったくあなたに同感です。何もかもがまったく気違いじみています。人間があれほど凶暴な行動に走るというのは、なんとも忌わしいことです。カフィル人［南アフリカのバントゥー族］たちはこの上なく残虐非道な扱いを受けています。南インドのいくつかの地区のバラモンたちは、不可触賤民 untouchables たちに関して人道感覚をすっかりなくしています。この国の白色および褐色の官僚主義的支配者たちは、たいてい、冷酷で愚かしい制度を動かしている機械も同然になっています。米国南部の黒人たちはひどい目にあっています。世界中で見受けられるように、支配的な民族が他のそれを搾取しています。権力、富および地位へのこういったすべての貪欲の奥には、理性や正気のかけらもないのです。個人が憎悪と混乱の嵐に巻き込まれないことは困難です。人は、いかなる民族、国あるいは特定のイデオロギーにも属していない、正気の、バランスのとれた個人でなければなりません。そうすれば、たぶん、正気と平和が世界に戻って来るでしょう。

そして後ほど彼は次のように書いた。「ヒットラーやムッソリーニといった輩《やから》をののしることはいかにもたやすいことですが、しかしこうした支配と力への渇望はほとんどあらゆる人の中にあります。だから私たちは戦争や階級対立を起こしてしまうのです。源が一掃されないかぎり、常に混乱と憎悪があり続けるでしょう。」

インドの多くの場所への旅行、講演に加えて、年末にKは彼が創設した二つ目の学校、一九三四年に正式に開校された、ベナレスに近いラジガート校を訪問し、さらにそこから彼は、一九三九年の初めにリシヴァレー校に行った――一つは川沿いに、もう一つは丘陵の中にあり、いずれも独特のきわめて美しい風景に取り囲まれていて、インド国内で彼が訪ねることを最も好んだ二つの場所であった。四月一日、彼はパットと共にコロンボからオーストラリアとニュージーランドに向けて出航した。彼がついにオーハイに戻った時、パットはインドに戻り、そこで彼は脳溢血で急死した。また一人、友が去って行った。ニティヤ、ジャドゥー、パット。馴染みがまばらになりつつあった。

一九三九年には戦争が差し迫っていたのでKはアメリカを去らず、以後九年間、ラジャゴーパル夫妻と共にカリフォルニアで過ごすことになり、ほぼ常時オーハイに留まった。一九四〇年にヒットラーがオランダとベルギーを潰滅させた後、Kは彼の多くのオランダ人の友人についての知らせをまったく受けなくなり、インドからの知らせもほとんどなくなった。フランスは六月二十二日に降伏した。マンツィアーリー一家は何とかアメリカに、シュアレス一家はエジプトに逃げのびた。Kは、オーハイとハリウッドの両方で週に二回ずつグループ討論を開き始めた。彼はまたハクスレー夫妻と頻繁に会った。（Kの平和主義が、戦争中ずっとカリフォルニアに留まることへのハクスレーの罪悪感を和らげた。）一九四〇年の春に、オーク・グローブでKは八回の講話をしたが、彼が平和主義を説き、「あなた方の内なる戦争にあなた方は関心を持つべきです。外なる戦争にではなく。」と言った時、聴衆の多くは愛想をつかして立ち去っていった。八月の末に彼はサロビア［一四六頁参照］に行った。そこでローガン夫妻が彼のために集会の手配をしてくれていたのである。これを最後に、一九四四年まで彼は人前で話すことはなかった。

一九四一～四二年にかけて、Kはラジャゴーパル夫妻と共にセコイア国立公園に二度旅をした。オーハイの北方二五〇マイルにある、高度六千フィートのこの公園内のセコイア［アメリカ杉］のいくつかは樹齢三千年と言われていた。二度目の旅の途中の一九四二年九月に、ラジャゴーパル夫妻は娘のラーダの学期が始まるため、Kだけを残してオーハイに戻らなければならなくなった。彼はさらに三週間丸太小屋で過ごし、自炊し、一日に十マイルほど散歩し、一日に二～三時間瞑想し、多くの野生動物を見た。彼は独居をこよなく楽しむのを常としていたが、そのように彼が大いに楽しんだこの時の独居は彼にとてつもなく大きな感銘を与えたので、それについて彼は自分の本のいくつかの中で触れ、一匹のリスとの友情や、母熊と彼女の子熊たちとの危険な遭遇について詳述した。それは、彼のごくわずかな数の忘れ難い思い出の一つとなった。

アメリカが参戦した時（日本軍が一九四一年十二月七日に真珠湾を爆撃していた）、Kは彼の米国へのビザの更新に難儀した。彼の反戦的宣伝《プロパガンダ》を考慮すると、それが更新されたというのはちょっとした奇蹟である。アメリカで食料不足が起こり、生活費が上昇し、ガソリンの配給が間もなく制限されることになった。Kとラジャゴーパル夫妻は彼ら自身の野菜を栽培し、蜜蜂、ニワトリと一頭の雌牛を飼っていた。彼は、オーハイで毎日独りきりで長い散歩をした。彼はエミリー夫人に、自分が「非常に創造的で喜ばしい、とてつもない生活を内面的に」送っていると告げた。が、「一九四〇～四一年の」ロンドン大空襲を体験し、戦争ですでに二人の孫息子を失っていたエミリー夫人は彼に冷ややかな手紙を書き送り、彼がすべての恐ろしいものから逃避していると非難した。一九四二年四月十四日に彼は返答した。

思うに、どのような悪も残虐行為、拷問あるいは奴隷化によっては克服できないのです。悪の克服は、悪の結果ではない何かによって可能になるのです。戦争は、一連の日常的残虐行為、搾取、偏狭さ、等々に他ならない、私たちのいわゆる平和の結果です。私たちの日常生活を変えないかぎり、私たちは平和を持てないのであり、そして戦争は、私たちの日常的行動の拡大されたはなばなしい表現なのです。私は自分がすべての恐ろしいものから逃避しているとは思いません。が、暴力には、それを誰が行使しようと、何の答え、いかなる最終的な答えもないというだけです。私は、こういったすべてに対する答えを世界の中でではなく、それから離れることによって見出したのです。離れていること、ますます〔言葉が省かれている〕愛し、理解しようとすることから来る真の無執着によって。これは非常に骨が折れ、容易には培われないものです。オルダス・ハクスレーと彼の妻は週末にはここにいます。私たちはこういったすべて、および近頃私がかなり実行している瞑想について長々と話し合っています。

これら、戦争中の休閑状態での静かな年月は、教師としてのKにとって計り知れぬほど貴重であった。ハクスレーもまた、彼に書くよう励ますことによって彼を助けた。Kは話し手であるよりもずっと優れた書き手であった。長年にわたる実践にもかかわらず、彼はけっして良い話し手にはならなかった。彼の個人的魅力が彼の講話から放たれて、彼の聴衆たちを魅了したことは確かだが。Kは、ハクスレーがある日彼に次のように言ったと記している。「『なぜあなたは何かを書かないのですか?』そこで私はそうし、それを彼に見せた。彼は言った。『素晴らしい。どうかお続けなさい。』そこで私はそうし続けた。」その後、Kはノートに毎日書き続けた。どうやら、彼がハクスレーに見せたものが『生についてのコメンタリー *Commentaries on Living*』〔邦訳『生と覚醒のコメンタリー』——以下『コメンタリー』〕の始まりだったに違いない〔訳註3〕。この本が出版されたのは一九五六年になってからだったが、その後さらに二冊が英国と米国の著名な出版社によって上梓された。

『コメンタリー』は、世界各地で行なわれたKの個人的会見から引き出された短編集である。各々の編は彼に会いに来た人またはグループ、あるいは場所の描写で始まる。会見を匿名にするため、彼はそれらを「ごたまぜ」にした。そのため、スイスにサンニャーシがいたり、明らかに西洋人と思しき人々がインドで足を組んで坐ったりしているのが見出されることになる。この本は、「先日、三人の敬虔なるエゴイストが私に会いにやって来た」という見事な一行で始まる。ある編の中で彼は愛を主題にして書いている。「思考は常に愛を拒む。思考は記憶に基づいており、そして記憶は愛ではない。……思考は常に所有の感情、意識的または無意識的に嫉妬を培うあの所有欲を生み出す。嫉妬があるところには、明らかに愛はない。にもかかわらず、ほとんどの人にあっては、嫉妬が愛の表れだと思い誤られている。……思考は愛にとっての最大の障害である。」他の編で彼は、関係における愛と思考についてより多く切り込んでいる。

［訳註］
（3）トランスパーソナル心理学の理論的旗手で、現在は「統合心理学」を唱道しているケン・ウィルバーは、その『〈ワン・テイスト〉――ケン・ウィルバーの日記・上』（コスモス・ライブラリー）の二十二頁で次のように記している。

数十年にわたってオルダスの最良の友人の一人だったのがクリシュナムルティ（私はこの賢人から霊《スピリチュアル》的な道を歩み始めた）であったことは驚きではない。クリシュナムルティは、少なくとも時折は、最高の解放者である。この並外れた賢人は、たとえば『既知からの自由』といった本の中で、非二元の無選択の気づきの力が、空間、時間、死、二元性による束縛の苦悩から人を解放することを指摘している。［カリフォルニア、サンタモニカの］家（そして図書館）が［一九六一年五月に］焼け落ちたとき、ハクスレーが最初に取り戻すことを望んだ本は『コメンタリー』だったという。

われわれは自分の心《ハート》を精神《マインド》の物事でいっぱいにしており、それゆえ自分の心を絶えず虚しくさせ、絶えず何かを期待するようにさせ続けている。すがりつき、保持し、そして破壊するのは精神であり、それは明らかなことである。……われわれは愛し、それをそのままにしておかないで、愛されることを切望する。われわれは受け取るために与えるのだ。が、それは精神の寛大さであって、心のそれではない。精神は絶えず安全確実を追求している。が、果たして〈愛〉は精神によって確実にされうるだろうか？　まさにその本質が時間のものであるところの精神が、愛という、それ自体が永遠であるものを捉えることができるだろうか？(44)

一九五三年に出版された彼の最初の本『教育と人生の意義 *Education and the Significance of Life*』（邦訳『クリシュナムルティの教育原論』）をKがいつ書いたかは定かでない。この本の十七頁で彼は次のように言っている。「無知な人とは無学な人のことではなく、自分自身のことを知らない人のことであり、そして学識者は、理解力を得るために本や知識や権威に頼る時には愚かになる。理解力は、自分自身を知ること、自分の全心理的過程に気づくことによってのみ生ずる。だから教育とは、その真の意味では、自分自身を理解することである。なぜなら、われわれ一人ひとりの中に存在の全部が集められているからである。」

一九五四年に出版された、オルダス・ハクスレーによる長い序文付きの彼の二冊目の本『最初で最後の自由 *The First and Last Freedom*』（邦訳『自我の終焉』）は、多分、彼の他の出版物のどれよりも多くの人をKの教えに引きつけた。それは、それが書かれた定かではない日までの彼の全範囲の教えを網羅している。慰めを与えることへの彼の断固たる拒否は、彼を他の宗教的教師たちから截《せつ》

の問題は、われわれ自身以外の誰によっても解決できないのである。

彼はわれわれのグルであることを拒む。彼はわれわれに何をすべきかを告げないであろう。彼はただわれわれに向かって鏡をかざして、人類を苦しめ悩ませている暴力、孤独、嫉妬および他のすべての不幸の原因を指摘し、そして「それ［指摘］を受け入れるか、またはそれを捨て去るかしなさい。そしてあなた方のほとんどはそれを捨て去るでしょう。あなた方がそれに何の満足も見出さないという明白な理由のために。」と言うだけである。われわれの問題は、われわれ自身以外の誰によっても解決できないのである。

一九四四年の夏、Kはオーハイのオーク・グローブで連続十回に及ぶ日曜講話を再開し始めた。石油の配給制限にもかかわらず、それらに出席し、Kとの個人的会見を求めるために、米国中から人々がやって来た。「強制収容所の惨事を招いた張本人たちはどう扱われるべきなのでしょう？」と尋ねたある質問者に対して、Kは答えた。「誰が彼らを罰するというのですか？　裁判官はしばしば被告と同じくらい罪深いのではないでしょうか？　私たちの各々がこの文明を築き上げ、私たちの各々がその不幸に寄与してきたのです。……他国の残虐非道を声高《こわだか》に叫ぶことによって、あなたは自分自身のそれらを見過ごせると考えているのです。」

「あなたは非常に意気を沮喪させます。私は長持ちのする霊感《インスピレーション》を求めているのです。あなたは勇気と希望で私たちを元気づけてくれません。霊感を求めることは間違いなのでしょうか？」と言った別の聴衆の一人に人は同情することができる。Kの峻厳な答えが彼を元気づけることなど到底不可能であった。「なぜあなたは霊感を与えられたがるのですか？　それは、あなた自身の内部であなたが空虚で、不確かで、孤独だからではないでしょうか？　あなたはこの孤独、心を疼かせることの空隙を満たしたいのです。あなたはいろいろな仕方でそれを満たそうとしてきたに違いなく、そしてここに来ることによってまたもやそれから逃避したがっているのです。この、砂をかむような孤独をおおい隠す過程が霊感と呼ばれているのです。霊感はその時には単なる刺激になり、そしてすべての刺激と同様に、それはすぐにそれ自体の退屈と鈍感をもたらすのです。」

これら一九四四年の講話の真正版報告書がインドで印刷され、翌年、スター・パブリッシング・トラスト（SPT）に取って代わったクリシュナムルティ・ライティングス・インク（KWING）によって出版された。これ以降、Kは自分の講話を校閲するのをやめた。KWINGは、SPTがそうだったように、もっぱらKの教えを世界中に広めるために設立された慈善的トラストだった。Kとラジャゴーパルが、他の三人と共に理事となった。後ほどKは、煩わしい財政に関する会合に関わっていられなくなったので、不幸にも理事の職を辞し、そしてラジャゴーパルがKWINGの理事長になった［これが後に起こる両者の裁判沙汰の原因となった］。Kの仕事を支えるすべての寄付がこの国際的組織に送られてきた。

一九四六年の九月、ついにオーハイ峡谷の上流の端にある土地に学校が開校された。一九二六〜二七年にその目的のためにそこがベサント夫人によって購入されてから、実に二十年後のことであった。「ハッピー・ヴァレー・スクール」と名づけられた小さな共学の中等学校で、K、オルダス・ハクスレーおよびロザリンド・ラジャゴーパルを最初の三名の理事とするハッピー・ヴァレー・アソシエーションによって出資され、ロザリンドによって運営された。Kは、開校後オーハイを発ってまっすぐニュージーランド、オーストラリアおよびインドの巡回旅行をする計画を立てていたのだが、出発予定の数日前に重い感染性腎炎に罹った。彼は二ヵ月間病床に伏した。最初の一ヵ月間、彼は大きな苦痛を味わい、その後彼が回復するまでに六ヵ月かかった。Kは、この病気については ぼんやりとした不正確なことしか記憶していない。「私は一年半ほど病気でした、」と彼は一九七九年に言うことになった。「実に大変な病でした。医者はいたのですが、しかし何も私に施してくれませんでした。」彼が入院したがらなかったので、ロザリンドが彼の看護をした。おそらく、「かつて彼が耐える必要があると感じた」〈プロセス〉に伴う苦痛とは違って、この苦痛については耐える必要があると彼が感じなかったとしても、薬物が彼の鋭敏な身体に何らかの影響を及ぼしかねないことを恐れて、薬物を服用することを拒んだのであろう。

Kの計画は、今や、彼のビザの更なる延長を得られるかどうかにかかっていた。一九四七年八月十五日にインドが独立を認められた後、彼は、すべてのインド人やイスラム教徒と同じように、彼の英国のパスポートをそのまま使うか、自国のそれを取得するかの選択権を与えられた。彼は国籍を極め付きの悪の一つと見なしていたが、旅行するためには、彼はむろんパスポートを所持しなければならず、それで彼はインドのそれを選んだ。彼のインド人の友人たちの実に多くが自由への闘争で苦しんでいた時に、そうする以外に彼にはやりようがなかったのであろう。彼のビザの更なる延長が認められ、その結果彼は一九四七年九月までオーハイに滞在して健康を取り戻すことができた。彼はニュージーランドとオーストラリアに行く計画を放棄して、英国経由でインドに向けて出発した。

Kは、ロンドンで三週間、エミリー夫人の許に滞在した（彼女の夫は一九四四年に肺癌で亡くなっていた）。彼らは互いに九年間会っていなかったが、彼を一目見ると彼女のすべての憤《いきどお》りは消えてなくなった。彼は今や五十二歳、彼女は七十三歳で、また、互いの文通の回数は次第に少なくなっていったが、一九六四年に他界するまで彼女は心から彼を愛し続けた。彼は彼女と一緒に、私と私の二番目の夫と共にサセックスのわれわれの家で週末を過ごすためにやって来た。私はまた、彼がパリに行かなくなったので、彼に会うためにわざわざ英国に来ていたマー・デ・マンツィアーリーを招待した。むろん、彼はやや老けて見えた。少々白髪交じりになっていたが、しかし彼は今までどおり美しく、彼の人柄は少しも変わっていなかった。彼は相変わらず愛情深く、人生への煮えたぎるような熱情であふれており、いつもどおりの洗練された物腰と持ち前の礼儀正しさを備えていた。われわれがガウン姿で坐り、談笑しながら朝食を共にしていた時、彼は言った。これはちょうど、われわれがニティヤと一緒に過ごした昔の日曜日のようだ、と。彼はエールヴァルトやペルジーネや、そこでの〈プロセス〉のことは思い出せなかったが、しかしわれわれが味わった幸福や大騒ぎのことは少し憶えていた。彼が私にニティヤがどんな外見をしていたかと尋ねたので、彼はひどいやぶにらみだったと彼に教えてやると、彼は驚いた。

彼にいばりちらすことが多くなっていたラジャゴーパル夫妻と共にあまりにも長くオーハイに閉じ籠っていたので、再び自由になって旅行できるようになったことで大いにほっとしているように思われた。十月、彼は単独でボンベイへと飛び発った——これはインドへの彼の最初の飛行機旅行で、十八ヵ月間そこに留まることになった。この訪問は非常に重要であった。なぜなら、彼はそこで、彼自身が選んだ仲間であるだけでなく、インドでの彼の仕事にとって測り知れぬほど貴重な、一群の新しい随伴者たちに出会ったからである。

このグループの中で傑出していたのは、彼とは初対面の、いずれも結婚していた二人の姉妹——

ププル・ジャヤカールとナンディーニ・メータ――だった。二人は、インド文民職 Indial Civil Service の名高い一員で、サンスクリットおよびペルシャ語学者でもあったグジャラート州のバラモン、V・N・メータ（ナンディーニの夫とは無関係）の娘だった。彼は一九四〇年に亡くなっていた。社会奉仕の長い履歴の持ち主である彼の寡婦は、彼女の娘たちと同じくボンベイで暮らしていた。下の娘ナンディーニは、戦前からのKの崇拝者であるサー・チュニナル・メータの息子、バグワン・メータに嫁ぎ、三人の子供がいたが、不幸な結婚生活を送っていた。サー・チュニナルは、Kがボンベイに到着した時、ナンディーニを連れて彼に会いに行った。彼女は彼に魅了され、後ほど彼女の義父と共に彼の講話を聞きに行った。その数カ月後彼女は夫に、自分は純潔な生活を送りたいと思っていると告げた。Kがインドを去った後、彼女はボンベイの高等裁判所に夫に対する陳情書を提出し、虐待の理由で別居と、彼女の九歳、七歳および三歳の子供の保護を要求することになった。夫は請願に抗弁し、彼女はクリシュナムルティの教えによって不当に影響されたと主張した。彼の弁護士は、Kがインド人女性たちの劣等な地位と、彼女の夫たちへの屈従について語っている部分を彼の講話から抜粋して、法廷で音読した。が、尋問中ずっと不穏当なことは少しも示唆されなかった。結局、ナンディーニは敗訴し、子供たちを取り上げられた。彼女はすでに夫の許を去り、母親の家に避難していた。結果を彼に知らせる一通の電報がKに送られ、それに対して彼はこう応えた。「成り行きに任せなさい。」[45]［一六七頁、訳註4］Kが離婚訴訟における共同被告として召還されたという誤った噂が英国で流布された。終生、Kはナンディーニに非常に特別な愛情を感じた。一九五四年には、バル・アーナンドという名の、恵まれない子供たちのための小さなクリシュナムルティ通学学校がボンベイに設立され、ナンディーニがその校長になった。

Kが姉のププル・ジャヤカールに会ったのは一九四八年の初めになってからだった。彼女は一九四〇年代以来社会事業家をしてきており、インド国内の手織物と手工芸品の開発と輸出の責任を幅広く担ってきた。彼女は後にインド祭委員会 Festival of India Committee の委員長に就任することになった。インディラ・ガンディーの旧友だった彼女は、ガンディー夫人が一九六六年に首相になった時、インド国内でかなりの影響力を獲得した。ナンディーニは夫と離別するための大きな内面的な力を持っていたに違いないが、彼女よりも姉の方がずっと激しい性格の持ち主だった。

この当時Kが自分のまわりに集めたグループに属していた人々の中にはスナンダ・パトワルダーン、彼女の夫で、出版社オリエント・ロングマンの出資社員パーマ（パットとは無関係）、および偉大な自由の戦士で次の二年間政治に関わり続けた、Kの旧友でパーマの兄のアチュイトがいた。スナンダはマドラス大学から博士号を取得しており、今は法律を学んでいた。彼女は後に、Kがインドにいた時に彼の秘書役を果たし、彼と一緒に旅行し、彼が開いたグループ討論の速記メモをとることになった。後ほど、彼女は夫と共にヴァサンタ・ヴィハーラに移り住んだ。グループの他の二人のメンバーは、バンガロールの「インスティテュート・オブ・サイエンス Institute of Science」［理工系専門学校］の若い教員で、後にリシヴァレー校の校長になったV・バラスンダラム博士と、ヴァサンタ・ヴィハーラに住み、インドのKWING秘書官をしていたR・マダーヴァチャリがいた。マダーヴァチャリはラジャゴーパルの委任状を有しており、インド国内でのKの講話と旅行のすべての手配をし、彼のインドでの講話を編集し、最後の印刷までのすべての面倒をみた。

Kがボンベイに到着したのは印パ分離独立からわずか二ヵ月後のことで、ヒンドゥー教徒とイスラム教徒が北の方で互いに虐殺し合っていた。にもかかわらず彼はカラチとデリーまで出かけたが、しかし一九四八年一月三十日のガンディー暗殺前にデリーを去った。(「ガンディーの暗殺で光が消え失せた時、ジャワハラル・ネールが密かに彼の孤立の苦悩を打ち明けたのはクリシュナムルティにであった。」と書かれている。[46] Kはこれが多かれ少なかれ本当だったことを正式に認めた。彼はネールに対して大きな愛情を抱いていた〔訳註5〕)。

Kは北部で数回話し、それから一九四八年一月一日から三月二十八日にかけてボンベイで十二回の公開講話を行ない、それらには三千人以上の人々が出席した。それから引き続き、ほぼ四月中ずっとヴァサンタ・ヴィハーラで私的な討論が行なわれた。(彼はエミリー夫人に、今までこれほど一所懸命に働いたことはなかったと告げている。) 各々の講話で彼は生の様々な問題に異なった観点から取り組むべく試みたが、しかし彼は新しい聴衆に語りかけていたので、必然的に多くの反復があった。

〔訳註〕

(4) ジャヤカールの『クリシュナムルティ伝』によれば、ボンベイを去る数日前にクリシュナムルティはナンディーニに次のように告げた。「一人で立ちなさい。もしあなたが自分がしたことは正しいと自分自身の中で感じ、自己認識の深みから行動したのなら、後は生の流れに身を任せなさい。その水があなたを掴み、あなたを運び、あなたを支えてくれるでしょう。が、もしあなたが影響され［て行動した］のなら、お気の毒ですが万事休すです。グルなどどこにもいないのです。」

なお、ナンディーニの一件については『クリシュナムルティの教育原論』(コスモス・ライブラリー)の「解説」で詳しく紹介しておいたので、参照されたい。

(5) ガンディーが暗殺された後、クリシュナムルティはある講話の中でそれに言及している。これについては『片隅からの自由――クリシュナムルティに学ぶ』(コスモス・ライブラリー)に収録した「ガンディーの死の真因について」を参照のこと。

根本的には、インドでの彼の講話は他の場所でのそれらと何らの相違もなかった。オーハイでの戦時中の静かな年月から現われた新たなものは、彼の著作、特に『自我の終焉』と『コメンタリー』中で開花した。ただ、彼のインド人の聴衆はずっと敬虔だった。彼は崇高なグルとして遇されたのである。

五月にKは、完全な休養のため、マドラス用のヒル・ステーション［インドの政府軍・役人避暑のための駐留地］、オータカムンドへと登った。彼は数人の友人と共に、セッジムア Sedgemoor［訳註6］と呼ばれている家に滞在し、また、彼の要請でププル・ジャヤカールとナンディーニ・メータがそこで彼に合流し、近くのホテルに滞在した。ジャヤカール夫人はセッジムアでのいくつかの出来事を記録したが、それらは〈プロセス〉が、オーハイ、エールヴァルトおよびペルジーネでそうだったように、再び頻発したことを示している。彼のことをまだよく知らず、そしておそらく以前の出来事については何も知らなかったこの姉妹にとっては、それはぎょっとさせる体験だったに違いない。

Kが姉妹と一緒に散歩に出かけた時、彼は突然、気分が悪くなったので家に戻らなければならないと言い出した。彼は彼女たちに、何が起ころうと怖がったり、医者を呼んだりせずに、彼と一緒にいるように頼んだ。頭痛がすると彼は言った。しばらくすると彼は彼女たちに、自分は「去って行く」と告げた。彼の顔は「疲労困憊し、苦痛に満ちて」いた。彼は彼女たちに、彼女たちが誰なのか、また彼女たちがニティヤを知っているかどうか尋ねた。彼はそれからニティヤについて語り、

［訳註］

（6）イングランド南西部サマセット州中部の平原。ジェームズ二世と王位を争っていたモンマス公が破れた地。公は一六八五年に捕えられて処刑された。

彼が死んだこと、彼を愛し、そして彼を悼んで泣いたと彼女たちに告げた【脚註1】。彼は彼女たちが神経質になっているか尋ねたが、しかし彼らの答えには少しも関心がないようであった。彼は自分自身に対してクリシュナを呼び戻すのをやめさせた。「彼は、彼を呼んではいけないと言ったんだ。」［と子供の声で言った。］彼はそれから死について語った。それはあまりにもそば——「ちょうど糸一本分」先——にあったので、彼が死ぬことは実に容易いことだったのだが、しかし彼にはしなければならない仕事があるので死にたくないのだと彼は言った。終わり頃にかけて彼は言った。「彼が戻って来る。彼ら全員と一緒に彼が——しみ一つなく、無傷で、純粋なままで——いるのがあなたたちには見えないの？　彼らがここにいるのだから、彼はきっとやって来る。僕はとても疲れているけれど、彼は鳥みたいだ——いつも溌溂としている。」それから突然、再びクリシュナが戻っていた。

このエピソードには日付けがない。次のそれは一九四八年五月三十日付けのものである。

クリシュナがちょうど散歩に出かけようとしていた時、突然、彼は自分がひどく弱ってきた感じ

【脚註】

（1）ニティヤが再び病気になったのは一九二五年の初め、Kがマダム・デ・マンツィアーリーと一緒に行ったオーティーでであった。ニティヤの死後Kがそこに戻った時、彼はエミリー夫人に次のように書いた。「私はニティヤと同じ部屋に滞在しています。私は彼を感じ、彼を見、彼に話しかけますが、しかし彼がいないのでとても寂しい思いをしています。」違った家の中ではあるが、そこに再び滞在することがかつての出来事についてKに何かを思い出させたとしても無理はない。

で、少しどうかしているようだと言った。「何という痛みだろう。」と彼は言って、後頭部を押さえたまま横になった。ほんの数分以内に、われわれが知っているKはそこから消えていた。二時間にわたり、われわれは彼が激痛を味わっているのを見た。彼の苦しみようは、私が今まで一度も見たことがないほどのものだった。彼は首の後ろが痛むと言った。彼の歯は彼を苦しめ、胃は膨れ上がって固くなり、そして彼は呻き、身体をこわばらせた。時々、彼は何か叫んだ。彼は何度か気を失った。最初に正気づいた時、彼は言った。「気を失ったら、この口を閉じて。」彼は言い続けた。「母さんAmma、おお、お願いだから僕を楽にして。彼らが何をしているのか僕は知っている。彼を呼び戻して。痛みの限界にいつ達したか、僕にはわかる――その時には彼らが戻って来るだろうから。彼らは、どれくらい身体が持ちこたえられるか知っている。もし僕が狂人になったら、僕の世話をしてほしい。僕が狂人になるということではないけれど。彼らはこの身体をとても大事にしているんだ――自分がひどく年を取っているような感じがする――自分のごく一部しか働いていないんだ。僕は、子供にもてあそばれるインドのゴム製玩具のようなもの。それに生命を与えるのは子供なんだ。」彼の顔はすっかりやつれ、苦痛に苛まれていた。彼は拳《こぶし》を固め続け、目からは涙が滴《したた》り落ちた。「まるで坂を上がっている最中のエンジンみたいな感じだ。」二時間後、彼は再び気を失った。正気づいた時、彼は言った。「痛みは消え失せました。何が起こったのか、自分の奥深いところでわかっているのです。私はガソリンを補給され、今や満タンになったのです。」

彼はそれから、体外離脱中に見たもののいくつかについて話し、描写した。「愛するとはどういうことかご存知ですか？　金メッキした鳥籠〔豪華だが窮屈な環境〕の中に雲を閉じ込めることはできません。あの痛みは私の身体を鋼《はがね》のように、そして、おお、何の思考もはさませずに、柔軟に、とてもしなやかにするのです。それは磨きをかけられ、入念に吟味されるようなものです。」ププル・ジャヤカールが自分で苦痛を止めることはできないのかと彼に尋ねると、彼はこう応えた。「あなたはお産をしたことがあるでしょう。いったん出産が始まったら、途中でそれを止められますか？」彼は今や、背筋を真直ぐに伸ばして足を組んでいた。彼の顔からは痛みが去っており、ジャヤカール夫人は書き留めた。「それは時間を超越していた。彼の目は閉じられていた。彼の唇は動いた。彼は成長しているように見えた。われわれは、何かとてつもないものが彼の中に注ぎ込まれているのを感じた。空気中にはドキンドキンという震動があった。それは部屋中に満ちあふれた。それから彼は目を開けて言った。『何かが起こったのです――何かを見ましたか？』われわれは自分たちが感じたことを彼に告げた。彼は言った。『私の顔は明日は違ったふうになっているでしょう。』彼は横になり、彼の手は充実感を表わすかのように突き出された。彼は言った。『私は雨滴のようになるでしょう――一点の汚れもない。』ほんの数分後、彼はわれわれに、もう大丈夫なので戻ってくれてかまわないと告げた。」

同様の性質の他の二つの出来事が六月に起こった。六月十七日、Kは一人きりで散歩に出かけ、ププルとナンディーニに彼の部屋で待っているように頼んだ。彼が戻った時、彼は見知らぬ人になっていた。「Kはいなくなった。彼は内側が傷つけられたと言い始めた。自分は焼かれたのだ。頭中に痛みが走っている、と。彼は言った。『知っていますか。明日には彼に会えなかったかもしれないということを。すんでのところで彼は戻って来ないところだったということを。』彼は、自分の身体がそっくり残っているか確かめるため、その感触を味わい続けた。彼は言った。『戻って、散歩中に何が起こったか見て来なければならない。何かが起こり、彼らが駆け戻ったのだが、自分が戻ったのかどうか自分にはわからない。私の［身体］のいくつかの部分が路上に横たわっているかもしれない。』」

次の晩も再びププルとナンディーニは、彼が一人で散歩に出かけている間中、彼の部屋で待っていた。七時頃彼が戻った時、彼はまたもや〝見知らぬ人〟だった。彼は横になりに行った。「彼は、自分が焼かれている、完全に焼かれているようだと言った。彼は泣いていた。彼は言った。『散歩中何が起こったかを私が見出したということを、知っていますか？　彼が十分に入って来て、すっかり責任を引き受けたのです。だから私は自分が戻ったのかどうか知らない。私には何もわからないのです。より多くの空白ができるように、彼らは私を焼いたのです。彼らは、彼がどの程度まで入って来られるかを見たいのです。』」再びププルとナンディーニは、五月三十日の夕方に部屋に充満したのと同じドキンドキンという震動を感じた(47)。

この姉妹が過去に何が起こったかまったく知らなかったという事実は、以下の点でこの報告に特別の価値を与える。すなわち、それと、オーハイ、エールヴァルトおよびペルジーネでの出来事の報告との間には実に多くの類似点があることである――苦痛でしばしば気を失うこと、身体がクリシュナを畏怖し、彼を呼び戻すことを恐れていること、そしてもしクリシュナが戻れば苦痛は止まり、〈プロセス〉も止まるということに彼が気づいていること。そして死の接近への間接的な言及。（エールヴァルトで、クリシュナが［肉体を］「離れて」いる間に教会の鐘が突然響き渡った時、それらが肉体にあまりにも大きな苦悶の衝撃を与えたので、クリシュナは戻らねばならなくなった。エミリー夫人によれば、後で彼は言った。「あれはまさに危機一髪でした。すんでのところで、あの鐘は私の葬式の知らせになるところでした。」）ププル・ジャヤカールの手記は、記録された他のいくつかの場合にちょうどそうだったように、Kとは別に他の複数の存在者がいたこと――肉体をとても大事にしていた「彼ら」、ププルによって述べられた最初の場合に、しみ一つなく、無傷で、純粋なままのKと一緒に戻ってきたのとおそらく同じ「彼ら」がいたこと――をわれわれに告げている。それから、六月十七日の散歩中に「十分に」入って来て、「すっかり責任を引き受けた」「彼」がいた。苦悶のうちにベッドに横たわっている存在は、この「彼」がより多くKまたは肉体の中に入って来ることができるように、より多くの空白を創り出すべく「焼かれ」ていた。

従って、「彼ら」として言及されている名指しされていない数の存在者たちとは別に、三つの存在者――肉体の苦痛に耐えるために置き去りにされていた存在。立ち去ってはまた再び戻って来るK。および神秘的な「彼」――がいたように思われる。これらすべての存在者たちは、Kの意識の異なった側面だったのだろうか、それとも彼らは別々の存在だったのだろうか？　残念ながら、われわれの蒙《もう》を啓《ひら》くことができたかもしれない当の人間、K自身は、より以前の〈プロセス〉について彼が何も憶えていなかったのと同様に、オーティー［オータカムンドの略称］でのこれらの出来事について何も憶えていなかった。彼は自分の肉体を抜け出していたのだから、それは意外ではない。彼は常に自分が、彼自身の外の何かまたは誰かによって「保護」されていることに気づいており、また彼と一緒に旅する人は誰であれ、やはりこの同じ保護にあずかっていると信じていた。が、どこからその保護が出て来るのかを彼は言うことができなかった。なお一層重要なことに、この報告からわれわれが学ぶことは、Kの肉体にはなおも準備が施されていたということである。

このオーティーでの出来事の後、Kはインドの多くの場所で講話を続け、彼のラジガートおよびリシヴァレーの学校を訪問した。彼がオーハイに戻ったのは一九四九年四月のことで、十九ヵ月間そこから離れていたことになる。

第12章　「死の家に入る」

　ラジャゴーパル夫妻はインドから戻ったKの中にある新たな独立心に気づき、心配になった。彼らはナンディーニについての噂を聞いており、ロザリンドは、実に長きにわたりKの人生における唯一の女性だったので、人情の常として非常に嫉妬した。嫉妬は所有欲へと至ったが、しかしどれほどKが愛していようと、彼は所有されることはできなかった。十一月にKは再びインドに舞い戻った。マドラスの北方三百六十マイルにあるラジャムンディーで十二月に講話を行なった時、彼は尋ねられた。「あなたは人間は世界の尺度《メジャー》であり、だから彼が自己変容を遂げる時、世界は平和になるだろうと言っておられる。では、あなた自身の変容はこれが本当であることを示しましたか?」Kは次のように応えた。

　　あなたと世界は二つの別々のものではありません。あなたはその、ま、ま、世界なのです。観念としてではなく、実際に……世界はあなた自身なのですから、あなた自身を変容させることによってあなたは社会の変容をもたらすのです。質問者はこう言いたいのです。搾取が一向に収まらないからには、私が言っていることは何の役にも立たない［空談だ］と。本当にそうでしょうか?　私が世界中を巡歴しながらしようとしていることは、真理を指摘することであって、［自分の主義・信念を］宣伝することではありません。宣伝《プロパガンダ》は嘘［虚言］です。観念を宣伝して広めることはできますが、真理を宣伝して広めることはできないのです。私は真理を指摘するために巡り歩いているのです。そして、それを認めるか認めないかはあなた次第です。一人で世界を変えることはできないでしょうが、あなたと私が一緒になれば世界を変えられるのです。あなたと私は、何が真理かを見出さねばなりません。なぜなら、世の中の悲しみ、不幸を消滅させるのは真理だからです。

一九五〇年一月、初めてコロンボで話した時、Kは本質的に同様の質問を受けた。「世の中を実際的な仕方で助けるかわりに、なぜあなたは説教に時間を浪費するのですか?」Kはこう応えた。

要するにあなたは、世の中に変化を、より良い経済的調整を、より良い富の配分を、より良い関係をもたらしてもらいたい――または、より率直に言うなら、あなたがより良い職を見つるのを助けてもらいたい――と言いたいのです。あなたは世の中の変化を目のあたりにしたいのです。あらゆる知識人がそうであるように。そしてあなた方はその変化をもたらすための方法を求めており、それゆえ、それについて何かをするかわりに、なぜ私が説教に時間を浪費するのかと尋ねているのです。さて、私が実際にしていることは時間の浪費でしょうか? もしも私が古いイデオロギー、古いパターンに取って代わる一組の新しい観念を導入しているのなら、時間の無駄なのではないでしょうか? 行動し、生き、より良い職を得、より良い世界を創り出すためのいわゆる実際的なやり方を指摘するかわりに、真の革命――左または右の革命ではなく、観念に基づいていない根底的、根源的な革命――を実際に妨げている障害を見出す方が重要なのではないでしょうか? なぜなら、私たちが議論してきたように、理想、信念、イデオロギー、ドグマは「刻々の、真の」行為の妨げになるからです。

オーハイで、一九五〇年八月、Kは一年間の隠居に入ることに決めた。何の講話も行なわない上、彼は会見もせず、自分のほとんどの時間を独りきりでの散歩、瞑想、および、彼がエミリー夫人に告げたように「庭内でのぶらぶら歩き」に費やした。一九五一年の冬に彼はもう一度インドに戻ったが、今回は十四年間そこに行っていなかったラジャゴーパルと一緒だった。しかし彼は依然として半ば隠居状態で、何の講話も行なわず、非常に引き籠っていた。彼はこの間中ずっと、非常に深く自分自身の中を覗き込んでいたようである。

一九五〇年代の初めにKに外面的に起こった最良のことは、一九三七年にローマで会ったことのある、旧姓はパッシーリのヴァンダ・スカラヴェッリと親交が結ばれたことである。一九五三年の秋にローマで彼女と彼女の夫の許に二日間滞在した後、彼は彼女にフィエゾレ〔一五一頁参照〕の上手にある彼らの大きな家、イル・レッチオ【脚註1】に連れて行かれた。そこで、オリーブの木、糸杉と丘に包まれて、彼は心が安らいだ。イル・レッチオは彼にとって、オーハイとインド間の絶え間ない往来の旅の途中での避難場になった。彼は英国に、また時々パリやヨーロッパのその他の場所に立ち寄ったが、講話、討論および会見からの自由があったのはイル・レッチオでだけだった。

一九五四年五月、彼はニューヨークのワシントン・アーヴィング高校で一週間にわたって話し、討論会を催した。これらの講話は大群衆、『自我の終焉 *The First and Last Freedom*』が最近出版されたために彼に関心を持つようになった多くの人々、を引きつけた。アン・モロー・リンドバーグ

【脚註】
（1）庭にトキワガシ ilex の大樹があったことにちなんで付けられた屋敷名。

は、この本の米国版を論評して次のように書いた。「……彼の見解を述べる際のまったくの簡潔さに、人は思わずはっとさせられる。読者は、一節の中に、いや一文の中にさえ、数日間探究し、問い、考え続けるのに十分なだけのものを与えられる。」この本が英国で出版された時、ある論評家は『オブザーバー』誌に「……聞くことを欲する人々にとって、本書は言葉を超えた価値を持つであろう」と書き、他の論評家は『タイムズ・リテラリー・サプリメント』に次のように書いた。「彼はヴィジョンと分析のいずれものアーティストである。」ラジャゴーパルによって非の打ちどころのないまでに編集された『生と覚醒のコメンタリー *Commentaries on Living*』の米国版が二年後に発刊された時、著名な米国人の著者でありジャーナリストであるフランシス・ハケットは、『ニュー・リパブリック』誌中でKについて次のように書いた。「彼は魔法の秘密をつかんだのだと私は感じる。……彼は見かけどおりの人――ダイヤモンドのように年を重ねてはいるが、しかし年齢不詳の常に生きいきした珠玉のような炎を持った、とびきりの自由人――である。」そして『タイムズ・リテラリー・サプリメント』の論評家は、英国版について次のように書いた。「コメンタリーの霊的で詩的な洞察は、その要求において徹底的であるのと同じくらい、徹底的に簡潔に表現されている。」

Kは、一九三〇年代には自分が長らくしていなかった自分の講話の校正をしたことをエミリー夫人への手紙の中で述べているが、出版された自著についてはけっして述べなかった。彼は、懇請された時に時々書名を示唆する以外、出版された彼自身の本に少しも関心を持たなかった。彼の記憶の欠如は、何であれそれが終わるやいなや、それについて彼はけっして考えたことがないという事実によるのだろうか？

一九五四年十月から一九五五年四月まで、ラジャゴーパルに付き添われてインドに滞在し、冬の間講話を行ない、それからイル・レッチオを再訪し、アムステルダムで講話を行なった後、Kは六月にロンドンにやって来て、そこで六回にわたりフレンズ・ミーティング・ハウスで話した。（彼がロンドンにいた時、今度は初期の星の教団当時からの古い友人であるジーン・ビンドレー夫人の許に滞在した。これは、エミリー夫人が小さなフラット［アパート］に引っ越して、彼を受け入れる余地がなくなっていたからである。にもかかわらず、彼は毎日彼女に会いに行った。）生きたまま死の家に入るという――その後彼がしばしば話すことになったテーマ――に彼が初めて公に言及したのは、これらロンドン講話の三回目においてだった。それは、「私は死を恐れています。私をなんとか安心させてはいただけないでしょうか？」という質問に答えて出て来た。Kは一部分で次のように答えた。

あなたは、あなたがこれまでに知ってきたすべてのものを手放すことを恐れているのです。……あなたは、そのすべてを完全に、深いところから、まさにあなたの存在の深部から手放し、未知のもの――つまり、結局は死――と共にあることを恐れているのです。……既知のものの結果であるあなたが、死という未知のものの中に入ることができるでしょうか？　もしあなたがそうしたければ、それは明らかに最後の瞬間にではなく、生きている間になされなければなりません。……生きている間に死の家に入るというのはなんら病的な考えではありません。それが唯一の解決なのです。豊かな、満ち足りた人生――それが何を意味しようと――を生きている間に、あるいは惨めな、うらぶれた人生を生きている間に、測り知れないもの、あの、経験者によってごく稀な瞬間にちらりと一瞥されるものを知ることができるでしょうか？……精神は、それが経験するあらゆるものに対して刻々に死に、けっして蓄積しないことができるでしょうか？

Kは、これと同じ考えを『コメンタリー』の第二巻（一九五九年）中でより簡潔に表現することになった。「日々死ぬこと、あらゆるものに対して毎分ごとに死ぬこと、数多くの昨日に対して、そしてたった今過ぎ去った瞬間に対して死ぬことがいかに必要であることか！　死なしにはいかなる更新《リニューアル》もなく、死なしにはいかなる創造もない。過去の重荷はそれ自体の連続性を生じさせ、そして昨日の心配事は今日の心配事に新たな活力を与える。」

Kは次の二年間にかけて、オーハイ、インドおよび英国に加えて多くの場所――シドニー、アレクサンドリア、アテネ、ハンブルク、オランダおよびブリュッセル――に行き、公開講話および個人的会見を行ない、集会およびグループ討論を催した。Kは、一九五六年六月中ずっとベルギー人の友人、ロバート・リンセンと共にブリュッセル付近の彼の別荘で過ごした。ムッシュー・リンセンは、ブリュッセルのパレ・デ・ボザール Palais de Beaux-Arts［美術館］での六回の講話と、別荘での六回の私的な講話の手配をした。ベルギーのエリザベス女王はこれらの講話のどれにも出席し、またKとの個人的会見を持つことを求めた。

一九五六―七年の冬にKはラジャゴーパルとロザリンドと共にインドにおり、彼らおよび彼のインド人の追随者たちのグループと共に各地に出向いた。一九五六年、二十一歳のダライ・ラマ、テンジン・ギャツォが、インドを訪問して仏陀ゆかりの聖地を見物するという招待を受け入れた。いずれかのダライ・ラマがチベットを離れたのはそれが最初で、中国によって生命を脅された時に彼がインドに亡命する三年前のことであった［一九五九年三月に亡命した］。シッキム出身の行政官で、ダライ・ラマおよび彼の大勢の側近たちと一緒に特別列車で旅していたアパ・サヒブ・パントは、彼にクリシュナムルティと彼の教えの性質について話した。十二月、ダライ・ラマがマドラスに到着し、クリシュナムルティがヴァサンタ・ヴィハーラにいると聞いた時、彼はKに会いたいと言い張った。それは事前の計画にまったく反していたのだが。アパ・サヒブによれば、ププル・ジャヤカールによって語られたように、「クリシュナジは彼を飾らずに迎え入れた。彼らの間にただちに電撃的な親愛の情がひらめいたのを感じて、思わずはっとさせられた。」ダライ・ラマは穏やかに、しかし率直に「先生《サー》、あなたは何を信じておられるのですか?」と尋ねた。そしてそれからほとんど素っ気ない口調で会話が続いたが、それは美辞麗句抜きの会話だったからである。若きラマは、クリシュナジが彼を「共体験 co-experience」するようにさせたので、馴染みの立場で感じていた。ダライ・ラマは後で「偉大な魂との偉大な体験」だったと言い、クリシュナムルティと再会したいという意向を表明した。(48) 彼らの再会が手配されたのはデリーで一九八四年十月三十一日にだったが、しかしそれはけっして起こらなかった。なぜなら、ちょうどその日にガンディー夫人が暗殺されたからである。

一九五七年一月、スリランカ政府は、五回の公開講話をすべてコロンボで放送することを許可したが、それはKにとっては非常に意外だった。なぜなら、それら〔の講話は内容が〕とても破壊的だったからである。ボンベイでの三月の最後の講話後、偶然だが、彼は一九五八年九月までどこでも講話を行なわないことになった。これは環境によって命ぜられたからであり、当時なされた決心によってではない。彼は、彼の外面的生活における大きな変わり目に近づきつつあった。

三月六日、ボンベイからKは、ラジャゴーパルと共にローマに飛び、そこから彼はイル・レッチオに向かった。そこに月末まで滞在してから、集会に臨むためラジャゴーパルと共にヘルシンキまで足を運ぶ計画を立てていたのである。彼はインドで病気がちになり、ヘルシンキだけでなく、ロンドン、ビアリッツ〔フランス南西部の、ビスケー湾に臨む町〕、オーハイ、ニュージーランドおよびオーストラリアで予定されていたすべての講話も突然取り消した。彼はイル・レッチオに数週間滞在し、その間何もせず、手紙の一通すら書かなかった。（彼がまだそこにいる間に、ヴァンダ・スカラヴェッリの夫がフローレンスで死んだ。）彼がチューリッヒでラジャゴーパルに会い、二人共滞在するよう招待されていたグスタードに出向いたのは、五月末のことだった。これは、Kが間もなく親密に知るところとなった場所への彼の最初の立ち寄りだった。オーメン・キャンプに倣って、それと似たような国際的年次集会をスイスで持つという考えを彼が抱いたのは、おそらくこの訪問中であった。それは彼の多くの旅行の労を省いてくれるであろう。（彼は、オーメンが強制収容所になった後はけっしてそこに行きたがらなかった。）

六月十一日、Kとラジャゴーパルは、一九二一年にKが初めてニティヤと滞在したことのある、ヴィラーズのホテル・モンテザーノへと移動した。そこに二週間いた後、ラジャゴーパルは、ホテル代の支払いに十分なだけのお金と共にKだけを残して、オーハイに戻った。明らかに、彼らの関係にある種の危機があったのである。一九四九年にKがインドから戻って以来、すでに擦り切れていた彼らの関係の脆弱さは、Kがイル・レッチオで本当に病気だったと信じないで、彼の巡回講演旅行のためのすべての手配をしていたラジャゴーパルが、突然あらゆることを取り消さねばならなくなった時にあらわになった。ヴィラーズで彼はKに、彼の旅行代理人《トラベル・エージェント》であることに飽き飽きした、そして今後は、初期のオーメンの時代以来Kのために働いていた、ロンドンのKWINGの秘書官ミス・ドリス・プラットに彼の〔旅行の〕手配をしてもらえるだろうと告げたようである。Kのロンドンでの所要経費とロンドンからの旅費は、彼の仕事のために寄付され、ドリス・プラットによって管理運営されていた贈与株の配当金から支払われた。ラジャゴーパルの英国での所要経費もまたこの基金から支払われた。ラジャゴーパルはドリス・プラットに、Kに費やしたお金は残らず出納簿につけておくよう指示していた。ラジャゴーパルは、Kのインドでの所要経費のため、オーハイからインドに資金を送っていた。

Kとラジャゴーパルとの間に何が起こったにせよ、それはKにオーハイへの帰還を渋らせた。ヴィラーズに彼を残しておく際にラジャゴーパルは彼に、孤独とはどういうものか思い知るだろうと告げた。が、Kはけっして孤独ではなかった。彼はまる一ヵ月間独りきりでヴィラーズに留まり、この上なく幸福だった。彼はエミリー夫人に書いた。「私は隠棲しています。誰にも会わず、そして唯一の会話はウエーターとのそれだけです。何もしないで、他のことをしているのは爽快です。ここには素晴らしい散歩道がいくつかあり、その上にはほとんど誰もいません。私がどこにいるか、どうか誰にも言わないでください。」「他のことをしている」によって彼が意味していたのは、彼が静かにし、いよいよ深く自分自身の中に入ってゆく時には内部で強烈に続いていた瞑想のことである。ドリス・プラットは彼の居場所を知っていた。彼女は、彼宛の数通の手紙を彼に転送し、彼はそれらを読んだ後彼女に戻し、彼は「別にどこも悪くはなくても、長い、完全な休息」をとることを望んでいるので、それらのどれにも返事を出さないつもりだと彼女に告げた。彼は彼女にそれらへの返事の仕方についての指示を送り、彼女がそれらを読まないですむようにした。

七月二十日、一時期懇意だったレオン・デ・ヴィダス（彼はパリで織物業を営んでいた）と彼の妻が、どういうわけか、彼がヴィラーズで一文無しでいるのを見つけ、ドルドーニュ県にある彼らの家に彼を連れて行った。(その気になれば彼はラジャゴーパルに送金するよう頼むことはできただろうが、明らかに彼は彼と連絡し合うことを望んでおらず、また為替管理のゆえに英国から送金することは不可能だった。)Kは十一月までドルドーニュ県に滞在し、十月末にエミリー夫人に書き送った。「ここはとても静かで、接待してくれる二人以外の誰にも会っていません。どの町からもかなり離れています。まったくの隠居、散歩および独居三昧でした。非常に爽快でした。インドでも同じようにしたいものです。」

その冬、ラジャゴーパルはKと共にインドに行ったが、それが最後の同行となり、また一九五八年一月までしか滞在しなかった。Kは先ずリシヴァレーで、それからラジガートで九月まで、そしてそれから一ヵ月間、一人きりでラニケットの北部ヒル・ステーション〔一六八頁参照〕で隠棲を続けた。この後彼は公開講話を再開した。十一月十三日、ヴァサンタ・ヴィハーラでKは、マドラス所管高等法院の公証人によって立証されたある書類に署名した。これは、その日以前および以後の彼のすべての著作の版権をKWINGに譲渡し、KWINGの理事長であるラジャゴーパルに彼の本の出版のためのすべての手配をする権限を与えるというものであった。Kは、自分がいつKWINGの理事の職を辞任したかも、なぜ彼がそうしたかも憶えていなかった。彼とラジャゴーパルとの関係がこれほど不安定な時にこの書類に署名したというのは、奇妙な成り行きのように思われるが、しかし自分の地位が公認されることをラジャゴーパルが望んだのは、多分、まさにこの理由〔=二人の関係の悪化〕のためであった。あるいは、この年に国際的版権協定が実施されたということが代わりの理由だったかもしれない。

Kが一九五九年の初めに講話を行ない、いつものように旧友のシヴァ・ラオと共に滞在していたデリーがあまりにも暑かったので、三月、カシミールのスリナガルに彼のために一軒家が借りられたが、しかしそれが汚れており、中にネズミがはびこっていることがわかった時、彼は海抜七千二百フィートにあるカシミール内の渓谷、パハルガムまで上り、そこにある官設の山小屋に滞在した。彼がエミリー夫人に告げたように、それは「少しも華美ではない」が、「しかし素晴らしい環境、雪をかぶった山頂、そして何マイルもの松林」に囲まれていた。スリナガルではププル・ジャヤカールとマダーヴァチャリが彼と一緒だったが、パハルガムでは、彼の他にはリシヴァレーの料理長、パレメシュワランがいただけだった。八月中旬に彼は感染性腎炎を患い、非常な高熱のままスリナガルまで降ろされ、さらにそこからニューデリーのシヴァ・ラオの家まで連れて行かれ、そこで初めて彼は抗生物質を処方された。これらは彼に非常に強く作用したので、それらは一時的に彼の脚を麻痺させ（彼は、後に、事実を冷静に受け入れて認めたように、一生麻痺したままになると信じた）、そして彼は非常に衰弱したので、パラメシュワランは彼に幼児なみの食事を与えなければならなかった。彼は七週間近く病床に伏し、それからリシヴァレーで健康を取り戻した後、インド各地でより多くの講話を行なった。一九六〇年三月十一日にようやく彼はローマへと飛び、そこでヴァンダ・スカラヴェッリが彼に会い、イル・レッチオまで彼を連れて行った。

ラジャゴーパルは、Kから彼が数週間イル・レッチオに滞在し、それからチューリッヒのバーチャー・ベナー診療所に入院するだろうという手紙を受け取るまで、彼の計画について何も知らなかった。ラジャゴーパルは、その夏にKがオーハイに戻るつもりなのかどうかを知らなかった。彼はドリス・プラットに、英国の基金から診療所の費用を彼に送るよう依頼したが、為替管理が続いていたのでそれが妨げられた。Kは彼女に心配は無用だと告げた。プエルトリコ人の友人たちが診療所での全費用を支払うことを申し出ていたのである。

Kは四月一一日に診療所に入院し、そこで非常に厳格な食事療法を施され、五月一日までそこに留まり、その日にロンドンへと飛び、それから米国に向かうことにした。ヒースローで彼に会ったドリス・プラットは、彼がひどくやつれているのを見てショックを受けた。彼は足がひどく細くなったので、新しい靴を注文しなければならなかった。弱っていたにもかかわらず、「彼はファースト・クラスの飛行機旅行をきっぱりと拒みました」と、ドリス・プラットはラジャゴーパルに報告した。そして再び、彼がロンドンを発った日に、彼女は書いた。「ごくごく内密にあなたにお知らせしなければなりませんが、私の感じでは彼は重病人で、とてもオーハイで講話を行なえるような状態ではありません。が、彼はそうすると固く決心しているようです。……彼はデリーで死にかけたと言われていますが、彼の現在の状態からは私はそれを信じることができます。私は、オーハイでできるだけ情愛深く、手厚く彼の面倒を見ることがきわめて重要だと思います。(49)」

彼がニューヨークに途中下車し、そこである友人の許に滞在した時、この知人は彼に、彼が何らかの措置を講じないかぎり、彼は間もなくKWINGのすべての業務への発言権をまったく失ってしまうだろうと告げた。この友人は、KWINGに寄付される大金は彼の仕事のためなのだから、彼がもっとその責任を引き受けるよう懇願した。三十五年間Kの業務をきわめて効率的に、かつ首尾良く営んできた後だけに、ラジャゴーパルが副理事と理事会を擁していたことは確かだが、しかし彼はそれらを独裁者のように支配していた。残念なことに、彼はKが要求した情報のいずれも彼に与えることを拒み、そしてKがさらに理事として彼を復職させるよう求めた時、要求は拒否された。もしラジャゴーパルがKを委員会に戻してさえいれば、Kはほぼ確実にたちまちのうちに関心をなくしていたであろう。しかし実情は、ラジャゴーパルの非妥協的態度が疑惑を生み、それによって相互信頼に基づいていた関係をさらに傷つけた。

Kがオーハイで講話を行なうと主張し、八回分を引き受けたのに、三回目に自分はもう一回しか行なえないと発表した時、人はラジャゴーパルに同情しうる。（この三回目のそれは、どうしたら精神は「既知のものの死によって清浄無垢に」されうるか、および人間の〝サイキ psyche〟［人間の意識的・無意識的精神生活の総体］の根底的変容が急務であることについての素晴らしい講話だった。）最後の四回の講話のキャンセルは、全部に通しで参加するために遠路はるばるやって来た人々の中に動揺と大きな失望を生じさせた。ラジャゴーパルはなおさら激怒させられた。なぜなら、彼がドリス・プラットに告げたように、Kがそれらをキャンセルしたのは、病気だったからではなく、単にそれらを続けるために「十分なエネルギー」がなかったからで、それにもかかわらず彼は「いくつかの数時間に及ぶ会見に三日間」を充てたからである。Kが個人的会見と同じほど楽に公開講話を行なうことをラジャゴーパルが期待していたとしたら、彼がKの本当の内面生活についての理解を持っていたかどうか疑問である。多くの聴衆に向かって公開で話すには特別なエネルギーが必要だったことは、きわめて明白と思われるからである。

Kは六月末にバーチャー・ベナー診療所に戻るつもりでいたが、出発を延期し続け、ラジャゴーパルをひどく苛立たせた。彼は今や何の会見も行なわず、どの手紙にも――エミリー夫人とヴァンダ・スカラヴェッリからのそれらにさえ――答えなかったので、彼宛の郵便物は積み重なっていった。結局、十一月にインドに行くまで彼は滞在し続けたが、アーリヤ・ヴィハーラの雰囲気は非常に不愉快だったにちがいない。というのは、彼とラジャゴーパルとの間の緊張が高まっていただけでなく、ラジャゴーパルとロザリンドが不和になっており、間もなく離婚することになったからである。

Kはまだインドでの講話を行なうことに耐えられそうになかった。彼は、しかしながら、小規模の集会を催す準備をしていた。どうやら、彼はインドからラジャゴーパルに、翌年英国で彼のために集会を手配するよう頼んだらしい。なぜなら、彼は次のような電報を受け取っているからである。「今私自身にはいかなる手配もできかねる。ドリス・プラットと打ち合わせを。助けになってくれるはず。どうか彼女に便りされたし。どうぞよいお年を。」ラジャゴーパルは、ヨーロッパでのKに関する一切のことから手を引いていた。彼がこの電報を送った時、彼はドリス・プラットと多くの「辛辣なやりとり」をした。彼女は彼が非常に不幸な状態にあることに気づいた。私自身も彼に一度会ったが、彼とKとの関係の変化について何も知らなかったので、彼がKを口汚くののしり始めた時、私は深く心を痛めさせられた。私は、彼がケンブリッジにいて、そこでしばしば彼に会っていた頃から、ことのほか彼のことが好きだった。彼はまた私の母親に向かってもKの悪口を言い出し、彼女も同じくらい彼のことが好きだったので、同じくらい心を痛めさせられた。われわれはそれが単に一時的なものであるよう願った。

一九六〇年の末にKはニューデリーで、また一九六一年の初めにボンベイで、小グループに向けて話した。彼はこの当時、人間の〝サイキ〟における変化の緊急性と新しい精神の創造に深く関心があった。三月中旬、彼はインドを去って、再びイル・レッチオに向かい、そこで数週間過ごした後、五月にロンドンにやって来た。ドリス・プラットは、集会を手配するにあたり、彼のために彼女にできる最善を尽くしていた。その昔、ウエスト・サイド・ハウスのミス・ドッジの許に滞在していた時、いかに彼がウインブルドン・コモンを散歩するのを楽しみにしていたか知っていたので、彼女は彼のためにウインブルドンに一軒家をあらかじめ借りておき、またそこでの十二回の小集会用にタウン・ホールを賃借し、個人的招待状を百五十人ほどに出しておいた。彼女と、長年にわたるKの知己、アンネッケ・コーンドルファーが彼の世話をした。これらの集会で初めて、彼は自分の講話をテープ録音するのを許可した。

彼と共にウインブルドンに八週間滞在したドリスとアンネッケは、夜間彼が大声で叫び求めるのを聞き、食事中にしばしば自分のナイフとフォークを落とし、また、立ちすくんで気を失いかけるのを見た時、非常に心配になった。ドリスは彼に、何か自分にできることはないかどうか尋ねた。彼は、「静かにし、くつろぎ、心配しないでいるだけでなく、また彼に触れないようにし続ける以外に何も」してもらうことはないと応えた。彼は、自分自身では何が起こっているか正確にわかっているのだが、それを彼らに説明することはできないのだと言った。五月十八日、彼はインドのナンディーニ・メータに書き送った。「不思議にも、オーティーで起こったことがここで起こっているのです。誰もそれについて知りませんが――それは非常に強烈です。[50]」

六月十四日、ラジャゴーパルの要請で彼のウインブルドン講話のテープを携えて、ニューヨーク経由でオーハイに向けてロンドンを発った。翌日ドリス・プラットは、シニョーラ・ヴァンダ――そうKは呼んでいた――に、彼はこの度のオーハイ訪問をひどく憂慮している、なぜなら、彼女の推測によれば、そこで直面しなければならない何かがあるからだ、と書き送った。彼は、非常にすぐに戻るかもしれないと言っていた。

Kが自分の内面の意識状態についてのきわめて驚くべき報告を書き始めたのは、六月十八日、彼がニューヨークからロサンゼルスに飛ぶ前の日のことだった。ノートブックに鉛筆書きで、一語も抹消せずに、彼はこの日記を七ヵ月間つけ続けた。彼は以前に一度もそのような記録をつけたことはなく、また何が彼にそれを始めるよう促したのか皆目思い当たらなかった。それは、彼がどういう存在であるかをわれわれが知ることへの一番の近道である。それは、いかにわずかしか彼の外面的生活が彼の内面的存在に影響を与えていなかったかを示している【脚註2】。人は、驚異と神秘の感覚によって立ちすくまされるためには、この本をあてずっぽうに開いてみさえすればいい。それは、唐突にこう始まっている。「夕方それは突然そこにあり、部屋中に充満した。大いなる美と力と優しさの感覚。他の人々〔ニューヨークに彼と共に滞在していた友人たち〕がそれに気づいた。」「無辺際 immensity」、「神聖さ the sacredness」、「祝福 benediction」、「他在 the other」、「広大なもの vastness」はすべて、「それ it」という、探し求めることはできないが、しかし他の人々が時々それに気づくほど強烈に毎日彼の許にやって来る、そういう神秘的な何かにKが日記の中で言及する際に用いる名である。彼はまた〈プロセス〉、彼の頭と背骨に同時に続いた激痛、についても書いた。彼の教えの全部、ならびに非常に美しい自然描写がこの日記の中にある。二十一日、オーハイで彼は書いて

【脚註】

（2）この日記は、『クリシュナムルティのノートブック *Krishnamurti's Notebook*』（邦訳『クリシュナムルティの神秘体験』）の題名で、一九七六年に Gollancz および Harper & Row によって出版された。

いる。「二時か三時頃に目を覚ますと、奇妙な圧迫があり、痛みはより激しくなり、より頭の中心の方にあった。それは一時間余り続き、圧迫の強まりで人は何度か目を覚ました。その都度大きく広がっていく喜悦があった。歓喜が続いた。」そして翌日。「若葉の力と美はその壊れやすさにある。舗道の下から生え出て来る草の葉のように、それは不意の死に耐えうる力を持っているのだ。」そして二十三日。「ちょうど寝入ろうとしていた時、イル・L〔イル・レッチオ〕〔であったのと同様〕の充満があった。それは部屋中にあっただけでなく、大地の果てから果てまでおおっているように思われた。それは祝福だった。」さらに二十七日に彼は書いた。「イル・Lにあったあの存在がそこにおり、根気強く、しかし優しく、大いなる愛情をもって待っていた。」この最後の二つの抜粋は、何が起こっていたにせよ、それは以前すでにイル・レッチオで体験されていたことを示している。彼はしばしば、夜間、自分自身が叫んでいるのに気づいたが、しかしパイン・コテージで一人きりで寝ていたので、アーリヤ・ヴィハーラでは聞き取られなかった。

　Kはオーハイに十九日間留まり、毎日彼のノートブックに書き込んだが、一度歯医者を訪れた時、彼が椅子に坐っている間中「それ」が彼と共にいたこと、および散歩中の以下の出来事以外には、そこでしたことには何も言及していない。「これら、すみれ色の、ごつごつした岩山に囲まれていた時、突然、単独状態になった。それは測り知れないほど大きな豊さを持っていた。それは、思考と感情を超越したあの美を備えていた。……それは独特の仕方で単独《アローン》であった。孤立しているのではなく、単独であった。地上のすべての水を保持している一粒の水滴のように。」この『ノートブック』は通読されなければならない。行き当りばったりの引用をいかに重ねても、十分その持ち前を発揮させ始めることはできない。それは限りなく貴重な文書、間違いなくある日そのありのままに正しく認められるであろう、今までで最も偉大な作品の一つである。

Kは、オーハイ滞在中にロザリンドに、彼女が終生アーリヤ・ヴィハーラに住んでさしつかえないのだと告げた。彼女はまだハッピー・ヴァレー・スクールを運営していたが、それは久しい以前からクリシュナムルティ・スクールではなくなっていた。ラジャゴーパルは、オーク・グローブから程遠くない、谷の西側の端に自分で建てた家に引っ越していた。彼女は今や独立していた。なぜなら、妻に死に別れていたロバート・ローガンが、彼自身の死に際にロザリンドに現金と財産を残したからである（ローガン氏はKに二つのパセク-フィリップ Pathek-Philippe 製腕時計——一つは、彼が一度も着用しなかった金製のもの、もう一つは、端に古代ギリシャのコインが付いた短い吊り鎖のある、鋼製の小型の［懐中用の］もの——を与えていた。これを彼は最後の病気の時まで常に着用した。）

夜間飛行で七月八日にロンドンに到着した後、Kは翌日彼の日記に記録した。

……すべての騒音、喫煙および大声の話のさなかに、無辺際の感覚、イル・Lで感じられたあの途方もない祝福、あの切迫した神聖さの感覚が、起こり始めた。身体は群集、騒音等々のゆえに神経質に張りつめていたが、しかしこのすべてにもかかわらず、それはそこにあった。圧迫と緊張は激しく、後頭部に激痛があった。あるのはこの状態だけで、そこには観察者はいなかった。全身がすっぽりその中にあり、神聖さの感覚があまりにも強烈だったので、思わず身体からうめき声が洩れ、しかも臨席には乗客が坐っていた。それは数時間、夜遅くまで続いた。それはあたかも人が目だけではなく、幾千世紀もの時の流れと共に見つめているかのようであった。脳は完全に空っぽで、すべての反応が停止していた。これらすべての時間中、人はこの空白を意識してはいなかった。ただ書き留める時だけそれは既知のものになるのだが、しかしこの知識は単に記述の上のものにすぎず、本物ではない。脳がそれ自身を空っぽにできるというのは妙な現象である。目が閉じられていたので、肉体、脳は底の知れない深みへ、信じがたい感受性と美の状態へと突入したようである。

第13章　「悲しみの終焉」

ロンドンで三晩過ごした後、Kはジュネーブでスカラヴェッツリに会い、彼女と一緒にグスタードに行った。そこに彼女は、シャレー・タンネグChalet Tanneggという一軒家〔山荘〕を夏の間中彼のために借りてあった。彼のために、ザーネンの隣村のタウン・ホールで小集会が手配された。ヒースロー〔空港〕で彼に会ったドリス・プラットは、彼が「憔悴しきっている」ことに気づき、ヴァンダに会った時にそう告げた。彼はドリスに言っていた。「シニョーラ・ヴァンダのような人を同行者として持つことがどのようなことか、おわかりですか？　あれほど素晴らしい待遇を受けたことは今まで一度もありませんでした。」ドリスは、彼がオーハイで幸福な時を過ごさなかったと推測した。彼は彼女に、英国で彼に対してなされた支出についての情報をラジャゴーパルに伝えないように頼んだ。（五月と六月の彼の総支出額が、ウインブルドンの居宅と〔タウン・〕ホールの賃借料を含めて四七七ポンドだったのに対し、寄付金は総額六五〇ポンドだった。）彼がＫＷＩＮＧの業務についてラジャゴーパルに話したかどうかはわからないが、しかし後で、その業務内容を知らせ続けるよう求める手紙を彼に書き送り、その手紙をすべての理事たちに見せるよう主張し、また、再び理事会への復職を求めることになった。彼は何の返事も受け取らなかったが、それからしばらく後、彼がインドにいた時、ラジャゴーパルは彼に貸借対照表《バランス・シート》を送った。それは、もちろん、彼には理解できなかった。

十九の異なった国籍の、タウン・ホールの収容能力いっぱいの三五〇人がこの最初のザーネン集会に出席した。（ザーネン集会は国際的な年次行事となり、その後二十四年間にかけて毎年参加者の数が伸びていくことになった。）集会が始まったのは、Kがシャレー・タンネグでほぼ二週間過ごした後であった。七月十四日、彼の到着の翌日、彼は自分のノートブックに書いた。「経験がいかに心地よかろうと、美しかろうと、実り豊かだろうと、それを反復しようとする衝動は悲しみが芽生える土壌である。」そして二日後。

全〈プロセス〉がほぼ夜の間中続いた。それはかなり激しかった。どれくらい身体が耐えられることか！ 身体全体が震えており、そして今朝、頭部の揺れで目覚めた。

今朝、あの特有の神聖さがあり、部屋に充満していた。それは大きな浸透力を持っており、人の存在の隅々まで入り込み、充満し、浄化し、あらゆるものをそれ自身のものにした。他の人〔ヴァンダ〕もそれを感じた。それはあらゆる人間が切望しているものであり、そしてまさに彼らがそれを切望するがゆえに、それは彼らを避けて通るのだ。修道士、司祭、サンニャーシは、これを切望するあまり彼らの身体および性格を責め苛むが、しかしそれは彼らを避けて通る。なぜなら、それは買い入れることはできないからである。犠牲も、美徳も、祈りもこの愛をもたらすことはできない。この生命、この愛は、もしも死が手段であるなら、ありえない。すべての追求、すべての要求がすっかり止《や》まなければならない。

真理は杓子定規《しゃくしじょうぎ》には行かない。測定されうるものは真理ではない。生きていないものは測定され、その高さを見出すことはできる。

ヴァンダがKの〈プロセス〉について初めて体験したのはこの日のことで、それについて彼女は次のように記録した。

昼食後私たちは話をしていた。家の中には他に誰もいなかった。突然Kが気を失った。それから起こったことは言葉で述べることができない。なぜなら、それに肉迫できる言葉がないからである。が、それはまたあまりにも厳粛で、あまりにも超常的で、あまりにも重要なので、秘したままにし、言わないまま埋没させ、あるいは言及を控えたままではいられない。Kの顔に変化があった。彼の目はますます大きく、広く、深くなっていき、そして、ありうるいかなる空間も超越した、とてつもない表情がそこにあった。それはまるで、異次元に属している何か力強いもの《プレゼンス》が臨在しているかのようだった。空虚と充実が同時にあるような、不可解な感覚がそこにはあった。

Kは明らかに「出かけて」いた。というのは、置き去りにされた存在《エンティティ》によって言われたことをヴァンダが書き留めておいたからである。「彼が戻って来るまで私のそばから離れないで。もしあなたが私に触れるのを彼が許すようなら、彼はあなたを愛しているに違いない。これについては彼はとてもやかましいので。彼が戻るまで誰も私に近づけないように。」ヴァンダはそれから付け加えた。「何が起こっているのか私には少しも理解できず、びっくり仰天した。」

翌日、同じ時間に、Kはまたもや「出かけ」、そしてヴァンダは再び、彼が離れている間に「肉体」が言ったことを書き留めた。「妙な感じだ。私はどこにいるのだろう？　私のそばから離れないで。彼が戻るまで、どうか私と一緒にいてください。くつろいでいますか？　着席してください。

彼のことをよくご存知ですか？　彼の世話をするのですか？」ヴァンダは続けた。「何が起こっているのか、私には依然として推測できなかった。それはすべてあまりにも意外で、あまりにも不可解だった。意識が回復した時、Kが私に何が起こったのか教えて欲しいと頼んだので、自分が見たり感じたりしたことについてぼんやり見当がついたことを伝えるために、私はこれらの手記を書いたのである。[51]」

七月の末にオルダス・ハクスレーと彼の二番目の妻がグスタードにやって来て、ザーネンのタウン・ホールでのKの話を数回聞きに行った。それは「私が今までに聞いた最も印象的なものの一つだった」とハクスレーは書いた。「それはまるで仏陀の説教を聞いているかのようだった――なんという力強さ、なんという威厳、いかなる逃避も代用物も、いかなるグルも、救い主も、指導者*führer*も、教会も、われわれ常人***homme moyen sensuel***に許すことへのなんという断固たる拒否か。『私はあなた方に、悲しみおよび悲しみの終焉について教えます。』――そして、もしあなた方が悲しみを終わらせるための条件を満たすことを選ばないなら、どのようなグル、教会、等々をあなた方が信じようと、悲しみを果てしなく味わい続けることを覚悟しなければなりません[52]。」

ハクスレーが書いているのは、明らかに八月六日のKの六回目の講話のことである。その中で彼は悲しみについて語った。「時間が悲しみを拭い去ることはありません。私たちは特定の苦しみを忘れるかもしれませんが、しかし悲しみは常に、心の奥深くにあるのです。しかし私の考えでは、悲しみをそっくり拭い去ることが可能なのです。明日に、いつかそのうちにではなく、たった今その正体を見極め、かくして超越することができるのです。」

八月十五日の最後の講話の後、Kは彼の日記に書いた。「今朝目覚めると、またもや、力強い祝福となって現われるこの測り知れない力があった。……話している間中それはそこにあった。触れ難く、純粋なままに。」

活字では、この講話は他のそれらほど力強くはない。講話を聞いた時にはそれがことのほか啓発的だと感じた人々が、後で活字でそれを読むと期待を裏切られるということが、しばしば起こった。彼が語っていた多くの時にKはこの不思議な祝福を体験しており、そして聴衆に影響を与えたのは、彼の言葉というよりはむしろこれだったということは大いにありうる。

その夏、Kがそこで毎年語るために必要なすべての手配をするため、ザーネン委員会が結成された。ラジャゴーパルは、このことを聞いた時、Kがオーハイをすっかり除外しようとしているのではないかと危惧し、狼狽させられた。そういうつもりでなかったのだが、折悪しく、彼は五年間オーハイに戻らなかった。

集会の後、Kはヴァンダと共にシャレー・タンネグで静養した。その間中ヴァンダ自身が、Kが毎日書いていた「祝福」、「他性」に絶えず気づいた。九月にKは単独でパリに飛び、彼の旧友カルロおよびナディーン・シュアレス夫妻と共に、アベニュー・ラブールドンヌにある彼らの八階のアパートに滞在した。彼が愛していた山々の平和の後に都会にいることは大きな変化だったが、にもかかわらず彼は書いた。「静かに坐って……屋根を見下ろしていると、まったく意外にも、あの祝福、あの他性が、柔らかな透明さと共にやって来た。それは部屋に充満し、留まった。それは、これが書かれている最中にそこにある。」

パリで九回の講話を行ない、再度イル・レッチオに行った後Kは十月にボンベイに飛び、そこからリシヴァレーに行ってそこに一ヵ月滞在した後、ヴァサンタ・ヴィハーラ、ラジガート、デリーに行った。彼のノートブック中の記述から、人はリシヴァレーとラジガートのことを、まるで自分自身がそこにいるかのように知るようになる。デリーで、一九六二年一月二十三日、彼の日記は、それが始まった時と同じように突然終わった。シヴァ・ラオの家の中がとても寒かったので、彼はもはや鉛筆を握ることさえできなかった。日記の最後には、部分的に次のように書かれている。

……突然、知ることができないあの無辺際のものがそこにあった。部屋の中および向こうにだけでなく、奥深い所、かつては精神だったところの最も内側の部分にも。……その無辺際のものは、何の痕跡も残さずにそこにあった。透明で、力強く、測り知れず、近寄り難く、そしてその激しさは灰を残さない火であった。それと共に至福があった。……過去と未知のものはいかなる点で会することもない。いかなる行為によってもそれらを結び合わせることはできない。渡るためのいかなる橋も、それに至るためのいかなる道もない。両者は一度も会したことはなく、これからもけっして会することはないだろう。知ることができないもの、あの無辺際のものが存在するためには、過去がなくならねばならない。

この途方もない文書は、一九七六年に刊行された時、英国と米国いずれもの報道機関によって看過され、わずかに米国の『パブリッシャーズ・ウイークリー』誌に、「クリシュナムルティの教えは厳しく、ある意味で徹底的に破壊的である」と締めくくった一文が出ただけである。原稿を読んだ一、二の人はその出版に反対した。彼らは、それがKの信奉者たちを落胆させるだろうと恐れたのである。人間は、時間をかけること、進化によってではなく、即座の知覚によって自分自身を根本的に変容させることができると彼は主張しているが、それに対して『ノートブック』は、クリシュナムルティは変容を遂げた常人 ordinary man ではなく、異次元に存在している独特《ユニーク》な存在であることを示している。それは的を射ており、そしてそれが彼に指摘された時、彼は答えた。「電灯をつけるために私たち全員がエジソンのようになる必要はないのです。」後に、今あるものとしての彼は生まれつきのもので、それゆえ他の人々が彼のそれのような意識状態に至ることはできないと示唆したローマのあるジャーナリストに向かって、彼はこう言うことになった。「クリストファー・コロンブスは帆船でアメリカに行きましたが、私たちはジェット機で行けるのです。」

Kはその冬、インドで二十三回の講話を行なっただけでなく、また数多くの討論会を催したので、三月中旬にローマに到着し、そこでヴァンダと落ち合った時に彼が疲れきっていたのは意外ではなかった。翌日、彼は熱病にかかった。その状態で彼は、〈プロセス〉中にそうすることが常であったように、「出かけた。」ヴァンダは、肉体を預っている存在によって言われたことを記録した。しかし、語っているのはもはや子供の声ではなかった。声はごく自然に聞こえた。

私を置き去りにしないでほしい。彼は遠くまで行ってしまった、とても遠くまで。彼の世話をするようあなたは頼まれていたでしょう。彼は出かけるべきではなかった。あなたは彼にそう告げるべきでした。食卓で彼は少しどうかしている。あなたは、他の人々が気づかないように、さりげない表情で彼に教えてあげなければならない。そうすれば彼は理解するでしょう。良い顔だちをしている。あのまつげは男にはもったいないほどです。あなたがつけたらどうですか？　あの顔は非常に入念に作り上げられてきたのです。そのような肉体を生み出すために、彼らは実に長い間、何世紀も努力を重ねてきたのです。彼のことを知っていますか？　知ることはできないのです。どうしたら流れている水のことを知ることができるでしょう？　耳を澄まして聞くことです。質問しないこと。もし彼がそれほどあなたが近寄るのを許すのなら、彼はあなたを愛しているに違いない。彼は、自分の身体を他の人に触れさせないようにするために非常に注意深くしている。彼があなたをどう扱っているかあなたはご存知でしょう。彼は、あなたに何ごとも起こらないことを望んでいるのです。無茶なことをしてはだめです。ああいったすべての旅行は彼には耐え難いものでした。そして飛行機内のすべての人々、彼らの喫煙、それから絶え間ない荷造り、到着と出発。それは彼の身体には耐え難いものだったのです。彼がローマに到着したのは、あの女性〔ヴァンダ〕のためです。彼女をご存知ですか？　彼は急いで彼女に会いに来たかったのです。もしも彼女の具合が悪ければ、彼は影響を受けます。ああいったすべての旅行――いや、不平を言っているのではありません。彼がいかに純粋かわかりますか？　彼は自分自身のことは少しも顧慮しません。彼の身体はこの間ずっと危機に瀕していたのです。それはこの数カ月間懸命に維持され、見守られてきたのです。で、もしそれが放置されれば、彼は非常に遠くまで行ってしまうでしょう。死が隣り合っているのです。私は彼に、無茶のしすぎだと告げました。彼がこれらの飛行場にいる時、彼は独りぼっちです。彼は少しどうかしているのです。インドのあのようなすべての貧困、そして次々に死んでいく人々。ぞっとします。この肉体も、もしそれが見出されていなかったら、死んでいたでしょう。そして至る所にあるああしたすべての汚れ。彼は非常に清潔です。彼の身体はとても清潔に保たれている。彼はそれをとても入念に洗う。今朝、彼は何かをあなたに伝えたがっていました。彼を制止しないように。彼はあなたを愛しているに違いない。彼に告げてほしい。鉛筆をとって、彼にこう告げてほしい。「死は常にそこに、あなたのすぐそばにいる。あなたを守るために。そしてあなたが避難する時、あなたは死ぬでしょう。」

Kが十分に身体の調子が良くなったと感じた時、彼らはイル・レッチオに移ったが、しかしそこで腎臓病が再発し、それが、併発したひどい流行性耳下腺炎［おたふく風邪］によって悪化したため、彼は重体になった。かなり重かったので、数日間ヴァンダは彼の部屋の外で寝た。彼が英国に来たのは五月中旬になってからで、ドリス・プラットが彼のためにあらかじめ家具付の一軒家をウインブルドンに借りておいた。エミリー夫人は今や八十七歳で、事実上記憶を失っていた。にもかかわらず、彼はしばしば彼女に会いにやって来て、一時間あまり坐り、彼女の手を握ったまま彼女のために歌を歌ったものである。彼女は彼のことを思い出し、彼がいてくれることを喜んだ。彼女はその後一九六四年初めに他界した。私は時々ウインブルドンに出向き、そこから彼を連れ出してサセックスまで車を走らせ、われわれのブルーベルの森の中を散歩したものである。われわれはけっして深刻な話はせず、散歩中はまったく無言のままだった。私は、彼が沈黙、ブルーベルの眺めと香り、森の平和、鳥の鳴き声とブナの若葉を楽しんでいるのを知っていたのである。彼はしばしば立ち止まって、両脚の間から後ろの青いもやを見つめたものである。彼は、常に私にとってそうであったところの彼――教師ではなく、私のきょうだいの誰よりも近しい一人の人間――であった。私は、自分が彼にとってなんの努力もけっして払う必要のなかった多分唯一の人間だったと考えることに喜びを感じた。

彼がウインブルドンならびにフレンズ・ミーティング・ハウスで話していると聞いた時、私は突然出かけて、彼の話を聞いてみたいという衝動に駆られた。一九二八年にオーメンで聞いて以来、私は彼の話を聞いたことがなかった。ホールは満員だった。後ろでは人々が立っていたほどである。私は彼が演壇に上がって来るのを見かけなかった。ある瞬間には、演壇の中ごろに置かれた堅い椅子は空っぽだった。次の瞬間には、何もしないで彼がそこに坐っていたが、入って来る時に物音一つ立てなかった。非常な痩身に黒いスーツ、白いシャツ、黒いネクタイを完璧に着こなし、きれいに磨かれた褐色の靴をはいた両足をきちんと揃えていた。彼は演壇で一人きりだった（彼はけっして紹介されたことはなく、私が前に言ったように、彼はけっしてメモをとらなかった）。ホールには完全な沈黙があり、その間に強い期待感が聴衆の間に広がっていった。彼は、微動だにせずにまったく無言のままそこに坐り、頭を軽く左右に動かしながら、探るような眼差しを聴衆に向けた。一分、二分。私は彼のためにうろたえ始めた。彼はすっかりおかしくなったのだろうか？　彼を心配するあまり、私が身体中にチクチク痛みを感じ始めた時、彼は突然、かすかなインドなまりのあるかなり快活な声で悠然と始め、沈黙を破った。

私は後で、講話の初めのこの長い沈黙は通例であることを発見した。それはとてつもなく印象的だったが、しかしその理由は感動させることではなかった。彼は、話し始める前に自分が何を言おうとしているのか滅多に知らず、聴衆のガイドをあてにしているように思われた。講話がしばしば腰砕け気味に始まったのはこのためである。「このような集会の目的は一体何なのでしょう？」と彼は言うかもしれないし、あるいは「何をあなたはこれから期待しておられるのですか？」と言うか、あるいは一連の講話をこう切り出すかもしれない。「話し手と聴衆の間に本当の関係を築くことができれば、大いに結構なことだと思います。」他のいくつかの場合には、彼は自分が何を言いたいか正確に心得ていた。「今晩は、私は知識、経験、時間についてお話したいと思います。」が、続く講話は必ずしもこれらのテーマに限定されたわけではない。彼は常々、自分は上から説教をしているのではなく、彼と聴衆は一緒に探究に加わっているのだと主張していた。彼はこのことを、講話の途中で二、三度聴衆に思い出させるようにした。

とりわけこの晩のフレンズ・ミーティング・ハウスでは、彼は自分が言いたいことをきちんと心得ていた。

今夜から数晩にわたって私たちが考察しようとしていることを理解するには、明晰な精神、直接の知覚ができる精神が必要です。理解というのは、別段、摩訶不思議なものではありません。それは、ものごとを、偏見や、個人的性癖や、意見を交えずに、直接見つめることができる精神を必要としているのです。私が今晩言いたいことは、全的な内面的変容、社会つまりは私たちの心理構造の破壊に関することです。が、社会つまりはあなたと私のこの心理構造の破壊は、努力によっては起こりません。そして、思うに、それこそは私たちのほとんどにとって理解することが最も困難なことの一つなのです。

Kの言葉の奥の意味は、ほとんどの人にとって、彼自身の肉体的存在を通じて届いたのだと私には思われる——精神を迂回して、人の理解にパッと直接意味を伝える放射があったのであり、人が一つの講話が多かれ少なかれ意味を持っているとわかるかどうかは、彼が言ったことによりはむしろ、それぞれの人自身の受容状態により多くかかっていたのである。最初に演壇に上がった時は彼はよく手をじっとさせて、何もしないで坐っていたが、講話の途中で彼は片手または両手を動かし、しばしば指の間を大きく広げて、とても表現豊かに話した。彼の両手の動きは見守るのが楽しみだった。講話が終わると彼は、入ってきた時と同じようにそっと出て行ったものである。インドにおける彼の聴衆は常に、西洋における聴衆よりはるかに感情をはっきり表に出し、戸外で語る場合は、彼が演壇を立ち去ることはより困難であった。彼は、インドで彼が受けたあからさまな献身、平伏［伏し拝み］および彼の身体または衣服に触れようとする努力によってひどく当惑させられた。ボンベイでの集会から彼が車で立ち去ろうとした時、彼の手を握ろうとして、開いた車の窓からいくもの手が伸びてきたことがあった。一度、ある男性が彼の手をつかまえてそれを自分の口に飲み込んだので、彼が恐れをなしたこともある。

その夏のザーネンでの二回目の集会は［米国の著名な建築設計家、バックミンスター・フラーによって考案された］大きなテントの中で開催された。（テントが立てられていたザーネン川のそばの細長い借地が、ラジャゴーパルによって拠出された資金でＫＷＩＮＧによって購入されたのは、一九六五年になってからだった。）ヴァンダ・スカラヴェッリは、一九八三年まで毎年夏にすることになったように、再びシャレー・タンネグを借り、彼女自身の隠退したコック、フォスカを家の管理のために連れて行った。八月末、いくつかの集会が終わった後、彼はすっかり体調を崩した。彼はその年のインド訪問をキャンセルすることに決め、クリスマスまでタンネグに留まった。ラジャゴーパルは、和解を果たすことを希望して十月に彼にはるばる会いに行ったが、しかしラジャゴーパルがそれを自分の言うとおりの条件で望み、そしてKはＫＷＩＮＧの理事会に復帰することを主張したので、彼らは行き詰まった。ラジャゴーパルはまたロンドンにやって来て、私に向かって以前にも増して毒々しくKを罵倒し、何の証拠も示さぬままKの偽善性を、また、演壇に向かう前に頭髪がきちんと整っていることを鏡で確かめるなど、外見を気にかけすぎると言って非難した。Kが彼自身の外見だけでなく他の人々のそれをも常に気にかけていたことは、私と同じようにラジャゴーパルもよく知っていた。人が彼に会いに行った時、人は常に最も魅力的に見えるようにできるだけ気をつけた。なぜなら、彼はあらゆるものに気づいたからである。演壇上にいる時にできるだけこぎれいに見えるようにすることは、彼にとっては単に彼の聴衆に対する礼儀だったのであろう。私はラジャゴーパルに、彼がKについて今のように感じている以上（彼は私に、お金が問題なのではないと理解させるようにした）、彼のために働くのをやめ、多くの友人がいるヨーロッパで腰を落ち着けるように促したが、しかし彼の本当の悩みは、彼が一方的な愛憎関係に閉じ込められており、Kの超然とした態度がそれから逃れるのをますます困難にさせたということだったように思われる。

タンネグを去った後、Kはヴァンダと共にローマに行き、そこで彼女は彼を多くの著名人――フェリーニ、ポンテコーヴォ［『アルジェの戦い』で知られる映画監督］、アルベルト・モラヴィア、カルロ・レヴィ［ユダヤ系イタリア人の画家・作家・反ファシスト］、セゴビア［ギタリスト］、およびKのために演奏したカザルスを含む、映画監督、作家および音楽家――に紹介した。（イル・レッチオから彼女は彼を連れて、イ・タッティにいたバーナード・ベレンソン［米国の美術史家。イタリアルネサンス期美術の権威］に数回会いに行ったことがあった［次頁、【脚註1】］。）ハクスレーは三月にローマにおり、Kにしばしば会った。それは彼らの最後の出会いとなった。なぜなら、ハクスレーは十一月に亡くなったからである。ハクスレーの死から一ヵ月後、Kは私に書いた。「オルダス・ハクスレーは二年前、舌癌にかかっていると私に告げました。彼はそのことを誰にも、妻にさえも告げなかったと私に言っていました。今年の春ローマで彼に会った時、彼がかなり元気そうに見えたので、彼が亡くなったと聞いた時はショックでした。彼が苦しまなかったらいいのですが。」

［一九六三年］五月末にKはグスタードに戻った。私の夫と私は、車でベニスに行く途中グスタードに立ち寄り、そこで一晩過ごした後、彼に会うためにタンネグに行った。彼は、［コックの］フォスカを除き、そこで一人きりだった。彼は大いに歓迎してくれ、ザーネン委員会によって所有されているメルセデス［ベンツ］でわれわれをドライブに連れて行ってくれた。その車が大事にされ、滅多に使用されず、そしてごく短距離の走行からでさえ、戻った都度彼によって洗われ、磨かれていたことは明らかだった。イタリアへと旅を続け、われわれは一九二四年に滞在したことがあるペルジー

【脚註】

（1）ベレンソンが九十歳だった時の、彼の日記の一九五六年五月七日付けの部分にはこう書かれている。「クリシュナムルティをお茶に招待。愛想がよく、敏感で、私のすべての異論を認め、実際、われわれのすべての議論はほとんどぶつかり合わなかった。にもかかわらず彼は、何か〈彼方のもの Beyond〉があり、そしてこれはいかなる思考も、いかなる疑問も、いかなる?もない、不動の、波乱のない存在の状態だと主張した。そのような状態は私の西洋的精神の傾向を超えた何かだという私の主張を、彼は退けた。私は、彼が単に何か言葉の上だけのものを追求しているのでないかとさえ尋ねた。彼はそれをきっぱりと否定したが、しかし冷静そのものだった。」（*Sunset and Twilight*, Nicky Mariano (ed), Hamish Hamilton, 1964.『日没と薄明』）

ネのキャッスル・ホテルに立ち寄った。私は、当時彼が占有していた円塔の絵葉書を彼に送った。彼は返事を寄越した。「それについてまるで何も思い出せません。他の城だったような気がしないでもありません。それほどきれいさっぱり私の頭の中から消え失せているのです。」

その年のザーネン集会には、その後数年間Kの外面生活に重要な役目を果たすことになった新来者があった。これは三十五歳のアラン・ノーデという南アフリカ出身のピアニストで、彼はパリとシエナで学び、ヨーロッパでコンサートを開いたことがあり、当時はプレトリア大学の教授だった。少年時代から宗教的生活に関心があったアランは、クリシュナムルティのことを聞き及んで、彼の話を聞くために休暇中にザーネンに行った。彼は個人的にKに会い、その冬、Kがインドにいる時にインドに出かけた。一九六四年初めにプレトリアに戻った時、自分の霊的な運命《スピリチュアル・デスティニー》に従うために彼は教授の職を辞することになった。

アラン・ノーデは、一九六四年の夏、再びザーネンにいた。その夏にはまた、映画プロデューサー、サム・ジンバリストの寡婦、メアリー・ジンバリスト、旧姓テイラーがいた。彼女は、実業界で定評のあるニューヨークの名門の出の、もの静かで優雅な物腰の、欧化したアメリカ人だった。彼女は、一九四四年に夫と一緒にオーハイで初めてKの講話を聞いた。一九五八年にその夫が心臓発作で急死した時、依然として悲嘆に打ちのめされたまま、彼女は一九六〇年のオーハイ集会でKが話すのを再び聞きに行った。その後彼女は彼と長い個人的会見を持ち、その中で彼は彼女に、彼女が理解しやすいような仕方で死について話した。人は、通常の逃避の手段によって死から逃げ去ることはできない。死の事実が理解されなければならない。悲しみをもたらしたのは、孤独、死の事実ではなく、孤独からの逃避である。悲嘆は自己憐憫であって、愛ではない、と。メアリーは再びオーハイで彼の話を聞くことを望んだが、彼がそこに戻って来る見込みがなさそうに思われた時、彼の話を聞くためにザーネンに旅してきたのである。そこで彼女はアラン・ノーデと親しくなり、二人とも集会後そこに留まり、タンネグでのいくつかの私的な討論会に参加するようKから求められた。メアリーは再び彼と長い個人的会見を持った。

Kの費用のために英国に保有されていた株券は今や配当金を支払わなくなっており、ドリス・プラットはラジャゴーパルに、インドへのおよびヨーロッパ内でのKのすべての旅費は今後KWINGによってザーネン委員会に支払われるべきであり、そして同委員会はまたヨーロッパで調達されたKWINGの資金を受け取るようにしたい、さらに、健康上の理由で、Kは今後ファーストクラスで旅行すべきだと申し出た。ラジャゴーパルは一番目の申し出には同意したが、Kのファーストクラスでの旅行の申し出には何の返答もしなかった。寄贈の形でであれ、遺贈または本からの印税の形でであれ、KWINGに行ったお金はことごとくK自身によってかせがれたということを考慮すれば、Kの個人的慰安のためにどのようにお金が使われるべきかについてラジャゴーパルの許可を仰がねばならなかったというのは、尋常ではないように思われる。さらに、Kが一九六四—五年の冬にアラン・ノーデと再会し、彼の秘書および旅の同伴者になって欲しいと思った時、彼に些少ながら給料を払うために、またもやラジャゴーパルの許可を得なければならなかった。七十歳の今、単独で旅することがKにとって、とりわけ多くの病気の後では、過大な負担になっていたことは明白である。

一九六五年の春、ロンドンのサヴィルロー［一流の紳士服の仕立屋の多い街路］にあるKの仕立屋ハンツマンで、私はKと一緒のアラン・ノーデに会った。アランは、Kやドリス・プラットと共に、ウインブルドンの別の家具付きの家に滞在し、Kのウインブルドン講話の記録を担当していた。Kが私と一緒にいつものブルーベルの森への散歩に出かけた時、彼はそれまで数年間におけるよりずっと元気に思われた。彼は、一緒に旅し、鞄など携帯品の世話をしてくれるアランのおかげで、彼の人生がいかに見違えるようになったか、私に告げた。Kは彼に自然な親近感を抱いた。彼は真剣な性格だったが快活で、エネルギッシュで、国際人《コスモポリタン》で、言語への優れた資質を備えていた。メアリー・ジンバリストもロンドンにいたが、しかし私が彼女に会ったのは翌年であった。彼女は車を借りて、Kとアランを英国内の風光明媚な場所に連れて行き、そして彼ら三人がロンドンの後でパリに行った時、メアリーは車で彼らをベルサイユ、シャルトル、ランブイエその他へと連れて行った。これは、Kの表向きは単調な生活では数年間拒まれていた類の、愉快な小旅行であった。

第14章　「理想というのは無慈悲なものです」

メアリー・ジンバリストとアラン・ノーデは、その冬、Kと共にインドへ行き、彼と彼のインド人の友人たちと一緒に、彼が講話と討論会を行なういつものすべての場所を巡回した。一九六五年十二月、まだインドにいたKは、一九六六年十月にオーハイで話して欲しいという思いがけない誘いをラジャゴーパルから受け、それを受け入れた。インド首相ラル・バハドゥール・シャストリが一九六六年十一月一日に死亡し、ププル・ジャヤカールの親友であるインディラ・ガンディーが首相になった。

一九六六年の春に、私は英国でメアリー・ジンバリストに会った。ある日の午後彼女はKおよびアランと一緒に、車を駆って不意にわれわれの別荘にやって来た。野外でのくつろいだ昼食をとった後、Kが彼らをわれわれの所へ案内してきたのである。彼ら三人が結局車で去って行った時、彼らがなんとも素晴らしく幸福で気さくな三人組のように思われたこと、そしていかに彼らとの付き合いがKの健康と元気のためになることだろうと思ったのを憶えている。これらKの新しい友人たちと私との友情は急速に深まっていった。その後Kは、行く先々で彼らと一緒に滞在することを望んだ。その夏彼らはグスタードにいたが、滞在したのは別のシャレーだった。ニューヨークでは、Kは彼らと共にメアリーの弟のアパートに、それからカリフォルニアでは、マリブの海に面した崖の上にあるメアリーの美しい家に、それぞれ滞在した。十月二十八日に彼ら三人はオーハイに移動し、翌日Kは、一九六〇年以来話していなかったオーハイ・グローブで、六回にわたる講話のうちの一回目を行なった。三回目の講話が始まる前にテレビ班が到着し、初めてKの講話が撮影された。この講話は、彼のすべての講話の基本的関心事——人間の精神に根源的変容をもたらすこと——に関するものであった。そのような変容なしには社会にいかなる真の変化もありえないし、真の喜びも世界平和もありえないであろう。彼は以前に何度も言ったことを繰り返した——彼の言葉は、その中で人々が彼ら自身の内面で何が実際に起こっているのかを見ることができる鏡である、と。

Kとラジャゴーパルは二人だけで何度か会ったが、待望されていた和解は残念ながら起こらなかった。Kは依然としてKWINGの理事会への復帰を主張した。それをラジャゴーパルは、Kは組織へのいかなる責任も預っていないとして拒否した。Kはまた、数年来の知己であったKWINGの副理事長と理事の一人にも話してみたが、彼らは助けることができなかった、またはそうする気がなかった。Kの二人の新しい友人への嫉妬も事態を改善しなかった。

Kはその年の十二月、単独でデリーに飛んだ。（アラン・ノーデは、両親に会うためプレトリアに戻っていた。）その年のインドでのKの講話は、KWINGによって出版される最後のものとなった。メアリーとアランは一九六七年三月にローマで再び彼に加わり、それから彼と共にパリに行き、メアリーが借りてあった家に向かった。彼はシュアレス夫妻の許には二度と滞在することはなかった。彼らは、彼のパリ講話のための手配をめぐってレオン・デ・ヴィダスとある種の喧嘩をした後、いつとはなしに彼の人生から姿を消していった。パリの後、Kは、メアリーおよびアランと共にオランダに行き、アムステルダムで［一九五六年以来］十一年ぶりに話した。彼らは、かつてウエッジウッドがコミュニティを持っていたフイゼンのある農家に滞在したことがあるが、Kはそれについて何も憶えていなかった。私と夫は、当時たまたまオランダにいたので、彼らを訪ねに行った。ちょうどわれわれが立ち去ろうとしていた時、Kはだしぬけに、彼のために本を書いてもらえないかと私に頼んだ。私は、「いいですとも。どんな本を？」と自分自身が言うのを聞いて、面喰らわせられた。彼は答えた。「講話に基づいた何かを。あなたに一任します。」それを提案したのはアランだったと私は信じている。私は自分の著作について一度もKに話したことはなく、そしてアランから知らされるまでは、私がプロの著述家だということに彼は気づかなかったと思われるからである。が、彼らのどちらも、私が一九二八年以来Kの言葉をまったく読まずにきたということを知る由もなかったであろう。その夏の残りは自分が引き受けたことの法外さによって曇らされてしまったが、しかし私はけっしてそれを撤回しようとは思わなかった。それがとてつもなく大きな挑戦であることが私にはわかっていた。ロンドンに戻った時私は、オーメン時代以来の知己であるドリス・プラットに、過去二年間の講話のうち彼女がどれを最良と見なしているか尋ねた。彼女は一九六三―四年のものを推薦し、その間のインドとヨーロッパでの講話の正確な報告である四巻の普及版《ペーパーバック》を送ってくれた。

　私はひどく興奮しながらこれらの本を読んだ。それはまるで、どれもスプリング付きのブラインドでおおわれた数多くの窓がある部屋に私が暮らしており、読んでいくうちにブラインドが次々に跳ね上がっていくかのようであった。「理想というのは無慈悲なものです」とか「『これから試みてみます』というのは人がなしうる最もひどい意志表示です」といった言明は、私の考え方に革命を起こした。Kは各々の講話中で同じ基本的テーマを扱い、それゆえ、厳密にはけっして同じ言葉でではないものの、多くの反復があるので、私はこれらのテーマを百ほどの項目――気づき、条件づけ、意識、死、恐怖、自由、神、愛、瞑想、等々――に分類して索引を作り、そしてそれらのうちから、彼が最も明晰にかつ美しく自分の考えを述べていると思われる箇所《パッセージ》を選び出して、それらを一二四頁の本に編み上げた。私はKの一語も変更したり、一語も追加したりしなかったが、にもかかわらずこの本はアンソロジーではない。むしろ、それはクリシュナムルティ入門書である。これ以上骨の折れる、集中した、あるいはスリリングな仕事をしたことはそれまで一度もなかった。私がそらで憶えた一文は次のものである。「権威から、あなた自身および他の誰かのそれから自由であることは、昨日のあらゆるものに対して死に、それによってあなたの精神が常に新鮮で、常に若々しく、無垢で、活力と熱情に溢れていることです。」この小さな本は、K自身によって選ばれた ***Freedom from the Known***（旧訳『自己変革の方法』、新訳『既知からの自由』）という題名で、一九六九年に出版された。

その中で私にとって最も感動的で美しい章は、愛についてのそれである。多くの人々はクリシュナムルティの教えが否定的であることを見出す。なぜなら彼は、あることについて、それが何なのかを、それが何でないかを言うことによってのみ発見することができたからである。愛はその最良の例である。愛は嫉妬ではない、愛は所有欲ではない、愛は愛されることを求めない、愛は恐怖ではない、愛は性欲ではない。他の誰かへの依存は愛ではない、思考は愛を培《つちか》うことはできない。愛は美ではない、愛は自己憐憫ではない。（これは、「不幸な愛などというものはない。」というKの後の言明を理解するのに役立つ。）「本当に愛するとはどういうことかご存知ではないでしょうか？」と彼は尋ねる。「憎悪なしに、嫉妬なしに、怒りなしに、彼が考えていることまたはしていることに干渉しようとすることなしに、非難することなしに、比較することなしに愛すること。それが何を意味しているかご存知ではないでしょうか？　あなたが誰かを、あなたの心、あなたの精神、あなたの身体のすべてを傾けて、あなたの全存在で愛する時、比較はあるでしょうか？」

理解することが非常に困難だと私が感じた概念は、「観察者は観察されるものである」というそれだった。これについて私は、最終的に次のような解釈に至った。自己はそのすべての内面の状態を、それ自身の条件づけられた精神でもって見つめ、それゆえ、それが見るものはそれ自身の写し《レプリカ》である。現にあるわれわれは、われわれが見ているものに他ならない。われわれのその他の自己を支配することができる高次の自己 superior self という概念は錯覚である。なぜなら、たった一つの自己しかないからである。Kが他の講話中で「経験者は経験に他なりません」および「思考者は思考に他なりません」と言った時、彼は同じ考えを言い表わすために単に異なった言葉を用いていたのである。

メアリー・ジンバリストは一九六七年六月の初めにKとアラン・ノーデを車でグスタードへ連れて行き、ヴァンダが到着してKのためにタンネグを使用できるようにするまで、二人と共に別の別荘に滞在した。タンネグに移動する数日前、Kは高熱で寝ていた。メアリーは自分の日記に、彼が彼女のことを見分けがつかないまま見つめ、そして子供の声で「クリシュナが出かけてしまった」と言った時、彼が瞻妄《せんもう》状態に陥っていたのだと自分は信じたと記した。彼は彼女に、彼女が「クリシュナに質問した」かどうか尋ね、そして言い添えた。「彼は質問されるのが嫌いなのです。このすべての年月の後、私はまだ彼に慣れていないのです。」メアリーは明らかに〈プロセス〉について聞いていなかった。彼女はその後彼の死まで他の誰よりも多く彼と一緒にいることになったが、〈プロセス〉が彼女に明らかにされたのはこれっきりだったようである。彼は、しかしながら、車で運ばれている最中でさえ彼が時々気を失うことがあると彼女に警告していた。彼女は無視して、徐行運転しなければならない。これは実際に数回起こった。彼は気を失って彼女の膝または肩に倒れかかったが、しかし間もなく回復して、その後は気分が悪くなることはなかった。

その夏グスタードでは、KがヨーロッパЕで始めたがっていた学校について多々話し合われた。ある古い友人が、Kが引退した時に彼自身の家を建てるために五万ポンドを提供してくれていた。引退するつもりは毛頭なかったので、彼はそのお金を学校に使っていいか尋ね、要求は直ちに聞き届けられた。彼は最近、その校長になるのに理想的な人に会っていた――夫のモンタギューと共に十八年にわたり官設学校の経営に携わった後に引退したばかりの、ドロシー・シモンズである。すぐに、新しい学校は英国内に置かれるべきだと決められた。シモンズ夫人は外国語でそれを効率的に運営することはできないだろうというのがその理由だった。結局、ハンプシャーにある三十六エーカーの公園と庭付きの大きなジョージア王朝風の家、ブロックウッド・パークが四万二千ポンドで購入され、シモンズ夫妻、ドリス・プラットおよび一人の生徒が一九六八年末にそこに引っ越した。

Kは、当時の財政顧問、地中海クラブの創設者ジェラルド・ブリッツから、学校の設備資金がもっと集まらないかぎりそれを設立することは無理だと告げられていたが、その助言に逆らって創立することに決めていた。しかしながら、Kの終生変わらない方針は、自分が正しいと感じたことをすれば、お金はどうにかやって来るだろうというものだった。そして、たいていはそのとおりになった。

が、その前にラジャゴーパルとの完全な断絶が起こり、Kは彼の教えの普及のための新しいトラストを設立し、トラスト証書はラジャゴーパルのような事態が二度と再び起こりえないようにすることを保証した。一九六八年のザーネン集会で以下の発表がなされた。

クリシュナムルティは、彼がカリフォルニア、オーハイのクリシュナムルティ・ライティングス・インコーポレーテッド Krishnamurti Writings Incorporated との関係を完全に断ったことが周知徹底されることを望む。

彼は、この公表の結果、彼の仕事および教えと関わることを望む方々に対し、学校経営をその活動の一部とする新しい国際的組織、クリシュナムルティ・ファンデーション・オブ・ロンドン Krishnamurti Foundation of London を支援してくださるようお願いする。ファンデーションの設立証書は、クリシュナムルティの意図が尊重されることを保証している。

ドリス・プラットは、四十年間にわたる非常に献身的な自発的奉仕の後にブロックウッドに引退し、代わって、一九五八年以来ドリス・プラットを助けてきた、一人娘のいる既婚女性メアリー・カドガンが新しいファンデーション（以下、財団）の秘書になった。結婚前メアリー・カドガンはBBCのために働いており、彼女の資格は最高級のものだった。（彼女は、以来、財団の秘書に任じるかたわら、五冊の成功を博した本を出版した。）

新しい財団への寄付が届き始めるまで、困難な時期が続いた。KWINGの資産は凍結されたが、幸いにもドリス・プラットとメアリー・カドガンが、新しい財団を運営していけるだけの小基金を蓄えていた。この時Kは、ジョージ・ウイングフィールド-ディグビーを委員長とする出版委員会を結成していた。ディグビーは、当時ビクトリア・アンド・アルバート博物館の織物部門管理者で、東洋陶磁器の専門家ならびにウイリアム・ブレークの生涯についての著者でもあった。この委員会は、その後、Kの講話を編集し、印刷まで見届け、さらに会報を発行する責任を引き受けることになった。講話の真正版報告はその後、インドでの代わりにオランダで印刷された。

アメリカにおけるクリシュナムルティ財団が一九六九年に、そしてインド財団が一九七〇年に設立された。KWINGとアメリカ財団との間の不可避的な訴訟が結果として起こり、一九七四年に示談で解決されるまで長引かされた。主な和解条件は以下のとおりだった。KWINGは解散され、ラジャゴーパルが支配する別の組織、K&Rファンデーションが、一九六八年七月一日以前のクリシュナムルティの著作の版権を保有すること。オーハイ峡谷の西端にある、オーク・グローブを含む一五〇エーカーの土地、およびパイン・コテージとアーリヤ・ヴィハーラが立っている上端の十一エーカーは、クリシュナムルティ・アメリカ財団（KFA）に譲渡されること。KWINGの現金資産は年金およびラジャゴーパルの訴訟費用のための一定額を控除後、KFAに譲渡され、また、ラジャゴーパルは彼の家の所有権を終身保有すること。

訴訟が進行している間中、Kは幾度となく旅を続けた。相違は、Kが英国に来た時は今やブロックウッド・パークに、カリフォルニアでは、オーハイの代わりにマリブのメアリー・ジンバリストの許に滞在し、オーク・グローブに代わってサンタモニカで話したことである。一九六九年の秋にアラン・ノーデはKのために働くのをやめ、サンフランシスコに行ってそこに住み、そこで音楽を教えるようになった。彼は時々マリブに滞在し、Kは、サンフランシスコに行った時はいつでも彼に会った。アランは、ハーヴァードとバークレーを含むいくつかの大学でKが話すよう手配することによって、彼をアメリカの若者たちと接触させるために大いに尽力した。「しごく当然ながら、」アランは書いた。「しかしいささか驚くべきことに、クリシュナムルティは突然これらの学生たちの英雄であり友人となっている。なぜなら、彼らが彼に会うずっと以前に、彼が話していることは彼らにとって食べたり呼吸したりするのと同じくらい重要になっていたからである。彼らは彼が言うことが気に入り、畏怖や恐怖心なしに彼にとても親密な愛情を感じているのである。」(53)

Kは、一九七〇年の春にブロックウッドに滞在している間に、彼の初期の人生についての報告を書くよう私に頼んだ。彼は初め彼の旧友シヴァ・ラオにそれを書くよう頼んだが、アディヤールの神智学アーカイブから多くの資料を集めた後、シヴァ・ラオは重病になり、本を完成させるために十分なほど回復することはけっしてないことを知った。(彼は翌年死んだ。)彼は、それゆえ、彼のすべての記録資料を私の自由に任せた。私は、初めてインドに行った一九二三年以来彼を知っており、以来われわれは親友であり続けた。Kは、翌年初めにインドから来る時に書類を持って来ると言った。もちろん私はこの報告を書くよう頼まれたことを喜んだが、しかし承諾する前に、本文を誰かに見せるよう私が要求されるべきではないという条件を付けた。これに同意した後Kは、今まで一度も公表されたことがない彼の手紙と一九二二年の彼のオーハイでの体験報告を引用してよいという許可状を私に与えた。シヴァ・ラオの資料を受け取るまで私は本を書き始めるつもりはなかったが、私は六月にそれについてKとの最初の会見をすべくブロックウッドに出かけた。彼は、かつての彼自身のことである「少年」にひどく関心を持ち、なぜリードビーターによって選ばれたのかいぶかしんだ。何が少年の精神の特質だったのだろう? このすべての年月の間中何が彼を守ってきたのだろう？　ああいったすべての阿諛《あゆ》追従を受けた少年が堕落させられ、条件づけられなかったのはなぜなのだろう？　「忌むべきもの」に成り下がってもおかしくなかったというのに。少年についてのこの好奇心は、強烈ではあったが、まったく非個人的であった。それはまるで、本当の物語について書いた記録が、彼自身が等しく非個人的な関心を持っている人物の現象を説明してくれる何かを明らかにするかもしれないと期待しているかのようであった。彼は今までになく協力的でありえたが、しかし残念なことに、シヴァ・ラオや他の何人かが彼に告げたこと以外、自分の初期の人生について何も憶えていなかった。

一九七〇年に、『変化の緊急性 *The Urgency of Change*』（邦訳『自己の変容――クリシュナムルティ対話録』めるくまーる社）と呼ばれるKの本が出版された。これは、Kに対してマリブでアラン・ノーデがした徹底的な質問と、Kの答えから成っている。アランが〔速記ではなく〕普通の書き方で質問と答えを書き留め、それらをテープレコーダーに口述し、さらに夕方それらをKに読み返して訂正を求めた。本書は、それゆえ、Kがけっして校閲したり目を通すことすらしなかった、講話の編集本を超えた価値を持っている。その中には、思考の終焉という、最も頻繁に繰り返されるKのテーマの一つで、把握するのが最も困難なものの一つについての一節がある。

質問者　思考を終わらせるということによってあなたが本当は何を意味しているのか、よくわからないのですが。それについて友人に話したところ、それはある種の東洋的ナンセンスだと彼は言いました。彼にとって思考は知性と行為の極致《きょくち》であって、必要欠くべからざるものです。それは文明を創り上げてきたのであり、またすべての関係はそれに基づいています。私たちの誰もがこれを認めています……私たちが考えない時、私たちは眠っているか、無為に過ごしているか、または白昼夢に耽っているかです。ぼんやりし、鈍感で、非生産的になっているのですが、これに反して、私たちが目覚めている時は、私たちは考え、行ない、生き、喧嘩をしたりしています。私たちが知っているのはこれら二つの状態だけです。これに対してあなたはそのどちらも——思考もぼんやりした無為も——超えなさいとおっしゃっている。これはどういう意味なのですか？

クリシュナムルティ　ごく簡単に言えば、思考は記憶の応答であり、過去なのです。思考が働く時、記憶、経験、知識、機会として働いているのはこの過去なのです。思考が機能している時、それは過去であり、それゆえ少しも刻々の新しい生はないのです。それは、それ自体および現在を部分的に修正しながら現在に生きている、過去なのです。ですから、そのような生には何ら新しいものはなく、そして何か新しいものが見出されるとすれば、その時には過去が不在でなければならず、精神は思考、恐怖、快楽およびその他諸々のもので雑然と塞がれていてはならないのです。精神が塞がれていない時にのみ新しいものが出現できるのであり、だからこそ私たちは、思考は必要な時にだけ客観的、効率的に働き、それ以外の時は静まっていなければならないと言うのです。すべての連続性は思考です。そして連続性がある時は、何ら新しいものはないのです。それ［を理解すること］がいかに重要かおわかりでしょうか？　それは実は死活問題なのです。あなたは過去に生きるか、またはまったく違った生き方をするかのどちらかなのです。それが要点のすべてです。

『ノートブック』の中で彼は次のように書いている。「思考のものでも、思考によって蘇生させられた感情のものでもない、聖なるもの sacredness がある。それは思考によって認識されることも、思考によって利用されることもできない。思考はそれを公式化することはできない。しかし、いかなるシンボルや言葉によっても触れられていない、聖なるものは存在する。それを〔言葉で〕伝えることはできない。」まさにこれが、思考の終焉のような概念に付きものの困難のすべてである――それは、思考によってしか伝えられないのである。

後にKは「思考は腐敗する」および「思考は腐敗物である」とまで言うようになった。こうした大胆な発言は、説明なしでは理解不能である。思考が腐敗しているのは、それが「ばらばらになっている」、「断片化している」からである。彼が話していたのは、無論、心理的な思考である。思考は、ちょうど記憶がそうであるように、すべての実際的な目的のためには必要なのである。

Kはまた、『変化の緊急性』の中で「思考のこの願望を伴わない性《セックス》はありうるでしょうか？」という質問に答えて、性に対する彼の態度を述べた。

あなたは自分自身でそれを見出さねばなりません。性が私たちの人生でとてつもなく重要な役割を果たしているのは、それがおそらく私たちが持つ唯一の深い、直接的体験だからです。知的および感情的に私たちは模倣し、従い、言われたとおりにすることができます。性行為におけるそれ以外の私たちのすべての関係には苦痛や不和が付きものです。この行為は、それとは大違いで、とても快美なので、私たちは耽溺するようになり、それが次には束縛になるのです。束縛はその持続への要求によってもたらされるのであり――またもや、不和・分裂を招く中心の行為です。人は社会道徳によって、宗教的制裁によって、知的に、家族内で、あるいはコミュニティ内であまりにも束縛されているので、その中に自由と強烈さがあるのはこの［性行為における］関係だけになっているのです。それゆえ私たちはそれを過度に重要視するのです。が、もしも至る所に自由があれば、これがこれほどの切望の的およびこれほどの問題にはならないでしょう。私たちがそれを問題にしてしまうのは、それを十分味わえないからか、それを味わったことで気がとがめているからか、あるいはそれを味わうことで社会が布いた規則を破ることになるからです。新しい社会を放縦呼ばわりするのは古い社会です。なぜなら、新しい社会にとっては性は人生の一部になっているからです。模倣、権威、順応および宗教的掟《おきて》［規範］から精神を自由にさせることによって、性はそれ自体の居場所を持つでしょうが、しかしこれほどまでに心に食い入ることはないでしょう。このことから人は、自由が愛にとって不可欠であることを見ることができます――ただし、反発の自由でも、自分がしたいことをする自由でも、自分の渇望に公然とまたは密かに耽る自由でもなく、むしろこの中心の全構造および性質を理解することから来る、そういう自由が。その時には自由はそのまま愛なのです。(54)

Kは一九七一年の冬にはインドに行かないことに決めたが、それはインドとパキスタンとの間の戦争の脅威のせいではなく、彼がジンバリストに告げたように、彼の身体が「疲れきって」おり、そして「エネルギーではちきれんばかり」になっていた彼の精神に追いつく機会を彼が必要としていたからである。それゆえ、十一月二十日から数週間の間、マリブのメアリーの家で完全にくつろぎ、映画に行ったり、海岸を散歩したり、テレビを見たり、推理小説を読んだりした。しかし、例のごとく、静養している間に彼の頭の具合が悪くなった。彼は夜間、彼の瞑想の激化によって数時間目を覚まし、寝入った後に「格別な喜び」の感覚で何度か目覚め、部屋が「この上なく聖なる方々《ビーイングス》」であふれているのを感じた。明らかに、彼が「出かける」ことなしに、穏やかな仕方で〈プロセス〉が進行していたのである。彼は、彼の脳を広げるために何かが起こっていたことを感じた。というのは、「彼の精神の中で燃えているとてつもない光」があったからである。彼は、戦争以来これほどくつろぎを感じたことはないと言明した。けれども彼の身体は非常に敏感になっていたので、ある晩、テレビがついたまま、彼が「はるか遠方に」いた間にメアリーが彼に話しかけた時、彼は大きな衝撃を受けたので、ぶるぶる震え始め、その衝撃の影響を夜通し感じた【脚注1】。あまりにも強烈だったので彼を数時間目覚めさせ続けたこれらの瞑想は、彼が講話を行なうために一九七二年五月にニューヨークに行くまで続いた。

この年、ププル・ジャヤカールとスナンダ・パトワルダーンによって編集された、インドからのクリシュナムルティの最初の本である『伝統と革命 *Tradition and Revolution*』がオリエント・ロングマンから出版された。それは、一九七〇年から七一年にかけてニューデリー、マドラス、リシヴァレーおよびボンベイで、Kが一九四七年にインドに戻って以来の彼の知己であった小グループの人々――芸術家、政治家、サンニャーシおよび学識者《パンディット》――との三十の対話から成っていた。これらの討論で特に新しいことが言われたわけではないが、インドの言葉についての用語解説をしている点で取り組み方が新しく、鮮烈なまでに異なっていた。とりわけ忘れ難い一節がある。「悲しみに対処

【脚注】
（1）メアリーの日記からの引用。

する唯一のやり方があります。私たち全員が馴染んでいる逃避は、実は悲しみの偉大さを避けるやり方です。悲しみを避けるための唯一の道は、いかなる抵抗もせずに、外面的または内面的に、悲しみから遠ざかろうとするいかなる動きもなしにいること、悲しみを乗り越えようと願わずに、全面的にそれと共に留まることです。」

Kのインド人の追随者たちの間には、彼はインド人の少年に生まれたのだから当然インド人だと見なす傾向が常にあったが、これに対して彼自身は、いかなる宗教にも属していないと同様に、いかなる民族または国にも属していないと抗議した。彼のインド国籍でのパスポートはヨーロッパと米国へのビザを得ることを困難にしていたので、一九七七年にいわゆるグリーン・カードを取得して、ビザなしで米国に入れるようになった時、彼は感謝した。

Kは、一九七三年二月に、ボンベイからロサンゼルスへの途中で数日間ブロックウッドに立ち寄った。その当時私は、三巻本の伝記の第一巻になる予定だった彼の初期の人生についての報告を書くことに没頭していたが、物語がひどく気違いじみていたにもかかわらず神聖でもあったので、それを出版することが妥当かどうかについて疑念を抱いていた。それゆえ私は、それについて彼と話し合うために日帰りでブロックウッドに出かけた。英国にいる時の彼の住居になっていた部分であるウエスト・ウイング〔西翼〕の大きな応接間で、昼食後に彼と二人きりになって（彼はいつもの好みどおり固い椅子に坐り、それを私が坐っているソファにぐっと近づけていた）、私は自分の疑問を彼にぶつけてみた。彼は即座に答えた。「あなたはそれが部屋の中にあるのを感じることができませんか？そうです、それがあなたへの答えなのです。」私は心霊作用には少しも感応しない質《たち》なのだが、しかしその瞬間には確かに部屋の中にかすかな震動を感じた。それはもちろん想像だったかもしれないが。Kは明らかにそれが彼自身の外部から来て、その承認を与えているのだと感じた。「これは何なのですか?」私は詰問《きつもん》した。「この力《パワー》は? あなたの背後には何があるのですか? あなたが常に保護されていると感じていることは私も知っていますが、しかしあなたを保護しているのは何または誰なのですか?」「それはそこにいます。まるでカーテンの背後にいるかのように」と彼は答え、あたかも見えないカーテンの存在を感知しようとするかのように、片手を自分の背後に伸ばした。「私はそれを引き上げることができるのですが、しかしそれは私のすることではないと感じます。」

その日の午後私が立ち去った時、Kは休息するために上階の自分の部屋に戻り、そしてロンドンから私を車で連れて来てくれた娘は、屋外の車の中でもどかしそうに待っていた。学校の人々に別れを告げた後、クロークからコートを受け取るために私はウエスト・ウイングまで戻らなければならなかった。急ぐこと以外に何も考えないまま応接間の開けっ放しのドアの脇を通過した時、大きな力がすさまじい勢いで私をめがけて突進してきた。それは私に敵意を持っていたのだろうか? 一つだけ私が確実に知っていることは、それは想像によるものでも、自己暗示によるものでもなかったということである。私は、それは個人的に敵意を抱いていたわけではないという結論に達した。私の想像では、それはプロペラの渦巻にからみ込まれるようなものだったのである。これが、頻繁にKを通り抜けていた源《ソース》、エネルギー、だったのだろうか? その時には私は、一年前にオーハイでこれと同じ彼の背後の力という主題について、アメリカ財団の一群の理事たちからKが質問されていたことを知らなかった。これら理事のうちでは、オーハイ在住のエルナ・リリーフェルトと彼女の夫、セオドアが最も傑出していた。実際、エルナなしには財団が発足することはまず不可能だったであろう。Kはその折に、彼自身のことを三人称で言及しながら、次のように述べた。

まず第一に、私たちはこれから、K自身が今まで一度も探究したことがない何かを探究しようとしているのです。彼は決して「私は誰なのだろう?」とは言いませんでした。私たちは意識的精神がけっして理解できない何かに探りを入れようとしているのだと私は感じますが、それは私がそれを神秘化しようとしているという意味ではありません。何かがあるのです。言葉で言い表わすにはあまりにも広大なものが。いわば、とてつもなく大きな貯水池があり、それは、もしも人間の精神が触れることができれば、いかなる神話も、発明の才も、教義も明らかにすることができない何かを明らかにすることができるのです。私はそれを神秘化しているのではありません——それは愚かな子供じみた行ない、極めて下賤な行ないでしょうから。なぜなら、それは人々を搾取することにつながるからです。人はそれがない時に神秘を創り出すか、さもなければ細心の慎重さと躊躇でもって近づかねばならない何かがあるか、そのどちらかです。そして意識的精神がそうすることはできません。それは確かにあります。確かにあるのですが、しかしあなたがそれに至ることはできません。あなたがそれを招き寄せることはできません。それは漸進的に達成されるものではありません。何かがあるのですが、しかし脳はそれを理解できないのです。

この同じ会合で、あなたは霊媒かもしれないと示唆された時、Kはとても憤慨した。「むろん私は霊媒ではありません。それは明白です。それ［説明］はあまりにも幼稚で、あまりにも未熟です。」彼は、自分が使われているのかと質問された。「いいえ。もしそうだったら、彼は他の誰かによって使用されていることに気づいているのでしょう。」彼はそれから逆に尋ねた。「何かが脳内で、私によって招かれずに起こっているガソリンスタンドのようなものでしょうか——オーハイやその他の時の様々な体験のように？　例えば、私が三時半に目を覚ますと、とてつもないエネルギー、はちきれんばかりのエネルギー、大いなる美の感覚があり、ありとあらゆることが起こりました。この種の体験が、身体が疲労困憊していない時には絶えず起こっているのです[55]。」

この当時Kはメアリー・ジンバリストに向かって、夜間のこの目覚めについてより十分に述べた。彼女はそれを書き留め、それを手紙で私に伝えてくれた。「とてつもない力《パワー》、精神の中で燃えている光の感覚と共に三時に目を覚ました。観察者はいなかった。実験は外側からだったが、観察者は存在していなかった。ただそれだけがあり、他には何もなかった。その力は全存在に浸透した。私は起き上がり、それは三時間続いた。」彼はメアリーに、彼がしばしば新しい、広大な、何かとてつもないエネルギーの感覚と共に目覚めたと告げた。数年後彼は彼女に、彼が持った別の体験を書き留めるように頼み、それは再び手紙で私に中継された。

アーサナ【脚注2】を始める前に、彼〔K〕は普通非常に静かに坐り、何も考えない。が、この朝、不思議なことが起こった。実に不意に、少しも招かれずに。——それにまた、あなたがそれを招き寄せることはできない。突然それは現われ、まるで彼の脳、頭、内側のまさに真中に入ったかのようで、そこには想像もつかないほどのエネルギーを蔵した広大な空間があった。それはそこにあったが、しかし何一つ記録されない。なぜなら、記録されるものはエネルギーの浪費だからである。それはそこにあって人がそれを呼ぶことができるとすれば、それは茫洋たる状態、この無辺際の感覚以外の何も有していない空間の中の純粋なエネルギーであった。人はどれくらい長くそれが続いたか知らないが、午前中ずっとそれはそこにあり、そしてこれが書かれている最中もそこにあって、まるで定着し、堅固になりつつあるかのようである。これらの言葉は、実際にはそのもの自体ではない。

彼の中に入ったエネルギーについてのKの記述は、彼が死の直前に行なった、最後のものとなったテープ録音に関連しているので、注意深く心に留めておくべきである。

【脚註】

（2）ヨーガの姿勢。Kは初めB・K・S・イエンガーからヨーガの手ほどきを受けたが、一九六五年からは長年にわたり、ヴァサンタ・ヴィハーラとシャレー・タンネグで、イエンガーの甥のT・K・B・デシカチャールから教わった。彼はヨーガを、一種の体操としてのみ実践した。

第15章　「未来は今ここにある」

一九七三年にKによって書かれたさらに二冊の本が出版され、この時までには彼の本は事実上論評されなくなっていたものの、とてもよく売れ続けた。それらを論評することの難しさを人は理解できるが、しかしKと面識のないジョン・スチュアート・コリスがあえてそれに挑み、一九七三年三月に『サンデー・テレグラフ』誌のために短い方の『暴力を超えて*Beyond Violence*』（邦訳『暴力からの解放』たま出版）を論評した。

精神をさわやかにするためには新鮮《フレッシュ》であることが必要である。芸術ではこれはごく稀である。宗教‐哲学‐倫理思想の分野では、それはほとんど見出されない。J・クリシュナムルティは常に新鮮で、彼は常に驚き［意外］である。陳腐な決まり文句が一度でも彼によって語られたことが果たしてあるのだろうか？

彼はまた非常に難解である。が、それは彼が長たらしい言葉を使うからではなく、彼が「信念」を信じないからである。これは、〝イズム〟や〝オロギー〟を頼みにしている人々にとってはぎょっとさせられるに違いない。彼は、その言葉の根源的な意味での「宗教 Religion」は信じるが、しかしそれ以外のいかなる宗教も思想体系も信じない。

『暴力を超えて』の副題は「サンタモニカ、サンディエゴ、ロンドン、ブロックウッド・パーク、ローマでの講話と討論の真正版報告」である。まず最初にクリシュナムルティは講話を行ない、それから質問に答える。質問はありきたりだが、答えはけっしてありきたりではない。「すべてのものの和合《ユニティ》を信じることは、すべてのものの分裂を信じることと同じくらい人間的なのではないでしょうか？」

「なぜあなたはすべての人間の和合を信じたがるのですか？――私たちは和合していません。それは事実です。なぜあなたは事実ではない何かを信じたがるのですか？　ここには信念の全問題があります。よく考えてみてください。あなたにはあなたの信念が、他の人には彼の信念がある。そして私たちは信念のために互いに戦ったり、殺し合ったりするのです。」

あるいはまた、

「いつ私たちは心霊体験を持つべきなのでしょう？」

「まさか！　心霊体験を持つとはどういう意味かご存知ですか？　超感覚的体験を持つためには、あなたは並外れて成熟し、並外れて敏感で、並外れて英知豊かでなければなりません。で、もしもあなたが並外れて英知豊かなから、心霊体験など持ちたがらないでしょう。」

本書は主に、われわれ自身を変えることによって、至る所に広まっている暴力を乗り越えることに関心がある。

「暴力から自由であることとは、信念、教義、儀式、私の国、あなたの国、あなたの神、私の神、私の意見、あなたの意見など、人間が互いに押しつけ合ってきたあらゆるものからの自由を含んでいます。」

この自由に達するにはどうしたらいいのだろう？　非常に残念ながら、クリシュナムルティのメッセージを適切な文章にまとめることは私にはできない。彼は読まれなければならない。読むという行為だけが読者の中に変化をもたらす。その一つの手がかりは、考えるかわりに注意——見る力——を働かせることである。

二番目の本『英知の覚醒 *Awakening of Intelligence*』（邦訳なし）は非常に長いもので、ジョージおよびコーネリア・ウイングフィールド-ディグビーによって編集され、マーク・エドワーズによる十六枚のKの写真が挿入されていた。一九三〇年代初めから三十年余りにわたって、Kは彼自身の写真を撮らせることを拒んできた。一九六八年に彼が気を和らげた時、美術学校を出たばかりのフリーランサーの写真家マーク・エドワーズが、たまたま彼に写真を撮らせてもらえないかと頼んだ。その時以来マークは第三世界の写真で名を揚げ、クリシュナムルティ財団のために撮影で大いに尽力した。（Kは後にセシル・ビートンにより、またカーシャ・オブ・オタワによって写真を撮られた。）

『英知の覚醒』は、何人かの人々との以下の対談を含んでいる。「クリシュナムルティとジェイコブ・ニードルマンとの対談」（後者はサンフランシスコ州立大学の哲学教授）、「クリシュナムルティとスワミ・ヴェンカテサーナンダとの対談」、「アラン・ノーデとの対談」、および当時ロンドン大学バークベック・カレッジの理論物理学教授だったデヴィッド・ボームとの対談。デヴィッド・ボームは、一九四〇年代にプリンストンでアインシュタインの友人だった。彼が最初にKに関心を持ったのは、図書館でたまたま『自我の終焉』を見つけた後のことだった。彼は一九六一年にウインブルドンでKの講話を聞き、以来頻繁にザーネンとブロックウッドに出かけて、Kと討論した。彼は量子論に関する数冊の本の著者で、一九八〇年に、生の全体性についてのKの教えに類似した革命的な物理学説を提起した『全体性と内蔵秩序 *Wholeness and the implicate Order*』（邦訳、青土社、一九九六年）を出版することになった。

ニードルマン教授との彼の最初の対談〔訳註1〕の中で、Kはすべての宗教的条件づけを除くことの重要性を強調した。「人はすべての約束、すべての経験、すべての神秘的主張といったものを放棄しなければなりません。人は、あたかも絶対に何も知らないかのように始めなければならないのです。」ニードルマンは異議を差しはさんだ。「それはとても難しいことです。」「いや、難しいとは思いません。それは、他の人々の知識で自分自身をいっぱいにしてきた人々にとってのみ難しいのだと私は思います。」そして討論の後の方でKは言った。「私は宗教や、哲学や、心理学の本はまるで読みません。人は自分自身の中のとてつもない深さまで入って行き、あらゆるものを見出すことができるのです。」これがKの教えの基本である――人生についての理解はそっくり自分自身の中で発見することができる。なぜなら、アラン・ノーデとの対談の一つの中で彼が言ったように、「世界は私であり、私は世界です。私の意識は世界の意識であり、世界の意識は私なのです。ですから人間の中に秩序がある時は、世界の中に秩序がある」からである。

スワミとの対談中では、Kはグルに対する彼の態度を明確にした。「さて、あなたに従えば、何がグルの役割ですか、教訓を授ける者ですか、覚醒させる者ですか？」というスワミの質問に応えて、Kは答えた。「もしもあなたがグルという言葉を、闇や無知の晴らし手というその古典的な意

〔訳註〕
（1）これらの対談については『私は何も信じない――クリシュナムルティ対談集』（コスモス・ライブラリー）を参照のこと。

味で用いているのなら、誰であれ――悟っていようと愚かであろうと――他の人があなた自身の中の闇を本当に晴らす助けとなることができるのでしょうか?」スワミはそれから尋ねた。「しかしあなた、クリシュナジは、指摘することは必要だということはお認めになりますか?」これに対してKは答えた。「ええ、むろん。私は指摘します。確かに私たちは皆そうします。私は路上にいる人に尋ねます。『ザーネンへの道順を教えていただけませんか?』すると彼は私に教えてくれます。が、私はぐずぐずしたり、帰依を期待されていると思って『ああ、あなたは偉人中の偉人です』などとは言いません。それはあまりにも幼稚です。」

数年間にわたり間を置いて続けられたデヴィッド・ボームとの討論の結果、Kはますます時間の終焉、思考の終焉について語るようになった。彼はこれらの議論によって興奮させられ、刺激されて、宗教的精神と科学的精神との間に橋がかけられたと感じた。それは、彼の教えに対する直観的取り組みというよりはむしろ知的なそれと呼べるかもしれない。デヴィッド・ボームは、理解の一助として言葉の元々の［語源的］意味を与えることによって討論を始めることを好み、そしてK自身が後の講話で時々この慣行を採用するようなったが、しかしそれは講話をよりわかりやすくする一助にはならず、ある場合にはかえって混乱を招いた。ボームはある時Kに、「リアリティ reality」という言葉は物 thing、事実 fact を意味する 'res' から派生したと指摘し［訳註2］、そしてKはそれ以来

［訳註］
（2）これについては、『真理の種子――クリシュナムルティ対談集』（めるくまーる社、一九八四年）中の「デヴィッド・ボーム博士との対話」を参照のこと。

その言葉を、彼がそれまで何年もしてきたように、時には究極のものまたは真理を意味するために使うこともあれば、ボームとの話し合いの後では、われわれが坐る椅子、われわれが持つペン、われわれが着る衣服、われわれが感じる歯痛のような事実を意味するために使うようにもなった。「伝達する communicate」という言葉が「共有する make common」の意のラテン語に由来しているということを知ることは、Kが絶えず試みようとしていた、伝達できないもの the incommunicable〔何とも言いようがないもの〕を伝達する助けにはならなかった。けれども多くの人は、Kの詩的な神秘体験や、「夕方の大陽が新鮮な草の上にあり、どの葉にも輝きがあった。春の木の葉が頭上にあったが、あまりにも繊細だったので、それらに触れてもそこにあると感じられないほどだった」のような自然描写に対してよりも、彼の新しい知的な取り組み方に対してより多くの好反応を示した。

Kの求めに応じて、ブロックウッドおよびオーハイで科学者および心理学者たちのいくつかの会議がデヴィッド・ボームによって組織され、また心理学者たちのセミナーがデヴィッド・シャインバーグ〔訳註3〕によってニューヨークで手配され、それにはKも参加した。これらの会合は概して期待外れだった。Kは、実は、科学者や哲学者たちによって到達された心理学的観念や結論には関心がなかった。彼が好んだのは、彼自身の中により深く入っていくために他の人々の精神を刺激することだったのだが、これに反して会議への出席者たちは当然ながら彼ら自身の論文を音読することを望んだ。しかしKは、世界で進行している新しい科学的発展についての事実的情報にはしきりに

〔訳註〕
（3）シャインバーグ、ボームおよびKの対話が『生の全体性』（平河出版社、一九八六年）に収録されている。

飛びついた。かくして彼は、ブロックウッドでの会議のうちの二つに出席したノーベル医学賞受賞者モーリス・ウィルキンズから遺伝子工学についてできるだけ多くのことを学び、そして後には、インドの大財閥タタ・グループと共にコンピュータに取り組んでいた、ププル・ジャヤカールの甥、アシット・チャンドマルからコンピュータについて学び、それに魅せられるようになった。昔、内燃機関や、腕時計やカメラなどのその他の機械装置について何もかも学びたがったのと同様に。ある日ブロックウッドで、Kの面前で誰かがマーク・エドワーズに写真術についての専門的な質問をした時、K自身が即座に、明晰かつ簡潔に答えたので、マークはびっくりさせられた。

Kについて注目すべきことの一つは、彼が真面目に話しかける相手がスワミであれ、仏僧、西洋人の科学者、大富豪、総理大臣あるいは女王であれ、同じように気楽な態度で接したということである。内気で遠慮がちで、またほとんど本を読まずにきていて、何の知的な自負もないのだが、世界の最も偉大な哲学者、科学者および宗教的教師たちと人前できわめて難解〔深遠〕な心理学的問題を討論することに何の不安も抱かなかった。なぜそうだったのかと言えば、私の考えでは、他の人々がxに関する理論について論述し、議論していたのに対して、Kの方はxを、まるでそれが彼自身の手であるかのようにはっきりと見ていたからである。

一九七三年六月に三つの財団全部の代表者たちの国際的会合があり、そこで彼らは初めて顔を合わせた。Kは、彼の死や現在の理事たちの死後起こるであろう問題に関心があった。彼は、どうすればこれらの財団が運営されていくことができるか見定めることができなかった。未来に対する彼の態度は、一九六八年八月当時のそれからはすっかり変わっていた。その時には、エッピングフォレスト［訳註3］での散歩中に私の夫が、彼の死後彼の新しい英国の財団と彼のすべての仕事はどうなるのかと彼に尋ねると、大ざっぱな仕草で「そういったものは何もかも消えてなくなるでしょう」と答えた。彼の教えは残るだろう、そして彼の本とテープも。他のあらゆるものは姿を消してしまうだろう、と。

その彼が今度は、この国際的会合で、運営していくためには彼自身が何人かの青年を選ぶべきなのではないかと示唆された時、彼は答えた。「若者たちのほとんどは、彼ら自身と私との間に盾《シールド》を置いて仕切ってしまいます。若者たちを見つけるのは財団の責任です。皆さんの方が私より容易に見つけられるかもしれないのです。というのは、人々は私というか私の顔に恋してしまい、私に個人的に引きつけられてしまうか、または霊的《スピリチュアル》に進歩したりしたがるからです。……しかし学校は確実に続いていかねばなりません。なぜならそれらは、今までとは違った種類の人間を生み出すかもしれないからです。[56]」

今までとは違った種類の人間を生み出すことがKの教えの目的だった。その年のザーネン集会での彼のメインテーマは、「精神に根源的、革命的な心理的変化」を引き起こすことであった。その上彼は、今度は、変化は即座に起こらねばならないと言い始めた。「変わるように試みてみる」とか「明日違った自分になるようにする」と言うことは無駄であった。というのは、今日あったところのあなたが、明日あるであろうところのあなただからである。以来、「未来は今ここにある」が

［訳註］
（4）ロンドンの北東方エセックス州にある行楽地。元は王室所有林。

彼の慣用句になることになった。

　ザーネンの後、四年ぶりにブロックウッドで催された年次集会のためにKはそこに戻り、十月にインドに行くまで滞在した。今やブロックウッドにいる時はいつでも、彼はメアリー・ジンバリストと共に週に一度ロンドンにやって来て、ボンド街の歯科医、または床屋のトゥルーフィット&ヒルのところに時々出かけた――が、彼の行きつけの仕立て屋のハンツマンは必ず訪ねた。これは通例は、ただズボンを直してもらうために持っていくか、けっして彼の完璧水準には達したことがない、何度目かわからないスーツの寸法合わせのためであった。彼が新しいスーツを注文することは滅多になかった。彼は店内の雰囲気が気に入っていたようで、カウンターに横たわっていた大量の服地を完全な注意で吟味しようとして長居していた。私は、彼らがロンドンにやって来た時はいつでも、フォートナム&メースン［訳註5］の四階にあるレストランで昼食を共にした。ここには、サヴィルローからバーリントン・アーケードを通って、Kがペーパーバックの犯罪小説のストックを補充するために立ち寄るハッチヤーズ書店の隣に出るのに好都合な近道があった。このレストランのメニューは菜食主義者たちにとっては非常に限られていたが、しかし部屋は静かで広々としており、テーブルは会話が又聞きされないように十分に離されていた。彼はよく、自分の周囲の人々が何を着ているか、何を食べているか、どのように食べているか、どのような振る舞いをしているか、熱心に観察した。ある時、テーブルを回って歩くモデルの少女がいた。Kはメアリーと私の注意を

［訳註］
（5）ロンドンのピカディリーにある、食料品で有名なデパート。

促して、「彼女を見て。彼女を見て。彼女は見られたがっている」と言ったが、彼女が着ていたものにわれわれよりずっと関心があったのは彼の方だった。彼は常に、彼自身のそれだけではなく、衣服そのものに大きな関心を示した。時々、昼食の際に私は自分の指輪を着けるよう彼に頼んだ。それは私の母が常に着けていたので彼がよく知っていた、長方形カットのダイヤモンドをまわりにちりばめたトルコ玉だった。彼はそれを小指にはめた。われわれがレストランを立ち去る時に彼がそれを外すと、ダイヤモンドが、まるで宝石細工人によって磨かれたばかりのように輝いた。これは想像ではなかった。ある日、昼食後に私の孫娘の一人に会った時、彼女は私に言った。「その指輪はなんてきれいなのかしら。ちょうど磨いたばかりのところなの？」

一九七〇年代に、Ｋの友人の一人が彼について次のように述べた。

人が彼に会う時、何を人は見るだろう？　まさに、比類のない程度までの気高さ、力強さ、優雅さおよび気品である。洗練された立ち居振る舞い、高められた美意識、桁外れの感受性、そして人が彼に持って来るかもしれない問題への透徹した洞察がある。クリシュナムルティのどこにも、低俗、下品または陳腐なものは微塵もない。人は彼の教えを理解するかもしれないし、理解しないかもしれない。人は多分、彼の外国なまりや言葉のことであれこれ批判するかもしれない。が、彼の人格からにじみ出て来る桁外れの気品と優雅さを誰かが否定できるとは考えられない。人は多分、彼は普通の人間のそれをはるかに超えた品格あるいは上品さを備えていると言いうるだろう。

おそらくこれらの言葉は彼を当惑させるだろう。が、事実は事実である。彼の服装、態度、行儀、動きおよび話しぶりは、言葉の最高の意味で王侯然 princely としている。彼が部屋に入って来る時、並外れた誰かがそこにはいる。

良い衣服や車への彼の関心と逃避主義的な本や映画への彼の好みは、人によっては異常に思われた。が、そのような取るに足りない事柄における自分の嗜好を変えることも、あるいは、それらはそれら以上の何かなのだ［彼にとっては特別の意味がある］と主張することも、彼の心には浮かばなかった。

ある日、彼がその秋ロンドンにいた時のことだが、私は彼に、一九六一年にしたように日記を書き始めたらどうかと示唆してみた。彼はその発案に飛びつき［喜んで応じ］、早速その日の午後に一冊のノートとペン先の広い新しい万年筆を買って来て、翌日（九月十四日）の午前中にそれを書き始めた。それから六週間にわたり毎日、ほとんどはブロックウッドで書き続けたが、彼が十月にローマに行った時にも続けた。『クリシュナムルティの日記 *Krishnamurti's Journal*』（邦訳、めるくまーる社）という題名で一九八二年の初めに出版されたこれらの日録は、彼の他の作品のどれよりも多く彼の個人的な面を明らかにしている。彼自身のことを三人称で言及して、彼は九月十五日に書いている。「彼は、これらの長い散歩中にたった一つの思考もよぎらなかったことを最近になって初めて発見した。……彼が少年だった頃からずっとそんなふうだった。いかなる思考も彼の精神の中に入って来なかった。彼はもっぱら見守り、耳を傾けていただけだった。思考もそれに伴う連想もけっして起こらなかった。いかなるイメージ形成《メイキング》もなかった。ある日彼は、突然、いかにそれが異例かということに気づいた。彼はしばしば考えようとしたが、しかしいかなる思考も出て来なかった。誰かと一緒または一人きりでのこれらの散歩中、いかなる思考の動きも不在だった。これがただ独り

aloneあることである。」そして十七日。「不思議なことに、彼にはいつも、彼自身と木々、川および山々との間の距離感が欠如していた。それは培われたものではなかった。そのようなものを培うことはできない。彼と他の誰かとの間にはけっして壁がなかった。彼らが彼にしたこと、彼らが彼に言ったことが彼を傷つけることも、お世辞が彼に影響を与えることもけっしてないように思われた。なぜか彼は少しも影響されなかった。彼は引き籠り、超然としていたのではなく、川の水のようであった。彼にはそれほどわずかな思考しか浮かばなかった。彼が独りきりでいた時には思考は皆無だった。」そして二十一日。「お世辞や侮辱、脅迫や防護など多くのことが彼に起こったが、彼はけっして傷つけられなかった。彼が鈍感で、無頓着だったわけではない。彼はいかなる自己イメージも、いかなる結論も、いかなるイデオロギーも持っていなかったのである。イメージは抵抗であり、そしてそれがない時、繊細な感受性はあるが、傷はない。」二日後には、彼は次のように書いた。

彼は川の低い堤に一人きりで立っていた。……まわりには誰もおらず、一人きりで、無頓着に、ぽかんとしてそこに立っていた。彼は十四歳前後だった。彼らは彼の弟と彼自身をごく最近見つけ出し、大騒ぎや彼に対する突然の重要視といったあらゆるものが彼のまわりにあった。彼は尊敬と献身の中心であり、何年か先には組織および巨大な土地財産の長となるだろう。そういったすべてのおよびそれらの解散はまだ先のことだった。我を忘れ、奇妙にも超然として、そこに一人きりで立っている光景が、その頃の日々と出来事のうちの最初でしかもずっと続いている思い出だった。彼は自分の幼少期、学校や鞭打ちのことを憶えていない。彼は後で、彼を傷つけた当の教師から、事実上毎日彼を鞭打つことを常としていたと告げられた。彼はよく泣きながら、授業が終わるまでベランダの上に立たされ、それからその教師が出て来て彼に帰宅するよう命じた。さもなければ、彼はまだベランダにじっとしていただろうから。この人物が言うには、彼が鞭打たれたのは、彼が読んだり教えられたりしたことを何も習得したり憶えたりできなかったからである。後でこの教師は、彼が聞いた講話を行なった人がこの少年だったということを信じられなかった。彼は大いに驚いて、不必要なほど敬意を表した。これらすべての年月は、彼の精神に傷痕や記憶を残さずに過ぎて行った。彼の友情、彼の愛情、彼を虐待した人々との年月でさえ――友情にあふれた、または酷薄なこれらの出来事のどれもが、なぜか彼に何の痕跡も残さなかったのである。最近、ある作家が彼に、こういったすべてのかなり不思議な事件や出来事を思い出せるかどうかと尋ね、そして自分ではそれらを思い出せず、他の人々から教えられたことを繰り返すことしかできないと彼が答えた時、その人はあからさまに、彼はそのふりをしている、思い出せないふりをしているのだと、せせら笑って言った。彼は、愉快な出来事であれ不愉快なそれであれ、それが彼の精神の中に入って来るのを意識的に阻止したことはけっしてない。それらはやって来て、何の痕跡も残さずに過ぎ去って行った。

第16章　「死との対話」

過去数年間、Kはマドラスにいた時、ヴァサンタ・ヴィハーラに滞在することができなかった。なぜなら、ラジャゴーパルがそれをKWINGの資産の一部と見なしていたからである。そこで彼は、付近のグリーンウエイズ・ロードにいるインド人女性の許に滞在した。（ヴァサンタ・ヴィハーラがインド財団に引き渡されたのは一九七五年になってからだった。）Kは今や、ラジャゴーパルの片腕であるマダーヴァチャリが依然としてラジャゴーパルに忠誠であることを知り、彼と袂を分かつことを余儀なくされた。その一九七三―七四年の冬に、ヴァラナシ（旧称ベナレス）のラジガート校の構内にある病院にいたインド人医師、ドクターT・K・パルチャーが、インド内でKが行く所にはどこにでも彼と一緒に旅をするようになり、また、Kが一九五九年にカシミールでほとんど死にかけた時に彼の世話をした、リシヴァレーの料理長パラメシュワランも彼らに同行した。ラジガートの構内には、周辺の二十ケ村の必要を満たしていた無料病院と並んで、付属寄宿寮を備えた女子単科大学、農場および農学校があった。学校自体は、七歳から十八歳までの約三百人の男女子生徒を受け入れている。

リシヴァレーにもまた、学校以上のものがある。近隣の村々からの七十人の子供たちが教育され、医療を施されている、無料の地域センターがある。その年リシヴァレーで教師たち向かって話した際にKは、「苦しみは精神を鈍くするのではないでしょうか？」という質問に答えてあることを言った。

それを後で読んだ時、私は強い印象を与えられた。「思うに、苦しみの衝撃《インパクト》というよりはむしろ、苦しみの持続が精神を鈍くするのです。……あなたが苦しみを即座に解消しないかぎり、それは不可避的に精神を鈍くせざるをえないのです。」男女共学のクリシュナムルティ通学〔昼間〕学校がちょうどマドラスに開設されたところだった。単に「ザ・スクール The School」と名づけられたこの学校は、三歳から十二歳までの百十二名の子供たちを収容した。

Kは今度は、KWINGとの和解を待たずに、しきりにオーハイで学校を始めたがった。建築家に意見を聞き、校長が選ばれたため、そのような事業への土地も資金も持ち合わせていないアメリカ財団の理事たちをうろたえさせたが、しかしKは、そのような考慮のせいで自分が本気でしようと思ったことが阻まれることはけっして許さなかった。幸いにも、九月に訴訟事件は解決され、その後適当な土地が見つけられた。この間、Kはメアリー・ジンバリストと共に五月にサンディエゴに行き、そこで彼と、サンディエゴ州立大学の宗教教育教授、アラン・アンダーソン博士との間で様々なテーマに関する十八回連続の対話が行なわれ、カラーでビデオテープに録画された[57]〔訳註1〕。最後の二回の討論は瞑想についてであった。その途中でKは、瞑想は「生の全分野」に及ぶこと、また瞑想しようとするすべての努力は瞑想の否定であることを、三度強調した。瞑想についての彼の最も美しい節の一つは、数年前に彼が行なったある講話中に出て来た。

〔訳註〕
（1）若干編集されたものが邦訳され、『生の全変容』（春秋社、一九九二年）として出版されている。

瞑想は人生で最も偉大なアートの一つです――多分、間違いなく最も偉大であり、そして人はおそらくそれを誰かから学ぶことはできないのです。そこにその美しさがあるのです。それはいかなる技法も持たず、それゆえいかなる権威とも無関係です。あなたがあなた自身について学び、あなた自身を注視し、あなたの歩き方、食べ方、ものの言い方を観察し、もしもあなたがゴシップ、憎しみ、嫉妬といったあなた自身の中のあらゆるものに気づくなら、それが瞑想の一部です。ですから瞑想は、あなたがバスの中に坐っている時、光と影にあふれた森の中を散歩している時、あるいは鳥の鳴き声を聞いたり、あなたの妻や子供の顔を見つめている時に起こりうるのです[58]。

サンディエゴのすぐ後に、彼はそれを最後としてサンタモニカで語った。これらの講話の一つで彼は尋ねられた。「私はしばらくの間あなたのお話を聞いてきましたが、何の変化も起こりませんでした。何が悪いのでしょう？」これに対してKは答えた。

それはあなたが真剣ではないせいでしょうか？　それはあなたの関心が薄いせいでしょうか？　それはあなたがあまりにも多くの問題を抱えていて、それらに囚われているあまり、立ち止まる時間も気持ちのゆとりもなく、そのためけっしてあの花を見つめないせいでしょうか？……つまり、あなたは自分の人生をそれに捧げてこなかったのです。私たちは実際の人生について話し合っているのであり、観念や理論について、あるいは実践法や技法についてではありません――あなたの人生でもある生の全体を見つめること「の重要性」について話し合っているのです。

Kはこの時メアリーに、成し遂げなければならないことがまだ沢山あるので、さらに十ないし十五年は生きなければならないと告げた。彼の「脳は無傷」だが、彼の身体は衰えつつある（彼は七十七歳だった）と彼は言った。その夏、シャレータンネグに到着してから数日後の朝、目を覚ました彼は言った。「何かとてつもないことが彼に起こり、何かがぐんぐん伸び広がってきて、宇宙を受け入れようとしている。」その同じ朝、彼はメアリーにオーハイの新しい学校についての手紙を口述して書き取らせた。「それは、とてもしっかりした宗教性に支えられているので、何をしようと、どこに行こうと、どんな職に就こうとその特質を携えていけるような、そういう人々を生み出さなければなりません。」グスタードはとても暑く、ザーネン集会でKはしばしば「ひどくぽかんとした」目つきをし、彼の頭の具合が悪くなった。彼はより一層敏感になり、触れられることに耐えられなくなったが、しかし「素晴らしい瞑想」を体験していた。「私の精神は、」彼はメアリーに告げた。「あたかもまるごと洗われ、きれいさっぱりとし、強健になったかのよう感じます。——さらにおそれ以上に——とてつもなく大きな歓喜、法悦の感覚に包まれています。」

十一月に単独でデリーに飛んだ時、Kはマハリシ（マヘシ・ヨギ）と同じ飛行機に乗り合わせたことに気づいた。マハリシはKに話しかけるため、花を携え、にこやかな笑みを浮かべながら近づいて来た。Kがグルや瞑想方式を嫌悪していたため、彼らの会話はすぐに打ち切られた。（Kは後で、彼の貸借対照表《バランス・シート》を見てみたかったとわれわれに告げた。）

十一月にラジガートで、Kは彼自身の教えを定義するよう求められた。彼は驚いて答えた。「あなたは私に尋ねているのですか？『教え』がどういうものか私に尋ねているのですか？　私自身は知らないのです。それを数語で言い表わすことは私にはできません。できると思いますか？　教える者と教えられる者という考えは基本的に間違っていると私は思います。少なくとも私にとっては。重要なのは、［一方的に］教えられることよりはむしろ［学びを］共にすることだと思うのです。[59]」

彼の伝記の第二巻を書いている時に私自身がKに同じ質問をしたかったので、「クリシュナムルティの教えの革命的核心は……」で始まる短文を書き、それを彼に送って承認を求めた。案の定、「核心」という一語だけを残して、彼はそれをすっかり書き直した。以下が彼が書いたものである。

クリシュナムルティの教えの核心は、「真理は道のない土地である」という言明を伴う、一九二九年に彼が行なった声明に含まれている。人間は、いかなる組織、いかなる信条、いかなる教義、司祭または儀式によっても、いかなる哲学的知識または心理的技法によってもそれに至ることはできない。彼はそれを、関係を鏡にすることによって、彼自身の精神の中身を理解することによって、知的な分析や内省的解剖によってでなく、観察によって見出さなければならない。人間は自分自身の中に、安心感の拠り所として様々なイメージ――宗教的、政治的、個人的なそれら――を築いてきた。これらは、シンボル、観念、信念として現われる。重荷に他ならないこれらのものが、人間の思考、関係および日常生活を支配している。これらがわれわれの様々な問題の原因である。なぜなら、それらはあらゆる関係において人と人とを分裂させるからである。人生についての彼の知覚は、彼の精神の中にすでに定着している様々な概念によって形作られる。彼の意識はそのまま彼の意識の中身である。この中身は全人類に共通である。個性とは名前、形、および彼が自分の環境から獲得する表面的な文化である。個人の独自性は表面にではなく、意識の中身からの完全な自由の中にある。

自由は反応ではない。自由は選択ではない。選択できるがゆえに自分は自由だと見なすことは人間の思い違いである。自由とは、いかなる方向づけも、いかなる賞罰への恐れも伴わない純粋な観察である。自由は動機を伴わない。自由は人間の進化の果てにあるのではなく、彼の存在の第一歩目にある。観察を通じて人は自由の欠如を発見し始める。自由は、われわれの日常生活に無選択に気づくことによって見出される。

思考は時間である。思考は、時間から不可分の経験、知識から生まれる。時間は人間の心理的な敵である。われわれの行為は知識に、それゆえ時間に基づいており、従って人間は常に過去の奴隷である。人間が彼自身の意識の運動に気づいていくにつれて、彼は思考者と思考、観察者と観察されるもの、経験者と経験されるものとが区別されていることを認めるであろう。が、やがて彼はこの区別が錯覚であることを見出すであろう。その時にのみ、過去のいかなる影も伴わない洞察をもたらす純粋な観察がある。時間を超越したこの洞察は精神に深い、根源的な変化を引き起こす。

全的な否定が肯定的なものの本質である。愛ではないすべてのもの——欲望、快楽といった——が否定される時、愛が、その慈悲心および英知と共に現われる。

これは短文以上のものであるが、これ以上簡潔に言い表わすこと、あるいは明瞭に述べることができたであろうか？　多分彼は、この概要《レジュメ》の中でイメージ形成「作り」という考えを十分には強調しなかった。われわれは皆われわれ自身およびお互いについてのイメージを形成し、そして出会い、反発し、傷つくのはこれらのイメージである。人間同士の真の関係に——最も親密な関係にさえ——干渉し、その妨げになるのはこれらのイメージなのである。

一九七五年二月にインドからマリブに戻ったKは、メアリー・ジンバリストと共に、訴訟の解決以来アメリカ財団の財産となっていたアーリヤ・ヴィハーラとパイン・コテージを日帰りで見に行った。彼らはまた、学校が建てられることになっていたオーク・グローブ付近の土地の上を、リリーフェルト夫妻と一緒に歩いてみた。Kが二週間後に戻った時、最初の訪問の際には彼に不快をおぼえさせたコテージの雰囲気がすでに変化していたことを感じた。四月一日、彼は、一九七三年にブロックウッドで始めた日記に再び取りかかり、その後三週間にわたり毎日書き続けた。四月十二日、雲一つない美しい日に、一九六六年以来話していなかったオーク・グローブで、彼は四回連続講話の第一回目を行なった。

五月にKがメアリーと共に再びブロックウッドにやって来た時、私は、星の教団の解散までの彼の人生についての報告である、彼の伝記の第一巻の新刊見本を彼に見せるために駆けつけた。もちろん彼は先ず挿入写真に目をやり、ニティヤの写真を長いことじっと見つめた。彼はそれから、この本はまったくの部外者にどんな印象を与えるだろうかと、しきりに私に尋ねた。「それについて一般の株式仲買人」はどう「思う」だろうか？　私は、「一般の仲買人」がそれを読む見込みがあるとは思えないとしか答えられなかった。しかしながら、論評から察すると、この不思議な物語は、関心を抱くことがあらかじめ期待されなかったような多くの人を魅了したように思われ、また私が受け取った多くの手紙は、Kの神智学的躾《しつけ》や教育について何も知らなかった何人かの人々にとってはそれは大きなショックだったものの、何十人もの人々にとってはKについてより良く理解する助けとなったことを示している。メアリー・ジンバリストが、それを読んだ後、もし大師たちが存在しているのなら、なぜ彼らはその時には語ったが今はそうしないのかと彼に尋ねた時、彼は「彼らの用はないのです、〈ロード〉がここにいる今となっては。」と示唆した。これが真面目な答えだったかどうかを知るためには、人はあらかじめ彼の声の調子を聞いておかねばならなかったであろう。

Kの八十回目の誕生日は五月十一または十二日に当たった。Kの健康状態を監視しながらヨーロッパで数週間費やすため、十一日にパルチャー博士がインドからブロックウッドに到着した。同月の中旬にはデヴィッド・ボームが居合せ、十二回に及ぶことになったKとの討論のうちの四回を行なった。ボームはちょうど伝記を読み終わったところで、Kにとって何か特別の変化の瞬間があったのかと尋ねた。Kはいいえと言った。〈プロセス〉中の肉体的苦痛は彼をより敏感にし、彼の弟の死による苦悩もやはり同様だったが、しかし「それに十分に直面した結果、何の痕跡も残りませんでした。」

Kは、その年のザーネン集会での彼の講話の一つを彼のいわゆる非常に真面目な事柄――心理的恐怖からの全面的自由はありうるだろうか？――に充てた。「もし人が恐怖から自由になりたいのなら、」彼は指摘した。「人は時間から自由にならねばなりません。もし時間がなかったら、人は何の恐怖も抱かないでしょう。それがおわかりでしょうか？　もしも明日がなく、今だけしかなかったら、思考の運動としての恐怖は終わるのです。」恐怖は安定願望から起こる。「もしも完全な心理的安定があれば、恐怖はありません。」が、「もし人が［何かを］望み、願い、追求し、［何かに］なろうとしていれば」けっして心理的安定はありえない。彼は続けた。

……思考は常に、安泰、保持するという意味で安泰でいられる場所を見つけようとしています。が、思考が創り出すものは、断片的なので、まったく不安定なのです。それゆえ、絶対的に無 absolutely nothing である状態――すなわち、思考によって作り出されたもの thing が何もない状態――の中に完全な安定があるのです。「絶対的に無」であることは、あなたが今まで学び覚えてきたあらゆるものとまったく相容れないことを意味しています。……無であるとはどういう意味かご存知でしょうか？いかなる野心もないこと――ただし、無為に暮らすという意味ではありません――、いかなる攻撃心も、いかなる抵抗も、傷つけられることによって築かれるいかなる内面的障壁もないことが？……思考が作り上げた安定は少しも安定ではないのです。これは絶対的な真理です。

Kは、その冬は、六月にガンディー夫人によって宣言された非常事態にあったため、インドには行かないよう説得された。この期間中は、検閲委員会の意向に従うことなしには何も出版できず、あるいは何も公《おおやけ》に話すことはできなかった。Kに最もする準備ができていないことは、権威と専制に対する彼の告発を水で薄めることであった。もしも彼が話をしないのなら、そしてもし話せば実際に拘束される危険があるのなら、行っても何にもならない。それゆえ、ブロックウッド集会の後彼はマリブに戻り、毎週末をパイン・コテージで過ごして、将来のオーク・グローブ・スクールの親や教師たちに向かって話した。

ガンディー夫人の非常事態は翌年の冬にもまだ実施されていたが、ガンディー夫人の一番の親友であるププル・ジャヤカールから、講話の中で思いどおりに話すことが許されると請け合われた後、Kはインドに行くことに決めた。彼は、今やガンディー夫人と同じ街区に住んでいた、ニューデリーのププルの許に滞在した。到着後間もなく、彼はガンディー夫人と長い個人的会見を行なった。この時の会見と、一九七七年に総選挙を実施するという彼女の思いがけない決定との間に何らかの結びつきがあったのではないかと推測せざるをえない。K自身はあったかもしれないと考えた。

Kの要請で、クリシュナムルティ財団の代表者たちが一九七七年三月にオーハイで一堂に会した。彼は、彼らのできるだけ多くがいつでも彼と共にいることを望んだ。彼はとりわけ、一度もインドに行ったことがないアメリカ人とヨーロッパ人が何年か先に彼と共にそこに行くことを望んだ。彼は、人々がたびたび会えば会うほど、それだけ彼らは親密で愛情深くなるだろうと確信していた。彼は他の人々の中のそうした感情が嫉妬心と競争心は彼にはとうてい相容れないものだったので、彼は他の人々の中のそうした感情が本当のところはわからなかった。オーハイでのこれら理事たちの会合の一つで彼は言った。「もしも人々がここにやって来て、『この人と一緒に生きるとはどのようなものでしたか?』と尋ねたら、皆さんはそれを彼らに伝えることができますか? もしも仏陀の弟子たちの何人かが生きていたら、彼らに会うために地の果てまで旅して行き、彼の面前で生きることがどのようなものだったのか、彼らに尋ねて見出そうとするのではないでしょうか?」仏陀と彼の弟子たちへのこの言及は、Kが彼自身を仏陀と今までで最も結びつけたものであるが、しかし彼を知らない誰かに対して、いかにまったくのうぬぼれなしにこの比較がなされたかをわからせることは困難である。自己がいない時にはいかなるうぬぼれもありえない。彼が口にした「この人」とは彼自身の人格のことではなかった。それでも、これを、彼の死後は他の誰も彼を代表する権限を持っておらず、グルと弟子の関係は忌わしいものであるという、彼がたえず繰り返して言葉とどう調和させたらいいのだろう? それはいたって簡単なのではないだろうか? 理事たちにできるだけ彼と共にいるよう求めることによって、彼は間違いなく、彼らのうちの少なくとも一人か二人が、彼ら自身の中に全面的な心理的変容を引き起こすほど深い知覚を授けられ、それによって彼らが彼からだけでなく他のすべての松葉杖から自由になることを望んでいたのである。これは弟子たちのグル崇拝とは非常に異なっている。もしも誰かがKの代弁をする権限を持っていると主張するなら、人は彼または彼女が変容を遂げなかったことを知るであろう。

この時までに、メアリーが彼女のマリブの家を売って、パイン・コテージの増築部分を建て、彼女の死後にそれをアメリカ財団に帰属させると決められていた。パイン・コテージであればKは学校の付近にいられるが、マリブの家はオーハイから約六十マイルもあった。

五月九日にKはロサンゼルスのセダーズ-シナイ医療センターで前立腺の手術を受けた。彼は前もってメアリーに、注意深く見守り、彼が「こっそり抜け出」さないように気をつけ、また彼自身を忘れずに注意深くさせておくよう警告した。さもなければ、五十二年間［に及ぶ公開講話］の後だけに、これで十分だと彼が感じるかもしれないからである。彼は彼女に、自分は「常に生と死との間の非常に細い線と共に生きて」きたと告げた。彼は、生き続けるよりも死ぬ方が容易であることがわかっていた。手術の二週間前に彼は病院に行き、輸血が必要になった場合に備えて一パイント［約二分の一リットル］の採血をしてもらった。彼は、自分の身体は全身麻酔にはけっして耐えられないだろうと確信していたので、それをかけられることを拒んだ。局部麻酔でさえ、［脊髄神経麻酔による］脊髄ブロックを引き起こすので、「肉体」にはとても耐えられなかったかもしれない。Kは常に、彼自身と彼の肉体との間の完全な分離感覚を持っていた。

その日が来た時、メアリーは彼と一緒に病院に行き、隣室で待機した。彼は二つの部屋を行き来し、壁に触れたが、これは彼が滞在した新しい部屋に対して行なった、また、明らかにメアリーのためにも行なっていた何かであった。なぜ彼がこれをしたのかはけっして明かされなかった。それは多分浄化の手段、何らかの異質な、だが必ずしも邪悪ではない影響力を追い払い、彼自身のそれで部屋を満たす手段だったように思われる。メアリーは麻酔士に、手術中彼に話しかけて、彼が「こっそり抜け出」さないように、彼に注意怠りなくさせ続けるように頼んだ。彼は、二時間後、非常に元気そうな顔をして車椅子で自分の部屋に戻されたが、しかし夕方までにはひどい痛みを訴えた。彼は子供用程度の量の強い鎮痛剤を一服施されたが、それがめまいと吐き気を起こさせたので、それ以上は続けられなかった。彼は一時間ほど「出かけ」、ニティヤのことを話し、その後で彼が「死との対話」と呼んだものを体験した。翌日彼はこの体験についての報告をメアリーに口述して書き取らせた。

それは短い手術で、かなり痛みはあったがとりたてて話すほどのものではなかった。痛みが続いている間に、私は肉体がほとんど空中に浮き上がっているのを見た、あるいは発見した。それは錯覚、ある種の幻覚だったかもしれないが、数分後には化身——人間ではなく——死の化身がいた。肉体と死との間のこの奇妙な現象を見守っていると、両者の間で一種の対話が交わされているように思われた。死はきわめて執拗に肉体に話しかけ、肉体は死が望んでいることを嫌がり、それに従っていなかった。部屋の中には人々がいたが、死が招き、肉体が拒むというこの現象が続いた。

肉体に死の要求を拒絶させているのは死への恐怖ではなかった。肉体は自分に責任がないのを、そこには別の実体がいて、それは支配的で、死それ自身よりずっと力強く、ずっと生き生きしていることを知っていた。死がますます要求し主張するようになったので、そのもう一つの存在〔以下、他在the other〕が干渉してきた。それゆえ、肉体との間だけではなく、この他在と死との間でも会話または対話が交わされた。そういうわけで、三つの存在間で会話が交わされたことになる。

彼は、病院に行く前に、肉体との解離が起こり、そのため死が干渉してくるかもしれないと警告していた。人〔メアリー〕がそこに坐っており、看護婦が出入りしていたが、それは自己欺瞞でも幻覚の類でもなかった。ベッドに横になって、彼は雨をたっぷり含んだ雲や、照明された窓、数マイルも続いている町並みを見つめた。窓ガラスに雨滴が打ちつけており、そして塩水が一滴ずつ体内にしたたり落ちているのを彼ははっきりと見た。人は、もしも他在が干渉しなかったら、死が勝利を収めただろうと非常に強く、はっきりと感じた。

この対話は、思考が非常にはっきり働いたまま、言葉で始まった。雷鳴と稲光りがあり、そして会話が続いた。肉体の側にも他在の側にも何の恐怖もなかった——絶対に何の恐怖もなかった——ので、人は自由に、深く会話を行なうことができた。その種の会話を言葉で表現することは常に困難である。不思議なことに、何の恐怖もなかったので、死は精神を過去の物事に縛りつけてはいなかった。会話から明らかになったことは非常に明瞭だった。肉体はかなりの苦痛を味わっていたが、何の懸念も心配もしておらず、そして他在は明らかにその両者を超越していた。それはあたかも、肉体が十分に気づいていない危険なゲームのアンパイア役をつとめているかのようであった。

死は常に存在しているように思われたが、しかし死を招き寄せることはできない。それは自殺であって、まったく馬鹿げたことであろう。

この会話中には何の時間感覚もなかった。多分、対話は全部で一時間ほど続いたのだが、時計によ

［って刻まれ］る時間は存在しなかった。言葉は存在しなくなっていたが、各々が言っていることの内容への即座の洞察があった。むろん、もし人が何か――観念、信念、財産、あるいは人間――に執着していれば、死はあなたと会話をするためにやって来ないであろう。終わるという意味での死は絶対的な自由である。

会話の性質は洗練されていた。いかなる感傷も、感情の過度の激発も、時間には終わりが来るという絶対的事実のいかなる歪曲もなく、死が日常生活の一部になっている時の、あの無境界の広大さがあった。肉体はさらに何年も生き長らえるだろうが、しかし体組織がもはや働けなくなるまで、死と他在が常に一緒にいるだろうという感じがあった。それら三者の間には大いなるユーモアのセンスがあり、ほとんど笑い声を聞くことができそうだった。そしてその美は雲および雨と共にあった。

この会話の音声は果てしなく広がっていき、その音声は初めのそれと同じで、終わりがなかった。それは初めも終わりもない歌であった。死と生は、愛と死のように、非常に密接に結びついている。愛が思い出ではないように、死はいかなる過去も持っていなかった。恐怖はけっしてこの会話に入り込まなかった。なぜなら、恐怖は闇であり、死は光だからである。

この対話は錯覚でも空想でもなかった。それは風の中のささやきのようであったが、しかしそのささやきは非常に明瞭で、耳を澄ませばそれを聞くことができた。その時、人はその部分になることができた。その時、われわれはそれを共にすることであろう。が、人はそれに耳を傾けようとしない。あまりにも自分自身の肉体、自分自身の思考、および自分自身の傾向と同一化しすぎているからである。死の光と愛の中に入るためには、人はこういったすべてを放棄しなければならない。

その夏のKの通例のプログラムへの唯一の追加は、彼が単独でインドへ飛ぶ前に、メアリーと共にボンのジャンカー診療所に行き、シーフ博士の診察を受けるために三泊したことである。種々の検査の結果、医師によれば、彼は年齢のわりには「素晴らしい」ことがわかった。

一九七八年の初めに、英国と米国それぞれの財団の理事たちの何人かがマドラスで彼に合流し、それから彼と一緒に、学校内に若干の変化が起きていたリシヴァレーに行った。バラスンダラム博士の辞職後、Kの長兄の長男であるG・ナラヤンが現在の校長になっていた。ナラヤンは、最初はリシヴァレーで、それから英国のルドルフ・シュタイナー学校で、二十五年間教えてきた。彼の妻はブロックウッドでほとんど開校以来教師をしてきており、彼らの一人娘ナターシャはブロックウッドの生徒だった。Kはナラヤンとの血縁関係を無視し、ナターシャに対して他の聡明な少女へのそれ以上でも以下でもない愛情を抱いているように思われた。彼はすべての子供とほとんどの若者を愛していた。一時、リシヴァレーの生徒たちがブロックウッドに行くよう奨励されたことがあった。今やKはこれが賢明なことかどうか疑っていた。西洋によって汚染されることはごく容易だった。インドの若者たちはまだ年長者への敬意と学ぶことへの熱意を示し、教育を特権と見なしていた。

Kがオーハイに戻った時、パイン・コテージの増築部分は完成し、彼とメアリーはそこに引っ越した。メアリーがマリブの美しい家をあきらめることは困難だったし、Kもそれがないのを寂しがったが、しかし彼女はパイン・コテージを等しく見事な家に変え、Kが寝るコテージをそのままにして、それを廊下によって増築部分に連結した。Kもメアリーも共にこの新しい家が気に入るようになった。彼は、ブロックウッドのウエスト・ウイングでしていたように、台所の電気式ケトルや調理台の表面を磨いたり、新しい小さな庭作りを助けることを楽しんだ。彼は常に水かけをするのを楽しみ、彼の朝食の盛り皿を台所に持ち込んで、自動皿洗い機に積み上げたり、積み上げた山から取り出したりすることによって、よく家事を手伝った。彼は、メアリーがオーハイとブロックウッドで疲れきっているのではないかと気づかった。彼女は彼の秘書兼おかかえ運転手の役をし、すべての買い物をし、彼の衣類を洗濯してアイロンをかけた。彼女が何袋もの雑貨と共に戻った時、彼は彼女が何を買ったのかしきりに見たがった。しかしながら彼は、自慢にしていた彼の荷造りはけっして誰にもさせようとしなかった。メアリーが彼と共にインドにいかなった数年間に、彼女はカリフォルニアで三ヵ月間休養した。

六月、グスタードへの途中でKはメアリーと共に再度ジャンカー診療所に行き、そこで彼が受けたすべての検査結果は申し分のないことが判明した。ザーネン集会の後、九月にブロックウッドに戻った彼は、彼の学校宛の手紙を二週間に一回メアリーに口述し始め、一九八〇年三月まで彼は不規則にそれを続けた——手紙はそれぞれ三頁ほどで、合わせて三十七通あった。たいていは一括して口述されたが、二週間に一通ずつ送られたこれらの手紙には、口述された日の日付ではなく、発送された日の日付がつけられていた。[60] それは、彼のすべての学校と接触を保つための方便であった。彼の最初の手紙で、彼はそれら［学校］について彼が何を意図していたかをはっきり述べた。「それらは人間存在全体の育成に関心を持つべきです。これらの教育センターは生徒と教師が自然に開花するのを助けなければなりません。」そして後の手紙では次のように述べている。「自己中心的な行為から自由な新しい世代の人間を生み出すことが、これらの学校の関心事です。他のいかなる教育センターもこのことに関心がない今、それ自身の中に何の葛藤も持っていない精神を生み出すことが教師としての私たちの責任です。」

各々の手紙のコピーが教師と生徒全員に渡された。Kが教師たちに行なうよう期待したことは不可能に思われた――いかなる種類の恐怖も生徒たちの中に起こらないように気をつけること（そしてそのためには、教師たちが彼ら自身の恐怖の原因を発見すべきである）、そして生徒が「在学中にだけでなく、一生を通じてけっして心理的に傷つけられないように」助けること。競争は教育における最大の悪の一つであった。「学校であなたがBをAと比較する時、あなたは彼らのどちらも駄目にしてしまうのです。」

これらの手紙の中でKは、教えることは最高の天職であり、そして「これらの学校は、先ず何よりも人間の中に深い変容を引き起こすために存在しているのです」と繰り返した。彼はまた、学ぶことと知識を蓄えることとの相違を非常に深く探究した。後者は単に精神を鈍らせるだけである。「知ることは知らないことであり、そして知識はけっして私たち人間の問題を解決できないという事実を理解すること、それが英知です。」

翌年出版された本の中でKは、「けっして心理的に傷つけられない」という言い方によって彼が何を意味しているかを説明した。「悲しみと共に生きる」について敷衍《ふえん》した後、彼は続けた。

私たちは事実、あるがままのもの、苦しみであるそれを見ているのです。……私は苦しみ、そして精神はそれから逃げ出すために自分にできるあらゆることをします。……ですから、悲しみから逃避しないでください。と言ってもそれはあなたが病的になるという意味ではありません。それと共に生きてみなさい。……何が起こるでしょう？　見守ってください。精神は非常に明晰で、鋭くなります。

それはこの事実に直面します。すると、まさに苦しみそれ自体が変質して、とてつもなく大きな熱情になるのです。これでお終いです。それが秘訣です。[61]

一九七九年五月一日付の学校への手紙の中で、Kはある一節をこう始めた。「神は無秩序です。」読み進めていけば、彼がどういう意味でそう言っているかがすっかり明瞭になる。「人間が考え出してきた無数の神々のことをよく考えてごらんなさい。……そしてこれが世界中に招いてきた混乱、それが引き起こしてきた戦争のことをよく観察してごらんなさい。」この手紙を休暇期に持って帰ったブロックウッドのある生徒の両親は、「神は無秩序です」というあからさまな言明を読み、憤激のあまり娘を転校させようと考えた。Kの大胆な言明の実に多くは人々を当惑させた。「理想というのは無慈悲なものです。」（これは、「神は無秩序です」と同様の意味を持っている。）「不幸な愛というようなものはありません。」「もしもあなたが本当に自分の子を愛していれば、戦争などないでしょう。」「すべての思考は腐敗します」または「腐敗物です。」最後の言明は、その意味を明らかにすることが困難な唯一のものである。彼は、しばしば、講話の中でそれについて長々と説明した。例えば、ある講話の中で彼は次のように言った。「私たちは精神《マインド》という言葉を、感覚［五感］、思考力、ならびに経験、知識のすべてを記憶として貯える脳を含意するものとして使っています。……知識は精神を腐敗させます。知識は過去の運動であり、そして過去が現にあるもの［現在］を曇らせる時、腐敗が起こるのです。……私たちは腐敗物という言葉を、ばらばらになったもの、一つの全体としてまとまっていないものという意味で使っているのです。[62]」

メアリー・ジンバリストは、一九七八年十月にKと共にインドに行き、そしてその年遅くに、英国および米国の財団の数人のメンバーがマドラスで再びKおよびインド財団の理事たちに合流した。一九七九年一月八日にガンディー夫人がKに会うためにヴァサンタ・ヴィハーラにやって来た。十二月に彼女は四日間投獄され、そのためにインド各地で暴動が起こっていた。Kに話すことが彼女にとって大きな意味を持っていたことは明らかだった。彼の言い方では、彼女は「けっして虎から離れ」られない非常に不幸な女性であるという印象を彼は受けた。

インド国内の学校のうちの最後のものとなったもう一つのクリシュナムルティ学校が、その夏、バンガロールの中心から十マイル離れた峡谷に開設された。校舎と百エーカーの土地は、ある人の寄付によって可能になった。ヴァレー・スクールと名づけられた本校は、六歳から十三歳までの百人余りの子供たちのための男女共学の通学・寄宿学校である。Kはインドを去る前にそこを訪問した。

第17章　「空白の精神」

Kは、一九七二年に、彼の伝記の第二巻目を書くよう私に依頼していた。私はそうしたかったのだが、それに着手する前に長い間躊躇した。たとえ時々気違いじみてはいても、告げるべき魅力的な物語を持っていた第一巻よりも、それを書く方がいかに難行になるかを知っていたからである。Kは、過去四十年間、スリリングな内面生活を生きていたが、外面的にはさほど多くのことが起こらなかった。私がその本に取りかかる覚悟ができたと感じるまでに五年ほどかかり、そして最初のいくつかのステップの一つは、彼が誰でどういう人物だったのかについての謎［神秘］を解くべく企てることであった。『ノートブック』を読むことは私の謎解きの助けにはならなかった。

それゆえ、一九七九年六月にKがブロックウッドに来た時、私はそこに出向き、彼と二つの長い会話を持った。居合せていたメアリー・ジンバリストがメモをとった。私自身はメモをとらず、またテープレコーダーを使うという案は、自発性を阻止しかねないので好まなかった。最初の会話は、ある朝、芝生とその向こうの野原を見下ろす、南向きのKの大きな寝室で行なわれ、その間彼は淡青色のバスローブをまとい、背をまっすぐに伸ばし、足を組んでベッドに坐っていた。室内には、私が常々彼と結びつけていた、ほのかな白檀の香りがあった。彼の筆記用紙さえそのにおいがした。その朝彼は非常に機敏で、しきりに何か新しい発見をしたがっているように思われた。

手初めに私は、何が彼を今そうであるところの彼にしたのか説明してもらえないかと彼に尋ねた。

これに応酬して、どのような説明がありうると私が思っているのかと彼は尋ねた。最ももっともらしい説明は、と私は言った、もちろんロード・マイトレーヤがもっぱら彼のために特に用意された肉体を引き継ぐというベザント‐リードビーター説で、そのためにエゴは一連の再生を経て、何世代もの間肉やアルコールに触れなかったので他のどれよりも清浄なバラモンの肉体に生まれ落ちたというものである。この説明はまた〈プロセス〉の説明にもなるであろう――肉体がその聖なる占有者を収容するために、いわば〝調律〟され、ますます敏感にさせられていって、最後にはロード・マイトレーヤの意識とクリシュナムルティのそれを融合させる、という。言い換えれば、ベサント夫人とリードビーターが予言したあらゆることが起こったということである。Kはこの説が最も本当らしいということに同意したが、しかしそのとおりだとは思わなかった。私が提唱したもう一つの可能な説明は、この世界には善性の巨大な貯蔵庫があり、その口を切って中から取り出せるようになっており、実際に多くの大芸術家、天才および聖者たちによって取り出されてきたというものである。彼は直ちにこれを却下した。私が示唆することができた他の唯一の説は、クリシュナムルティ自身が多くの生を経て進化し、今あるところの彼になったというものだが、しかしこれは私には受け入れ難かった。なぜなら、私が知っていた若い頃のクリシュナはまったくぽんやりとしていて、子供じみており、低能も同然で、ゴルフとモーターバイク以外には実は何も関心がなかったからである。いかにしてこのような存在が脳を発達させて、クリシュナムルティの精妙な教えを述べることができるようになったのか、私にはどうにも理解できなかった。

以下は、メアリー・ジンバリストのメモからの引用である。

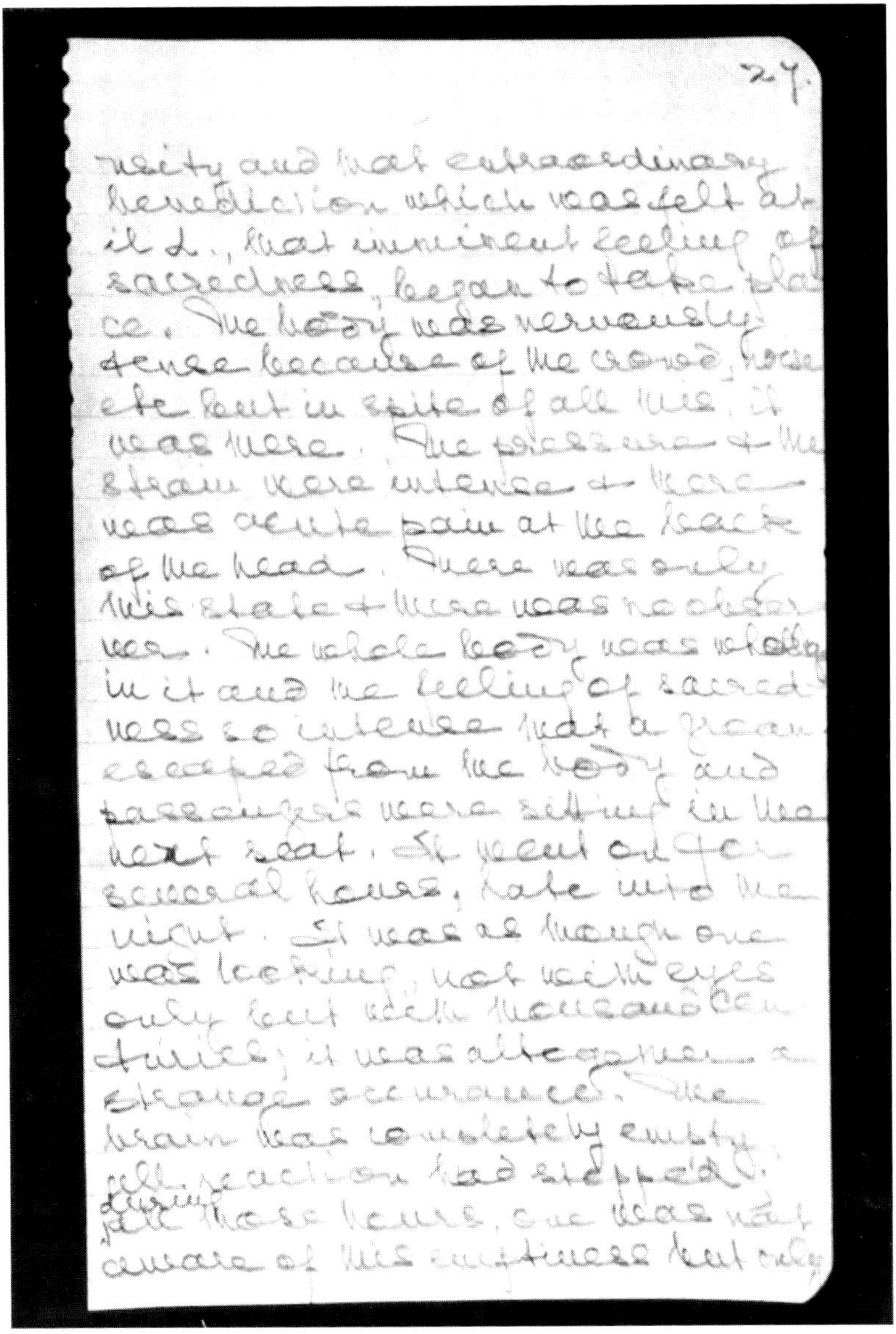
27.

nity and that extraordinary
benediction which was felt at
il L., that imminent feeling of
sacredness, began to take pla
ce. The body was nervously
tense because of the crowd, noise
etc but in spite of all this, it
was there. The pressure & the
strain were intense & there
was acute pain at the back
of the head. There was only
this state & there was no obser
ver. The whole body was wholly
in it and the feeling of sacred
ness so intense that a groan
escaped from the body and
passengers were sitting in the
next seat. It went on for
several hours, late into the
night. It was as though one
was looking, not with eyes
only but with thousand cen
turies; it was altogether a
strange occurrence. The
brain was completely empty,
all reaction had stopped.
During all these hours, one was not
aware of this emptiness but only

⑮ Kの『ノートブック』の一頁（1961年7月9日）

⑯ ラジガート校で演奏を聞いているK（１９６９年）

17 ナンディーニ・メータとププル・ジャヤカール姉妹
（ラジガートにて、１９６９年）

18 Kとフリードリッヒ・グローエ（リシヴァレーにて、１９８３年）

⑲ K（ブロックウッド校にて、１９７２年）

⑳ ブロックウッド校で生徒たちに向かって話しているK（１９７５年）

㉑ K（オーハイのオークグローブにて、１９７２年）

㉒ K（リリーフェルトの邸宅にて、１９７２年）

23　Kとスコット・フォーブス（ルージュモンにて、１９８５年）

24　アムステルダムで講話中のK（１９８１年）

㉕ Kの最後の講話（ヴァサンタ・ヴィハーラにて、１９８６年1月4日）

ML〔メアリー・ルティエンス〕　教えは単純ではありません。どのようにしてそれらがあのぼんやりした少年から出てきたのでしょう？

K〔クリシュナムルティ〕　あなたはそれを謎〔神秘〕と見なしておられるようですね。少年は愛情深く、ぼんやりしていて、知的ではなく、運動競技が好きでした。この中で重要なのは、空白の精神vacant mindです。その空白の精神がどのようにしてこれ〔教え〕に至ることができたのでしょう？これが顕現するためには空白が必要だったのでしょうか？　この顕現しているものは普遍的な貯水池からやって来るのでしょうか？　他の分野で天才がそこからやって来るように？　宗教的精神は天才とは無関係です。空白の精神が神智学等々〔の教えや知識〕によっていっぱいにされなかったのはどういうわけなのでしょう？　その空白は顕現のためだったのでしょうか？　少年は初めから奇妙だったにちがいありません。何が彼をそんなふうにしたのでしょう？　肉体は数多くの生を経て準備されたのでしょうか、それともこの力forceが空白の肉体を見つけて選んだのでしょうか？　なぜ彼は、あいったすべての阿諛追従にもかかわらず忌むべきものにならなかったのでしょう？　なぜ彼は冷笑的で、恨みがましくならなかったのでしょう？　何が彼をそれから遠ざけたのでしょう？　この空白は保護されていました。何によって？

ML　まさにそれを私たちは見出そうとしているのです。

K　今までずっとそれは護衛され、保護されてきました。私が飛行機に乗り込む時、何も起こらないと私は知っています。が、私は危険を招くようなことは何もしません。私はグライダーで上空に行ってみたいと思ったことがある〔グスタードで彼にその機会があった〕のですが、しかし「いや、そうしてはいけない」と感じたのです。常に私は保護されていると感じてきました。それとも、私が保護されているという印象は、アンマ〔ベサント夫人〕が常々、私の護衛のために二人のイニシエートが付き添うよう配慮していたことから来るのでしょうか？　私はそうは思いません。

ML　ええ。なぜなら、あの〈プロセス〉が初めて起こったのは、あなたがそういったすべてから離れていた時――ニティヤと二人きりだった時――だからです。

K　ええ。空白はけっしてなくなりませんでした。歯科医のところで四時間にわたって、ただの一つの思考も私の頭に入り込みませんでした。話したり書いたりしている時にだけ「これ」が活動し始めるのです。私は驚いています。空白が依然としてあるのです。あの歳から今――八十余歳――に至るまで、精神が空っぽのままに保たれているのです。何がそうさせているのでしょう？　たった今、あなたはそれを部屋の中で感じることができます。この部屋で今それが起こっているのは、私たちが何かとてつもなく重要なものに触れていて、ゆえにそれが押し寄せているからです。この人物の精神は、幼少の頃から今まで、絶えず空っぽのままなのです。私は神秘化したいわけではありません。なぜそれが他の誰にも起こりえないのでしょう？

ML　あなたが講話を行なう時、あなたの精神は空っぽなのですか？

K　ええ、そうです。完全に。が、私が関心があるのはそのことではなく、なぜそれが空っぽのままでいられるかです。なぜなら、空白であるがゆえにそれは何の問題も抱え込まないからです。

ML　それは独特なのですか？

K　いいえ。もしそれが独特のものなら、他の人々はそれを得ることができません。私はどのような神秘も避けたいのです。私には、少年の精神が今も同じであることがわかります。他在 the other thing は今ここにあります。それを感じませんか？　それは震動に似ています。

ML　あなたの教えの本質は、誰もがそれをわがものにすることができるということです。〔私は確かに震動を感じたが、それが想像ではなかったという確信はなかった。〕

K　そうです。もしもそれが独特のものだったら、それには何の価値もありません。が、これはそのようなものではありません。それがこのもの［他在］のために空っぽのままにされているのは、「私は空白だが、あなた――X――もまたそれを得ることができる」と言うためでしょうか？

ML　ということは、それが空白なのは、それが誰にでも起こりうることだと教えるためだという意味ですか？

K　そうです。そのとおりです。が、精神を空白にしたのはあのもの［他在］なのでしょうか？　どういうわけでそれはこれまでの年月中ずっと空白のままだったのでしょう？　それは途方もないことです。私は今までそれについて一度も考えてみませんでした。もしそれ［他在］が超然としていなかったら、そうはいかなかったでしょう。なぜ彼は執着していなかったのでしょう？　あのもの［他在］がこう言ったにちがいありません。「空白がなければならない。さもなければ私――それ――が働くことができないから」と。これはあらゆる種類の神秘的なものを認めることです。では、こういったすべてのことを言うためにそれ［精神］を空っぽのままにさせているそれとは何なのでしょう？　それは、最も空っぽのままでいられそうだった少年を見つけたのでしょうか？　この少年は明らかに、リードビーターに逆らい、神智学に逆らい、権威に逆らうことに何の恐れも抱いていませんでした。アンマとリードビーター――彼らは大きな権威を持っていたのです。そのもの［他在］が働いていたにちがいありません。このことは全人類にとって可能でなければなりません。さもなければ、それに何の意味があるのでしょう？

会話はここで中断した。Kは立ち上がって、学校の食堂での昼食に間に合うように出かけなければならなかった。昼食後、ウエスト・ウイングでわれわれは話し合いを再開した。

K　なぜこの少年［の精神］が当時から今まで空っぽのままにされてきたのか、その理由を私たちはまだ発見していません。この空白というのは、利己性――自己《セルフ》――私の家、執着心がない状態のことでしょうか？　しかし、自己が不在のその空白がどのようにして生じたのでしょう？　それはロード・マイトレーヤがこの肉体を用意して、それ［その精神］を空っぽのままにしておいたからだともしも私たちが言えば、ことは簡単でしょう。それは最も単純な説明にはなるでしょうが、しかし最も単純なものは疑わしいものです。他の説明は、Kのエゴがおそらくはロード・マイトレーヤおよび仏陀と接触した結果、「私は引っ込みます。それの方が私の汚らわしい自己よりずっと重要ですから」と言ったというものです。それは自分が清浄で、ふさわしいと感じていなかったのです。ロード・マイトレーヤはこの肉体にエゴのかけらもないのを見て、それを通じて顕現することを欲し、従ってそれは汚れのないままに保たれたというのです。アンマは、Kの顔は非常に重要だと言いました。なぜならそれはそれを代表［象徴］するものだからだ、と。それはそれのために準備されたというのです。これは、誰もがそれを持つことはできないことを意味しています。Kは生物学的変種だということです。いかにも安易な打開策です。では何が本当なのでしょう？　それは自己欺瞞でも、錯覚でも、誘導された状態でも、願望の所産でもありません――何を願ったらいいか私にはわかりません。こういったすべてにおいて奇妙なことの一つは、Kが常に仏陀に惹きつけられてきたということです。これは何らかの影響のせいでしょうか？　私はそうは思いません。あの貯蔵庫というのは仏陀のことなのでしょうか、マイトレーヤのことなのでしょうか？　何が本当なのでしょう？　それは私たちがけっして見出すことができない何かなのでしょうか？
メアリー・ジンバリスト　あなたは常に使われている、何かがあなたの中に入って来ると感じているのですか？
K　常にそうだというわけではありません。それは、私たちが真剣に話し合っている時に部屋に入って来るのです。
ML　それは苦痛とどう関わっているのですか？
K　苦痛は、私が静かにしている時、話していない時にやって来ます。それはゆっくりとやって来て、肉体が「もう十分です」と言うまで続きます。［苦痛が］危期［峠］に達した後、肉体は気を失います。苦痛は次第に消え失せるか、または何らかの中断の後それは去って行きます。
ML　その何か［が入らないように］外側からはばむことはできるのでしょうか？
K　わかりません。が、何が本当なのでしょう？　このすべての中には、人間によるこしらえものでも、思考によるこしらえものでも、自己によって誘導されたものでもない要素があります。私はそのような作為とは無縁です。この何かは私たちには発見できないもの、私たちが触れてはならないもの、貫入できないものなのでしょうか？　私は思案しているのです。私はしばしば、それは私のすることではない、私にはけっして見出せないだろうと感じてきました。それは精神が空っぽになっているがゆえに生じてくると私たちが言う時、それも的を射ていないと私は思います。私たちは袋小路に達してしまったようです。私はあなたにも、メアリー［ジンバリスト］にも、スッバ・ラオ［早い時期からKを知っていた］にも話してきました。彼は言いました。「あなたは初めからずっと今のままでした。」私は自問しました。「これは本当だろうか？」もしそうなら、他の人々には何の希望もありません。それはすべて、私たちには触れることのできない何かなのでしょうか？　私たちは自分の精神でもってそれに触れようと試みています。あなた方の精神がすっかり静まっている時にそれが何かを見出すようにしてごらんなさい。ことの真相を見極めるためには、あなた方は自分の精神を空しくさせなければならないのです。すでに空《くう》の中にある私の精神をではなく。が、そこには私たちが見逃している要素があります。私たちは、私たちの脳、私たちの探求の道具が意味を持たない、そういう地点に達したのです。

ML　他の誰かには見出すことができるのでしょうか？　また、そもそも探究することは適切なのでしょうか？

K　あなたはそれについて書いているのですから、あなたにはできるかもしれないのです。私にはできませんが。もしもあなたとマリーア【原註1】が坐って、「一緒に探究してみましょう」と言えば、きっと見出すことができるはずです。あるいは、一人きりでやってみてください。私は何かを見ますし、私が言ったことは本当です——が、私にはけっして見出せないのです。水にはけっして水とは何かを見出すことはできないのです。それはあたりまえのことです。もしもあなたが何かを見つけたら、私はそれを確証してみせます。

【原註】

（1）Kは、私とメアリー［・ジンバリスト］を区別するため、彼女のことを「マリア Maria」と呼び、「マリーア Mareea」と発音した。

ML　それが正しいかどうかはおわかりになるということですか？

K　それが部屋の中にあるのを感じることができませんか？　それはますます強くなっています。私の頭が始まって［頭の具合が悪くなり始めて］います。もしあなたが質問して、「私にはわかりません」と言えば、あなたはそれを見出すかもしれません。もしも私がそれを書いていたら、私はこういったすべてを述べ、まったくぼんやりした空《うつ》ろな少年から始めるでしょう。

ML　あなたがそれを説明してもらいたがっていると言ってかまわないのですか？

K　かまいません。どうぞ言いたいことを言ってください。もし他の人々がこのことに注意を向ければ、間違いなくできると思います。これは絶対に確かです。絶対に。同時に、私にはそれができないことも確かなのです。

ML　もしも人がそれを理解することができたとしても、それを言葉で言い表わせなかったら？

K　いや、できると思います。［表現の］仕方を見つけるでしょう。あなたが何かを発見するやいなや、あなたはそれを言い表わす言葉を見つけるのです。詩のように。もしもあなたが快く探究に乗り出し、それにふさわしいようにあなたの脳の状態を整えれば、きっと見出すことができるでしょう。そしてあなたがそれを見つけるやいなや、それは正しいのであって、そこには何の神秘［謎］もないのです。

ML　神秘が突き止められてもかまわないのでしょうか？

K　いや、神秘は消え失せるでしょう。

メアリー・ジンバリスト　しかし神秘は神聖なものなのではないでしょうか？

K　神聖さは残るでしょう。

ここで会話は終わった。Kの頭の具合がとても悪くなったので、彼が［部屋に］戻って横にならねばならなくなったからである。苦痛がやって来るのは彼が静かにしている時だけではなく、われわれが議論していたような真面目な事柄について彼が話している時もそうだった。私は、彼から負わされた責任に恐れ入ってロンドンに戻った。もしわれわれが試みれば彼についての真実をわれわれが見出すことができることは、彼には「絶対に確か」であった。が、彼がそれ以上は真理を発見するための助けになれないとは私は信じたくなかった。そこで三週間後、彼がグスタードに向けて出発する前に、再びブロックウッドで彼と話し合った。それはまたもやウエスト・ウイングの台所での昼食後のことで、またもやメアリー［・ジンバリスト］が居合せ、メモをとってくれた。以下はそれからの引用である。

ML　あなたの教えは非常に複雑です。

K　とても複雑です。

ML　それを読んであなたには理解できるのですか？

K　ええ、ええ、わかります。

ML　誰が教えを作り出したのですか？　あなたですか？　神秘［的な誰か］ですか？

K　良い質問です。誰が教えを作り出したのでしょう？

ML　K、人間としてのあなたを知っている私には、あなたが教えを作り出したと考えることは困難です。

K　ろくに学びもしなかったのに、とおっしゃりたいのですか？　あなたまたは他の誰かがそれらを作り出したのではないかと？

ML　あなたの脳の一部ではないと思われる何かがあなたの中に現われるのではないでしょうか。

K　教えは尋常ではありませんか？

ML　ええ。違っています。独特です。

K　はっきりさせましょう。もし私が意図的に坐ってそれを書こうとしたら、それを生み出すことができるかどうか疑問です。何が起こるのかあなたにお伝えしましょう。私はこう昨日言いました。「何かについて思いめぐらすことと刻々の思考とは別ものです。」私は言いました。「私にはそれはまるでわかりません。それを吟味させてください。」で、私が実際にそうすると、何かがはっきりわかってくるのです。真空の感覚があり、それから何かがやって来るのです。が、そのためにもし私が［意図的に］坐れば、私にはそうできないかもしれないのです。ショーペンハウエル、レーニン、バートランド・ラッセル等々は皆大変な読書家でした。そしてここには、［学問的］訓練も鍛練も受けずにきたこの人物の現象がある。どうやって彼はこのすべてを手に入れたのでしょう？　それは何なのでしょう？　もしもK——無学で、温和な人間——しかいなかったら、一体それはどこから来るのでしょう？　この人物が教えを考え出したのではありません。

ML　彼は思考によってそれに至ったのではないのですか？

K　それは——あの——聖書から出た言葉——啓示 revelation のようなものです。それは、私が話している間中起こるのです。

ML　聴衆が啓示に資するような何かを創り出すのですか？

K　いいえ。また初めからやり直しましょう。より深い質問はこうです。少年は発見された。が、なぜか条件づけが働かなかった――神智学、阿諛追従、世界教師［の地位］、財産、莫大な金銭――といったもののどれも彼に影響を及ぼさなかった。なぜか？　誰が彼を保護したのか？

ML　何らかの力《パワー》を擬人化しないでいることは、私には困難です――誰かによる保護。保護する力《パワー》というのは私たちの制限された脳にとってはあまりにも大きな概念ですが、しかし多分、それは避雷導線［針］のようなものなのでしょう。稲妻、電気は導線――地面への最直進路――を見つけます。この力《パワー》は――思うに、それは実は愛なのですが――空っぽの精神に導線を見出したのです。

K　それは特別な肉体に違いありません。なぜその肉体が出現し、ずっと腐敗せずにいたのでしょう？　それを腐敗させることはとても容易だったでしょうから。それは、力《パワー》がそれを護衛していたということを含意しています。

ML　そしてそれを訓練し――〈プロセス〉によってそれを利用できるようにしたのですか？

K　それが起こったのは後のことです。

ML　それは、肉体が十分に強くなるやいなや始まったのですね。

K　ええ。ですが、もしもあなたがそういったすべてを認めれば、それは善かれ悪しかれ変種だと言っているようなものです。その変種は教えのために護られたのであって、変種自体はまったく重要ではないのです。誰であろうと教えを受け入れ、その真理を見出すことができるのです。もしもあなたが変種を重要視すれば、他のあらゆるものを除外してしまうのです。

メアリー・ジンバリスト　変種は教えを公表するために必要ですが、変種ではない人々がそれを受け入れることができるのですか？

K　ええ、ええ。そこで私たちは尋ねているのです。どういうわけでそれは変種として維持されてきたのだろう？　なんともおぼつかない言葉ですが。
ML　何らかの力《パワー》が待ち受けていたからでは……
K　アンマとリードビーターは、ボーディサットヴァが顕現することになっており、そのための肉体を見つけ出さなければならないと主張していました――アヴァタラ［化身］が顕現するという伝説です。仏陀は苦悩も何もかも味わい、それからそういったものを振り払って悟りを得たのです。彼が教えたことは独創的でしたが、彼はそういったすべてを味わったのです。が、ここには、そういったものを味わわなかった変種がいます。イエスもまた変種だったのかもしれません。この肉体の場合は、それが生まれた瞬間から何らかの力《パワー》がそれを見守ってきたのに違いありません。なぜでしょう？　なぜそんなことが起こったのでしょう？　なんら特別でもない家族から出た少年に？　そもそも、どうしてその少年がそこに居合わせたのでしょう？　その少年を創り出したのは、顕現することを欲していたあの力《パワー》なのでしょうか、それともその力《パワー》がバラモンの家族の八番目の子を見つけて、「まさにこの子だ」と言ったのでしょうか？　かのものが部屋の中にあります。それは何なのですかとあなたが尋ねても、それは答えないでしょう。それは言うでしょう、「あなたは小さすぎる」と。確か先日、顕現しなければならない善の貯蔵庫のようなものがあると私たちは言いましたね。が、そうすると私たちは振り出しに戻ってしまいます。生物学的な変種を持ち出すことなしに、どうやってあなたはこれを説明しますか？　が、このすべては神聖なのですが、その神聖さだけではなく、私たちが話してきた他のあらゆることをどうやって伝えますか？　なぜこの少年は腐敗させられなかったのか？　それは実はとてつもないことなのです。彼らは私を支配するためにあらゆることをしたのです。なぜ彼はオーハイでの体験をさせられたのでしょう？　肉体が十分に調律させられていなかったからでしょうか？
メアリー・ジンバリスト　あなたはけっして苦痛を避けようとはしませんでしたね。
K　もちろんです、ええ。ところで、一時間半ほど前にそれ――苦痛――が始まっているのです。かりにあなたがこういったすべてを書き留めるとします。ジョー〔私＝ルティエンスの夫〕のような正気な人、思慮深い人は、それについて何と言うでしょうか？　それはあらゆる天才に起こることだと？　もしあなたが「これについて論評してほしい」と言ったら、彼らはどう応えるでしょう？　それはすべて作り話〔でっちあげ〕だと言うでしょうか？　あるいは、それは神秘〔謎〕だと言うでしょうか？　私たちは神秘に触れようとしているでしょうか？　あなたがそれを理解するやいなや、それはもはや神秘ではなくなるのです。が、神秘ではありません。ですから私たちは神秘を取り除いて、根源に至ろうとしているのです。彼らはどう言うでしょう？　あなたは、何もないところに神秘をでっちあげようとしているのだと言うでしょうか？　彼はそのように生まれついたのだと？　神聖さはそこにあり、それは神聖であるがゆえに広大なのです。私が死んだら何が起こるでしょう？　ここ〔ブロックウッド〕に何が起こるでしょう？　それはすべて一人の人間にかかっているのでしょうか？　それとも、受け継いでいく人々がいるのでしょうか？
ML　あなたは十年ほど前にエッピングフォレストで、あなたの死後にはそういったものは何もかも消えてなくなるだろうと言いました〔二四〇頁参照〕。それからは変化していますね。
K　変わったかどうか私には定かではありません。本は残るでしょうが、それだけでは十分ではないということです。もし彼ら〔彼のまわりの人々〕が本当にそれ〔教え〕を把握したら、彼らもKのような変種になるでしょう。変種はこう言っているのです。「［源泉＝真理の］水を飲み、それによって受け継いでいく人々がいるのでしょうか？」私だったら、彼のことを知っていた誰かの許を尋ね、その人を通じて、彼がどのような人だったのか、その感触をつかみたいと思うでしょう。彼と一緒にいた誰かに会って話を聞くために、何マイルだろうと歩いて行くでしょう。「あなたは水をお飲みになった。それはどんな味がするのですか？」

これで会話は終わった。頭と首の痛みのせいでKが再び戻って横にならなければならなくなったからである。Kは一度だけはどうしても外側に出てみたかったのだが、けっしてそれを果たさなかったのだという思いと共に私は残された。われわれが信じたところでは、アディヤールでロード・マイトレーヤが初めて顕現して彼を通じて語ったことがあったが、その後の一九二八年十二月二十八日に彼が言ったことを私は思い出した。私の母は彼に、彼が突然三人称から一人称単数に変わった時、彼の顔が言葉遣いと共に変化して、燦然と光り輝いたと告げた時、「私もぜひそれを見たかったです」と、もの欲しそうに彼は答えた。そして彼は、カービー夫人が一九二七年のオーハイ・キャンプでどんなに彼の顔が変わったかを彼に告げた時にも、彼女に同じように答えている。

私は、彼に対する大きな同情心と共にロンドンに戻った。「水にはけっして水とは何かを見出すことはできないのです」と、彼はわれわれとの以前の会話の中で言っていた。彼はけっして外側に出ることはないであろう。彼はけっして自分が何であるのかを知ることはないであろう。特別の霊感や啓示の瞬間にいかに自分の顔が変貌するかを、彼はけっして見ることはないであろう。私が彼のために見ることはできるのだろうか？　彼はわれわれにそれは可能だと告げ、見つけ出すべく試みるように言ったが、しかし一九七二年には、オーハイでアメリカ財団の理事たちに向かって、誰も理解することはできない――それは「あまりにも広大すぎるので言葉では言い表わせない」何かだと言っていた。今度は「あなたが何かを発見するやいなや、あなたはそれを言い表わす言葉を見つけるに違いない」と彼は言っていた。私は見出せるのだろうか？ 護られているという感覚を彼が常に抱いていたということ、また彼が繰り返し彼の空っぽの精神を強調していたということが、先に進むための手掛かりであった。私は見出せるのだろうか？ この挑戦は人をわくわくさせ、夢中にさせるものであった。

ザーネンおよびブロックウッド集会の後、そしてやはりブロックウッドで催された科学者たちのセミナーの後、秋にブロックウッドで再び私はKに会って話すことができた。彼が話した「啓示」が彼自身の内部から、あるいは外部から来たのかを確かめたかったのである。彼は皮切りに次のように言った。彼が最初に話し始めた時、彼は神智学の言語を用いたが、一九二二年（オーハイ体験があった年）からは彼自身の言語を見出した。彼はそれから、再び彼の空っぽの精神に注釈を施すべくこう言った。「精神が空っぽの時、それが空っぽだったことが後になってやっとわかるのです。」ここでもう一度、メアリー・ジンバリストのメモから引用することにしたい。

ML　いつそれは空っぽではなくなるのですか？

K　思考を用い、意思疎通することが必要になる時です。さもなければそれは空っぽです。セミナーの間――私が話して間中、それ［啓示］は現われるのです。

ML　あなたは何かを見るのですか？

K　いいえ、それは現われるのです。私が何かを見て、翻訳するわけではありません。それは、私がそれについて考えることなしに現われるのです。それが現われる時は、それは論理的、合理的になっているのです。もし私が意図的にそれについて思いめぐらし、それを書き留め、反復したりすれば、何も起こりません。

ML　それは、あなた自身の外側のどこかからやって来るのですか？

K　芸術家や詩人の場合は、努力してそれに至るという点で異なっています。彼〔K〕の革命的な教えについての知覚は、徐々に、ゆっくりとやって来たに違いありません。〔ここで彼は、グスタードでグライダー飛行に招かれた時のことを繰り返した。〕私は弾丸のように飛び出したかったのです――さぞ痛快だったことでしょう。が、そうすべきではないと私は気づいたのです。肉体にとって不適切などんなことも私はしてはならないのです。そう感ずるのは、Kがこの世界でしなければならないことのせいです。私は病気になってはならないのです。話すことができなくなりますから。ですから私はできるだけ気をつけるようにしているのです。この肉体がここにあるのは講話のためです。それはそのように育てられ、その目的は講話を行なうことなのです。他のあらゆることは不適切であり、ですから肉体は保護されなければならないのです。このことの他の側面は、私のものではない特殊な保護があると私が感じているということです。まるで未来が多かれ少なかれ定められているかのような、特殊な保護があるのです。肉体に対してだけではない、特殊な保護。少年はその特殊性と共に生まれたのです――彼は、彼がしたあらゆる行いにもかかわらず生き長らえるように保護されてきたに違いありません。なぜか肉体が生き長らえるように保護されてきたのです。何らかの要素がそれを見守っているのです。何かがそれを保護しているのです。それが何かを言うことは憶測の域を出ないでしょう。マイトレーヤは具体的すぎます。十分なほどシンプルではありません。が、私はカーテンの背後を見ることができないのです。私にはそれはできません。私は、ププル〔・ジャヤカール〕や様々なインド人の学者たちに迫られて、〔見るべく〕試みてみました。それはマイトレーヤ、ボーディサットヴァではないと私は言いました。その〔ような存在による〕保護はあまりにも具体的で、あまりにももっともらしすぎます。が、私が常に保護を感じてきたことは確かです。

私は、Kは一九二二年以来、外部から何かによってずっと使われてきた、そして今なお使われているのだと考えたい気がした。これは彼が霊媒 medium だったという意味ではない。霊媒は、彼または彼女が「もたらす」ものとは別ものであるが、これに対してKと、彼を通じて顕現したもの――それが何であれ――は大部分は一体であった。彼の意識には、スポンジに水が浸透しているのと同じように、この何か他のもの〔他在〕が浸透していた。しかしながら、時々水がすっかり切れているように思われることがあり、その時には彼は、私が憶えている最初の頃によくそうだった彼にかなりの程度まで戻った――ぼんやりとし、柔和で、誤りに陥りがちで、内気で、無邪気で、従順で、愛情深く、ごく馬鹿げた冗談を聞かされても楽しそうに笑い、けれども虚栄心や自己主張のかけらもないという点で独特な彼に。が、それから私が『ノートブック』を調べてみると、その中にはすっかり彼自身のものであり、彼の教えの源泉と思われる意識状態が見出され、彼が使われているという説を受け入れることは困難であった。

年が明ける前、インドに滞在中に、Kはもう一つの霊的体験を味わうことになった。一九八〇年二月二十一日にオーハイで、彼はその報告を、彼自身に三人称で言及しつつ、その冬の彼のインド行きに同伴しなかったメアリーに口述した。

Kは、一九七九年十一月一日にブロックウッドからインドに行った。彼は、マドラスに数日間滞在した後、リシヴァレーに直行した。彼は、非常に長年にわたって彼に付きまとっていたあの独特の瞑想と共に、真夜中に長時間目覚めていた。これは彼の人生では普通のことだった。それは瞑想の意識的、意図的な追求でも、何かを成し遂げようとする無意識的願望でもなかった。それは明らかに呼び招かれたものでも、捜し求められたものでもない。彼は、思考がこれらの瞑想を記憶にしていく様を機敏に見守っていた。各々の瞑想が何か新しくて新鮮なものの特質を備えていることがわかる。呼び招かれることも、捜し求められることもなしに、衝動driveが蓄積されていくのが感じられる。時々それが非常に激しくなるので頭の中に痛みが走り、時々、底知れないエネルギーを伴う広大な空白感がある。時々彼は、笑いと測り知れない歓喜と共に目覚める。当然ながらあらかじめ計画されたものではないこれら独特の瞑想は、ますます強烈になっていった。彼が旅行していたか、または夜遅くに到着した日にだけ、それらは止まった。あるいは、彼が朝早く起きて旅立たねばならない時に。

一九七九年十一月中旬にリシヴァレーに到着すると共に、その勢いはさらに増し、そしてある晩、世界のその部分の不思議な静けさの中で、フクロウのホーホーという鳴き声によってでも妨げられない沈黙と共に彼は目覚め、何かまったく異なった新しいものを見出した。その運動はエネルギーの根源に達していた。

これはけっして神、あるいは最高原理、ブラフマンといった、人間精神の恐怖や切望、飽くことなき安泰願望から投影したものと混同されたり、思い込まれたりさえされるべきではない。それはこれらのもののどれでもない。願望はおそらくそれに至ることはできず、言葉はそれを推測することはできず、思考の糸はそのまわりに巻き付くことはできない。それがすべてのエネルギーの根源だといかなる確信をもってあなたは言うのかと、尋ねる人がいるかもしれない。これに対しては事実そうなのだと、まったくの謙虚さで答えることができるだけである。

一九八〇年一月末までKがインドにいる間中ずっと、毎晩彼はこの絶対的なものの感覚と共に目覚めた。それは静的な、固定した、不動の状態、あるいは物ではない。人間には測り知れない全宇宙がその中にある。彼が一九八〇年二月にオーハイに戻った時、肉体がかなり休息した後に、これを超えるものはないという知覚があった。これが究極のもの、始まりにして終りであり、そして絶対的なものである。あるのはただ、信じがたい広大さと限りない美だけである。

第18章 「既知のものの終焉」

Kが新たなとてつもないエネルギーと共に二月にオーハイに戻った時、彼は自分が十分に「使われていない」と感じた。「二ヵ月間、ここで私は何をしたらいいのでしょう?」と彼はメアリーに尋ねた。「私は衰弱しつつあります。」偶然だが、彼は新しいオーク・グローブ校に関連して、職員や両親に向かって話すなど、すべきことが沢山あった。多くの親たちが、自分たちの子供が通学できるようにオーハイ峡谷に引っ越して来ており、そのため彼らはその運営に、それが寄宿学校だった場合よりもずっと大きな役割を果たした。リシヴァレーで教え、インド人の妻を持っていたアメリカ人、マーク・リーが初代校長だった。

デヴィッド・ボームが三月に滞在しにやって来た時、Kは間違いなく衰弱しておらず、ボームと八回もの長い討論を行なった。これらは、後にブロックウッドで行なわれた他の五回と合わせて、『時間の終焉 *The Ending of Time*』という題名で一九八五年に出版された。これは新たな一般読者の関心を喚起したので、Kの最も重要な本の一つとなった。素早い質疑応答を交えたこれらの対話は、引用には向いていない。それらの中に表現された観念〔考え〕の進展は非常に遅い。彼らは思考の終焉ならびに時間の終焉——すなわち、過去のものである心理的時間と思考のそれ——を扱っている。われわれが習得してきたすべてのもの、今あるものとしてのわれわれのすべて、われわれの意識の中身の全部は過去であり、われわれの記憶の中に思考として貯えられており、そして脳を過去のもので雑然と塞ぐことは、真の洞察 insight の余地がなくなることを意味する。なぜなら、あらゆるものが、自己 self によって常に制限されているに違いない思考の雲を通して見られるからである。「時間が終わることが可能でしょうか?」とKは尋ねた。「過去としての時間という観念がそっくり終わり、ゆえに明日というものがまったくなくなることが?」もしも脳が自己中心的な闇の中に留まっていれば、それは疲れ果て、その結果葛藤を引き起こす。脳細胞の劣化と老衰を防ぐことができるだろうか? Kは、洞察によって脳細胞が物理的に変化し、秩序正しい仕方で働くことができるようになり、その結果、多年にわたり間違った仕方で働いてきたせいでこうむった傷が癒されるであろうと示唆した。

後日Kとボームとの間で交わされた二つの対話を含んだ小冊子への序文中で、ボームは次のように解明している。

……現代の脳および神経系に関する研究が、洞察が脳細胞を変化させるかもしれないというKの言明に実際にかなりの支持を与えると述べておくだけのことはある。つまり、例えば、体内にはホルモンおよび神経伝達物質という、脳および神経系の機能に根本的に作用する重要な物質があることは今ではよく知られている。これらの物質は、人が何を知り、何を考えるか、およびこうしたすべてが彼にとって何を意味するかに応じて刻々に反応する。このようにして脳細胞とその機能が知識と熱情《パッション》によって深甚なる影響を及ぼされるということは、今までにかなりよく確証されている。そういうわけで、精神的エネルギーおよび熱情が高まった状態で起こるに違いない洞察が、より一層深甚な仕方で脳細胞に影響を及ぼしうるということは、大いにありうることである。(63)

その夏グスタードへの途中で、Kはジャンカー診療所に三年目の検診を受けに行った。X線写真は、彼が横隔膜の下に感じた塊り《かたまり》はヘルニアによるもので、まったく取るに足らないものであることを示した。ザーネンの後のブロックウッド集会で彼は、その年齢でなぜ語り続けるのかと尋ねられた。彼は答えた。「『五十年経っても誰一人変わっていないように思われる時に、なぜあなたは自分のエネルギーを使い続けるのですか?』としばしば尋ねられました。人が何か真実で美しいものを見る時、それについて愛情から、慈悲心から、愛から、人々に告げたいと思うのではないでしょうか。仮にそれに関心がない人々がいたとしても、それはそれでいっこうに構わないのです。花に向かって、なぜ咲いているのか、なぜ香りを放つのかとあなたは尋ねたりしますか? 話し手《スピーカー》が話すのは、それと同じ理由のためなのです。」

彼の人生の最近六年間にかけて、Kは個人的会見は事実上放棄したが、巡回旅行、講話および討論は続けることになった。一九八〇年七月、Kの長年にわたる知己で、非常に好意を寄せていたラーダ・バーニア夫人が神智学協会会長に選ばれた。彼女は、前会長シュリ・ラムの娘で、選挙を競い合ったルクミニ・アランデールの姪であった。彼女のためにKは、その冬のマドラス滞在中に神智学協会を訪問することに同意した。十一月三日に、それゆえ、彼を連れてくるためにラーダ・バーニアはヴァサンタ・ヴィハーラに出向き、そして四十七年ぶりに彼は神智学協会構内への門をくぐった。そこには群集が彼を歓迎するために集まっており、彼はいくつかの庭園を通り抜けて、海岸のラーダの家に行った。彼はその場所についてほとんど何も憶えていなかった。その後彼はずっと、ヴァサンタ・ヴィハーラにいる時には毎晩車でラーダの家に行き、彼がかつて「発見」された浜辺を散歩するようになった。

翌日Kは、いくつかの講話を行なうよう招待されていたスリランカに飛んだ。そこには一九五七年以来行っていなかった。それは意気揚々たる訪問だった。彼は首相に会い、テレビ向けに国務大臣によってインタビューされ、そして大統領と一時間にわたり個人的に話し合った。彼はまた、参加した大群衆を前にして四回の講話を行なった。

後にリシヴァレーで、Kの許に三つすべての財団からの理事たちが合流し、そして十二月二十日にはガンディー夫人、ラジブおよび彼の妻がマダナパルにヘリコプターで到着し、一泊滞在するためにやって来た。ププルがKと共に接待に務めた。Kとガンディー夫人は一緒に長い散歩をしたが、武装した護衛兵が薮の中に隠れていた。

インドからオーハイに行く前に、Kが途中下車して一九八一年初めにブロックウッドに立ち寄った時、彼はガンディー夫人のこの訪問とスリランカでのVIP待遇について、われわれに興奮気味に話した。彼は、スリランカ大統領が彼に会いたがったということに本当に感動したように思われた。この、他の人々の世間的成功と高い学徳への彼の敬意は、彼の奇妙な変則〔例外〕的傾向の一つであった。けれども彼は、自分の名声を誇ったり、尊大さの徴候を示すような人には、誰であれ不快を催させられた。彼は、彼の仕事のために与えられた寄付金は、もし彼がそれについて知ったら嘆いたであろうような、酷薄なまでに競争的なビジネスから生み出されたのかもしれないと考えたことはけっしてないように思われた。しかしながら、もしも彼の性質にこういった矛盾がなかったなら、彼はずっと面白みを欠き、人として愛すべき面をずっと欠いていたことは間違いないであろう。

一九八一年のザーネン集会で、Kはひどい胃痛に悩まされたが、ザーネンの病院での検査は痛みの原因となるものを何も示さなかった。それでも、彼が再びインドに行く前に、翌年オーハイに戻った時にヘルニアの手術を受けるように手配された。グスタードへの途中で彼は突然、彼に同行していたメアリー・ジンバリストに、彼についての本——彼と一緒にいることがどのような具合であるかについて綴ったもの——を書くように頼んだ。その後数日間のうちに、さらに二度、彼はそうしてほしいと彼女に頼むことになった——たとえそれがわずか百頁ほどであっても、毎日少しずつ書いてみてはくれないかと。一九六六年以来、他の誰よりも多く彼女は彼と共にいたのだから、彼女がある日これを書くだろうと期待されてもおかしくはない。彼女はグスタード、ブロックウッドおよび今はオーハイで、常に彼と一緒にいたのである。ヴァンダ・スカラヴェッリは依然として、彼のためにフォスカと共にタンネグを使えるようにしはしたが、しかし彼女は集会中はフローレンスに帰り、後でシャレーを閉めるために戻るようにしていた。

九月に彼は自分の年間プログラムをかなり変更し、十年間話していなかったアムステルダムで二回の講話を行なうことにした。大きなRIAホールは満員で、あふれた聴衆は有線テレビ付きの隣接したホールにぞろぞろと入っていった。英国からの数人の友人が彼に同伴した。最初の講話への途中で、何を話したらいいだろうと彼は車内のわれわれに尋ねた。私は彼に「何の考えも持っていないのですか？」と尋ねた。彼は答えた。「ええ、何も。」彼の小柄な姿が大きな演壇上に現われ、前にテーブルさえない固い椅子に一人きりで坐った時、それはなぜか激しく動いていた。例のごとく、彼は数分間じっと沈黙したまま、静まり返り、じっと待ち設けている彼の聴衆を左右に見つめた。とうとう彼は始めた。「大変残念なことに、二回の講話しかありませんので、生の全体について言うべきことを要約することが必要です。」この時には彼は、人間同士の間の相違は単に表面的なものだとますます強調するようになっていた。彼はこれについて、最初の講話で次のように説明した。

私たちの意識の中身は全人類に共通の地盤です。……人間は、世界のどの部分で生きていようと、身体的［外面的］にだけではなく、内面的にも苦しんでいます。彼は不安で、恐れ、混乱し、心配し、内面にはいかなる深い安心感もありません。そのように、私たちの意識は全人類に共通なのであり、……それゆえ私たちは個人 individual ではないのです。どうかこれについてよく考えてみてください。私たちは、自分は個人である、自分自身のために苦闘している別々の魂であると考えるよう、宗教的に、あるいは学校で訓練され、教育されてきたのですが、しかしこれは錯覚なのです……。私たちは、何らかの結果を得るべく奮闘努力している、別々の心理的中身を備えた別々の存在ではないのです。私たちは、各々が、実際には他の人と似たり寄ったりの人類なのです。

この同じ講話の中で彼は、以前にも語ったことがあり、そして彼の残りの年月に再びしばしば語ることになったもう一つのテーマ――死と共に生きる――について長々と話した。

死は既知のものの終焉を意味しています。それは身体という有機体が終わること、私という気持ちを成り立たせているすべての記憶が終りを迎えるということです。というのは、私とは記憶以外の何ものでもないからです。そして私たちはそのすべてを手放すこと、つまりは死を恐れているのです。

死とは執着を終わらせること、生きながら死ぬこと、［死を］五十年余り先延ばしにしたり、何かの病気があなたを片づけるまで待ったりしないことを意味します。それはあなたの全活力、エネルギー、知力および大いなる感情と共に生き、同時に一定の結論、性癖、経験、執着、傷を終わらせて死ぬことなのです。すなわち、生きながら、同時に死と共に生きるのです。その時には、死は何かずっと遠くのもの、自分の人生の終わりにあるもの、何らかの事故や病気や老年によってもたらされるものではなくなり、むしろそれは記憶されたあらゆるものを終わらせることにあるのです——そしてそれが死、生きることと別ものではない死なのです。(64)

彼が実際に聴衆たちに求めていたことは、すべての人間的執着を放棄することであった。たとえ彼らがそうできたとしても、そのうちの何人がそうすることを欲したであろう？　けれども、世界中のますます多くの人々が彼の講話に出席するようになっていった。

Kは、若かりし頃に多くの時を過ごしたオランダにいて非常に幸福であった。ある日の午後彼は、今は学校になっているエルダー城を再訪するために車で出かけた。彼は一九二九年以来そこに来たことはなかった。美しいブナの森を走り抜けながら彼は、半ば真面目に、なぜ自分がこの土地を返還してしまったのだろうといぶかった。しかしながら彼は、城に到着した時、誰かに気づかれるのを恐れて車の外に出ることを拒んだ。

インドでいつもどおり精力的に数カ月間過ごした後、一九八二年の初めにオーハイに戻ったKは、二月、ヘルニア手術のためカリフォルニア大学ロサンゼルス医療センターに入院した。これは緊急手術ではなかったが、もし彼が旅行中に状態が急に悪化すれば、それは危険を伴うようになるかもしれなかった。メアリー・ジンバリストは、彼が入院していた四晩中彼の部屋の中の寝椅子にもたれて過ごした。この手術はまた脊髄麻酔の下で施された。それは彼にとって大きな試練で、麻酔がさめるにつれて痛みが激しくなり、彼は「開いた扉 open door」と口走った。メアリーは彼にそれを閉めるよう頼んだ。その晩、彼は彼女に「それはすぐそばにありました。自分にその扉を閉める力があるかどうか、よくわかりませんでした。」と言ったが、しかしその時までには彼はベッドの上で上体を起こして、スリラーを読んでいた。

UCLA医療センターでのその後の検査の結果、Kの血糖値が高すぎることが判明し、彼は糖尿病患者用のダイエットを課された。その直後に訪ねた眼科医は、彼の両目に白内障の初期段階が、また左目に緑内障の兆しが認められると診断し、彼は数滴の点眼薬を施された。ただし、総じて、彼は年齢のわりには非常に良い健康状態であると断言された。

三月末に、一九七四年に語ったきりであったニューヨークでKは二回の講話を行なったが、この度はほぼ三千人を収容できるカーネギーホールで行なわれ、満席になった。滞在先のパーカー・メリディエン・ホテルで、三月二十六日に『ニューヨーク・タイムズ』のためにポール・L・モンゴメリーによってインタビューされたKは、モンゴメリーにこう告げた。「よろしいですか。私はけっして権威を受け入れたことはありませんし、他の人々に対して権威を行使したこともありません。笑い話を一つお聞かせしましょう。ムッソリーニの時代に、彼の側近の一人が、マジョレ湖の近くのストレーサで私に講話をするよう依頼してきました〔これは一九三三年の夏のことだった〕。ホールに到着すると、私の前には枢機卿や司教や将軍たちが並んでいました。彼らは、多分、私がムッソリーニの賓客だと思ったのでしょう。私は権威について、いかにそれが有害か、いかにそれが破壊的かについて話しました。翌日、私が再び話した時、聴衆は一人の老婦人だけになっていました。」彼の生涯の仕事が人々の生き方に何らかの影響を及ぼしたと思うかとモンゴメリーに尋ねられると、Kはこう答えた。「少しばかり、ええ。が、多くではありません。」

自分の語るべきことを二つの講話に要約しなければならなかった今回の方が、オーハイ、ザーネンおよびブロックウッド集会、ならびに定期的な訪問先だったインド国内のいくつかの場所で連続講話を行なった時よりも、Kはずっと手際がよかった。これらニューヨーク講話の最初のそれの中で、アメリカ人の生活のかくも大きな部分となっている精神分析について彼は語った。「何か悩み事があると、私たちは小走りで精神分析者の許を訪ねます――彼は現代の司祭なのです。彼が私たちのちっぽけでくだらない問題を何もかも解決してくれるだろう、そう私たちは思っているのです。分析は、分析者と分析されるものを含意しています。分析者とは誰なのでしょう？　彼は分析されるものとは別者なのでしょうか？　それとも、彼は分析されるものと同じなのでしょうか？」Kが分析者と分析されるものについて言っていたことは、観察者と観察されるもの、思考者と彼の思考について彼が長年言ってきたことと同じことであった。それらの間には何の相違もないというのである。これはすべての内面的断片化に言えることであると彼は主張した。「あなたが怒っている時、」彼は言った、「怒りはあなたなのです。あなたと怒りは別々ではないのです。あなたが貪欲で、妬み深い時、あなたはすなわちそれなのです。」

彼はニューヨークの聴衆に、どうか講話の前後に拍手をしないようにと嘆願した。「もし拍手したいのであれば、どうかご自分の理解に対して拍手するようにしてください。……話し手は指導者であること、グルであること——そういったすべてのくだらないナンセンス——には何の関心もありません。私たちは、人生、とてつもなく複雑になってしまった人生の中の何かを理解しようとしているのです。」

二回目の講話の終りに、彼が起立し、退席させていただきたいと申し出た時、いくつかの質問が彼に出されたので、彼は明らかにやや狼狽した。彼は二つ以下にしてほしいと懇願した。最後のそれは「神とはどういうものなのか、ご説明願えないでしょうか？　神は存在するのでしょうか？」というものであった。これに対してKはこう答えた。

私たちが想像力で神を作り出したのです。思考が神を考え出したのです。すなわち、私たちが、不幸、絶望、孤独、心配から、神と呼ばれているものをでっち上げたのです。神が自分そっくりに私たちを作ったのではありません——そうだったらよかったのですが。個人的には私は何も信じておりません。話し手はただ物ごとにあるがままに、事実にそのまま直面し、あらゆる事実、あらゆる思考、すべての反応の性質に気づくようにしているだけです——彼はそういったすべてにひたすら気づくようにしているだけなのです。もしもあなたが恐怖や悲嘆から自由であれば、神の必要はないのです。[65]

彼が起立した時、拍手しないで欲しいという彼の嘆願にもかかわらず、拍手喝采があった。

＊

オーハイで、四月に、K、デヴィッド・ボーム、オーハイで個人的に開業している精神科医ジョン・ヒドレー博士、および当時ハイデラバードの国際穀物研究所のコンサルタントだったルパート・

シェルドレークとの間で、「精神の性質 The Nature of the Mind」に関する討論が各一時間ずつ、四回連続で催された。カラーでビデオテープに録画されたこれらの討論は、精神的健康の促進に対してかなりの補助金を出していた私的機関、ロバート・E・サイモン財団によって後援されていた。これらのテープに対して早速、上映するためそれらを購入または借用することができる様々な大学や訓練センターから要望があった。それらはまた、ニューヨークを含むいくつかの有線テレビ局でも放映された[66]。

Kは、五月の八十七回目の誕生日には特に健康で、活気に満ちているように思われた。彼はメアリーに告げた。「このところ毎晩、瞑想が私の目を覚まさせるのです。」「他在 the other」が常に彼と共にいたのは、彼の瞑想中であった。彼は、『ノートブック』（一一二頁）中で、この瞑想によって夜中に目覚めさせられることがどのようなものかについて述べている。

瞑想はその時自由そのものであり、それは美と静寂の未知の世界に入って行くようであった。それはイメージもシンボルも言葉も、記憶の波もない世界であった。毎瞬ごとの死の中に愛があり、そして各々の死ごとに愛が戻ってきた。それは執着でなく、いかなる根も持っていなかった。それは絶え間なく開花し、そしてそれは境界、入念に築き上げられた意識の垣根を焼き払う炎であった。瞑想は喜びであり、それと共に祝福が訪れた。

六月にKはロンドンのバービカン・ホールで二回の講演を行なうことになった――英国内で、フレンズ・ミーティング・ハウスよりも大きなホールで彼が話したのはそれが最初だった――が、ホールが超満員だったにもかかわらず、この講話は成功ではなかった。最初のそれでは、ラウドスピーカーが働かなかった。二番目のそれでは、Kは、その場所の雰囲気を嫌ったため、最善の状態からはほど遠かった。アーティストたち専用の別の入口がなかったため、彼らは正面玄関を通ってホールまで行かねばならなかった。これを敢行することができなかったので、Kは業務用エレベーターに乗せられなければならなかった。

今やラジガートからのパルチャー博士が、Kの行く先々に共に旅するようになっており、そしてこの年には、チューリッッヒのバーチャー-ベナー診療所を引退したダグマー・リーティ博士がザーネン集会に居合わせ、Kの健康についてパルチャー博士と打ち合わせるためタンネグに出向いた。同診療所はリーティ博士の叔母によって開設されたもので、Kは一九六〇年にそこで診察してもらったことがあった。彼らは、ブロックウッド集会後にそこで催される予定だった科学者たちのセミナーを取り消し、彼がいることが知られずにすむどこかの場所で真の休暇をとるべきだと示唆した。彼はこれに同意した。自分の活動の間隔をもっとあけるべきだと、彼自身が了解し始めていた。ザーネン集会後疲労を感じていたにもかかわらず、彼は別の一まとめの『学校への手紙』を八月一日から十二日にかけて、一日に一通ずつ口述した。それから九月には、彼はメアリーと共にフランスに行き、ブロア付近のホテルで二週間余り滞在した。ドロシー・シモンズは彼らと一緒に一週間滞在した。それはKの人生で最後の真の休暇であった——何の講話も、討論も、会見もなく、そしてこの時だけは、彼が休息している間に彼の頭が彼を悩ませることはなかった。

十月末に彼がインドに行く前に、私は彼に彼の『日記』を続けるように懇願した。私は、彼はあまりにも話してばかりいて、少しも書いていないと感じていた。書くよりも話す方がずっと容易であり、そして彼の講話には寂しいことに彼の美しい自然描写がなかった。彼は、両手がとても震えるようになったので書くことが非常に難しくなったのだと言った。そこで私は、彼が一人きりでいる時にテープレコーダーに向かって口述すればいいのではないかと示唆した。彼はこの考えが気に入ったが、しかしインドにいる間は時間が持てないだろうと言った。

インドでは、いつもの場所でのすべての講話に、さらに彼が一度も話したことがなかったカルカッタでの非常に成功した四回の講話が加わっただけでなく、ププル・ジャヤカール、スナンダおよびパーマ・パトワルダーン夫妻とパーマの兄アチュイト、それに著名な学者ジャガンナース・ウパディヤーヤを含む、長年にわたり彼を取り巻いてきた一群の人々との果てしない討論があった。[67]ヨーロッパとアメリカではKはよくベッドで朝食をとり、予約がないかぎり正午まで起きなかったのに対して、インドでは彼は降りて行って友人たちと朝食を共にし、話が始まった。数人の人々が加わって質問を交えながら討論するというのが、インドでは特に好まれる哲学的および宗教的教えの探究の仕方だった。これは疑いなく知的理解にとっての最善のやり方だったが、しかしそれはあの直観的飛躍――それによって何人かの人々がKが言っていることをより容易に知覚する、そういう直観的知覚――を阻むように思われた。K自身はインドでのこれらの討論によって刺激された。彼はゆっくりと、論理的に、一歩一歩彼の哲学に入っていく方を好んだ。また、言われたあらゆることに疑義を呈することがインド的なやり方だった。これをKは完全に認めた。なぜなら、何の疑いもなしに他の誰かの言葉を受け入れることは、彼にとっては、自己理解による真理の発見への打ち勝ちがたい障害だったからである。

リシヴァレーでは、ププル・ジャヤカールの娘ラディカが今や教頭として、まだ校長だったナラヤンと緊密に連携し合っていた。彼女はアメリカの大学からサンスクリットおよび仏教研究で哲学博士号を取得し、カナダ人の教授ハンス・ハーツバーガーと結婚していた。Kは学校が良い仕方で運営されていることをとても喜んだ。インド各地から集まった三百四十名の有料の生徒がおり、そのうちの三分の一が女子で、十パーセントが奨学金を受けていた。リシヴァレーは校はインドで最良の学校の一つだという評判を得ていた。

一九八三年二月にオーハイに戻ると、Kは彼の『日記』の続きを口述し始めた。彼は最初の一篇を、ベッドで朝食をとった後、一人きりで自室にいる間に新しいレコーダーに向かって口述し、そして毎日ではないが、四月初めまでこうした口述を続けた。これらの篇のほとんどは自然描写で始まり、毎日が彼にとっては本当に新しい一日、今まで一度もなかったような一日であることを示した。多くの人々にとって、これらの描写は全存在を活気づかせ、それによって引き続く教えを直観的に受け入れやすいようにする。翌年の三月に再びオーハイで、自室に一人でいる時に彼はさらに三篇を口述した。彼の死の二年前に出来《しゅったい》したこれらは、われわれが持つことになった彼の個人的な省察の最後のものとなり、そして偶然だが、最後のそれは死についてである。彼は、よく晴れた春の美しい朝、散歩中にいかにして自分が道の上に横たわっている「黄色と鮮紅色の」一枚の枯れ葉を見たかについて述べた。「なんとその葉は美しかったことか、」と彼は言った。「その死においてなんと単純で、なんと生き生きし、木の全部ならびに夏の美しさと活力にあふれていたことか。不思議にもそれは萎《な》えてはいなかった。」彼は続けた。

なぜ人間はかくも惨めに、かくも不幸に、病気で、老年で、老衰で、萎んだ醜い肉体と共に死ぬのだろう？　なぜ彼らは、この葉のように自然にそして美しく死ぬことができないのだろう？　われわれの何が狂っているのだろう？　すべての医師、医薬、病院、手術、生きることの苦悩、快楽にもかかわらず、われわれは尊厳をもって、単純さ、そして笑顔と共に死ぬことができないように思われる。……あなたは子供たちに読み書きや数学を教え、諸々の知識を身につけさせるが、彼らはまた、人が最後に直面しなければならない死についても、ぞっとさせる不幸な出来事としてではなく、日常生活の一部として――青空や葉の上のバッタを見つめるといった日常生活の一部として――教えられ、その偉大な尊厳に気づかされるべきである。それは、幼少期の歯の成長や様々な病気に伴う不快を味わうことと同様、学びの一部なのである。子供たちには並外れた好奇心がある。もしもあなたが死の性質を見抜けば、あらゆるものは死ぬ、塵は塵に帰る［訳註1］等々と彼らに言って聞かせたりせず、それについて恐れずに、優しく説明し、生きることと死ぬことは一体なのだと彼らに感じさせるようにするであろう……

復活などはない。それは迷信であり、独断的な信念である。地上、この美しい地球上のあらゆるものは生き、死に、生まれ出てはまた萎み去っていく。この生の運動をまるごと把握するには英知が必要であるが、しかしそれは思考や本や知識の英知ではなく、感受性を伴う愛と慈悲心の英知である。……人がその枯れ葉とそのすべての美と色彩を見つめていると、多分人は深く理解し、気づくだろう

［訳註］
（1）dust to dust：「なんじらは塵なれば塵に帰るべきなり」という創世記中の言葉を簡略化したものと思われる。

――自分自身の死がどういうものであるべきか、その終りに臨んでではなく、初めに。死は身の毛もよだつほどの何かでも、避けられるべき何かでも、延期されるべき何かでもなく、むしろ日々共にあるべき何かである。そしてそれから、とてつもない無辺際の感覚が起こる。(68)

第19章「あなた方は急いで理解しなければなりません」

一九八三年四月にKは再びニューヨークに行き、カーネギーホールよりもさらに大きな収容能力のある、マディソンスクエアガーデン内のフェルト・フォーラムで講話を行なった。『イースト・ウエスト・ジャーナル』のために彼にインタビューした二人の記者はこう論評した。「われわれが会ったのは、限りない忍耐の持ち主のように思われるが、しかし同時に激情と使命感をあらわにする、上品で内気な人物だった。……彼の明晰さと洞察に満ちた評言は何度もわれわれを追いつめ、ここには真に自由な人間、作為をこらさずに、私が一種の霊的《スピリチュアル》［宗教的］無政府状態と感じているものに至った人――正統派的イデオロギーや宗教とはまったく無縁なところで、深く道徳的で神聖な生き方をしている人――がいるという実感が残った。」［訳注1］

ニューヨーク講話に続いたオーハイ集会では、Kの生涯についての無省略版天然色映画《カラーフィルム》が上映された。これは、アメリカ財団の理事の一人、イーブリン・ブローが五年がかりで製作したものである。『変化への挑戦 *The Challenge of Change*』と題され、ミカエル・メンディツァによって監督さ

［訳註］

（1）『私は何も信じない――クリシュナムルティ対談集』（コスモス・ライブラリー）所収の「私は何も信じない」を参照。

れ、アメリカ人俳優リチャード・チェンバレンによる朗読を付されたこの映画が全部終わるまで、Kはじっとしていた。これは彼には非常に稀なことであった。なぜなら、彼はけっしてテレビで彼自身を見たり、彼のラジオ・インタビューを聞いたり、ましてや彼自身の本のどれにも目を通したがらなかったからである。彼は、スイスやインドの美しい場面のあるこの映画を明らかに楽しんでいた。それは米国の様々な都市で一般上映されて、非常に大きな成功を収めた。

六月にKとメアリーがブロックウッドに到着してから間もなく、ドロシー・シモンズが心臓発作に襲われた。彼女はかなり回復したが、十四年間見事にそうしてきたようには、学校のすべての重責を担うことはできなくなった。彼女は引退したが、夫と共にブロックウッドで暮らし続けた。その夫自身も数年前に引退していた【次頁、脚注1】。結局、同校でダンスを教えていたカシーという名の南アメリカ出身の少女と結婚していた若いアメリカ人、スコット・フォーブスが新しい校長に任命された。ブロックウッドで十年ほど働き、主としてビデオ製作（今やカラー装置を備えていた）を担当していたスコットは、広く旅し、一時期パリに住み、ジュネーブでちょっとした骨董品の商いをしていたのだが、ある夏にたまたまザーネンに行き、そこでKに巡り会った。彼はある講話を聞いて、魅了されてしまった。彼は、自分の活力をすべてそのまま維持しながら、Kのために働くようになるにつれて、生き方をすっかり変えてしまった。彼が校長に任命された後、彼女の妻がビデオの責任を引き継いだ。

一九八三年のザーネン集会後になおもグスタードにいたKは、今や彼の最も大事にしていた願い——人々がもっぱら彼の教えを学ぶという目的のために行くことができる、学校からは完全に独立した成人用のセンターをブロックウッドに建てるという――を彼が遂げることを可能にした人物に会うことになった。この中年の人物はフリードリッヒ・グローエというスイス在住のドイツ人で、浴室と台所の蛇口の製造で国際的に知られていた家業から四年前に引退していた。一九八〇年に彼の本の一つ（『答えられない質問 *The Impossible Question*［邦訳『英知の探求』たま出版］）を読んだことが、彼の言葉を使えば、彼のその後の人生行路を決定した。彼はぜひともスイスでクリシュナムルティ学校を始めたいと思っていたので、タンネグにいたKに会いにやって来たのである。Kは、教師を見つけることがいかに困難かを伝えることによって、グローエがこの行動を起こすのを思いとどまらせた。（Kが彼に結婚しているかどうか尋ね、彼がいいえと答えた時、Kは彼の腕をぎゅっとつかんで「結構です」と言った。）【脚注2】。翌年、ブロックウッド訪問の折に、フリードリッヒ・グローエは、学校を始めるかわりに学習センターの建設に資金を出すことにしたいと示唆した。Kはこの提案を熱烈に歓迎した。美しい敷地が、校舎の近くに、だがそれからは見えない場所に選ばれた。その南の方には、けっして建物を建設することができない野原が途切れなく見渡された。Kはスコット・フォーブスに、建築家を見つけ、概要計画の許可を取得する仕事を委託した。

一九八三―四年にかけてのその冬のインドでの全プログラムの後、Kは、かなり疲労困憊したま

【脚註】

（1）モンタギュー・シモンズは一九八六年に、またドロシーは一九八九年に死んだ。ドリス・プラットもまた一九八九年に死んだ。

（2）フリードリッヒ・グローエはその後、英国とインドの両財団の理事に任ぜられた。

ま、オークグローブ初等学校に隣接させて、オーハイに中等学校を始めることから起こる問題に対処するため、二月にオーハイに戻った。三月に彼は、ニューメキシコ州ロスアラモスの国立研究調査センターのM・R・ラジュ博士に招かれて、「科学における創造性」に関するシンポジウムに参加した。米国におけるこの原子力研究センターは、Kのために刺激的な新しい聴衆を提供した。三月十九日の午前八時に、約七百名の科学者たちに向かって一時間余りにわたり、知識は不完全なのでけっして創造的ではありえないというテーマについて語った。彼はこう結んだ。

間違いなく、創造は思考が静まっている時にのみ起こりうるのです。……科学は、次々により多くの知識を蓄積していく運動です。「より多く」は測定であり、そして思考は物質的過程なので、測定されうるのです。知識はそれ自体の限られた洞察、それ自体の限られた創造性を備えていますが、しかしそれは葛藤をもたらします。私たちが話しているのはホリスティックな洞察、その中にエゴ、「ミー」、パーソナリティが少しも入り込んでいない、そういう洞察のことです。それがある時にのみ、この創造性と呼ばれているものがあるのです。おわかりでしょうか。

翌朝Kは、ロスアラモス国立研究所の特別研究員に限られた、より少数の聴衆に向かって、質問に答えた。彼に手渡された十五の質問のうち、彼は最初と最後のものにだけ答えた。最初の質問「創造性とは何なのですか？　瞑想とは何なのですか？」に対する答えが、割当てられた一時間半のほぼ全部を塞ぎ、彼は前日に言ったことの多くを繰り返した。瞑想について彼は言った。「意識的瞑想は瞑想ではありません。私たちが教え込まれてきた意識的、意図的な瞑想、足を組んだり、横になったりして行なうそれ、あるいは一定の語句の反唱から成るそれは、瞑想すべくなされる意図的、意識的な努力なのです。話し手は、そのような瞑想はナンセンスだと申し上げます。それは願望の一部なのです。平安な精神を持ちたいと願うことは、良い家、良い服を持ちたいと願うことと同じことです。意識的瞑想は、他の種類の［真の］瞑想を駄目にし、妨げるのです。」

最後の質問は「もしあなたが国家防衛の責任を担い、物事の現状を認識しているこの研究所の所長だったら、研究所の活動と調査研究をどのように指導されますか？」というものだった。Kはこれに対して部分的に次のように答えた。

すべてのナショナリズム、すべての宗教を忘れよう、一人の人間として問題を解決しよう——破壊をもたらすことなしに一緒に生きよう。もしも私がそのように言う人々のグループを持つなら、もしも私たちが、一つの目的のために絶対的に献身し、私たちが話してきたすべてのことに関心がある人々のグループとしてロスアラモスに結集し、それらのために時間を費やすなら、その時には多分何か新しいことが起こりうるでしょう。……が、誰もグローバルなものの見方をしません——「私の」国へのではなく、全人類へのグローバルな感情を持っていないのです。もしもあなた方が、話し手がしてきているように世界中を巡り歩いてみれば、涙なしに余生を過ごすことはできないでしょう。平和主義は軍国主義に対する反動です。それ以上でも以下でもありません。話し手は平和主義者ではありません。かわりに彼は、こういったすべてのことの原因を見つけましょうと言います——もし私たち全員が一緒になって原因を探せば、その時には解決が見出されるのです。が、各々が原因についての異なった意見を持っており、自分自身の意見、歴史観といったものに固執しているのです。それが現実なのです。

聴衆の一人　もしそう言ってよろしければですが――あなたは私たちを納得させました。

クリシュナムルティ　私は何も納得させようとはしていません。

聴衆の一人　私が言いたいのは、私たちがこのことを本当に理解して、その方向に向かって何かをしようとする時、なぜか私たちには必要なエネルギーが欠けているように思われるということです。……私たちを実際に押しとどめているのは何なのでしょう？　私たちは家が火事になっているのを見ることができるのですが、それでもまだ火を消すために何もできないのです。

クリシュナムルティ　家は向こうの方で燃えていると私たちは思っていますが、実はすぐ目の前で燃えているのです。私たちは先ず最初に自分の家を整頓しなければならないのです。(69)

Kは四月にニューヨークのフェルト・フォーラムで再び講話を行ない、その後国連のダグ・ハマーショルド・ライブラリー・オーディトリアムでのパセム・イン・テリス・ソサエティ［Pacem in Terris Society：地に平和を協会］のゲスト・スピーカーとなった。彼は、今回は、同じことを同じ言葉で繰り返して言うことはけっしてなかったが、以前の講話で言わなかったことは何も言わなかった。(70)

Kがその春にブロックウッドに到着した時、彼は自分の部屋に、彼にとって大きな楽しみとなったコンパクト・レコードプレーヤーが設置されているのを見つけた。彼が最もしばしばかけた作曲家はベートーベンで、すぐ次がモーツアルトだった。が、彼はほとんどの古典音楽とインド音楽、とりわけ詠唱を好んだ。スコット・フォーブスは、Kの死後私に次のように書くことになった。

数年間、私はしばしば彼の〔Kの〕寝室で彼が朝食をとっている最中に入っていきましたが、それは彼が音楽を聞いている時でした。彼はよくベッドの上で上体を起こして、膝の上にお盆を乗せ、両足をシーツの下でごく柔らかに――ほとんど見えない程度に――音楽に合わせて踊らせていました。そして私はよく彼が聞いていたもののごく一部を聞くか、または後年には彼と一緒に全曲を聞いたものです。それは、それが素晴らしいステレオ・システムだったということとは無関係でした。むしろ、私が慣れていたものを超えた、そして私が彼と一緒に音楽を聞いていた時にごく自然に起こるように思われた、そういう性質の傾聴と関係があったのです。

あいにく、シャレー・タンネグは今は売却されていたので、もはやザーネン集会のために借りることはできなかった。かわりに、グスタードのすぐ上手にあるシェーンリードのシャレーが、タンネグが常にそうだったように、ヴァンダ・スカラヴェッリとフォスカによってKのために使用できるようにされた。Kはそれを、タンネグほどには気に入らなかった。彼は、森を通って川に至るいつもの午後の散歩をし続けたが、しかし今や、散歩を始める前にタンネグまでドライブしなければならなかった。彼らが森に来るたびに、彼は大声で「入ってもいいですか?」と呼びかけるのだった。

その年の九月に、インドおよび米国からの理事たちの何人かが、国際集会に出席するためブロックウッドに来ていた。Kが米国にいる間にスコット・フォーブスが建築家を見つけており、この建築家は設計図を作成しただけでなく、Kが設計図を解読できなかったので模型も作らせてあった。模型を見た時、Kはすぐにそれに嫌悪を示した。彼は、それがモーテルのように見えると言った。

そこに滞在していた理事たちは彼に同意した。同じ建築家と続けるよりはむしろ、スコットは他の建築家を探すことに決めた。仕様は、各々がシャワーとトイレ付きの二十の小さな寝室と、居間、食堂、図書館、職員宿舎および台所がそれぞれ一つ、そして何より重要なことは「静かな」部屋であることで、モーテルの外見から隔たったものであることという、建築家に対する挑戦であった。Kはこう書いていた。「その中であなたが静かになるための部屋であること。部屋はそのためにのみ使われること。……それは、場所全体を暖める暖炉のようなものです。……もしあなたがそれを持たないなら、このセンターは単なる通路、人々が出入りし、働いたり活動したりするための場所になってしまいます。」Kは、建物のために使用されるすべての材料は最高級のものであるべきだと言い張った。彼は隅々にまで最高水準の仕上がりを欲したのである。

他の数人の建築家にやらせてみた後、スコット・フォーブスはキース・クリッチローのことを、偶々彼についての記事を読むことによって聞き知った。彼の建物は英国内には一つもなかったが、彼はスコットに、たいていは宗教的な建物向けの彼の海外での作品の写真を見せた。翌年六月にクリッチローはブロックウッドでKに会うよう求められ、そしてKは直ちに彼が適任者だと感じた――彼のスケッチからよりも、より多く彼の人柄と会話から。英国人であり、また教鞭を執っていた王立美術大学の評議員だったが、クリッチローは英国内で営業する資格がなかったので、トリアッドという英国の会社が彼の計画を実施するために参画させられた。

概要計画許可申請書が一九八五年二月に却下された。三月にそれに対する抗議が行なわれた時、申請書が不完全であることが判明し、そのため申請も却下も無効になった。それゆえ別の申請書が五月に提出され、八月に許可されたが、詳細申請書が許可されたのは一九八六年二月二十六日になってからだった。

メアリー・ジンバリストは、マリブで彼女のために働いていたイタリア人の老メイドに会うため、一九八四年の秋にブロックウッドからローマに行き、一泊しなければならなかった。彼女が戻ると、Kは彼女に言った。「あなたが離れている時は、私にはひどくこたえます。あなたはあらゆることを急いで理解しなければなりません。私はあと十年間生きるかもしれませんが、あなたが理解しなければならないのです。」彼はこの当時しばしば、彼自身に完全に客観的に言及して、彼女にこう言っていた。「あなたは私より長生きして、この人物の面倒を見なければなりません。」彼は当然ながら、彼の死後若い人々が引き継いでいけるよう彼らを励まし、訓練することが急務だと痛感するようになっていた。

一九八四年十月二十八日、Kはメアリー・ジンバリストと共にデリーに到着し、ププル・ジャヤカールの許に一週間滞在することになった。三日後、同じ市街に住んでいたガンディー夫人が暗殺された。この戦慄的な出来事はその冬のKのインドでの残りの滞在中ずっと影響を与えたが、しかしそれは、彼が滞在した三週間にわたりラジガート、マドラスおよびボンベイでの彼の通例の講話を行なうことも、また、リシヴァレーの教師と生徒たちに向かって毎日彼が話すことも妨げることはなかった。いつものように、彼はボンベイからオーハイへの旅の途中で、一九八五年二月にブロックウッドに四日間滞在した。二月十七日にロサンゼルスへ飛んだ時、彼には翌年のちょうどその日までのわずか一年の時間しか残されていなかった。

三月に彼は年一回の定期検診を、オーハイから十六マイル離れたサンタ・ポーラで、新しい若い医師ガリー・ドイッチュ博士から受けた。この医師は、ロサンゼルスにいるKの前の医師が、オーハイにもっと近い開業医にかかるように彼に助言した時、メアリーの友人によって推薦されていた。Kはただちにドイッチュ博士の許におもむいた。これは、彼の最後の病気に際して彼を看取ることになった医師である。

第20章　「私の人生はあらかじめ計画されていたのです」

Kは一九八五年にはニューヨークで語らなかった。これは著作家で、一時期ホワイトハウスのスピーチ・ライター〔演説草稿書き〕であったミルトン・フリードマンが、ワシントンDCのケネディー・センターでKが二回の講話を行なうよう事前に手配していたからである。その前に、しかしながら、国連の四十周年に際して再びパセム・イン・テリス・ソサエティ〔三〇八頁参照〕で語った。今回は聴衆は少なく、また、彼が話すことになっていたホールでの何らかの混乱のせいで三十分ほど待機させられた。講話が終わって建物を去るに際し、彼はメアリーに言った。「国連はもう結構《ノー・モア》。」

Kがワシントンで語ったのは、これが最初で唯一のことであった。ホールには一つの空席もなかった。新しい、真面目な興味を持った、聡明な聴衆に向かって話し、彼は再び彼の力の絶頂に達した。彼が何か新しいことを言ったわけではなかった。むしろそれは彼から発せられた光輝、彼の声に込められた力と確信、彼の言葉遣いの響きであった。二回目の講話には、悲しみについてのとりわけ美しい一節があった。

　悲しみがある時、愛はありません。あなたが苦しんでおり、あなた自身の苦しみにとらわれている時、どうして愛がありうるでしょう?……悲しみとは何なのでしょう? 悲しみとは自己憐憫でしょうか? どうか調べてみてください。私たちは、そうだ、またはそうではないと言っているのではありません。……悲しみは孤独――絶望的になるほどの孤独感、孤立感――によってもたらされるのでしょうか?……悲しみが実際に私たちの中にある時にそれを見つめ、それと共に留まり、それを保持し、それから逃げ去らないようにすることができるでしょうか? 悲しみは、苦しんでいる人とは異なるものではありません。悲しんでいる人は逃げ去り、逃避するために、ありとあらゆることをしたがります。が、あなたがそれを見つめてみれば、けっしてそれから逃げたりせず、ちょうど子供を、愛らしい子供を見て抱きかかえるようにしてみれば――その時には、もしもあなたが本当に深くまで見つめてみれば、悲しみが終わっているのに気づくことでしょう。そして悲しみが終わる時、熱情が起こるのです。欲情でも、感覚的刺激でもなく、熱情が起こるのです。[71]

一回目の講話の二日前に、マイケル・カーナンによるKとの長いインタビューが『ワシントン・ポスト』にでかでかと掲載された。カーナンは、Kの初期の人生についての要約的報告をすると同時に、彼の所見のいくつかを引用した。「あなたが執着を完全に終わらせる時、愛が現われるのです。」あるいは「自分自身について学び、自分自身を理解するためには、いっさいの権威を脇にどけなければなりません。……話し手を含む他の誰かから学ぶべきことなど何もないのです。……話し手はあなたに教えるべきことなど何も持ち合わせていません。話し手は単に、その中であなたが自分自身を見ることができる鏡の役を果たしているだけです。ですから、あなたがはっきりと自分自身を見ることができたら、鏡を捨て去ってかまわないのです。」

別のインタビューで彼はこう尋ねられた。「たとえ聴衆の誰かがあなたの示唆を真に受けて、実際に変わるとしても、一人で何ができるというのですか?」これに対してKは次のように答えた。

「それは間違った質問です。変わりなさい……そして何が起こるか見てごらんなさい。」また、四月十八日の「ボイス・オブ・アメリカ」のためのラジオ放送の中で、アメリカにおける宗教的復興［信仰復興運動］についてどう思うかと尋ねられた時、彼は答えた。「それは少しも宗教的復興ではありません。復興とは何なのですか？　過ぎ去った何か、死んでしまった何かを復興させることではないでしょうか？　つまり、あなたは半ば死にかけている肉体を生き返らせること、大量の宗教的薬物を注入することはできるでしょうが、しかし生き返った後の肉体は以前のものと同じ古い肉体です。それは宗教ではないのです。」インタビューの後の方で彼は次のように言った。

もしも人間が神や祈り——そういったすべてはあまりにも幼稚で、あまりにも未熟です——によらずに根本的に変わり、自分自身の中に根源的な変異《ミューテーション》［変容］を引き起こさなければ、私たちは自滅してしまうでしょう。心理的革命は今《いま》可能なのです、千年後にではなく。私たちはすでに何千年も生きてきましたが、以前として野蛮人です。ですからもし私たちが今変わらなければ、明日もあるいは千日後も依然として野蛮人のままでしょう。……もし私が今日戦争を止めなければ、明日も戦争に行くでしょう。ですから、ごく簡単に言えば、未来は今ここにあるのです。

ワシントンで極点に達した後にKが通例のオーハイ、ザーネン、ブロックウッド、インドでの年次講話を続けなければならないことは、気の毒なことであった。この年の彼の講話にはちょっとした衰えがあったが、九十歳では意外ではない。前年に彼がシェーンリードをひどく嫌ったので、フリードリッヒ・グローエは、その年の集会のために、ルージュモンにある彼自身のフラットを彼に貸した。そこは、グスタードから約五マイル離れた同じ峡谷の中に所にあった。彼はメアリーと共にここに滞在し、一方ヴァンダとパルチャー博士は同じシャレー内のより大きな賃借フラットを占有した。フォスカはとうとう仕事をあきらめなければならなくなり（彼女は八月に九十歳で死んだ）、そのため、ブロックウッドでキッチンを担当していたラーマン・パテルが彼らの面倒を見た。Kは、午後の散歩を始めるために、［前年に］シェーンリードからそうしたように、ルージュモンからタンネグまでドライブした。最初の散歩の際にKは、「私たちが歓迎されているかどうか確かめるため」、自分だけ先行して立って森に入った。

　上天気の下で催された集会中、Kはまったく健康が優れなかった。ある晩彼はひどく具合が悪くなったので、彼はメアリーに言った。「どうやら最後の時を迎えつつあるのかもしれません。」彼の旅行を削減するため、講話の間に開催された国際理事会合で彼は、ザーネンでもう一夏催した後は、集会はブロックウッドで開催したらどうかと提案した。が、講話が終わる前に、理事の何人かがルージュモンに行って、ザーネンではもう一度も集会を開かないよう彼に強く促した。Kはその提案を慎重に考慮し、それに同意した。再びそこに居合せていたリーティ博士とパルチャー博士は、医学的根拠に立ってこの決定を大いに是《ぜ》とし、翌日テントの中でそれが発表された。

　七月二十五日の最後の講話で、Kは大いなる思いを込めて言った。「私たちはこの上ない上天気に恵まれ、快い朝、麗しい夕方、長い影と濃青色の谷間、澄んだ青空と雪を眺めました。一夏中こんなふうだったことは今まで一度もありませんでした。山も谷も、木も川も、すべてが私たちに別れを告げているのです。」

　まったく偶然に、マーク・エドワーズが集会の写真を、テントの設営から最後の講話の終了まで撮るため、その夏ザーネンに来るよう要請されていた。従って、二十四年後のこの最後の集会を記録するためにそこに居合せたというのは、幸運な偶然の一致であった。[72] マークが写真を撮るためにルージュモンのシャレーに行った時、Kはすぐに彼が新しいカメラ――ライカのかわりにニコンSA――を持っていることに気づいた。その新しいカメラの中にはフィルムが入っていなかったので、マークはバックを開けて、Kに新たに設計されたシャッターを見せた。Kはカメラをつかんで、それを窓際まで持って行ってかまわないかと尋ねた。それから彼は完全な注意を払ってその美しいメカニズムを長い間じっと見つめてから、それを丁重に戻した。

その後夏の間中ずっとKは、集会後にルージュモンでぐずぐずしている時に、あるジレンマに直面させられた。旅することは彼にとってあまりにも難儀になりつつあったが、一方、彼は一ケ所に長く滞在することはできなかったからである。彼はあまりにも過敏になっていたので、もし彼が長居し過ぎれば、人々が彼に注目を浴びせかけると感じた。それは彼にはもはや耐え難い圧力であった。それでも彼は講話を行ない続けなければならない。話すことは彼の存在理由《レーゾンデートル》だったのである。彼は、彼自身の中になおも深く探りを入れるための新たな霊感を得られるように、彼に挑んでくれる誰かを切実に必要としていた。が、もはや誰もそうすることができない、と彼は言った。彼は、デヴィッド・ボームとも、インドのパンディット・ジャガンナース・ウパディヤーヤともそれ以上先に進めなくなっていた。彼がニューヨークに行った都度、彼のためにシャインバーグ博士によって手配された心理学者たちとのセミナーは、ブロックウッドでの科学者たちとの会合と同様、つまらなくなり始めていた。過去数年間にかけて、彼はポリオ・ワクチンの発見ジョナス・ソーク、

［ノーベル医学賞受賞者］モーリス・ウィルキンズ教授、作家のアイリス・マードックなどと数回の討論を行ない、また、バーナード・レヴィンを含む無数の人々によってテレビでインタビューされたが、しかしそのどれも新鮮な霊感を与えてはくれなかった。より博識に人がなればなるほど、より多く読めば読むほど、より記憶力が良ければよいほど、よりいっぱいに彼の頭に中古品の知識を詰め込まれていればいるほど、それだけKはその人を理解することが困難であることを見出した。彼の会見者たちは、彼を他の宗教的教師、他の哲学者たちと比較し、何らかの仕方で彼を分類整理しようとした。彼らは彼の言葉に、彼ら自身の偏見と知識のスクリーンを介さずに耳を傾けることができないように思われた。

Kはその冬のインドでのプログラムを短縮し、一九八六年には米国で一度だけ連続講話を行なうつもりだった。彼は、一度も行ったことがないトロントで講話を行なおうと思ったが、もし身体の具合が悪くなればそれらをキャンセルしなければならなくなる恐れがあった。彼は、自分の問題への答えを見出そうと、ルージュモンでメアリーに長々と話しかけた。ちょうどその時、あるギリシャ人夫婦から、ギリシャの島で彼らの許に滞在するよう彼とメアリーに求める手紙が届いた。Kはその気にさせられ、地図の上にその島を見つけ、それから十分な影があるかどうか気にした（彼はかつて日射病にかかったことがあり、日なたで散歩したり坐ったりすることには耐えられなかった。）

Kは、まだルージュモンに滞在中のある日、メアリーに向かって言った。「それが見守っています。」メアリーは注記した。「彼は、彼に起こることをまるで何かが決めているかのように言う。いつ彼の仕事が成し遂げられ、従って、暗に、いつ彼の寿命が尽きるかを『それ』が決めるだろうと。」別のある日、旅行計画を練っていた時に彼と交わしたやりとりを彼女は書き留めた。

K　それは脳に対する物理的な影響ではありません。何か他のものなのです。私の人生はあらかじめ計画されていたのです。それは私にいつ死ぬかを告げ、いつ終わるかを知らせるでしょう。が、「私はあと二回の講話しか行なうつもりはない」などと言うことによって、「それ」に干渉しないように気をつけなければなりません。

M　あとどれくらいの時間をそれが与えてくれると思いますか？

K　十年ほどでしょう。

M　さらに十年間話すという意味ですか？

K　私が話すのをやめたら、それで終わりです。が、私は身体に無理をさせたくありません。一定量の休息は必要ですが、それ以上は不要です。私のことを知っている人が誰もいない静かな場所で「休息できるといいのですが」。が、あいにく人々は私のことを聞きつけてやって来ます。

彼はこの時メアリーにもう一度、彼について――彼と共にいることはどのようなものか、彼が何を言ったかについて――の本を書くべきだと告げた。彼はまた彼女にメモをとるよう頼んだ。「もし私が言おうとしていることによって誰かが傷つくとすれば、それはその人が教えを聞かなかった証拠である。」

国際会合に出席していたエルナ・リリーフェルトがカリフォルニアに戻るために去る前に、Kは彼女とメアリーに、彼がオーハイにいる間に彼に何か仕事をあてがうよう心がけてほしいと頼んだ。

彼はそこに坐って何もしないでいるために行くのではないが、しかし彼女たちは彼を喜ばせるために物事を手配してはならないのである。「それはあなた方が必要だと思う何かでなければなりません。」翌日の午後森の中を散歩しながら、彼は言った。「おそらく精神《スピリット》がザーネンを去ってしまったせいで、これほど居心地が悪いのでしょう。それはブロックウッドに移ってしまったのです。」

集会中いつものようにフローレンスに戻っていたヴァンダ・スカラヴェッツリが、Kがルージュモンから出発する直前に戻った時、今度の夏には長い休暇をとって、スイスのかわりにイタリアに行くよう彼に勧めた。Kは急に元気になり、興奮した。「フランス側のアルプスやイタリアの山々に行くことができそうですね」と彼はメアリーに言った。彼はフローレンス、ベニスおよびローマにも行きたがった。八月十二日、英国への出発の日に彼はヴァンダに別れを告げたが、それが最後のものとなった。

Kは、ブロックウッドに到着した後非常に疲れ、ある日あまりにも疲れたのでいつもの体操さえしなかった。これはきわめて稀な出来事だった。彼はメアリーに言った。ザーネン集会以来何かが彼の中で起こり続けており、そして「Kに起こるあらゆることをもしも何かが決めているとしたら、それは途方もないことです」と。メアリーは彼に、彼が彼自身の中――彼の態度《マナー》――のある種の変化――「あなたらしくないちょっとした粗暴さ」――に気づいているかどうか尋ねた。「私が他の人々に対して粗暴だというのですか?」と彼は彼女に尋ねた。「いいえ。」「ただあなたに対してだけ?」「そうです。」彼は、うっかり何かをしたことはけっしてないと言った。彼女は急いで変わらなければならないのであり、だからこそ彼は粗暴にしたのだと。「私はあなたに新しい脳をあげたいのです」と彼は言った。が、二週間後に彼は彼女に、自分の怒りっぽさ［短気］を見つめてみたと言った。「私が年をとりつつあるか、または〔彼女にがみがみ言う〕癖がついてしまったのであり、それは私が悪いのであって、やめなければなりません。私の身体は感覚過敏になってしまったのです。私はこれをきわめてしばしば私は立ち去りたくなるのですが、そうしてはいけないのです。私はこれ〔ジレンマ〕をどうにかしようとしているのです。それは許しがたいことなのです。」別の日には彼は彼女にこう言った。「私は重病になってはならないのです。この身体は話すためにあるのですから。」彼の体力は確実に衰えつつあった。彼の散歩は短くなっていった。が、彼は「素晴らしい瞑想」を味わいつつあり、そしてそれは常に「他在 the other」——「他在」が何であろうと——が彼と共にあることを意味していた。

ブロックウッドでの集会は八月二十四日、とびきりの上天気の中で始まった。プロのカメラ班が三回目の講話を撮影するためにやって来ていた。彼らはクレーンを持っていたので、全景を撮影することができた。「花の役割 *The Role of the Flower*」と名づけられたこの映画は、一九八六年一月十九日にテームズ・テレビで放映された。集会を全体として撮った映画としてはこれ以上良いものは望めなかったであろうが、特に良いものになると見込まれていたKとの最後の会見はあまりにも短かった。

Kは今やブロックウッドでは「家をきちんと整理整頓した」が、同様の「整理整頓の仕事」がインドで彼を待ち受けていると感じ、半ばはそれを恐れ、半ばは「しきりにそこに行きいと思」っていた。ある朝、ロンドンへの途中のピーターズフィールドで駅のプラットフォームで待っている間に、彼はメアリーに、彼があとどれくらい生きられるのかとスコット・フォーブスから尋ねられたと告げた。彼は、自分はそれを知っているが、それを言うつもりはないと答えた。「本当にご存知なのですか？」とメアリーは尋ねた。

K　知っていると思います。暗示があるのです。

M　私には教えていただけるのですか？

K　いいえ、それは適切ではないでしょう。誰にも言うことができないのです。

M　時間について少なくとも漠然と把握させてもらうことはできないのでしょうか？

K　スコットは私に、センターがブロックウッドに建てられた時にまだここにいるかどうか尋ねました。いるでしょうと私は言いました。〔センターは一九八七年九月前には完成できなかった。〕

M　人は、不意にKがいなくなるかもしれないと思いながら過ごすべきだということですか？

K　いいえ、そういうわけではありません。しばらくの間はそれは起こらないでしょう。

M　どれくらい長くかご存知ではないのですか？

K　二年ぐらいでしょう。

フォートナムでのその日の昼食の時、彼は自分がいつ死ぬか知っているが、しかし誰にも言うことはできないと私にも告げた。私は二、三年以内かもしれないと推測したが、その日の彼はとても若々しく、活発で、年齢を超越して美しかったので、十年の方がずっとありそうに思われた。彼は老人ではなく、不死の妖精のように見えた。彼は相変わらず注意深く観察し、レストランを見回して人々をいつもと同じ熱心な関心をもって見つめた。

その秋、ブロックウッドで、Kは彼のヨーガ体操のいくつかをスコット・フォーブスに教え始めた。彼は厳格な教師だった。スコットは、彼のしなやかさは並外れており、ずっと若い人でもなかなかお目にかかれないほどであることに気づいたことだろう。彼は、しかしながら、何年もしていた逆立ちはもはや行なわなかった。Kはまたスコットとテープ録音された対話を行なったが、それは彼が彼の学校の一つにいる教師に何を期待したかを示している。彼は、学校への主たる責任を負っている教師のグループが、たとえ知的にであれ、彼が話していることをわかっているかどうか尋ねることから始めた。スコットは、彼らが「他在」がいることに気づき、それに反応したと答えた。それからKはスコット自身の中で何が起こっているかを知りたがった。Kについてどう彼は感じているのか？　Kの教え、およびアメリカ、インド、ブロックウッドで進行しているすべての仕事に対する彼の態度は？　なぜ彼、スコットはブロックウッドにいるのか？　彼が教えに触れたのは、単にK自身がいるからなのか？　彼はKに依存しているのだろうか？　かりにKが明日死んだら？

Kと接触し、「あの気配、あの息づかい、またはあの感情に触れたわけですが、そういったものはKの死後消え去ってしまうのでしょうか。それともその花は育ち、増えていくのでしょうか？……それはおのずから開花するのでしょうか？　環境に依存せずに？　いったんそれが根づけば、何ものもそれを腐敗させることはできません。それは様々な環境に置かれるかもしれませんが、しかし常にそこにあるでしょう。」スコットは、それは「まだ堅固ではありません」と答えた。

「『まだ』という言葉を使ってはだめです」とKは彼に諭《さと》した。「『まだ』は時間を含意しています。あなたはそれが堅固で、強くなり、深く根づき、開花するようにさせますか？　あるいは、それは環境に依存していくのでしょうか？」彼らはさらに会話を続けた。

S　いや、できることは何でもするつもりです……

K　いや、いや、違うのです。あなたが何かをするわけではありません。そのもの自体、種子それ自体が――子宮の中にあるようなものです。あなたは何もする必要はないのです。それは自ずから育つのです。それは育たざるをえないのです。開花せざるをえないのです――この方がぴったりした言い方です。……スコットは種子がそこにあることに気づいているでしょうか？　あまりにも多くの活動、あまりにも多くの組織によって、それが開花するのに十分な空気を与えないことによって、スコットはそれが開花するのを妨げてはいないでしょうか？　一般に起こることは、組織がその成長を妨げるということです。……あなたは、種子が損なわれないよう、思考によって干渉されないように気をつけなければなりません。もしも種子が丈夫なら、あなたは実際それに何もする必要はありません。……あなたの中には少しも葛藤があってはなりません。彼ら〔生徒たち〕は葛藤を抱え込むでしょうが、しかしあなたはだめです。……彼らは意見を言うかもしれません。が、あなたが意見を述べてはいけません。……あなたは彼らに耳を傾け、彼らが言っていることを理解し、一つ一つの言葉を聞かなければなりません。スコットとして、またはあなたの背景からそれに反応せずに、非常に注意深く傾聴しなければならないのです。……あなたは自分の背景から自由になれるでしょうか？　それは非常に困難です。……そうするためには実はあなたの全エネルギーが必要です。……背景となっているのは、あなたがアメリカ人として受けてきた訓練、アメリカ人として受け入れてきた教育および文化です。……それについて議論し、熟考し、一緒に考えてみるのです。「そうだ、私は自分の背景を取り除かなければならない」とは言わないこと――それはけっしてできません。……あなたにできることは、それに気づき、それに反応させないようにすること、干渉させないようにすることです。あなたがこの場所を運営していくのですから、慎重な行動が必要だと思うのです。あなたはそれに必要なエネルギー、推進力を得たのです。それを維持しなさい。この［運営という］重荷のせいでそれが徐々に萎んでいかないように気をつけなさい[73]。

Kはこの当時、学校の組織運営と多忙さが教えを圧倒しつつあるのではないかと非常に懸念していた。財団を結束させるであろうものは組織ではなかった。「結合の要素は英知であるべきです」と彼はメアリーとスコットに告げた。「本当の意味で自由であることが必要なのであり、そしてそのような自由が英知なのです。英知は私たち全員に共通であり、そしてそれが私たちを結束させるのです。組織ではなく。もしあなた方が、私たちの各々が自由であることの重要性に気づき、そして自由には愛、思いやり、注意、協力、同情が含まれているということがわかれば、――その英知が私たちを協調させる要因なのです。」彼はまたメアリーに次のように書き留めるよう頼んだ。「自由なしの独立は無意味である。もしあなたが自由を持てば、独立を求める必要はない。」

九月二十一日にKは職員会議で尋ねた。「自己関心《セルフ・インタレスト》［私利私欲］が葛藤の原因であることを生徒たちに即座に、時間をかけずにわからせるにはどうしたらいいのでしょう？　それをわからせるだけでなく、直ちに変容を遂げさせるには？」彼はさらに、彼の最古の学校であるリシヴァレー校を卒業していった何百人もの生徒のうち、誰一人変わらなかったと言い及んだ。会議の後で二人きりになった時、もしこれまでのすべての年月の間に生徒たちの誰一人として変わらなかったのなら、彼らを受け入れて何になるのかとメアリーは彼に尋ねた。彼のすべての影響力をもってしても生徒が一人も変容を遂げなかったとしたら、やはり変わったとは明らかに思われない残りのわれわれがどうしたら生徒の中に変化をもたらすことなどできるだろうか?　「もしあなたがそれを成し遂げなかったとしたら、私たちにそうできる見込みなどあるでしょうか?」と彼女は尋ねた。「わかりません」と彼は応えたが、しかし彼はこれをやや冗談めかして言った。明らかに、真面目な問題をそれ以上取り上げ続けたくなかったのである。

ブロックウッド校はKの死以降も活発であり続けている。それはインドのいくつかの学校よりずっと規模が小さく、男女半々の六十名しか受け入れていない。二十の国籍の十四歳から二十歳までで、特別な奨学金制度がある。若干の生徒は、ブロックウッドで暮らし、勉強しながら、公開大学《オープン・ユニヴァーシティ》講座を受講している。

キース・クリッチローが再び十月に、センターの詳細設計図と、彼が使いたがっていた色違いの二通りの手作りレンガおよび手作り屋根瓦の見本と共に訪れていた。これらは大方の承認を得た。Kは最近、センターがどうあって欲しいかについてビデオで述べていた。

それは宗教的なセンター、作り上げられたものでも、想像上のものでも、ある種の〝神聖な〟雰囲気に包まれたものでもない、そういう何かがその中にあると人々が感じられるセンターであるべきです。言葉の伝統的な意味でのそれではない宗教的センター。炎の灰ではなく、炎そのものが生きているセンター。炎が生きているので、もしあなたがその家にやって来れば、あなたはその炎、光を共にし、あるいはあなたの蝋燭に火を点し、それによって断片化していない、最も並外れた人間、真に一つの全体であり、悲しみ、苦しみといったすべてでおおわれていない、そういう人間になれるかもしれないのです。[74]

Kはまた静かな部屋について言った。「それはKの源です。いや、すみません。私はこれについてまったく何の私情も交えていません。それは真理の源であり、それは輝き、そこに生きているのです。[75]」Kはクリッチローに、建物が「にわか成り金 *nouveauriche*」風または「田舎のホテル」風の外観を持つことを望まないと告げた。「それは私が適切な服装をする――清潔にする――気になるようにさせるでしょうか？」と彼は尋ねた。クリッチローは、もしも建物が人々に「敬意を表」すれば、人々は建物に敬意を表するでしょうと答えた。この相互の尊敬の感覚は、一九八七年十二月にオープンされた、完成したセンターにおいて見事に実現された。それは、霊感を得た職人たちが献身的に工事に携わった時に、彼らによってなお何が成し遂げられうるかを如実に示している。人が建物の中に入る時、人は直ちにクリシュナムルティ特有の雰囲気の中に入る。

第21章　「創造の世界」

Kはその冬、メアリー・ジンバリストが彼と共にインドに行くことを許そうとしなかった。彼女が前年にそこで病気になったからである。彼女は、彼がひどく弱々しくなっていたので、彼に再会できるかどうか訝《いぶか》った。「もし私が死にかかったら、すぐにあなたに電話します」とKは彼女に請け合った。「私は突然死んだりはしません。私はすこぶる健康で、心臓も何もかも大丈夫です。それはすべて他の誰かによって決められるのです。私がそれを言うことはできません。許されていないのです。おわかりでしょうか？　それほどそれは重大な事柄なのです。あなたがご存知ではないことがあるのです。あまりにも大きすぎて、あなたに教えられないのです。このような脳を見つけることは非常に難しく、そして肉体が生き長らえるかぎり、それは働き続けなければならないのです。何かがもう十分だと言うまでは。」

十月十九日、Kがインドに出発する四日前にマーク・エドワーズが彼の写真を撮った時、彼がすこぶる元気らしいことに気づいた。しかしながら、Kがニューデリーで過ごした一週間中、彼はほとんど眠らず、ほとんど何も食べなかったので、十一月二日にラジガートに到着した時、彼を待ち受けていたパルチャー博士は、彼がひどく弱っていることに気づいた。その日から博士は彼の死まででけっして彼の許を離れず、彼の健康状態を日誌に記録し続けた。

ラジガートにいる間にKは、ラジガート校の新しい校長（「レクター Rector」という役職名があてがわれていた）を見つけるという、インドでの彼の主な仕事の一つを成し遂げた。これはラーダ・バーニアの甥で、ベナレス・ヒンドゥー大学の物理学教授、P・クリシュナ博士だった。彼は、彼の大学の副総長の同意を得て、その職を放棄し、二月にラジガートで彼の新しい任に就くことに同意した。

メアリー・ジンバリストが同行しなかった以前のインド訪問中には、Kは彼女に毎日手紙を書くようにしていたが、今回はそうするかわりに、カセットに向かってずっと長い手紙をほぼ毎日口述し、それを彼女宛に郵送した。これは、彼の手が震えるせいであった。十一月九日、彼はラジガートから彼女に、彼の血圧がかなり下がり、そして両足がひどく「ぐらついた」ので、ほとんど歩けなくなったと告げた。その前日に彼は階段で倒れて数段落ち、登ることができなくなった。パルチャー博士は彼にある種の体操をさせ、彼の両脚をオイルでマッサージしており、そしてすぐにそれらは丈夫になるだろうと請け合った。彼はもはや人々と共に食事をすることはできないと感じ、すべての食事をベッドでとるようになっていた。人々が絶えず部屋にいる彼に会いに来て、そこで討論を行なった。ププル・ジャヤカール、ナンディーニ・メータ、ラディカ・ハーツバーガー、スナンダおよびパーマ・パトワルダーンの全員がラジガートにいた。十一日までに彼の脚は良くなり、彼は全体的に見てずっと丈夫になった。太陽が六時十五分頃に昇った時、彼は川の美しさについて語った。彼はゴア・ヴィダルの『リンカーン』を読んでおり、それを「実に素晴らしい」と評した。

弱々しさにもかかわらず、Kはラジガートで二回の公開講話を行ない、インド人の理事たちおよび、ジャガンナース・ウパディヤーヤを含む仏教学者たちとの一連の討論に参加した。[76] インド政府は、有名なプロデューサー、G・アラヴィンダンに、「ただ独り歩む見者 *The Seer who Walks Alone*」という、Kの人生に基づいた省略なしの映画を作るための芸術助成金を与えていた。この映画は前年に着手され、最後の連続画面はラジガートで、Kのこの最後の訪問中に撮影された。

Kが十一月末にリシヴァレーに移った時、彼は、パルチャー博士によれば、午後の散歩中に弱々しさを見せ、「倒れるのではないかと思われるほどひどく右側にかがみ込んだ。」彼はまた、多分体重が減ったせいで、ひどく寒気を感じていた。彼はメアリーに、毛布と湯たんぽだけでは夜間彼を暖め続けることはできないだろうと告げた。気温は午前中でも九度ほどの低さだった。彼は、ラジガートでそうしていたように、自分の部屋で一人きりで食事をとっており、マドラスでもそうするつもりだった。が、彼は自分がどれくらい病んでいるのか見当がつかずにいるようであった。というのは、十二月四日に彼はメアリーにこう告げたからである。［一九八六年］一月二十日にマドラスからボンベイに行き、二月十二日にボンベイを出発してロンドンへと向かい、そしてブロックウッドに四日間滞在した後ロサンゼルスに飛び、二月十七日（それは、実は、彼が死ぬことになっていた日だった）に彼女に再会するつもりだ、と。十一日になると、彼は非常に丈夫になったと感じていた。両脚が「ややしっかり」してきた、と。

十二月中旬、すべてのクリシュナムルティ学校から教師たちが会議に参加するためリシヴァレーに集まっていた。英国からの参加者の一人、スコット・フォーブスは、Kの痛々しいほどの肉体的衰えに愕然とさせられた。彼は後に次のように書いている。

リシバレーの人々は彼が弱っていることを非常に意識し、生徒も職員も全員が彼に対してとても親切にし、気を使った。ひしひしと不吉な予感がしていた。人々はそれについて——少なくとも私には——公然とは話さなかったが、しかしクリシュナムルティがリシヴァレーに再び戻ることを彼らが期待していないことを示すあからさまなほのめかしが多々あった。クリシュナムルティは人々がこれに対する覚悟を決めるようにさせようとしていたにちがいない。なぜなら、彼がおそらくインドに戻らないだろうということが徐々に受け入れられるようになったからである。

ラディカは、学校内での責任に次々に対処するかたわら、あらゆる人に対して接待役を果たし、今回の会議を取り仕切り、クリシュナジの世話をすべく心がけていた。私は、彼女がこれを非常によくこなし、きわめて難しい状況をなんとかし、よく成果をあげることができたものだと、心の中で何度か密かに感嘆したことを憶えている。(77)

誰もが驚いたことに、Kは教師たちの会議に参加し、そこで三回話をし、そして英語教師の一人によれば、「万事を異なった足場の上に据え、偉大さを発散させた。」最後の話の際にKは、知識から生まれたものではない、それゆえ自己関心から自由な英知があるだろうかと尋ねた。彼は精神 mind と脳 brain とを区別し、後者は物理的なメカニズムであり、本質的に思考の座であるとした。「善性には時間が伴っているでしょうか?」と尋ね、そして人間の経験に反して、善は悪と無関係であり、悪に対する反応としてあるわけではなく、最初からそれ自体としてあるものだと唱えた。彼は、カリキュラムなどについて議論していた会議の場で、Kにとっては学校の全目的であったもの——いかにして新しい脳を生み出したらいいのか、そして善性が開花するとはどういう意味なのか——を改めて思い出させた。(78)

Kはまた、リシヴァレーにいる間に単独で子供たちに語りかけた。彼は、一九二四年にペルジーネでわれわれに対してそうしたように、最悪のことは成人した時に凡庸になっていることだと強調した。君たちはこの土地で最高の地位まで昇りつめることができ、しかもなお依然として凡庸でありうるのだ、と。問題は凡庸である*being*かないかであり、達成［努力によって凡庸でなくなるようにするかどうか］ではない、と。

ラディカ・ハーツバーガーとスコットとの間で、フリードリッヒ・グローエによる資金調達によりリシヴァレーに建てられることになっていた小さな学習《スタディー》センターについてのちょっとした議論があった。また、小さなセンターがラジガートに、およびデラドゥーンに近いヒマラヤ山脈中のウッタルカシにある一区画の土地に建てられることになっていた。これはインド財団に寄贈されていた土地で、冬の間は近づけなかった。

一羽のヤツガシラ——長いくちばしと高い鳥冠《とさか》を持った鳥——がこれらの議論の間中Kの寝室の窓の下枠によく坐っていて、中に入りたがってガラスをつついた。それは他の何度かの訪問の際にもこのようにしていた。Kはけっしてそれに餌をあげなかったので、入りたがる理由は何もないように思われたのだが、しかしそれはほぼ常にそこにいた。Kはそれに話しかけ、そしてそれは彼の声の響きが気に入ったようだと言った。それはいつものようにそこにいて、Kのこの最後の訪問中ガラスをつついた。議論のカセットを聞くと、それをはっきりと聞き取ることができる。[79]

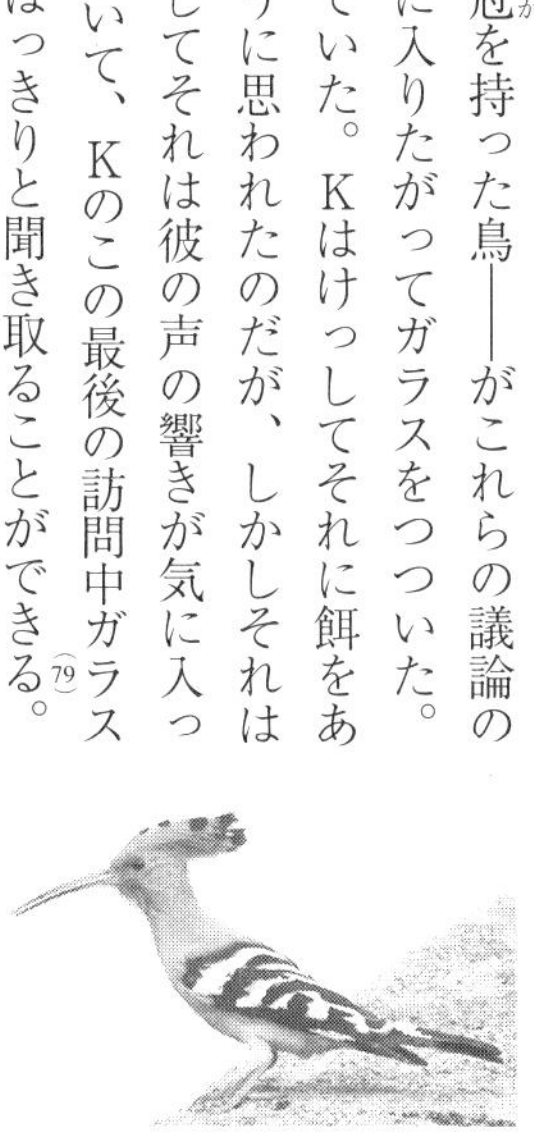

十二月十九日、マドラスへと出発する二日前に、Kは彼の毎日のカセットの上でメアリーに次の

ように告げた。

私の体重は大分減っています。私はあまりにもすぐに疲れてしまうようです。一月中旬までには、私がボンベイに行かないかどうか、シンガポール・エアラインでマドラスからシンガポールへ行き、シンガポールからLAへと行くことになるかどうか、おわかりになるでしょう。私の好みからすれば、ヒースロー・ロンドンで降り、それから五日後に他の飛行機でLAに行くというコースではない方がいいのですが。……どうなるか見てみることにしましょう。実を言うと私はすこぶる健康で、心臓にも頭にも障害はありません。私の脳は良好で、とてもよく機能しており、肝臓も何もかも大丈夫なのですが、しかし体重を増やし続けることはできないようです。体重が減っているので、シンガポールに行き、そのまま大平洋をまっすぐ越える方が賢明なのかもしれません。……が、私は毎日あなたに書き、毎日あなたに話しますので、いずれおわかりになるでしょう。どうなるか見てみることにしましょう。旅をしなければしないほどよいのです。今や何もかもが私を疲れさせるので。

この録音にはいくつかの中断があるが、それは明らかにヤツガラシと思われるものにKが話しかけていたからである。「ここに入っておいで。ほら、私がいるここまで。いらっしゃい、オールド・ガールさん。こっちにいる私のところに。ここに来てお坐りなさい。（すみません、鳥に話しかけているものですから。）なんと鋭い目をしているのでしょう、貴女《あなた》は！」

二十一日までには、メアリーに予告したように、Kは彼のボンベイ講話をキャンセルし、シンガポール経由でロサンゼルスに向かって飛ぶことに決めた。「これ以上体重を減らすことはできません。」と言ってから、彼は続けた。「かなり体重が減りましたので、これ以上減れば私はひどく衰弱し、歩くこともできなくなるでしょう。そうなれば万事休すでしょう。」

彼は今度はスコット・フォーブスに、他の教師たちと共にヨーロッパに戻るかわりに、彼と共にオーハイに行くように、そしてフォーブスとパルチャー博士の切符をシンガポール・エアラインでの旅に切り換え、彼自身のために一枚入手するように頼んだ。幸い、スコットがアメリカン・エクスプレスのカードを持っており、それによってこれらの手配をした。Kはヨーロッパの寒さに直面することができなくなっていた。彼はマドラス講話を終えてすぐ発つことを望み、そして当初はその後に予定されていたインド人理事たちの会合はすでに終わっていた。

パルチャー博士は、Kがマドラスに着いたら直ちに著名な医師に診察してもらうよう手配した。彼は今やわずか九十七ポンド［約四十四キロ］で、熱を出していた。その医師は何らかの悪性のものがあるのではないかと疑い、検査を実施することを望んだが、しかし彼は講話中に彼を動揺させかねないいかなることもされることを拒んだ。結局彼は、ヴァサンタ・ヴィハーラの庭で、夕方、四回のかわりに三回の公開講話を行ない、そしてフォーブスに、出発の日を一月十七日から十日に繰り上げるように頼んだ。（「彼は彼自身をドイッチュ博士の世話に委ねるために、ほとんど大急ぎでオーハイに戻っていった。」とパルチャー博士は記している。）彼は、病身にもかかわらず、ラーダ・バーニアの家から毎日、午後遅くに浜辺に出かけて散歩し続けた。

一月初めに、ヴァサンタ・ヴィハーラに滞在していた、Kを除く全員が、非常に短時間で仕上げられたアラヴィンダンの映画の初日に出向いた。映画の中にはいくつかの美しい場面があるのだが、Kが歩いたり語ったりしている場所が具体的にどこだかわからないのは残念である。(80)

Kは、一九八六年一月四日の三回目の講話――彼が行なった最後の講話――を次のような言葉で終わらせた。

創造とは最も神聖な何かです。それは生の中で最も神聖なものであり、ですからもしあなたが自分の人生を滅茶滅茶にしていたら、それを変えなさい。それを今日変えなさい、明日ではなく。もしあなたが不確かなら、それがなぜなのかを見出し、確かであるようにしなさい。もしあなたの思考が真直ぐでないなら、真直ぐに、論理的に考えるようにしなさい。そうしたすべてが整理され、片づけられないかぎり、あなたはこの創造の世界に入ることはできないのです。

これで終りです。〔これら二つの言葉 It ends はほとんど聞き取れず、語られたというよりはむしろ吐き出されている。それらはカセット上でかろうじて聞くことができる。それらは聴衆には聞こえなかったであろう。〕

それから、長い間の後、彼は付け加えた。「これが最後の講話です。しばらくの間一緒に静かに坐りませんか？　よろしいですね、皆さん。では、しばらくの間静かに坐りましょう。[81]」

講話に続いて開かれたインド財団の会合でKは、彼が住んでいた家は巡礼の場所になるべきではなく、彼のまわりにいかなるカルトも作られるべきではないと主張した。そして以下の覚え書きを財団の規則および規約の中に挿入するよう求めた。

いかなる事情があろうとも、財団またはその後援を受けている組織のいずれも、またはそのメンバーのいずれも、クリシュナムルティの教えに関する権威の地位に就かないようにすること。これは、誰も、どこにいようと、彼または彼の教えに関する権威の地位に就くべきではないというクリシュナムルティの言明に従ったものである。(82)

第22章　「あの広大な空《エンプティネス》」

Kは、ロサンゼルスへの二十四時間の飛行中、胃の激痛でひどく体調をくずしていた。途中、シンガポールに短時間立ち寄って飛行機を乗り継ぎ、また東京にも短時間立ち寄った［「訳者あとがき」三八二—三八三頁参照］。メアリー・ジンバリストは空港で彼に会い、二人きりになるやいなや、空港から車で立ち去り（彼らは他の人々に荷物の運搬を委ねた）、彼は彼女に、次の二、三日間は彼のそばを離れてはならない、さもなければ彼は「こっそり去ってしまう」かもしれないと告げた。「それは病んでいる肉体、働くことができなくなった肉体に住むことを欲していないのです。」彼はその晩華氏一〇一度［摂氏三十八・三度］の熱を出した【脚註1】。

一月十三日、Kはサンタ・ポーラでドイッチュ博士の診察を受け、そしてサンタ・ポーラ・コミュニティ病院で直ちに実施された検査の結果、同医は彼の肝臓、胆囊、膵臓のソノグラムを二十日に

【脚註】

（1）私が書いたKの伝記の最終巻 *The Open Door*（邦訳『開いた扉』めるくまーる社、一九九〇年）は、彼の最後の病気および死について、以下の三つの独立した資料に基づいて詳しく報告している。メアリー・ジンバリストが彼女の日記に書き込んだ記録、パルチャー博士が書いた医療日録、およびスコット・フォーブスがKの死後書いた回想録。ドイッチュ博士は、後日、これらの報告が正確であることを確認した。本書中ではこれらと同じ資料が簡略化された形で使用された。

オーハイ病院で入手するよう手配した。これが実施された時「肝臓の上に塊《かたまり》がある」ことが判明し、そのため二十二日にCATスキャンを受けるよう命ぜられた。が、二十二日の午前一時にKは胃の中の痛みで目を覚まし、それを緩和することができなくなった。ドイッチュ博士は、電話を受けた時、病院の外でこの症例に対処することはできないと言った。Kは、熟慮の後移動させられることに同意し、その日の遅くにサンタ・ポーラ病院の集中治療区画内の個室に収容された。X線は腸内に閉塞があることを示し、そして流動物を汲み出すために彼の鼻にチューブが通され、そして彼がひどく栄養不良になっていることが判明した時、過栄養分 hyper-alimentation が静脈内に投与された。彼の体重は九十四ポンド〔四十二・六キロ〕に落ちていた。これらすべての不愉快なことが彼に施された後、彼はスコットに言った。「受け入れなければなりません。私はとても多くのことを受け入れてきたのです。」(私がこれらの言葉を彼の死後読んだ時、私は直ちに、一九二六年のオーメン・キャンプの際にカービー夫人が彼について書いた言葉を思い出した。「なんという人生でしょう、気の毒なクリシュナジ。彼が『いけにえ《サクリファイス》』であることに疑問の余地はありません。」)しかしながら彼が喜んで受け入れたのは、他のすべての鎮痛剤が効かなくなった時に彼に与えられたモルヒネであった。彼は〈プロセス〉からこうむったすべての苦悶中にいかなる種類の鎮痛剤もけっして受け入れなかったので、病気による今回の苦痛は霊的に不必要だと認めたにちがいない。事実彼は、苦痛があった時には〈他在〉は「通り抜ける」ことができないだろうと言っている。

Kは病院で八泊し、その間メアリー、パルチャー博士およびスコットが彼の部屋のリクライニングチェアで順番に睡眠し、一方、エルナおよびセオドア・リリーフェルト夫妻がそこで数日間過ごした。二十三日は峠にさしかかった日であった。というのは、彼が肝炎から昏睡状態に陥る危険があったからである。パルチャー博士は彼に、彼が多分癌にかかっていて、それには手の施しようがないことを告げた。これは告知を時期尚早と思っていたメアリーとスコットを動転させたため、パルチャー博士は彼らに次のように説明した。もし死の危険を察知したら、彼に直ちに告げるとずっと以前に約束していたこと、また、昏睡状態に陥る恐れがあったので、彼の約束を果たすことが適切だと感じたのだと。メアリーとスコットが次にＫの部屋に入った時、彼は言った。「どうやら私は死にかかっているようです。」まるで彼がそれをそれほどすぐとは予想していなかったが、しかし事実をそのまま受け入れているかのように。後で彼は言った。「なぜ〈他在〉は肉体を行かせようとしないのでしょう？」彼はまたメアリーに告げた。「私はそれを見守っているところです。実に奇妙です。〈他在〉と死が組み打ちしているのです。」はっきりと癌の診断が下された後、彼は不思議そうにメアリーに言った。「どんな間違いを私がしたというのでしょう？」まるで彼が、〈他在〉によって彼に預けられた肉体の世話を何らかの点でしそこなったとでも言うかのように。彼はメアリーとスコットに、彼自身がそうしていたように彼の肉体の世話をしてもらいたいので、最後まで彼と共に留まるよう頼んだ。彼はこの依頼を、少しの感傷や自己憐憫もなしに行なった。

二十四日には胃の中の閉塞が消散し始め、黄疸の徴候が退き始めた。外科医は、彼の腕の血管から静脈への接続を、彼の鎖骨に挿入されたより大きなチューブに変えたので、より多くの流動物が通過できるようになった。これは両手を解放させ、救いとなり、そして翌日鼻のチューブが取り外された時、彼は「新しい人間のように感じた。」彼はまた、彼に体力を与えるための輸血を受け入れた。二十七日に彼は、地方病院を巡回している大きな車の中でＣＡＴスキャンを受けた。彼は、性質上、処置の仕組み——どのように担架が持ち上げられて車内に移されるか、等々——に強烈な関心を示した。スキャンは、脾臓の石灰化と共に、肝臓の上に塊があることを確認し、後者が悪性腫瘍の主たる源であることを示唆した。ドイッチュ博士がこのことをKに告げた時、彼はパイン・コテージに戻ることを許してほしいと頼んだ。彼は病院で死ぬことを望まなかったのである。

病院にいる間に彼は、自分の遺灰の処理について彼が望んでいることを記録するようスコットに頼んだ。それらは三等分されて、オーハイ、ブロックウッドおよびインドに運ばれるべきであった。彼はどんな儀式も、「そういったすべてのナンセンス」も望まず、そして彼の灰が埋められる土地は「人々が礼拝といったつまらないことをするためにやって来る、神聖な場所になるべきではない」のであった。（インドでは、彼の灰はガンジス川の上に撒かれた。）にもかかわらず彼は、もっぱら好奇心から、ジャガンナース・ウパディヤーヤから、インドにおける「聖」人の遺体の伝統的取り扱い方がどのようなものかを知りたがり、この情報を求める手紙が送られた。

三十日の朝、苦痛から解放され、また過栄養分を投与されたおかげでほとんど信じがたい十四ポンド［六・三五キロ］の体重増加を得て、Kはパイン・コテージに戻った。彼の更衣室に移動された彼自身のベッドのかわりに、病院のベッドが彼の部屋に置かれ、二十四時間の看護が手配された。戻ったことでとても気分が高揚したので、彼はメアリーにパヴァロッティが歌うナポリ民謡のレコードをかけ、またトマトのサンドイッチと少々のアイスクリームを持って来るよう頼んだ。一口分のサンドイッチで彼は気分が悪くなった（それが彼が口にした最後の食べ物となった）。夕方には痛みが再発し、再びモルヒネが投与された。

自分が死にかかっていることを知るやいなや、Kはまだ病院にいる間に、インドから四名の人間

――ラディカ・ハーツバーガー、クリシュナ博士（ラジガートの新しい校長）、Kがマドラスで新しいインド財団幹事として任命した、マヘシュ・サクセナ、およびラジガートの農学校Agricultural College の校長、R・ウパサニ――を呼び寄せるよう頼んでいた【脚註1】。これらは、インドでの彼の仕事を続行してくれると彼が期待していたより若い世代のメンバーで、彼にはまだ彼らに言いたいことがあったのである。彼によって招かれなかった他の人々も、彼が死にかかっていると聞いた時にオーハイに駆けつけた。この面々は、ププル・ジャヤカールと彼女の甥アシット・チャンドマル（ボンベイの彼のフラットにKはしばしば滞在したことがあった）、英国財団幹事で、ブロックウッド・エデュケーショナル・トラストの理事であるメアリー・カドガン、ドロシー・シモンズ、長年にわたりKのために働いてきた英国人の理事ジェーン・ハモンド、および私の夫と私自身を含んでいた。駆けつけないでいることは不可能のように思われた。そしてKはわれわれを歓迎したが、彼は間違いなくわれわれを必要としておらず、そしてわれわれの振動は、たぶん彼のためになるよりもより多く害になったであろう。われわれはまた、われわれに食事をさせ、全般的にわれわれの世話をしなければならなかったオーハイの親切な人々にとって重荷だったにちがいない。今やオーハイに家を持っていたフリードリッヒ・グローエもまた居合せていた。

英国とインドからの一行は一月三十一日に到着した。私の夫と私が居合せていた一週間中Kの容態が和らいでいたので、奇跡が起こり、彼が回復するように願わざるをえなかった。彼はドイッチュ

【脚註】

（1）ウパサニは、パスポートの取得が間に合わなかったので来なかった。

博士に、苦痛も黄疸も、モルヒネやその他の薬物も彼の脳に何の影響も残さなかったと告げた。彼はまた夜間「素晴らしい瞑想」を味わい、それは〈他在〉がまだ彼と共にあることを示した。パルチャー博士はこのすべてを彼の報告書中で正式に認めた。その期間中にKは彼の寝室で二度の会合を開き、それらはスコット・フォーブスによってテープ録音された。二月四日の一回目には、われわれのうちの彼の本の編集と出版に関係がある者だけが出席した（ラディカとクリシュナ博士は、最近結成された国際出版委員会のインド人メンバーに任命されたばかりだった）。彼は、出版に関する彼の願いを疑いの余地のないほど明らかにした。彼は、彼の講話と著述が引き続き英国で編集される一方、インドの当事者たちには彼の作品をインドの地方語に翻訳することに専念してもらうことを望んだのである。会合の終わり頃に彼は、インド財団［のメンバー］は、彼がインド人の肉体に生まれたので、自分たちは他の人々よりも彼のことをよく理解していると感じているのだと言った。「よろしいですか、クリシュナ博士、私はインド人ではないのです」と彼は言った。「私もインド人ではありません」とラディカが差しはさんだ。「その意味で私も自分がインド人ではないと思っています。」「私もイギリス人ではありません」とメアリー・カドガンが言い添えた。(83)

その日の午後、Kは外出するのに十分なほど気分が良くなった。彼は車椅子でベランダの階段を数段下に運ばれ、そして晴れた日だったので、今や大きく育っていた胡椒の木の下で一人きりにさせてほしいと頼んだ。そこから彼は谷間の向こうの丘の並びを見渡すことができた。スコットは、しかしながら、彼が高くされた座席の上に足を組んで坐らされていたため後ろにひっくり返る恐れがあるので、椅子の背後にやや離れて立っていた。彼はしばらくの間そこにまったく静かにしたまま留まり、それから再び車椅子で戻してもらうよう頼んだ。それは彼が外出した最後の時であった。
翌日、ドイッチュ博士が彼に面会に来た時、Kは再び旅行し、講話を行なうことができるようになるかどうか尋ねた。博士は、以前のようにではないが、書いたり、口述したり、私的な討論を行なうことはできるようになるかもしれないと答えた。医師はすでに友人になっており、ほとんど毎日彼を訪ねていた。

五日の朝彼は別の会合を召集し、スコットに記録するよう頼んだ。われわれのうちの十四人がこの場に居合せた。彼は初めに、もはやいかなる講話も、いかなる旅行もだめだろうという、医師が前日彼に告げたことをわれわれに伝えた。その瞬間には彼には何の苦痛もなく、そして彼の脳は「とてもとてもとても明晰」だと彼は言った。彼はその状態で数カ月間もつかもしれない。「この肉体が生きているかぎり、」とKは続けた。「私は依然として教師です。Kは、演壇上にいるように、ここにいるのです。……私は依然としてその長 head なのです。このことを非常にはっきりさせておきたいのです。この肉体が生きているかぎり、Kはそこにいるのです。私がこのことを知っているのは、私が常に素晴らしい夢――いや、夢ではなく、実際に起こるもの――を持っているからです。」彼は、何がインドとブロックウッドで起こっているか詳しく知らせてほしいと言った。「万事うまくいっているなどと言わないでください。」

彼はそれから、できるかぎり丁重に、すべての訪問者に対して立ち去るように頼んだ。彼が死んだ時、人々がやって来て「肉体に敬礼」してもらうことを彼は望まなかった。彼はそれからスコットに、記録された言葉を変更しないように頼んだ。彼は、マイクを握ったままベッドの脇に立っていたスコットにわれわれの方を向かせ、「私はテープに記録されたいかなるものにも変更を加えないことを誓います。何一つ変更を加えられたこともなく、これから加えられることもありません。」と言わせた。[84]「私は依然として教師です。Ｋは、演壇上にいるように、ここにいるのです。」とＫが言うのを耳にしたことはいささかショックであった。いったい誰にそれを疑うことなどできたというのだろう？　彼はこの会合で、時々、もっぱら肉体的衰弱から取り乱しはしたが、圧倒的に彼自身であった。この容態が和らいでいた間に彼が「少しどうかしていた」と本気で言える人など一人としていようはずはなかったのである。

私の夫と私は翌日、Ｋの願いに従って立ち去った。もう二度と彼に会うことはないとは本当は信じられないまま彼に別れを告げた後、彼は、いかにも［メカ好きの］彼らしく、われわれが空港まで行くのにどんな種類の車をオーダーしたか、メアリーに見に行かせた。それが良い車だったと聞いた時、彼は満足した。他の訪問者たちはその後すぐに立ち去った。アシット・チャンドマルも去ったが、しかし彼は戻ってきて、Ｋの死まで滞在することになった。Ｋが楽しみに待っていたのはドイッチュ博士の訪問だったが、しかし彼は医師の他の患者たちから彼が奪っている時間の量を気にかけていた。医師は、Ｋが彼に贈呈した美しいパテック‐フィリップの置時計を、医師としてではなく、友人として受け取った。（彼は、Ｋの最後の病気中の彼の治療代の請求書をけっして送らなかった。）彼は、彼自身と同じくＫがクリント・イーストウッドのファンであることを知って、彼がビデオに録画した何本かのイーストウッドの映画を持ってきただけでなく、またいかにＫが木々や山々を愛していたか知っていたので、ヨセミテの何枚かのスライドをも携えてきた。

七日の朝、メアリー・ジンバリストはＫに、メアリー・カドガンが彼のために書き留めておいたある質問に答える気があるかどうか尋ねた。彼はメアリーにそれを読んで聞かせるように言った。それはこうだった。「クリシュナジが亡くなる時、Kというあの理解とエネルギーの焦点に実際に何が起こるのでしょう？」メアリーが紙の上に走り書きしたKの即答はこうだった。「それはなくなってしまうのです。もしも誰かが教えを完全に極めれば、たぶんそれに触れるかもしれません。が、それに触れるべく努めることはできないのです。」それから、一瞬の後に、彼は言い添えた。「あなた方全員が見失ってきたもの──あの広大な空《エンプティネス》──を知りさえすればいいのです。」

メアリー・カドガンの質問がたぶんまだ気にかかっていたらしく、午前の中頃にKはスコットを呼びにやり、自分が言いたかった何かをテープ録音するよう彼に頼んだ。「彼の声は弱々しかったが、」メアリーは書き留めた。「しかし彼は語気を強めて語った。」彼のほとんどの言葉の間には、あたかもそれらを発することが彼にとっては大仕事であったことを伺わせるかのように、間合いがあった。

私が今朝話そうとしていたのはこういうことです。つまり、七十年間あの超《スーパー》エネルギー──いや、あの膨大なエネルギー、巨大な英知──がこの肉体を使ってきたということです。いかにとてつもなく大きなエネルギーと英知がこの肉体を通過していたか、人々はわかっていないようです──それは十二気筒エンジン並みだったのです。そして七十年──相当に長い期間──経った今、肉体はもはやそれに耐えられないのです。何がこの肉体──非常に注意深く準備され、保護され続けないかぎりありえなかったこの肉体──を通過していたか、誰も理解できないのです。誰も。理解しているふりをしても無駄です。誰も。繰り返して言います。ここにいる人々も一般の人々も、誰一人、何が起こっていたのか知らないのです。彼らが知らないということを私は知っているのです。そして七十年経った今、それは終ったのです。あの英知とエネルギーが［なくなったわけ］ではありません――それはなおここに、毎日、特に夜間、ここにあるのです。ただ、七十年経った今、肉体がそれに耐えられなくなった――もはや耐えられない――ということです。もはや。インド人たちはこれについて多くの馬鹿げた迷信を持っています――肉体はなくなるが、あなた［の霊魂］は残るといったナンセンスを。何百年経った後にも、あなた方はこれと同じような別の肉体、あの至高の英知の働きの場となるような肉体を見つけることはないでしょう。二度とそのようなものに会うことはないでしょう。彼が去る時、それは去るのです。あの意識、あの状態の後にはいかなる意識も残らないのです。それに触れることができるというふりをしたり、そんなふうに想像しようとする人がいるかもしれません。もしも彼らが教えを生きれば、それなりの可能性が開けてくるかもしれません。が、誰もそうしませんでした。誰も。以上です。[85]

スコットが彼に、彼が言ったことの一部が誤解される恐れがあるので明確化するよう頼んだ時、彼は「非常に狼狽し」て、言った。「あなたにはこれに干渉する権利はないのです。」スコットに干渉しないよう告げることによって、Kがこの言明を関心がある人々全員にそのまま知らせようと願ったことは明らかだと思われる。

Kの余命は九日しかなかった。彼は死ぬことを望み、もしも給餌管が取り外されたらどうなるのだろう尋ねた。そうすれば肉体がたちまち脱水状態になるだろうと、彼は告げられた。彼は、管を外させる法的権利が自分にあることを知っていたが、メアリーや医師に要らざる迷惑をかけることを欲しなかった。その上、「肉体」はなおも彼が預っていた。それゆえ、最後まで彼はその世話をし続けた――彼がいつもそうしていたように、一日に三、四回歯を磨き、口蓋や舌さえも手入れをし、毎日のベイツ式目の体操を実施し、左目に緑内障に対する目薬を点眼した。外科用の手袋に息を吹き込むことが、ベッドに横になっている結果彼の肺の低部に溜まっていた流体を取り除く助けになるだろうとドイッチュ博士が彼に告げた時、彼は一時間ごとに、吹き込む力がなくなるまで手袋を膨らませた。

今や彼は、午後になるたびに、ドイッチュ博士の提案で、車椅子で大きな居間に移され、そこで坐ったまま、大きな薪の炎を見つめるようになった。彼がそこに入った最初の時に、彼は独りきりにさせてほしいと頼んだが、しかし後側にひっくり返らないように、スコットが彼の背後にいるのを許した。スコットは後で書いた。「彼は部屋に向かって何かをした。人は彼がそうするのを見ることができ、そしてその後、部屋はそれまでと同じではなくなっていた。彼は、それまで常に持っていたすべてのパワーと偉大さを持っていた。彼は四輪の歩行器に坐り、毛布にくるまれ、これらのボトルから静脈内に栄養分を補給されていたが、しかし彼は偉大で堂々とし、絶対的に部屋を満たし、あらゆるものを振動させていた。そして彼は輝いていた。」三十分後に彼はベッドに戻りたがり、助けを借りずに自分の部屋に歩いて戻った。これには誰もが驚いた。

十日に、宗教的な人間の死後、その肉体をインドでは伝統的にどのように扱うのかというKの問い合わせに対するパンディット・ジャガンナース・ウパディヤーヤからの答えが来た。それを聞くやいなや、そのどれも自分は望まないとKは言った。彼は、死後の自分の肉体を誰にも見られることを望まず、そして彼の火葬にはできるだけ小人数が居合わせるべきであった。

彼が車椅子に乗せられるのも無理なほど衰弱した時、彼は、彼の寝具のハンモックに包まれて、居間のソファへと運ばれた。十四日には痛みが戻り、彼は再びモルヒネを与えられた。それが効いていた十分間に、彼はメアリーに言った。「本当であるにはよすぎる——悲しみよ、私はおまえを失ったのかと思った。」メアリーにはっきりしていたことは、彼が言わんとしているのは、「私は苦しみを失ったのかと思ったが、しかしそれはあまりにもありがたすぎて本当とは思えない」ということであった。翌日、彼は世界の状態についてスコットに語り始め、そして尋ねた。「ドイッチュ博士はこういったすべてについて知っていると思いますか？　彼がそれをわかっていると思いますか？　それについて私は彼に話さなければならないでしょう。」これを彼は、その日の午後医師がやって来た時に実行した。スコットは記録した。

その折にクリシュナジがドイッチュ博士に言ったことは、世界の性質について彼が言っていることの実に多くを十分か十五分で要約した、とてつもないものであった。それは人を動かす力があり、簡潔で、完全であり、そして私は驚き、感動して立ったまま、ベッド脇に彼に隣り合って坐っていたドイッチュ博士と共に、ベッドの脚のところで聞いていた。クリシュナジがドイッチュ博士に言っていたことで、私がよく憶えているのは、以下の言である。「私は死ぬことを恐れてはいません。なぜなら、私はこれまでずっと死と共に生きてきたからです。私はけっして記憶を引きずってきませんでした。」後で医師はこう言った。「私はクリシュナジの最後の弟子のように感じます。」それは実に素晴らしいことだった。また、クリシュナジが、それほどまで弱っており、それほどまで死の真際にいたというのに、力を奮い起こしてそのような要約をあえてなしえたというのは、とてつもなく感動的であり、そしてそれは彼が医師に感じていた愛情のしるしでもあった。

Kは、二月十七日の真夜中をちょうど過ぎた頃に、眠りのうちに死んだ。臨終は、メアリーの言葉によれば、以下のようにして訪れた。

パルチャー、スコット、それに私がいつものように居合せ、そしていつものようにKは他の人々のことを気遣っていた。彼は私にこう促した。「ベッドに行きなさい、休み、ベッドに行きなさい、お休み。」そうしますと私は言ったが、しかしそばにいようと思った。彼は眠りに落ちた。そして彼の左側に坐るため私が移動して彼の手を握った時、それは彼を動揺させることはなかった。彼のベッドの上半分が持ち上げられたが、そうすると彼はずっと居心地が良かったからである。そして彼の両目はなかば開いていた。われわれは彼と共に坐った。スコットは彼の右側に、私は左側にいて、ドクター・パルチャーは静かに見守り続け、男性看護士のパトリック・リンヴィルが隣室の中で行ったり来たりしていた。徐々にクリシュナジの眠りは深まり、昏睡状態に陥っていき、彼の呼吸は遅くなった。ドイッチュ博士が十一時頃、突然、静かに到着した。その夜のどこかで、彼が回復してほしいという必死の願いは、彼がついに彼の苦しみから自由になってほしいという願いへと変わらねばならなくなった。真夜中から十分過ぎにクリシュナジの心臓の鼓動が停止した時、ドイッチュ博士、スコットおよび私が居合わせていた。

彼の願いに従って、ほんの数人だけが死後彼を看取り、そしてほんの一握りの人間が、その同じ朝の八時にベンチュラで行なわれた火葬に立ち会った。

第23章　「脳は理解することができない」

Kの死は、ある意味で、彼の人生と同様に謎めいていた。その生涯の大部分、生き続けるよりも「こっそり去る」方がずっと容易だと感じていたのに、彼が「こっそり去る」ことを切望している時に生き続けることになったというのは、皮肉なことであった。彼は、自分がいつ死ぬことになっているか知っていると信じていたが、彼の死は彼にとって意外なこととして訪れた。オーハイでの彼の最後の録音の中で彼が「インド人たちの馬鹿げた迷信」について語った時、彼は、無論、聖人は意志の力で彼自身を死なせることができるというインドの伝統的信念を意味していた。彼は、彼に栄養分を供給していた管を外すよう頼むことによって死ぬことはできたであろうが、しかしそれは自殺、彼が預るよう託された肉体――聖なる信託物――に対する冒涜となるだろうと彼は感じた。が、意志の力で自分自身を死なせることもまた、もし成功すれば、一種の自殺なのではないだろうか？

　Kは、〈他在〉が病んだ肉体の中に住むことを欲するということに、驚きの念を表した。なぜそれは彼を手放さなかったのだろう？　彼は、彼の病気は彼が犯した何か間違ったことによって引き起こされたのではないかと疑った。人はこう尋ねるかもしれない。〈他在〉が彼が死ぬことを許したのは、彼の肉体が無用になったからだろうか、あるいは彼が不治の病いを発現させるのをそれが許したのは、彼に言うべきことが何もなくなったから、彼の教えが完成したからだろうか？　いずれの場合にせよ、〈他在〉は、見たところでは、最後まで彼を見捨てなかった。

Kは、自分に起こることを「何か」が、彼が話すことを許されていない何かが決めていると信じていた。けれども、同時に、Kに起こったあらゆることを決めている何かがもしもあるとしたら、なんととてつもないことだろうと、彼は言っていた。確かにここには矛盾があるのではないだろうか？　が、彼の彼自身についての言明には、他にもいくつかの変則的〔異常〕な点がある。

Kは、自分が常に何かによって保護されているということをけっして疑わなかった。彼は、自分が飛行機に乗っている時、あるいは語るために何らかの仕方で旅行している時、自分には何も起こりえず、また、その保護は彼と共に旅している誰にでも及ぼされるものと確信していた。けれども、単に滑空《グライディング》などの快楽のために彼自身を危険にさらさせないことは、彼の義務であった。彼は、教えまたは彼の世話に託された肉体の重要性をけっして疑わなかった。彼は、そのような肉体を作り上げるために何世紀もかかったとまで言った。（それは常に「教え the teaching」、「肉体 the body」であって、けっして「私の教え my teaching」、「私の肉体 my body」ではなかった。）彼は、彼自身の謎の内側および外側のどちらにもいるように思われた。彼は神秘化することを欲しなかった。にもかかわらず、彼自身にはまったく解くことができない謎が存在していた。彼はそうする〔謎を解く〕ことは自分のすることではないと思っていたが、しかししきりに他の人々がそれを解くように促し、その際には彼は彼らの解答の是非を確認できるだろうと思っていた。

Kは、教えは「啓示」としてやって来る、もしも彼が坐り込んでそれについて考えたりすれば、それは彼にやって来ないだろうと言った。しかし彼が彼の『ノートブック』を書いていた間中、それが毎日やって来たことは明白である。何がきっかけで突然彼は『ノートブック』を書き出したのだろう？　その内容は別として、それは三二三頁にわたってたった一つの消し跡もない、とてつもない手書き原稿なのである。

　K自身の言葉からは、彼は何かのための「乗り物」であり、また、教えが彼の許にやって来たのはこの何かからだったという結論に至ることを人は余儀なくされる。彼は、しかしながら、たいていの場合にはこの何かを染み込ませられていたので、それはそのまま彼であり、また、たとえそれが退出することがあったとしても、もし彼がそれについて真面目に話し、あるいは、特に夜間の彼の瞑想において——けっしてそれを呼び招かずに——それに向かってただ彼自身を開いておくようにしさえすれば、それは戻って来るのであった。時々、彼はそれがそこにあることに驚いた。例えば、『ノートブック』の中で、平和な佇まいのグスタードからパリの十八階のアパートに彼が到着した時に見出したことを、こう述べている。「静かに坐り、家々の屋根を見渡していると、……まったく不意に、あの祝福、あの力、あの他性 the otherness が柔らかな明晰さとともにやって来た。それは部屋を満たし、留まった。それは、これが書かれている今ここにある。」

　Kの霊感は他の芸術家、特に音楽家のそれとなんら異なるものではないという主張を私は聞いたことがある。モーツアルトの天才がどこから来たか見出すようにしてみさえすればいい、と。もしも教えがKの脳を通って来たのならその主張は理屈に合うであろうが、しかし私が聞き知ってきた他のいかなる天才も〈プロセス〉のようなものを経験する必要はなかった。

　クリシュナムルティの謎は、ロード・マイトレーヤが彼のために用意された肉体を引き継ぐという説をもしも人が受け入れることができれば、直ちに解消するであろう。〈プロセス〉にまつわるあらゆること——オーハイ、エールヴァルトおよびペルジーネでもたらされたあのすべてのお告げ、そして苦痛は、それを妨げたり、和らげたりしようとするいかなく企てもなしに耐え忍ばれなければならない何かであるというK自身の確信――が、その時にはぴたり収まるであろう。この現象の独特の性質は、「今実施されている作業はとてつもなく重要で、かつきわめて微妙なものである。この実験が実施されるのは世界で初めてのことである。」という、オーハイでニティヤに「もたらされ」たあのお告げによって説明されるであろう。

K自身はこの説を少しも退けなかったし、自分が〈世界教師〉であることを否定することもなかった。彼は単に、それは「あまりにも具体的」であり、「十分なほどシンプルではない」と言っただけであり、事実、人はそれについて確かにそう感じるのである。一九七二年、彼が誰なのかについて彼に質問したオーハイのグループに向かって語っていた時、彼は次のように答えた。「私たちは意識的精神がけっして理解できない何かに探りを入れようとしているのだと私は感じます。……いわば、とてつもなく大きな貯水池があり、それは、もしも人間の精神が触れることができれば、いかなる神話も、発明の才も、教義も明らかにできない何かを明らかにすることができるのです。……何かがあるのですが、しかし脳はそれを理解できないのです。」が、二年後に私が彼に質問した時、彼は、自分自身では見出すことはできない(「水には、水とは何かを知ることはできないのです。」)けれども、メアリー・ジンバリストも私も他の人々も、もしも坐って「探究してみましょう」と言えば、真理を発見することができるでしょうと言ったが、しかし[そのためには]「あなたは自分の脳を空っぽにしなければなりません。」と言い添えた。

これはわれわれを「空っぽの精神 vacant mind」へと導く。私の探究中に、Kは「少年の」空っぽの精神――彼が言ったように、彼がけっして失うことがなかった空白――へと戻り続けた。何がそれを空白にし続けたのだろう？　そう彼は尋ねた。何が常にその空白を保護してきたのだろう？もしも彼自身が謎について書くとしたら、彼は空っぽの精神から始めるであろう。彼の死の九日前に彼が口に出したこれらの言葉は、彼がかつて言ったあらゆることと同様に、私の心にしばしば浮かんでくる。「あなた方全員が見失ってきたもの——あの広大な空《エンプティネス》——を知りさえすればいいのです。」

Ｋは、その上で彼が養育された神智学はけっして彼を条件づけなかったと主張した。けれども、潜在意識的に彼はそれによって条件づけられ（彼は潜在意識というようなものがあることを認めなかったが）、そして彼が彼の肉体を離れた時に、彼がロード・マイトレーヤ、大師《マスター》、等々について教えられたすべてのことが〔意識〕表面に現われたということはありうるのではないだろうか？　が、それはなぜ彼が肉体を離れたのか、そもそもなぜ〈プロセス〉が起こったのかを明白にはしないであろう。

考慮すべき他の側面は、実にしばしば彼の中に入り、また彼を通過していったエネルギーである。自分が何者であるかについて真面目に話し合っていた時、彼はこう言った。「たった今、あなたはそれを部屋の中で感じることができます——震動を。」彼の最後のものとなった録音テープの中で、彼は言った。「いかにとてつもなく大きなエネルギーと英知がこの肉体を通過していたか、人々はわかっていないようです……」これらの言葉をカセットで聞いた時私は、私が少しもそれを予期していなかった時に、午後、ブロックウッドの応接間の扉から私をめがめて突進してきたパワー、力《フォース》〔二二八頁参照〕のことをただちに思い出した。もしもその力、その「とてつもなく大きなエネルギー」が、〈プロセス〉が一九二二年に始まって以来ずっとＫの肉体を使っていたとすれば、彼があれほど長生きしたというのは驚くべきことであった。そのエネルギーが〈他在 the other〉だったのだろうか？〈プロセス〉の苦痛を引き起こしたのはエネルギーだったのだろうか？　エネルギー、〈プロセス〉が、苦痛を次第に減らしつつ一九二二年から彼の余生を通じてずっと続いたのは、もっぱら彼の［脳］内部により多くの空白を作り出すために彼の肉体が徐々に使われていったからだろうか？　彼が年をとった時に彼を通過したエネルギーが、もしも彼の肉体がそれを受け入れるべく調律される前に一気に彼の中に入ったとすれば、その力でもって彼を殺していたのだろうか？

さて、私の思うに、人はこう尋ねてみなければならない。Kは、彼が誰でありまた何であるかについて、彼がかつて明らかにした以上のことを知っていたのだろうか？　彼がメアリー・ジンバリストと私に、もしもわれわれが真理を見出すことができれば、彼はそれを確証することができ、また、われわれがそれを言い表わす言葉を見つけることができるだろうと言った時、彼は実はこう言っていたのだろうか？　「私の方からあなた方に告げてはならないのですが、しかしもしもあなた方自身が見出すことができれば、『ええ、そのとおりです』と私は言うことができるのです」と。多分、彼がかつて言ったうちで最も意義深いものは、一九八五年十月の末に彼がブロックウッドを去ってデリーへと向かう前に、彼に再会できるかどうか訝《いぶか》ったメアリーに対して言った言葉である。「私は突然死んだりはしません。……それはすべて他の誰かによって決められるのです。私がそれを言うことはできません。許されていないのです。おわかりでしょうか？　それほどそれは重大な事柄なのです。あなたがご存知ではないことがあるのです。あまりにも大きすぎて、あなたに教えられないのです。」（すべては「他の何か something else」によってではなく、「他の誰か someone else」によって決められる、という点に注意しなければならない。）

そういうわけでKは、その最後のカセットの中でカーテンの一角を確かに引き上げはしたものの、けっして告げることがなかった、彼自身について知っていたことがあったのである。

多くの人は、クリシュナムルティの謎を解こうとするいかなる企ても単に時間の無駄であるだけでなく、まったく取るに足りないと感じるであろう。重要なのは教えであって、人物ではないと。しかし、青年クリシュナのことを知っており、あの初期の出来事のいくつかに居合せ、教えが彼自身の脳の中で発展したということを受け入れることができない人にとっては、多分、人が自分自身の脳を空っぽにすることに成功しないかぎり、もどかしい謎が残るであろう。Kは言っている。「かのものが部屋の中にあります。それは何なのですかとあなたが尋ねても、それは答えないでしょう。それは言うでしょう、『あなたは小さすぎる』と。」人は小さすぎる、ちっぽけすぎる、絶えずおしゃべりしている脳と共に――そう、それが人の許に残る謙虚な感情である。

ほぼ同じ仕方で、その最後のテープの中でKは言った。「それに触れることができるというふりをしたり、そんなふうに想像しようとする人がいるかもしれません。もしも〔傍点、著者〕彼らが教えを生きれば、それなりの可能性が開けてくるかもしれません。」が、その源のことはまったく別として、クリシュナムルティの教えは世界の歴史における重大な瞬間にやって来た。彼がかつてワシントンである報道記者に言ったように、「もしも人間が根本的に変わり、自分自身の中に根源的な変異《ミューテーション》〔変容〕を引き起こさなければ、私たちは自滅してしまうでしょう。心理的革命は今《いま》可能なのです、千年後にではなく。私たちはすでに何千年も生きてきましたが、依然として野蛮人です。ですからもし私たちが今変わらなければ、明日もあるいは千日後も依然として野蛮人のままでしょう。」ではどうしたら一人の人間の変容が世界に影響を与えることができるのかと、もしも人が尋ねれば、それに対して与えられるのはK自身の次の答えだけである。「変わりなさい、そして何が起こるか見てごらんなさい。」

原註

《原註の出典》

AA : Adyar Archives, Theosophical Society, Adyar, Madras, India（神智学協会のアディヤール・アーカイブ）
BA : Brockwood Archives, Brockwood Park, Hampshire, England（英国のブロックウッド・アーカイブ）
EFB : English Foundation *Bulletin*（英国財団発行の会報）
Herald : *The Herald of the Star*（星の教団会報「ヘラルド」）
ISB : *International Star Bulletin*（星の教団国際会報）
KFAA : Krishnamurti Foundation of America Archives, Ojai, California（クリシュナムルティ・アメリカ財団のアーカイブ）
SPT : Star Publishing Trust（星の教団出版局）
TPH : Theosophical Publishing House, Adyar, Madras, India（神智学協会出版局）

ベサント夫人とC・W・リードビーター間のすべての文通はAAの中にある。それらは、ここでは、クリシュナムルティの要請でB・シヴァ・ラオによって私に送られたコピーから引用されている。エミリー夫人宛のクリシュナムルティの手紙はBAの中にある。ベサント夫人宛のエミリー夫人の手紙はAAの中にある。

本文2頁

註1：*Blavatsky and her Teachers,* Jean Overton Fuller, pp. 24-7 (East-West Publicaitons, 1988).

本文3頁

註2：伝説によれば、ブッダは階層制度の中の一つの地位であった。ゴータマが最後のブッダであった。ロード・マイトレーヤは、ブッダが地上での使命を成し遂げた後、次のブッダになることになっていると言われており、ゆえにボーディサットヴァという称号が付けられた。ブラヴァツキー夫人は彼女の著作のどこにもロード・マイトレーヤの到来を述べてはいないが、しかし彼女は彼女の追従者たちに向かって明らかに何かを言った――たとえそれが誤解されたとしても。なぜならベサント夫人は、東方の星の教団を創設した時、彼女の批判者たちに、ブラヴァツキー夫人は「世界を次の大教師の到来のために備えさせることが神智学協会の使命だと見なしていました。ただし彼女はその出来事を私よりも半世紀後のこととしていた」ということを思い出させているからである。

本文4頁

註3：*The Masters and the Path*（『大師とその道』）, C. W. Leadbeater (TPH, 1925).

本文5頁

註4：*Krishnamurti,* Pupul Jayakar, p. 16.

本文12頁

註5：AA. 一九一三年にノルマンディーのヴァレンゲヴィルでクリシュナが意欲的に執筆に着手した、「わが人生の五十年」という随想から。クリシュナは毎年それに書き加えていくつもりだったが、実際に書かれたもののすべては約三千五百字で、一九一一年までの彼の人生の概略を述べている。

註6：*Clairvoyant Investigations by C. W. Leadbeater and the Lives of Alcyone,* Ernest Wood (privately printed,

Adyar, 1947). *Theosophical Journal*, England, January-February 1965 も参照のこと。

本文16頁

註7：本章内のベサント夫人とリードビーター両者間の文通は、C・ジナラジャダーサにより一九三一年六月に *The Theosophist* に発表された。

本文17頁

註8：一九二八年九月の *Australian Theosophist* 中のクラークによるイニシエーションについての報告。

本文18頁

註9：AA. この手紙は *The Years of Awakening*（『目覚めの時代』）, pp.35-8 に全文が引用されている。

本文19頁

註10：*The Man and his Message*, Lily Heber, p. 49 (Allen & Unwin, 1931) に引用されたもの。

本文24頁

註11：*Candles in the Sun*, Lady Emily Lutyens, p. 32 (Hart-Davis, 1957).

本文27頁

註12：公判の報告は、リードビーターのエミリー夫人宛の手紙の中で述べられている（BA）。

本文30頁：

註13：*Candles in the Sun*, pp. 59-60.

本文37頁：

註14：*Occult Investigations*, C. Jinaeajadasa (TPH, 1938).

本文52頁：

註15：*Herald*, June 1922.

本文69頁：

註16：ニティヤおよびクリシュナの報告は、エミリー夫人に送られ、現在はBAの中にある写しから引用されている。

本文70頁：

註17：AA. ニティヤによって署名された、一九二三年二月十七日付けのもの。ミセス・ラーダ・バーニアの許可により、原本の写しから引用された。ププル・ジャヤカールの *Krishnamurti* pp. 49-57 に最初に引用された。

本文74頁：

註18：九千語に及ぶ散文体の詩であるこの記事は *The Path* という題で、一九二三年十月から三回に分けて「ヘラルド」に毎月発表された。一九八一年に *The Path* は *Poems and Parables*, J. Krishnamurti (Gollancz, Harper & Row, 1981) に含められた。

本文86頁：

註19：一九二五年のエミリー夫人の日記（BA）から。

本文91頁：

註20：リードビーターのザ・マナーのコミュニティでの生活の報告については、*To be Young*, Mary Lutyens (reprinted Corgi, 1989) を参照。

本文94頁：

註21：*Herald*, February 1926. 本章に記録された他の〝オカルト〟的出来事は、エミリー夫人の日記（BA）からのものである。

本文100頁：

註22：*Herald*, February 1926.
註23：前同、June 1926.
本文101頁：
註24：前同、March 1926.
註25：*Candles in the Sun*, p. 144.
本文106頁：
註26：マリア-ルイサ・カービーからR・G・マクビーン宛の一九二六年七月三十一日付けの手紙（*Theosophist*, 9 July 1948).
本文107頁：
註27：*The Pool of Wisdom* (SPT, 1928)
本文115頁：
註28：KFAA.
本文117頁：
註29：*Who brings the Truth* (SPT, 1928)
本文118頁：
註30：*The Last Four Lives of Annie Besant*, A. H. Nethercote, p. 193n (Hart-Davis, 1961).
註31：*L'Intrasigéant* 誌一九二八年月号中のブールデルとのインタビュー。*ISB* 一九二八年四月号に英訳で引用されたもの。
本文124頁：
註32：*Let Understanding be the Law* (SPT, 1928)

本文124頁：
註33：KFAA
本文127頁：
註34：*Bernard Shaw*, Hesketh Pearson, p. 115 (Collins, 1942)
本文128頁：
註35：*ISB*, July 1929.
本文132頁：
註36：前同、September 1929.
本文134頁：
註37：これらの意見表明は以下のものの中で行なわれた。*Theosophist*, June 1931、同書、December 1931、*Theosophy in India*, 1931、およびウエッジウッドからエミリー夫人宛の一九二九年十月の手紙。
本文137頁：
註38：*ISB*, June 1931.
本文140頁：
註39：クリシュナムルティ宛のエミリー夫人の手紙はKFAAにあり、写しがBAにある。
本文141頁：
註40：*ISB*, June 1931.
註41：クリシュナムルティから著者への伝言。
本文146頁：
註42：ラテン・アメリカおよびメキシコでのクリシュナムルティの講話の、彼自身によって校閲された

真正報告が、一九三六年にSPTによって出版された。

本文154頁：

註43：クリシュナムルティによる手書き原稿。

本文160頁：

註44：*Commentaries on Living*（『生と覚醒のコメンタリー』）, pp. 15, 16 and 44.さらに二巻が一九五九年と一九六〇年に出版された。三巻ともすべてラジャゴーパルによって編集された。

本文165頁：

註45：*Krishnamurti*, Pupul Jayakar, p. 57. 一九四八年から一九六〇にかけて書かれたクリシュナムルティからナンディーニ・メータへの美しい手紙がこの本の中で引用されている（pp. 251-73).

[訳註：この一連の手紙は二〇〇四年に *Letters to a Young Friend: Happy is the Man Who is Nothing* という題名で単行本として出版された（邦訳『しなやかに生きるために——若い女性への手紙』）]

本文167頁：

註46：*Trial of Mr Gandhi*, Francis Watson (1969).

本文172頁：

註47：*The Years of Fulfilment*（『実践の時代』）中で最初に公表されたププル・ジャヤカールの手記の写し。この報告は彼女の *Krishnamurti* 中でも、若干の相違箇所と共に取り上げられている（pp. 202-3）。

本文181頁：

註48：*ISB*, 前同、pp. 202-3.

本文186頁：

註49：ドリス・プラット宛および彼女からの手紙（BA）。

本文189頁：
註50：*Krishnamurti*, Pupul Jayakar, p. 242.
本文198頁：
註51：ヴァンダ・スカラヴェッリの手記の写しより。
註52：*Aldous Huxley*, Sybille Bedford, II, p. 71 (Chatto & Windus), 1973).
本文221頁：
註53：EFB, no. 2, Spring 1969.
本文225頁：
註54：*The Urgency of Change*（『自己の変容——クリシュナムルティ対話録』）. この本は、それ以前に出版された *The Only Revolution*（『クリシュナムルティの瞑想録』）と併せて、*Second Penguin Krishnamurti Reader* (1973) を構成している。
本文230頁：
註55：January and March, 1972 (KFAA).
本文240頁：
註56：筆記録（BA）より。
本文248頁：
註57：三つの財団すべてから入手できるこれらのビデオテープは、きわめて人気があり続けた。
本文249頁：
註58：*Freedom from the Known*(『既知からの自由』), p. 116.
本文251頁：

註59：*Golden Jubilee Souvenir Book* (Krishnamurti Foundation India, 1979).

本文262頁：

註60：*Letters to the Schools* (Krishnamurti Foundation England, 1981). 一九八一年十一月十五日から一九八三年十一月十五日までのさらに十八通の *Letters to the Schools* が英国財団によって出版された。

［訳註：以上をまとめたものが『学校への手紙』として邦訳されている。さらに十七通の手紙を加えた増補改訂版が二〇〇六年に *The Whole Movement of Life is Learning: J. Krishnamurti's Letters to His Schools* として刊行された（現在、邦訳の刊行準備中）］

本文264頁：

註61：*Exploration into Insight*, Pupul Jayakar and Sunanda Patwardhan (eds), p. 77 (Gollancz, Harper & Row, 1979).

註62：EFB, no. 42, 1982.

本文288頁：

註63：*The Future of Humanity* (Mirananda, Holland, 1986).（『人類の未来』）メアリー・カドガンが匿名で *The Ending of Time* を編集した。

本文293頁：

註64：*The Network of Thought*, pp. 99-110 (Mirananda, Holland, 1983).（『思考のネットワーク』）

本文296頁：

註65：*The Flame of Attention* (Mirananda, Holland, 1983).

本文297頁：

註66：KKFA および BA から入手できる。

本文299頁：
註67：これらの議論の多くは、ププル・ジャヤカールの本 *Krishnamurti* の中で長々と紹介されている。
本文302頁：
註68：*Krishnamurti to Himself* (Gollancz, Harper & Row, 1987).（『最後の日記』）
本文308頁：
註69：*Los Alamos*（小冊子）（Krishnamurti Foundation England, 1985).
註70：UN *Secretarial News*, 16 May 1984, and ESB, no. 47, 1984.
本文314頁：
註71：*Washington D.C. Talks 1985* (Miranda, Holland, 1988).
本文317頁：
註72：*The Network of Thought*, pp. 99-110 (M) これらの素晴らしい写真のうちの七十点が、*Last Talks at Saanen* (Gollancz, Harper & Row, 1986)（『ザーネンのクリシュナムルティ』）の中で発表された。
本文325頁：
註73：BA.
本文326頁：
註74：前同。
本文327頁：
註75：一九八四年八月にシェーンリードで、メアリー・ジンバリストおよびスコット・フォーブスと共にセンターについて話し合っていた時のもの。
本文330頁：

註76：*The Future is Now*, Radhika Herzberger (ed.) (Gollancz, 1988).

本文332頁：

註77：Kの死後スコット・フォーブスによって書かれた、Kの死についての長い報告書より。

註78：Kの死後書かれた、著者宛のスティーヴン・スミスの手紙より。

本文333頁：

註79：インド財団のアーカイブおよびBA。

本文335頁：

註80：この映画のビデオはBAから入手できる。

本文336頁：

註81：EFB, special edition, 1986および *The Future is Now* (Gollancz, Harper & Row, 1988).

本文337頁：

註82：Indian Foundation Bulletin, 1986/3.

本文344頁：

註83：テープ録音（BA）より。

本文346頁：

註84：前同。

本文348頁：

註85：前同（逐語録）。

日本語文献一覧

■クリシュナムルティ自身の著作

『阿羅漢道』 今武平訳 一九二四年（大正十四年）
『自己変革の方法』 十菱珠樹訳 霞ヶ関書房 一九七〇年
『自由への道』 菊川忠夫訳 霞ヶ関書房 一九七四年
『道徳教育を超えて』 菊川忠夫他訳 霞ヶ関書房 一九七七年
『英知の探求』 勝又俊明訳 たま出版 一九八〇年
『自我の終焉』 根木宏他訳 篠崎書林 一九八〇年
『暴力からの解放』 勝又俊明訳 たま出版 一九八二年
『クリシュナムルティの瞑想録』 大野純一訳 平河出版社 一九八二年
『クリシュナムルティの日記』 宮内勝典訳 めるくまーる社 一九八三年
『真理の種子』 大野純一他訳 めるくまーる社 一九八四年
『生と覚醒のコメンタリー・1～4巻』 大野純一訳 春秋社 一九八四年
『クリシュナムルティの神秘体験』 中田周作訳 おおえまさのり監訳 めるくまーる社 一九八四年
『生の全体性』 大野純一訳 平河出版社 一九八六年
『英知の教育』 大野純一訳 春秋社 一九八八年
『未来の生』 大野純一訳 春秋社 一九八九年
『学びと英知の始まり』 大野純一訳 春秋社 一九九一年年

『思考のネットワーク』　渡辺充訳　JCA出版　一九九一年
『生の全変容』　大野純一訳　春秋社、一九九二年
『瞑想と自然』　大野純一訳　一九九三年
『自由とは何か』　大野純一訳　春秋社　一九九四年
『子供たちとの対話』　藤仲孝司訳　平河出版社　一九九二年
『最後の日記』　高橋重敏訳　平河出版社　一九九二年
『人類の未来』　渡辺充訳　JCA出版　一九九三年
『ザーネンのクリシュナムルティ』　ギーブル恭子訳　平河出版社　一九九四年
『私は何も信じない――クリシュナムルティ対談集』　大野純一編訳　コスモス・ライブラリー　一九九六年
『恐怖なしに生きる』　有為エンジェル訳　平河出版社　一九九七年
『学校への手紙』　古庄高訳　UNIO　一九九七年
『大師のみ足のもとに』　田中恵美子訳　竜王文庫　一九九八年
『瞑想』　中川吉晴訳　星雲社　一九九八年
『あなたは世界だ』　竹渕智子訳　UNIO　一九九八年
『クリシュナムルティの瞑想録』〔文庫本〕　大野純一訳　サンマーク出版　一九九八年
『キッチン日記』　高橋重敏訳　コスモス・ライブラリー　一九九九年
『私は何も信じない――クリシュナムルティ対談集』〔新装版〕　大野純一編訳　コスモス・ライブラリー　二〇〇〇年
『クリシュナムルティの教育・人生論――心理的アウトサイダーとしての新しい人間の可能性』　大野純一著編訳　コスモス・ライブラリー　二〇〇〇年

『白い炎――クリシュナムルティ初期トーク集』大野純一著編訳　コスモス・ライブラリー　二〇〇三年
『知恵のめざめ――悲しみが花開いて終わるとき』藤仲孝司＋小早川詔訳　UNIO　二〇〇三年
『自由と反逆――クリシュナムルティ・トーク集』大野龍一訳　コスモス・ライブラリー　二〇〇四年
『花のように生きる――生の完全性』横山信英＋藤仲孝司訳　UNIO　二〇〇五年
『人生をどう生きますか？』大野龍一訳　コスモス・ライブラリー　二〇〇五年
『しなやかに生きるために――若い女性への手紙』大野純一訳　コスモス・ライブラリー　二〇〇五年
『生と出会う――社会から退却せずに、あなたの道を見つけるための教え』大野龍一訳　コスモス・ライブラリー　二〇〇六年
『クリシュナムルティの教育原論――心の砂漠化を防ぐために』大野純一訳　コスモス・ライブラリー　二〇〇七年
『既知からの自由』大野龍一訳　コスモス・ライブラリー　二〇〇七年
『いかにして神と出会うか』中川正生訳　めるくまーる社　二〇〇七年

■クリシュナムルティ関連文献（伝記その他）

『クリシュナムルティ・目覚めの時代』メアリー・ルティエンス著　高橋重敏訳　めるくまーる社　一九八八年
『クリシュナムルティ・実践の時代』メアリー・ルティエンス著　高橋重敏訳、めるくまーる社　一九八八年
『クリシュナムルティ・開いた扉』メアリー・ルティエンス著　高橋重敏訳　めるくまーる社　一九九〇年
『クリシュナムルティ――懐疑の炎』ルネ・フェレ著、大野純一訳、めるくまーる社　一九八九年
『気づきの探究――クリシュナムルティとともに考える』ススナガ・ウェーラペルマ著　大野純一訳　めるくまーる社、一九九三年

『生のアート』津田広志編著　れんが書房新社　一九九四年
『クリシュナムルティの世界』大野純一著編訳　コスモス・ライブラリー　一九九七年
『グルジェフとクリシュナムルティ――エソテリック心理学入門』ハリー・ベンジャミン著　大野純一訳　コスモス・ライブラリー　一九九八年
『キッチン日記』マイケル・クローネン著　高橋重敏訳　コスモス・ライブラリー　一九九九年
『リシバレーの日々――葛藤を超えた生活を求めて』菅野恭子著　文芸社　二〇〇三年
『片隅からの自由――クリシュナムルティに学ぶ』大野純一訳　コスモス・ライブラリー　二〇〇四年
『クリシュナムルティとは誰だったのか――その内面のミステリー』アリエル・サナト著　大野純一＋大野龍一訳　コスモス・ライブラリー　二〇〇四年

クリシュナムルティ関連情報

クリシュナムルティ・ライブラリー（Library）、リトリート（Retreat）、スタディ・センター（Study Center）、スクール、ならびに関連イベントと刊行物については、以下にお問い合わせください。

■**Krishnamurti Foundation of America**〔クリシュナムルティ・ファンデーション・オブ・アメリカ〕

Krishnamurti Foundation of America
PO Box 1560, Ojai, Califorania 93024, USA
Email: kfa@kfa.org
www.kfa.org

■**Krishnamurti Foundation Trust, Ltd.**〔クリシュナムルティ・ファンデーション・トラスト〕

Krishnamurti Foundation Trust, Ltd.
Brockwood Park
Bramdean, Hampshire
England SO24 0LQ
Email: info@brockwood..org.uk
www.brockwood.org.uk

■**Krishnamurti Foundation India**〔クリシュナムルティ・ファンデーション・インド〕

Krishnamurti Foundation India
64-65 Greenways Road
Vasanta Vihar
Chennai
India 600 028
Email: kfihq@vsnl.com
www.kfionline.org

《クリシュナムルティ・スクール》

■**Brockwood Park School**〔ブロックウッド・パーク・スクール〕

全寮制（十四歳以上の生徒）
Bramdean, Near Alresford
Hampshire SO24 0LQ, U.K.
Email: info@brockwood.org.uk

■**Rishi Valley Education Centre**〔リシ・ヴァレー・エデュケーション・センター〕

全寮制（七～十九歳までの生徒）
Rishi Valley Post

Chittoor Distrtict, 517 352, A.P.

■**Rajghat Education Centre**〔ラジガート・エデュケーション・センター〕
全寮制（六～二二歳までの生徒）
Rajghat Fort
Varanasi 221001, U.P.
www.jkrishnamurti.org
Email: kcentrevns@satyam.net.in

■**Oak Grove School**〔オークグローブ・スクール〕
通学（三歳半～十九歳）／全寮制（十～十九歳までの生徒）
220 West Lomita Avenue
Ojai, CA 93023
Email: office@oakgroveschool.com
入学案内：enroll@oakgroveschool.com

訳者あとがき

本書は *Krishnamurti: His Life and Death* by Mary Lutyens, 1990 の全訳である。著者のメアリー・ルティエンスは、クリシュナムルティ自身の依頼に応じて *Krishnamurti: The Years of Awakening*, 1975, *Krishnamurti: The Years of Fulfilment*, 1983 および *Krishnamurti: The Open Door*, 1988 という三巻のクリシュナムルティ伝を著わした。邦訳は『クリシュナムルティ・目覚めの時代』(以下、『目覚めの時代』)、『クリシュナムルティ・実践の時代』(以下、『実践の時代』)、『クリシュナムルティ・開いた扉』(以下、『開いた扉』)として、それぞれ一九八八年、一九八八年、一九九〇年にいずれもめるくまーる社から高橋重敏氏の訳で刊行された。A5判でそれぞれ約五七〇頁、四六〇頁、三二〇頁(合計一三四〇頁)の大作である。そしてルティエンスは『開いた扉』の冒頭で、「伝記のこの巻をもって、一九八六年二月十七日にこの世を去ったクリシュナムルティによって私に託された任務は完了する。」と述べている。

従って本書は、クリシュナムルティの意向とは関係なく、ルティエンス自身の意志によって著わされたことになる。その目的は「序文」に書かれているので、ここでは繰り返さない。著者は以前の三巻本の内容を整理し、クリシュナムルティの発達にとって不可欠の事柄だけを選び出し、それらをいわば長大な年譜としてまとめ上げた。本書は、稀有の覚者クリシュナムルティの生涯に関するルティエンスの研究成果の集大成であり、まさに伝記の総集編である。

「謝辞」の冒頭でルティエンスは「本書で言及されなかったクリシュナムルティの多くの友人に対して私は陳謝したい。彼の生涯を一巻に圧縮する際に、本質的部分を形成していない多くの細部を省略しなければならなかったが、彼の発達にとって不可欠だったいかなるものも省略されていない」と述べている。クリシュナムルティという大木を全体として把握するには、細い枝や葉を削ぎ落とした上で、適切な距離をとって眺めてみなければならない、細部に目を奪われて全体を見損なわないようにしなければならない、ということであろう。昨年一月に他界された高橋先輩［生前そのように呼ばせていただいていたので、ここでもそう呼ばせていただく］の労作である邦訳を参照させていただきながら、訳者はこの削ぎ落としの作業を目のあたりにした。ここではその削除の一例として、『開いた扉』第11章の冒頭の次の箇所（二五九―六〇頁）を参考までに紹介しておく。

東京に着くと、彼は脚を伸ばそうと思ったが、歩くのにはスコットの助けが必要だった。再び機内へ戻るために出発ロビーを出ようとしたところで、中年の日本紳士が近づいてきてこう訊ねた。「あなたがクリシュナムルティさんですか?」この人は高橋重敏氏といい、Kの本の日本語訳に関していろいろ有益な忠告をしてくれていた人物であった。マドラスにいる友人からKがこの機内にいることを聞き、彼と旅をともにするためにだけロサンゼルスまでの往復切符を購入していたのである。彼は即座に、Kは病いが篤く、誰とも話すことができないのを察知した。それでも同じ飛行機でKとともに坐っているだけで充分この旅の価値はあると感じとった。彼はロサンゼルス空港からまっすぐに東京へと戻っていった。

これは、クリシュナムルティが一九八六年一月、すなわち彼の死の前の月に、カリフォルニアへの帰途、わずか一時間余りながら成田に立ち寄った時のことで、彼の長い世界周航の生涯の中でも日本の地に足跡を印したのはこれが初めてだったということ、また、高橋先輩がルティエンスの三部作中に登場する唯一の日本人であることを考慮すると、なかなか厳しい削除だと言える。

そもそも本書の邦訳刊行に思い至ったのは、三部作の邦訳書が現在入手が困難である今、クリシュナムルティの講話や著作の邦訳は読んだことがあるが、彼の詳しい伝記はご存知ではないという方々に、この貴重な一次資料を改めて紹介し、クリシュナムルティについてのより良い理解の一助にしていただければという願いからであった。

この「あとがき」では、前述のような圧縮作業の結果紹介が簡略になりすぎたきらいがある登場人物たちのうちの何人かにスポットを当て、周辺の、いわば二次資料によって本書の内容を補足し、クリシュナムルティの存在意義や教えに迫るための一助としたい。

まずE・A・ウッドハウス［本書十八―十九頁参照］。彼はあまり注目されていないが、クリシュナムルティの初期の人生において重要な役割を果たしている。優れた哲学者でもあった彼は神智学協会の会報の編集に加わるかたわら、クリシュナムルティの家庭教師として主に英語を教え、また星の教団内部では重要な側近役を果たしており、若きクリシュナムルティの成長・発展の様子をつぶさに観察することができた。一九二七年、クリシュナムルティはエルダー城で「解放」について語った［本書一一二―一一三頁参照］が、これについてルティエンスは「K自身の哲学がついに現われ始めた」と述べており、きわめて重要な講話だったと言える。そしておそらくはその翌年の末に、ウッドハウスはクリシュナムルティの言う「解放」およびそれにまつわるいくつかのキーワードの意味を明らかにすべく彼と対談し、その後その内容をまとめ、覚え書きとして当時の教団の国際会報に発表した。これについては、現在入手が困難な『真理の種子――クリシュナムルティ対談集』(めるくまーる社、一九八四年)の「訳者あとがき」で詳しく紹介しておいたが、クリシュナムルティの初期の講話を理解し、彼の教えの核心に迫る上できわめて重要なので、ここで改めて紹介しておきたい。ウッドハウスは覚え書きの冒頭で次のように言う。

解放とは何か? われわれは解放された個人のことを、依然として何らかの仕方で活動的であるものとして考えるべきなのか? それとも解放は「寂滅」を意味するのだろうか? 多くの人々は、クリシュナムルティの教えを聞いて、解放を寂滅と考える。彼らはそれを、生に完全な終止符を打つことと受けとめる。これは、一つには彼自身がしばしばそれを「目標《ゴール》」として語ったため、一つには伝統的に(仏教その他で)それがまるであらゆるものの終りを意味するかのように扱われているためであり、さらに一つには、個別的な生が普遍的な生へと溶け込んでしまったら、そこにはどのような種類のさらなる活動がありうるのか、多くの人々は想像するのに困難を覚えるからである。

この難題に対してクリシュナムルティは、解放を寂滅だと見なすことは間違いであると答えた。それは、より正しく言えば「始まり」なのである。にもかかわらず、ある意味ではそれはまったく始まりではない。なぜなら、「純粋な生」は完全に時間の外にあるからである。それでも、この特別の問いに答える目的のために、われわれはそれを始まりとして話を進めてよいだろう。なぜならそれは「真実の、あるいは本然の生」の始まりだからである。解放の時点までは、われわれはいわば幻想の領域にいて「見せかけの生」を送っている。そして解放の後に初めて、われわれは真実の生に入る。この観点からすれば、解放を「目標」として語ることは確かに紛らわしい。それに到達しようと努力している者にとっては、それは目標である。が、本質的には、それは出発点と言うのがより本当である。

　解放それ自体には、現象界でのさらなる活動をはばむものは何もない。もちろん、何の強制もありえない。なぜなら、強制からの自由が、解放という観念に含意されているからである。しかし、もしも解放された生がそう欲すれば、それは物質の世界に現われることができる。そしてそれが物質の世界に入る限りにおいて、それはそこでの法則、すなわち進化のそれの下に置かれるであろう。

　しかし、たとえそうなった時でも、解放後に引き続いて起こる成長は、解放前のそれとは異なった種類のものとなるであろう。なぜなら、それは絶対的または純粋な生を吹き込まれた成長になるであろうから。以前には「エゴ」があり、そして成長はその展開として起こった。今や、もはやエゴはない。それは解放と共に永久に消滅してしまったのである。ここで、容易ではないが把握されるべき重要なことは、「普遍的な生」は、それが現象界で営まれる時、その自己表現のための新鮮な道具を築き上げていくという観念である。これらの道具は形態の世界にあり、それゆえその中で見かけの個性を持っている。解放後の活動の主な特徴は、それが絶対的に自然で、自発的で、無意識だということであろう。物質［顕現した］世界にこうして現われた生は、「永遠なるもの」にその根を持っていることだろう。それは、それ自身の普遍性を実現しているだろう。そして物事を妨げるようないかなる個別的な「私（自我）性」の意識ももはやないので、その活動は花のそれのように単純かつ自然であるだろう。

そのような生は、われわれが今持っているような自我性の意識に対応するような何かを持っているのだろうか？　すなわち、その経験は、われわれのそれのように認識する中心に帰されるのだろうか？　それは、何らかの種類の意識的な主体的自己性を残しているのか、あるいは、その普遍性のゆえに、それ自身の生と他者のそれとの一体化において、これを完全に失うのだろうか？

ウッドハウスのこれらの質問に対してクリシュナムルティは次のように答えた。解放後の生は、依然として主体的自己意識と呼びうるものを残している。それは、依然としてそれ自身の目を通して世界を見つめ、そのすべての経験をそれ自身に帰する。が、この「自己《セルフ》」は「エゴ」ではない。それは、あのより一層霊妙なもの——個人の独自性 individual uniqueness である。この独自性は、エゴのそれのような形態上の区別ではなく、普遍的な生に固有の区別であり、それはエゴが存在するのをやめた時にのみ、十全な活動に入る。そしてこの独自性は、解放へと向かうあらゆる個人の生を他のすべてから区別し、それぞれの生にそれ独自の意識の中心を付与する。さらに、たとえ普遍的な生が実現されても、この独自性はそのまま残る。人はそれを、個人性からすべてのエゴイズムが一掃された時に残る、個人性の純粋に抽象的な「フォルム（形）」として語ることができるだろう。それは個人的であると同時に普遍的なのである。

これを把握するためには、ある種の「焦点《フォーカス》」を思い浮かべればいいだろう。つまり、それを通じて普遍的な生が解き放たれるところの焦点、および、それを通して解放後に普遍的な生が自由に現われるところの焦点を。人間にとって、「生の全体性」への消滅という意味での絶対者への完全な没入はありえないのであって、この個人の独自性に伴う抽象的かつ希薄な区別はずっと存続していく。そして、もしも解放された生がそう欲すれば、形態の世界でそれが依然として経験することができる進化的成長を可能にするのは、実はこの独自性なのである。

それゆえ、そのような独自性は、消えたり「蒸発」したりするものどころか、実はわれわれ各人がそれを実現することによって生に対してなしうる最高の贈り物なのである。なぜなら、個人の生がいっさいのエゴイズムから浄化されるやいなや、それは言わば「新たな窓」——それを通して普遍的な生がそれ自身を実現できる——になるからである。すべての個人の生は、このようにして宇宙を増やすのである。なぜならそれは、絶対者に対して新鮮な世界——その中でそれ自身の「存在」を発見し、そして再創造できるところの——を与えるからだ。そして、この贈り物が普遍的な生に引き渡される地点が、われわれが言うところの「解放」なのである［傍点、訳者］。なぜなら、エゴが、自らの手で営々と構築してきたものを捨て去り、そしてより大いなる生によって引き継がれるのは、その時だからである。別の言い方をすれば、エゴは、「生」が生きうるために死ぬのである。

以上のことからして、われわれは「これこれの解放を得る」という言い方は用語の誤用であることがわかる、とクリシュナムルティは指摘した。解放されるものは「個人」ではなく、常に「生」である。事実、そのような解放が遂げられるのは、個人を犠牲にしてである。もっぱら普遍的な生のみがその取引によって益するのである。解放への過程は、常に個人性を殺し去るようでなければならない。「汝は、生きるためには死なねばならない」は依然として真実なのである。エゴの分離性・二元性の破壊によって普遍的な生が解放され、それは以後、純粋な形をとった個人の独自性によって十分に働き続けることができる。そして解放において確立されるものが「本然の生」なのである。

では、この本然の生は、エゴイズムが依然として続いている間に現われる生から容易に区別しうる何らかの特徴を持っているのだろうか？　これに対してクリシュナムルティは次のように答えた。

純粋または普遍的な生に当てはまる一つの単純な特徴がある。その特徴とは、それは行為《アクション》はするが、しかしけっして反応《リアクション》はしないということである。われわれがエゴを取り除くまでは、われわれの意識的な生の大部分は反応で出来ている。例えば、愛を取り上げてみよう。それは、たいていの場合、たまたまわれわれを引きつける誰かによってわれわれの中に引き起こされた反応である。たまたまこの反応を引き起こさない人間のことは、われわれは愛さない。しかし、解放後、純粋なる生が働いている時は、起こることはまったく逆である。その時には、愛はわれわれ自身から流れ出る生命力になる。それは、サーチライトに喩えることができる。それは、その光線をたまたま注がれるすべてのものを愛らしくする。それはかくして、その対象物とは無関係である。なぜなら光は、誰に対しても同じように向けられるからである。そして同じことが、解放された生の他のすべてのことについても当てはまる。知恵は、例えば、何か他のものから引き出された知識ではない。それは、われわれ自身から放たれて、それが触れるすべてのものを照らす光である。それは、認識として現われる純粋なる生である。

そしてここで、ついでながら、われわれはクリシュナムルティによってしばしば行なわれてきた言明——解放された生は愛と理性の釣合《ポイズ》である——の意味がわかるのである。その説明はこうである。純粋なる生の特質に従って、愛と理性は積極的になり、内なる中心から外へと働きかけ、けっして反応によってそれら自身に押し戻されることはない。このように押し戻されることの不可能性が、「釣合」である。外からのいかなる衝撃もその平衡を乱すことはできない。それどころかそれは、内側から衝動が生まれるいなや、常にどの方向にも跳び出そうと身構えている。

そこでわれわれすべてがしなければならない重要なことは、われわれの「反応」を徐々に「行為」へと変えていくことである。われわれの内部の生のあらゆる運動は、自己発生的でなければならない。外部からの引力または斥力によって撹乱されることをやめ、それ自身の特質を自らの周囲の世界に授けるであろうような、そういう外向的な生をわれわれは樹立しなければならないのである。このように、エゴの反応を純粋な生の行為に置き換えることが、真の無執着である。なぜならそれは、その本性上、対象物に無頓着だからである。それはまた解放でもある。なぜなら、エゴの唯一の生――エゴはそれ自体が自由への唯一の障害物である――は、反応に存するからである。反応を放棄し、純粋な行為に置き換えよ、そうすればエゴは自動的に消滅するだろう。ゆえに、この「反応なき行為」を目指すことが解放への足がかりになる。

そしてさらにもう一つのことを以上のすべてに結びつけることができる、とクリシュナムルティは言った。それは、解放は進化のどの段階でも達成できるということである。解放は、この意味で進化の過程とは無関係である。より低い進化段階にある人とより高い段階にある人がいる場合、必ずしも前者の方が後者よりも解放にとって本質的な一事――すなわち、分離的な「私」という意識を全的に殺し去ること――により積極的に取り組もうとする気組みさえあれば、より早く解放に達するかもしれない。解放への第一歩はごく早い段階で踏み出しうるのであり、そしてこの「道」に沿ったどの歩みも、それ自体が解放なのである。仕事のたとえ小さな部分でも、それを成し遂げることによって、われわれはある意味でその全部を成就するのである。

クリシュナムルティは、この最後の発言によって彼が何を意味したかを次のように説明した。純粋なる生は細別されえない、それは多少ということを知らない。それは一個の絶対物である。それゆえ、もしも何かとの関係においてあなたが一つの執着を打破することによって生を解放すれば、あなたはその範囲内に（それがどれほど小さくとも）、生の全体を解放するのである。何らかの反応を純粋な行為に変えることは、かくして、その後の包括的な解放とまさに同じく、それ自体が一つの解放なのである、この観点からすれば、解放への旅の全体が一つの長い解放と言いうるのである。肝要なことは、正しい方向に向かっていることである。そうすれば、その後の旅にかかるかもしれない時間の長さは問題ではない。「解放し始めた」ことが大切なのである。なぜならそれは、なされねばならない仕事において人がはっきりと本然の生の側に組したことを意味しているからである。

そしてあらゆる個々の出来事において反応を純粋な行為に置き換え、細部における完成を目指すことを通じて解放を目指すことによって、「われわれは、終局的な自由が達成されるはるか以前に、いわば『解放の習慣』を確立することができる」と最後にクリシュナムルティは言った。

クリシュナムルティとの対話の内容からまとめられたウッドハウスのこの「覚え書き」は、星の教団解散へと至る初期の講話の核心を成している「解放」とはいかなるものかを、「個人の独自性」や「愛と理性の釣合」といったいくつかのキーワードの意味と共に明らかにした点で貴重である。ウッドハウスは教団の解散によってさして動揺させられなかった、というかむしろますますクリシュナムルティの教えそのものへの関心を深めていき、それは教団の解散の翌年の一九三〇年に「クリシュナムルティの教えにおける人間、自然、リアリティ」という論考となって結実した。これはかなり長いものなので、ここではその冒頭と結論部分だけを紹介しておく［全文をホームページの新刊案内に「参考資料1」として添えておいたので、興味ある方は参照願いたい］。彼は冒頭で次のように述べている。

あらゆる問題に、散漫な推論のプロセスによってではなく、ある中心的な真理に直接訴えることによって対処するという、クリシュナムルティによって採用された特異な直観的教え方は、それを見守ったことのある人々にとってはきわめて印象的なものである。多分、なによりもこのゆえに、多くの人々は彼のことを本能的に〈教師〉と括弧付きで書くことによって区別すべく促されてきたのである。人々は、それが非凡な教えだと感じたのだ。それには偉大さの刻印が押されている。それは、人類の〈師《マスター》／教師《ティーチャー》〉の系譜に属しているのだ。

が、他の人々にとっては、それを伝えることがまったく不可能な何かであるという、不可避的な不都合をそれは持っている。で、これは、――時々起こることなのだが、――クリシュナムルティの教えを学んでいる人が、友だちに彼のメッセージの概要について尋ねられ、その根本的真理を選り抜いて示すよう乞われた時、現実の困難として感じられる。このように挑まれた人は、ただちに次のことを発見するからである。すなわち、他の人にクリシュナムルティの教えを提示するためには、クリシュナムルティ自身の中では実に見事に、かつ容易に働いているものとはまったく異なるテクニックが必要だということである。

クリシュナムルティが話している時、まさに彼が常にありありと彼自身の生きた真理を眼前にしているという事実が、ある摩訶不思議な仕方で彼の聞き手に伝わり、多くのものごとを容易に思わせるのだが、実は少しも容易ではないのだ。これこそはまさに、自称解説者がただちに見出すことなのである。人が実際に彼に傾聴していた時には実に明白に思われた連関が、今や論理的思考の相関関係へと翻訳されなければならない。彼が指摘した時にはほとんど言うまでもないように思われたことが、今や、論証で補強されなければぼやけてしまうのである。クリシュナムルティ自身にとっては、生きた統一体として即座に把握され、すべての教えを有機的全体へと融合していたものが、今や、知的な相互依存として表明されなければならない。要するに、必要とされるものはまさに、彼自身はまさにそれ自体であるがゆえになしですますことができる、そういう秩序・方式の枠組みなのである。さもなければ解説は役に立たず、話を聞きに来た友だちは手ぶらで立ち去らざるをえないであろう。

私がこのことを痛感せざるをえなかったのは、一年前、とりわけクリシュナムルティの教えに興味をそそられ、しきりに知りたがっていたある友人がやって来て、彼の教えのどこに他の教えにない新しさがあるのかと彼に尋ねられた時である。未来の時代に人々がクリシュナムルティの生涯とメッセージを振り返って見る時、スピリチュアルな人生哲学への彼の偉大で卓越した寄与として、彼らは何を指摘するだろうか?

私は自分がどう答えたか忘れたが、しかしそれが絶望的なほどしどろもどろで、不適切であったことを知っている。クリシュナムルティと彼のメッセージとの数年間にわたるかなり密接な接触後、私は自分がその教えを一個の生きた興味ある全体として総合的に把握していないことに気づいた。そこで私は、その教えに取り組み、なんとかして真相を見極めてみることに決めた。この点で、私に投げかけられた質問をテストケースと見なした。それは、いやしくも真面目な学徒だったら明瞭な答えを返すことができるべき質問だと私は感じたのである。その上、それは私の興味をそそった。他のほとんどの学徒同様、私は教えの新しさを感じていたからである。事実私は常に、それらの秘密がそっくり解明されれば、物理学の領域でアインシュタインによってもたらされた革命に勝るとも劣らないほど画期的で遠大な何かをクリシュナムルティが彼自身の分野で成し遂げたことがわかるであろうと感じていた。が、何を彼が成し遂げたかを正確に言うことはできなかった。

こうして探究を始めたウッドハウスは、「クリシュナムルティによって説かれた絶対的解放は、顕現からの自由ではない。それは、顕現の中への解放」であることを見出す。顕現とはすなわち物質と形態のことであり、自然のことであって、その外側［彼岸］ではなく、まさにその内側［此岸］で人間は解放を遂げなければならないのである。その理由をウッドハウスは次のように述べている。

世界中のあらゆる個人は、周囲を見回す時、自分のことを広大な自然に取り囲まれた一個の生きた存在として意識し、さらに自然はその彼方の究極のリアリティ［訳注：神、創造主、真実在など］に依存していると感じる。そしてまた彼は、このリアリティは、もしそれが理解されさえすれば、自然の意味と目的を明かし、そしてこの解明によって、全体の部分としての彼自身の意味と目的を派生的に明らかにするであろうと感じる。言い換えれば、包括的なスピリチュアルな真理は、これら三項を以下の順序で一つの有機的総体の部分として相関させるであろう。それは、自然を究極的リアリティが顕現する場として説明し、また、人間を自然の一部として、自然自体の生命の意義に彼を関連させることによって説明するであろう。このようにして、それは自然の中に人間にとってのわが家を見出すであろう。彼女（自然）は彼の母になるであろう、余所者《よそもの》ではなく。そして、まさに彼女の生命が働き出す過程が、彼自身のスピリチュアルな自己実現の過程になるであろう。

そのような真正の自然哲学を、人間の中のあらゆる詩的・神秘的な部分が切望してきた。彼の中には、自然を犠牲にして求められるべきものとしての真理ではなく、彼を自然の中に包み込むべき存在としての真理を求める深い本能が常に存在してきた。人間は、心の奥底では、自然界から追放された存在であろうとは願っていない——たとえそのような存在であることが優越のしるしと解されようと。いかなる孤高のプライドよりも、〈母なる自然〉の呼び声のほうが常に強かったのである。人間のもっとも内奥の魂は、彼自身の自己実現を自然的生活によって解釈するであろう哲学を求める。自然の外においてではなく、その中において、彼は自分のスピリチュアルな運命を開拓しなければならないのである。

これは世界の中での人間の位置・意義・役割に関わってくる。宇宙の根本的な創造性＝リアリティの現れとしての「普遍的な生」は自然の中でひとまずの完成を遂げる。動物も植物も鉱物も、それぞれのいわば「自然なる完成」を持っている。ダイヤモンドも火打石も、バラもヒナ菊も、犬も猫もそれぞれの完成を持っている。が、世界を突き動かしている創造性＝リアリティはそこで留まっていることはできない。それは、いわば自らの存在に気づき、自身を見るための「何か」を必要とする。そしてその何かが人間であり、彼／彼女を通じて創造性＝リアリティは自らを自覚し、自らに気づくに至る。クリシュナムルティは単にそのような自覚・気づきの大炸裂の場の一つになった、あるいは前出の「覚え書き」中の言葉で言えば、普遍的な生のための巨大な窓になっただけなのであり、それはわれわれ一人ひとりにとっての課題でもあるのである。そしてここで決定的に重要なことは、「クリシュナムルティの教えは、根本的な創造性の原理の上に宇宙を再構築する」ということであるとして、ウッドハウスは次のように述べる。

〈生〉またはリアリティは、〈純粋存在〉と思い込まれるべきではない。それは〈純粋活動〉である。あらゆるものの奥に――顕現の全宇宙の外および彼方まで――われわれは静けさの海ではなく、永遠の運動を思い描かなければならない。そして、その運動は〈創造〉である。〈創造〉は〈生〉であり、在ることは創造することである。創造を取り去れば、生それ自体が存在しなくなる。

結局、われわれが「顕現」と呼んだものはただ活発に創造している〈生〉であって、リアリティの撹乱または限定ではない。それはリアリティの自己表現である。みずからの創造性を解放し、ひいては実現しつつある創造それ自体である。それは、実際に発現すべく自由にされた、創造的に発現しようとする衝動である。ではなぜこの衝動があるのかともしわれわれが問われたら、にわかには答えられない。あえて言えば「創造のための創造」であり、そうとしか言いようがないのだ。この先には最も深い形而上学も貫入できない。なぜなら、それ以上先はないからである。

さて、〈創造としての生〉の公式の意義は、それが本来的に解放させる力を持っているということである――顕現の全宇宙を、これまではその下で苦悶していた重荷からたちどころに解放する力を。それは、形態と物質の世界にリアリティの新鮮な息吹を導き入れ、隅々を吹き抜けさせて、すべての制限を洗い流させる。クリシュナムルティの宇宙では、常に物質度を増すいかに多くの層があろうと、〈絶対者〉はもはやどこか遠くにある抽象物ではない。

クリシュナムルティは、この世界でのわれわれの生をダイナミックな創造的エネルギーの働きの場と見なした。そしてこのエネルギーは人間の中で新たな冒険に乗り出す。するとどうなるのだろう？　ウッドハウスは彼の論考の終わりの方で次のように述べている。

……「創造」は、人間の中での新たな冒険に乗り出す時、より正確には「創造的解釈」と呼びうるものになる。そのような創造は「自然の秩序」を妨害することも、それに追加することもない。それは単に、徹底的に「自然の秩序」を意義で燃え立たせることによって、――すでに潜在的にそこに含まれている価値と意味を創造的にそれに帯びさせることによって、――それを変容させることである。もしわれわれが一人の画家――ある神聖なオートマティズム（無意識的自動作用）により、自分が何をしたかを知ることなくいくつかの傑作を創造し、それから自分自身の仕事の最中に目覚め、徐々にそれらの作品の驚異と美を知覚するようになり、自分自身の天才の奇蹟に気づいて驚喜する――そういう画家を想像することができるなら、〈生〉が人間の中の自意識へと目覚める時にそれに何が起こるかについての感じをつかめるであろう。われわれが単純な顕現の世界として言及してきた、あの個別の完成物あるいは唯一無二性（独自性）から成る宇宙を具体化するという、元々の創造においては、〈生〉は完璧に創造したのだ。なぜなら、〈生〉であるがゆえに、それはそれ以外のやり方では創造できなかったからである。が、芸術的手腕は無意識であった。それは、木が葉を出すように自然で自発的だったのである。したがって、そこには美と完成はあったが、それらは意義を欠いていた。なぜなら、それらを讃《たた》える意識的精神がなかったからである。しかしながら、それらすべての完成物の豊かさの真価を正しく認め、理解することができる知性が出現するやいなや、客体（物）の全宇宙は変貌する。その時には、いわば顕現界は内側から照らされる。あらゆるものは客観的にこれまでどおりだが、しかし同時にあらゆるものはきわめて重大な変化を遂げる。なぜなら、価値と意義が生まれたからだ。その時、〈生〉にとって創造の真の恍惚が始まるのだが、それはみずからを創造的に再発見したことの祝福でもある。

周知のようにクリシュナムルティは終生自然を愛し、日々新たな、新鮮な目で飽くことなくそれを見つめ、描写し続けた。彼はまさに喜々として、徹底的に自然の秩序を価値と意義で燃え立たせ続けたのである。ここでやや蛇足ながら、クリシュナムルティの祖先である古代インド人たちも非常に自然を愛したということを付け加えておきたい。こうした自然を愛する精神がクリシュナムルティの中にも脈々として受け継がれていったと推察されるからである。

「黎明は来た。ほの白く輝く黎明は、目眩き犢牛《こうぎゅう》に乗って来た。暗黒はその蹄に追ひ散らされた。不滅にしかも不断の姉妹黎明と共に夜は歩めども、黎明の光は夜を打消す。力強き若者を導く光よ。そは吾等に戸口を開いたのだ」。ヴェーダの詩人は晴れやかな喜悦に胸を踊らせて讃へている。自然と共に生きている原始人に取って、光は誠に類ひなく妙へなる喜びであらう。光明の讃嘆は、近代文明人の全く知らぬ、原始人の驚喜である。ヴェーダの詩人はかく光明を讃へ、また星の燦く天界の神ヴァルナを讃へ、明星を讃へ、風を詠ひ、自然の凡ゆる存在を喜び、恐れ、親しんでいる。ヴェーダの讃歌［で讃えられているの］は、他の多くの遊牧の民の讃歌に見られるような不確実な宇宙神である。そしてそれは宗教的讃歌の多くに見られるやうな、無味な儀禮的文學ではなかった。ヴェーダの詩人はホーマーに劣らぬ情熱詩人である。そこに描かれる自然と儀禮は、彼等の親愛な自然へ対する歓喜であり驚異である。心から呼びかけた自然への人間の声である。

……

佛教々典を讀む者は、到る所に於いて森林の生活を見出すであろう。凡ゆる印度文化が森林から生れたといふ事は、佛教も亦そこに育まれたと云ふ事を強くうなづかせる。そして佛教本生説話に至っては、全くの森林文學である。そこに展げられる物語は、森林の人間の生活であると同時に、そこに住む動物の生活の繪巻物でもある。人は動物を深く愛す。動物を愛し、而してそれの住家である森林を愛す。動物と植物は、人間と同じく生活し、同じく相愛し、相親しむ。誠に美しい生活であった。後代に至って佛教哲理の発展と共に、萬物悉く救済されるといふ思想を生じ、草木國土悉皆成佛の教理を発生した所以は、既に遠く印度文化の発生の根源と共に生じていたのであった。

一人の阿羅漢があった。或る日彼は修行の合ひ間に、疲れた體を木陰の静かな草原に憩っていた。幾ときか平和な時が流れて、夕暮れが間近く迫ってきた。やがて冷い夕闇の風に目醒めた彼が、静かに身を起こさうとした時に、柔かく彼の身を抑へるものがあった。草原に生えていた蔓草はなよやかなその腕を、阿羅漢の四肢に巻き付けていた。彼はその若草をじっと見つめていたが、やがて眼を閉じて動かなくなった。そして永く彼はそこに身を横たへていた。（文中の［　］は訳者による）

——『印度美術の主調と表現』（岡本貫瑩著、畝傍書房、一九四三年）より

クリシュナムルティは一九二六年にエルダー城の付近の松林の中でキャンプ講話を行なっているが、その時の模様をルティエンスは次のように記している。「キャンプの中央には荒削りの丸太で出来た円形劇場があり、天気が良い時はそこで集会が開かれ、そして毎晩、日が暮れるとキャンプファイアが焚かれた。彼はよくキャンプファイアのためにインド服に着替え、そして火の神アグニへの賛歌を詠唱しながら、高さ十五フィートの丸太のピラミッドに点火した。やがて火がめらめらと燃え上がると、彼は話し始めるのだった。」［一〇四―一〇五頁］。この詠唱はサンスクリット語で唱えられたのであろうが、前述のウッドハウスの論考で明らかにされた自然との関わりにおける人間の

役割と重ね合わせると、この詠唱にはきわめて深い意味が込められていたように感じられる。

ここで補足的に述べておきたいのは、クリシュナムルティがきわめて「美」を重視していたということである。例えば、一九二九年の教団の解散から四ヵ月後にベナレスで行なわれた講話の冒頭で次のように述べている［美について触れているのは最後の二節であるが、教団から解放された直後の溌剌とした雰囲気が伝わってくるので、冒頭の全文を紹介しておく］。

友よ。キャンプという考えの意義はもっぱら、キャンパーが戸外で生活し、自由を楽しみ、毎日を真の休日にすることにあるのです。キャンパーは、雑事に煩わされずに自分の精神と心を真剣に集中させせられるように、日常生活の重荷から自由になるべきです。もし料理をしなければならなければ、休日にはならないでしょう。大事なことがらに自分の気持ちを集中させられないでしょう。私にとって、このキャンプはカルチャーセンターです。もしあなた方が私の話をきちんと聞けば、ここを去った後、自分の行動、気品、習慣をまわりの人々に伝え、それによって彼らに人生への正しい見方を養わせることができるでしょう。

これから夕方に［キャンプファイヤーを囲んで］語られる私のトーク中に、私が言うことからよりはむしろ、単なる言葉を超えたところにある意味から、あなた方のためになるものをつかんでいただきたい。自分が感じていることを言葉で言い表わすことは、たとえ人が言葉の使い方においていかに偉大なアーティストであろうと、非常に困難であり、そして私はそのようなアーティストではありません。私は雄弁な演説者、あるいは偉大な講演者であろうとは思いません。そうではなく、私はあなた方の各々に、完全だと私が見出したもの、私に悟りを与えたもの、私を到達させ、その達成したものを永続的かつ永久的に防御する力を与えてくれたもの、それらを伝えたいのです。

自分が理解したいと思っているものを明晰に理解し、明晰に知覚するためには、あなた方を自力で自分の目標へと至るよう導いてくれ、あなた方の真のガイド、支配者そして友となってくれる、ものごとをはっきり見る、あの内なる目を開かなければなりません。そのためには、いくつかのことが必要です。まず、日中、余暇《レジャー》を持たなければなりません。「余暇」によって私は、熟考するゆとり、自分が過去に身につけてきたものを脇に片づけ、それによって、自分の人生で絶対必要なものを見極める機会のことを意味しています。あなた方は、独居の感覚を発達させる時間を持つようになるでしょう。ほとんどの人は単独でいることを恐れています。あなた方が熟考することができるようになり、独居の感覚を感じることができるようになる時、それはあなた方に、多数に取り囲まれている時よりずっと大きな力を与えることでしょう。

あなた方がここにおられるのは、どこに自分が行こうとしているのか、また、あなた方を完成という目標、万人のための目標、すなわち真理へと導くであろうあの道をどのようにしてたどったらいいかを、自力で見出すためです。見出すためには、絶えずおしゃべりしたり、常に集会に出たり、常に人々によって制限されたりしていてはだめです。余暇を持つこと、沈黙と独居の時間を持つことが必要なのです。

もしあなた方が自分自身の人生を見つめてみれば、そこにはなんの秩序もないこと、思考と感情が実生活と無関係であること、思考が切り離され、いわば別の部屋の中にあるということがわかるでしょう。このキャンプ生活の役目はあなた方の精神に十分な理解を与え、それによってあなた方が自分の思考を行動に表わすことができるようにすることです。例えば、知的理論としての親切への信念を取り上げてみましょう。あなた方は全員、自分の子供を親切に扱うべきだ、妻に親切にすべきだ、等々と考えておられる。が、大部分の場合、それは知的世界に留まっています。あなた方は偉大な哲学、偉大な観念を持ち、過去に大教師を持ってきましたが、しかしそれら（彼ら）はすべて単なる伝統になり、彼らの教えや哲学は本の中にはありますが、あなた方の人生の中にはないのです。

もしあなた方がこのキャンプを実りあるものにしなければ、それはあなた方自身が悪いのです。あなた方は大金を費やし、多大の犠牲を払ってここに参集されました——が、多分、ブルガリアからオーメン（オランダ）のキャンプまで、六週間かけて徒歩でやって来た私の友人の一人ほどではないでしょう。あなた方は大きな犠牲を払いましたが、もしあなた方の精神から、心と精神をなだめすかし、殺してしまうあの「満足」を一掃しなければ、あなた方はけっしてみずからの完成、個人としての独自性を成就することはできないでしょう。あなた方は全員、一定のことを信じておられる。何かに献身しておられる。が、他の多くの人々もまたそのような信念を持ち、何かに献身しています。どんな点であなた方の献身と理解は異なるのですか？　どのようにあなた方の献身と理解を日常生活の中で表わすのですか？　通過していく船に警告するために灯台が暗い海岸で目立っているように、どのようにしてあなた方は目立つようにするのですか？　どのようにしてあなた方は人々全般を助けるのですか？　結局、それが人生で重要な唯一のことなのです。自分自身の称号でも、身につけるバッジでも、自分が属しているカーストでもなく。重要なことは、どのようにしてあなた方が助けるかです。そしてあなた方は、真理をはっきり知覚した時、真にみずからの目標を確立した時にのみ、本当に助けることができるのです。

このキャンプでの私の夕方のトーク中に、私は、あなた方自身のものであるあの願望をあなた方の前にはっきりと示し、それをあなた方が見、それについてあなた方自身が熟考できるようにしてみたいと思います。そこで私は再び、このキャンプは休日ではありますが、それは真の意味のそれ――日常生活の重荷から、家庭の煩わしさからのそれ――であって、私たちにゆるみを引き起こすべきではないということを指摘しておきたいと思います。「ゆるみ」によって私が意味しているのは、だらしない（たるんだ）態度（振舞い）のことです。なぜなら私は、態度は――もしそれが適切に日常生活で表わされる時は――正しい生き方になると確信しているからです。態度によって私が意味していることの詳細には、ここでは立ち入りません。あなた方は、どなたも、私が意味していることをよくご存じでしょう。どのように坐るか、どのように歩くか、どのように衣服を着るか、どのように精神を清めるか、どのように心を気高くするか――これらのすべてが態度の範囲内に入るのです。で、いったんあなた方が最高の意味での態度を理解すれば、あなた方は正しい生き方を理解したのです。そして理解とは、その正しい生き方をあなた方自身の心にしっかり根づかせることなのです。

最後に、目に見える美への愛が、私たちが完成に至るのを助けるということを、私は指摘しておきたいと思います。それは、あなた方が美しいものに囲まれていなければならないということを意味しています。美は、私たちがこれらのキャンプで培い、世界中に広めていこうとしている、最も大事なものの一つです。

私たちは、来年、二つのキャンプ集会を――一つは北で、一つは南で――開催する予定です。すでにマダナパール［訳注：クリシュナムルティの生誕地。マドラスとバンガロールの間にある、小さな丘の町］に十分な広さの土地を購入してあり、さらにこの付近に十分な土地を借りようと考えています。私たちはこれらのキャンプ場に目に見える美を与え、あなた方が美をありのままに見つめ、どこに行っても美に接することができるようにし、それによってあなた方に〔美を愛好する〕美しい性質を培ってもらいたいのです。あなた方は、美の真価を正しく認めることができる時にのみ、美への愛を発達させることができます。かくして私たちは、美しいものを美しいものとして認めるためには、自分の内部に偉大さを持たなければならないという、永遠の法則に立ち戻るのです。〔全文をホームページの新刊案内に「参考資料2」として添えておいたので、興味ある方は参照願いたい〕。

晩年のクリシュナムルティと多くの議論をし〔二九九頁参照〕、またインドにおける聖人の遺体の伝統的取り扱い方についてクリシュナムルティから尋ねられた〔三四二頁参照〕仏教徒のジャガンナース・ウパディヤーヤ〔『未来はここにある *The Future Is Now*』（邦訳なし）に三回にわたるクリシュナムルティとの討論が収録されている〕は、一九八〇年に行なわれた討論中で次のように喝破している。「私たちはクリシュナムルティの弁証法を理解しなければなりませんが、しかしクリシュナジの核心は美であり、〈存在〉の全き氾濫です。」

次に紹介するのはクリシュナムルティの初恋の人、ヘレン・ノース〔四九―五〇頁参照〕である。彼女は一九二一年当時のクリシュナムルティのことをどう思っていたのだろう？　また、その後彼女はどうなったのだろう？　アメリカ財団の理事の一人、イーブリン・ブロー女史が一九九五年にクリシュナムルティの生誕百年を記念して出版した『クリシュナムルティ生誕百年を記念して』（邦訳なし。その一部は『クリシュナムルティの世界』で紹介した）には、ブローによるインタビュー〔仮に一九九五年に行なわれたとすると、ヘレン（一九〇四―一九九五）が九十一歳の時のもの〕が収録されている。それによると、クリシュナムルティと彼女との最初の出会いは次のようなものであった。

一九二一年、十七歳の時にヘレンは母と共にオランダのオーメンに行き、母はそこで著名な神智学徒ワディア氏の講座を受講した。一方クリシュナは、彼に領地［約五千百エーカー。一エーカーは約二平方キロメートルなので、約一万二百平方キロメートル。東京都の面積が約二千百平方キロメートルなので、その約五倍］を寄進したいと考えていたヴァン・パラント男爵に招かれて、単身でオーメンにやって来た［ニティヤも招かれていたが、具合が悪かったので同行しなかった］。滞在中に男爵は彼を車に乗せ、付近を案内した。その時たまたま彼は、ヘレンがスエーデン人の少女と競走していたのを見かけた。ヘレンによれば、彼女がアメリカを代表し、スエーデン人の少女がスエーデンを代表して行なったという、たわいもない駆けっこであった。その時男爵と共にクリシュナムルティが近づいてきて話しかけたので、ヘレンは彼にサインを求めた。そこで興味を持った男爵が彼女たちを彼の城に来るように招待し、ヘレンだけが応じて出かけ、クリシュナムルティと夕食を共にした。そして当時他には若者はおらず、女性もヘレンしかいなかったので、クリシュナムルティは彼女に関心を持ったようである。

クリシュナムルティの第一印象について、彼女は次のように述べている。二十六歳当時の彼には、後の彼のまわりに漂うようになった雰囲気はなかった。彼女は彼についての評判とか風聞など何も知らず、彼自身もそういったものをさして信頼してはいないようだった。彼には気取ったところがなく、単独でやって来た。出迎えたパラント男爵はごく飾り気のない人で、さっぱりとした仕方でクリシュナムルティを遇した。彼はとてもハンサムで、ヘレンが今まで会ったどの若者とも違っていた。滞在した一週間中、彼はもっぱら彼女と森の中を散歩したり、サイクリングしたり、男爵の車でドライブしたりした。そして五日ほど経ち、湿地のヒースの中を二人で散歩している時に、彼は愛を告白した。彼はひどく内気で、顔をハンカチでおおっていた。ヒースの上に坐っている時、彼は彼女を、彼がとても愛していた弟、「アンマ」と呼んで敬愛していたベサント夫人、およびエミリー夫人という、当時の彼の最高の友人仲間に加えた。

ヘレンへの最初の手紙の中で、「私がびっくりするほど内気だということをどうか忘れないでください。」と言い、さらに「私がどんな思いでいるか、貴女にはおわかりにならないでしょう。」と言い添えた。彼女は彼からの一連の手紙を保管しておいた。なぜならそれらはとても純粋で、気高く、美しく、また雄弁なので、彼の歴史の一部になっていると感じたからである。

クリシュナムルティは結婚について何らかの見解を表明したのだろうか？　二人が結婚に思い及んだことはけっしてないとヘレンは答えた。二人が親密だった間に抱擁したりキスをしたりした記憶はまったくなかった。が、そんなことはけっしてしてはいけないと思ったわけでもなかった。「それは別の惹かれ合い、一種の魂と魂の出会いだったのです。十七歳の未熟なアメリカ娘ではありましたが、そのことははっきり感じ取っていました。」二人の友情あるいは関係は肉体的な面を欠いていたが、しかしそれは深くて温かく、熱情的でさえあった。それは彼の大いなる愛の流露であり、彼はしきりに彼女と一緒にいたがった。

彼は当時彼女に自分の仕事について話したが、まだそれをする準備ができておらず、いずれしなければならない仕事のことでひどく消沈することがあると彼女に書き送っていた。彼は周囲から過度の期待をかけられていたのである。

インタビューはさらに、ヘレンがクリシュナムルティに乞われて立ち会った一九二三年の一ヵ月ほどにわたる〈プロセス〉や、神智学協会および星の教団からの離反や、二人の別れの経緯へと移っていくが、ここでは省略し、最後に初期のクリシュナムルティの教えについてのヘレンの感想を記しておきたい。

私が知る限りでは、彼は「現在に生きよ」と教えていたように思います。私はそのすべてを吸収し、それを今日まで続いた私自身の哲学へと構築し直したのです。私は彼が言ったり書いたりしたことのどれをもけっして否認しませんでした。私はそれを私自身の中に取り込み、私自身の生き方と哲学を作り上げ、それは生涯続いたのです。それを捨て去ったりはけっしてしませんでした。

ヘレンはその後神智学協会を去り、スコット・ニアリング〔一八八三―一九八三〕という二十一歳年上の人物と結婚した。そして二人は一九三二年にヴァーモントに住み、そこの古い農場で自給自足的なシンプル・ライフを始めた。それから一九五二年に、ボストンの北方にあるメインに移り、「フォレスト・ファーム（森の農場）」を作り、そこを終《つい》の住処とした。一九五四年に二人は、『グッド・ライフを生きる――乱れた世界の中でいかにしてシンプルに、正気に生きたらいいのか』という本を出し、戦争、飢餓、貧困の実態について論じ、ヘレンと共に行なった十九年間にわたる「土地に帰れ実験」の成果を述べ、また「ホームステディング」（荒廃した農場や建物を入手して修理補修し、定住すること）を提唱した。スコットは筋金入りの反戦平和思想・活動家で、第一次大戦中にはその無政府主義的言動のゆえに単科大学の教授職を失った。彼は、労働のかたわら、低所得、世界平和、フェミニズム、環境問題などについて多くの小冊子を作成して自費で配布し、一九七二年には『急進論者の形成』という政治的自伝を出版した。

彼はまた米国政府への辛辣な批判でも知られていた。一九四五年八月六日、当時の大統領トルーマンが広島への最初の原爆投下を命じた時、ニアリングは大統領に激しい非難の手紙を送り、「あなたの政府はもはや私のものではありません」と述べた。そして一九六〇年代半ば、ベトナム戦争がたけなわで、大規模な「土地に帰れ」運動が米国内で繰り広げられていた頃、ニアリングの仕事や考え方への関心が再燃し、何百人もの反戦支持者たちがニアリングの家に詰めかけ、彼の助言を仰ごうとした。

元々菜食主義者だったニアリングは、百歳の誕生日を迎える一ヵ月ほど前から果実や野菜のジュースだけで生きるようになり、十日ほど前からは水だけを飲むようにし、百歳の誕生日から十八日後に死んだ。彼は次のような言葉を残している。「戦争とは、ある集団がその意志を武装した暴力によって他の集団に押しつけることである。」「戦争は人間たちを建設と改善の仕事から引きずり出して、彼らをまとめて破壊者と殺人者の部類へと押し込める。」「どこにいようとあなたにできる最善を尽し、他の人に親切にしなさい。」

ヘレンはこのニアリングに勝るとも劣らないほど肉体労働に従事し、かえで糖蜜《メープル・シロップ》「ある種のカエデの樹液を煮詰めて作る」の生産に従事し、コンクリートと石造の家の建築を手伝い、空いている時間には幅広く読書し、古今の賢人たちの知恵に学んだ。そして彼女には、ニアリングとの数冊の共著に加え、『グッド・ライフのためのシンプル・フード』（一九八〇年）、死後に出版された『グッド・ライフのガイド指針』（一九九七年）、『グッド・ライフのための知恵の言葉』（一九九九年）の他、クリシュナムルティの思い出を綴った一章を含んだ『グッド・ライフの愛好とそれからの引退』（一九九二年）など数冊の単著がある。彼女は、ニアリングとの出会いを通じて、クリシュナムルティがしばしば口にしていた「シンプル・ライフ」をまさに地で行っていたと言えるのではないだろうか。

次は一気に一九七〇年代に移り、サンディエゴ州立大学の宗教教育教授、アラン・アンダーソン博士を紹介しておく。博士は一九七四年、クリシュナムルティと様々なテーマ——知識と人間の変容、新しい生き方、宗教、権威、教育、瞑想と聖なる精神、等々——に関する十八回連続の対話を行なった〔二四八頁参照〕。それらの内容をまとめて単行本にしたものの邦訳が、一九九二年に『生の全変容』（春秋社）として刊行されている。この連続対話から二十年後に、アンダーソン博士は対話を行なった当時の回想録を書いた。以下はその一部である。

> 対話が始まるやいなや、私は彼の注意の性質に感心させられた。それにはあらかじめ仕組まれたようないかなる意図も、意志の努力もなく、子供の単純率直さと戦士の敏捷さとが実に精妙に融合しているかのようであった。「聞くことと見ること」と題されたわれわれの対話の一つの中で、クリシュナムルティは「聞くというのは、いかなるものも干渉させずに見ることと同じことです」という注目すべき発言をした。この寸言は私に、あのソクラテスの主張——彼の内部には常に、何をすべきではないかを彼に告げるダイモンがおり、そしてこの聖なる声は絶えず彼に付き添っていたという——を知った時の感激を新たにさせた。私はこの聖なる声の源泉を「根源的直観」と命名したらどうかと考えた。ただしこの直観によって私は、ユングの言う心《プシケ》の四つの機能の一つである、主に洞察《インサイト》に関わる機能を意味しているのではない。それどころか、根源的直観はいかなる中身も持たず、単に警告の役を果たすだけである。それは人格および精神の閾下《いきか》に横たわっている。それは元型《アーキタイプ》によって勝手

に用いられることも、意志と感情の勧告に従うこともない。もし、場違いにも意志や感情が根源的直観に関われれば、何をすべきではないかをわれわれに告げる声としてのこの根源的直観は鈍らされ、場合によってはまったく聞こえなくなる。野生動物たち——とりわけ、彼らの棲息領域に対するわれわれ人間の残虐行為をかわしてなんとか存続し続けているそれら——は、それ「その声」を純粋に受け取っているのではないだろうか。多分それは、ヒンドゥー教徒が〈アートマン〉と呼び、仏教徒が〈真如〉と呼び、キリスト教徒が〈聖霊〉と呼んでいるものと同類である。

思うに、この源泉「からの声」は、真摯な自己探究者が、目標志向的で直線的な、計算的思考の自然な役割と、瞑想的に生きられる生、自己充足的な在り方、理由なしに生きられる生とを混同しないようにさせ続けるのではないだろうか。目標に至ることに熱心な計算的思考は、必然的に時間に縛られている。何人かは、クリシュナムルティがこの種の思考をけなしていると誤解してきた。これは彼らをして技術に不信の目を向け、それを拒絶させさえしてきた。これは誤解である。クリシュナムルティが痛罵しているのは技術、知識、思考ではなく、それらの誤用である。

計算的および瞑想的思考に反対するのは、両者の互恵的な働きをまだ看破していない思考だけである。純粋な注意の行為は、いかなる実際的企てによっても損なわれない。それどころか、根源的直観に通じる瞑想的態度なしには、いかなる種類の実践も病的固着や異常な観念へと行き着きかねない。想像は、創造性へのそのすべての本質的奉仕にもかかわらず、あまりにも容易に混沌たる感情の突飛な行動に寄与する。

計算的思考と瞑想的思考の健全な関係は、反対物の一致ではなく、両者の協力である。この関係においては、思考と実存は互恵的であり、人がなぜと問わずに生きている間に、世の中での仕事はきちんとこなされていく。老子とクリシュナムルティは、老子の次の寸言において一致しているように思われる。「道は常に為す無くして、而も為さざるは無し（道《タオ》はつねに何事もしない。だが、それによってなされないことはない）。」（文中傍点、訳者）

（『クリシュナムルティ生誕百年を記念して』より）

次はフリードリッヒ・グローエを紹介しておきたい。彼は、一九八〇年代、晩年のクリシュナムルティが最も大事にしていた願い——人々がもっぱら彼の教えを学ぶという目的のために行くことができる、学校からは完全に独立した成人用のセンターをブロックウッドに建てるという——を彼が遂げることを可能にした人物である。彼はスイス在住のドイツ人で、浴室と台所の蛇口の製造で国際的に知られていた家業から四年前に引退していた〔三〇四—三〇五頁〕。前出の『クリシュナムルティ生誕百年を記念して』の中で、彼は次のように述べている。

私が初めてクリシュナムルティの本『答えられない質問 *The Impossible Question*』（邦訳『英知の探求』たま出版）を読んだのは一九八〇年のことでした。……彼はそれまで私が学び、経験してきたことと正反対のことを言っているように思われました。彼は、私が以前漠然と感じていたことを、簡潔明瞭な言語で、圧倒的な迫力で言い表わしているように思われました。

私は一九八一年に、クリシュナムルティがスイスのザーネンで毎年連続講話を行なっていることを知りましたが、彼の本を読んで学ぶことで満足していましたので、それらに出向く気はありませんでした。事実私は、それまで私を魅了していた哲学、心理学、文学、芸術等々への関心をなくしたのです。なぜなら、私は突然こう感じたからです。「このとおりだ！」他の人々の本が不必要になってしまったのです。

この当時は私にとって大きな変動期でした。何よりも、私は実業生活から引退しようとしていたのです。以前は、私には本質的な問いに直面するための十分な時間がありませんでしたが、しかし今やたちまちKが死と愛、快楽と苦痛、自由、願望・欲望と恐怖といった中心的事柄に関心を持つことがいかに重要かを私に明らかにしたのです。教えを探究すればするほど、それだけそれらは魅惑的になっていきました。

私は一九八三年に初めてザーネンでの講話に出席しました。……彼に傾聴することは圧倒的でした。彼はとてつもなく多くのエネルギーを放ったので、彼の前にじっとして坐っていられないほどでした。彼は明瞭簡潔に、わずかなジェスチャーを交えながら、なんら大げさな言葉遣いもなしに語りました。彼に傾聴している間、私は飲食のことを忘れ、熱さにも気づかないほどでした。

彼と私との個人的な接触は急速に進展しました。個人的な出会いがあまりにも大きなインパクトを与えたので、私は、彼の死の直前の一九八五年十二月から翌年一月にかけてのマドラスでの最後の講話まで、ブロックウッド、インド、ワシントンでのすべての講話に出席しました。

これは集中的な旅行を必要としたので、一年の半分以上私はスイスを留守にしました。私の家族および友人たちとの接触はかなり減りました。これらは外面的変化でした。

本質的に私の人生は変わり始めていました。クリシュナムルティとの交流を深めるための機が熟していたのです。かかりきりの実業生活から私はすでに退いていました。私は登山に熱中していたのですが、一人の親友と山岳ガイドが登山事故で死んで以来、登山行きはかなり減りました。長い間にわたる絵画収集熱もすでに冷め始めていました。Kがジュネーブ湖畔の私の家を訪れた時、中に踏み込んだ途端に、彼はあっと驚きの声をあげて一瞬両目を覆いました。彼は、すべての絵画がかもし出す力強い雰囲気に圧倒されたようでした。これが最後のステップとなりました。私はまた肉食をすでにやめつつあったのですが、しかしここでも、他の多くの分野においてと同様、Kは「私の中で」すでに進展していた動きを加速化させたのです。ある会合中に彼が「私たちは死んだ動物の肉を食べています」と言った時、私には何かが絶対的に明らかになり、そして私はきっぱりと肉食をやめました。が、彼が講話の一つの中で行なったうちで、私が憶えている多分最も衝撃的な言明は、「愛はいかなる原因も持っていません」というものでした。これらの言葉は私には啓示のようなものでした。

彼に随行している時のもう一つの素晴らしい面は、自然の美への私の知覚がより強烈になったということです。何度か私は彼のお決まりの午後の散歩に付いて行ったことがあります。普通、何人かの親友がそのような散歩の際に彼に同行するのですが、こうした外出中彼はごくわずかした話さないのが常でした。彼は自然物と熱烈な関係を持っていました。樹木の根は音を出しているのだが、われわれにはもはやそれが聞こえないのだと彼は主張しました。かつて、ブロックウッドのオーク・グローブの奥の牧草地を横切っていた時、私は五本まとまって生えている高い松の木の間を通り抜けようとしました。彼は私の腕をつかまえて、言いました。「彼らのまわりに近づいてはだめです！　彼らの邪魔をしないように気をつけなければならないのです。」

インドで起こったある出来事も、彼が自然物との間で持っていたこの親密な関係を示しています。ラジガートには数本のマンゴーの大樹があったのですが、なかなか果実を生じませんでした。それゆえ、それらを切り倒す計画が立てられたのです。Kは、目を輝かせて、いかにしてある日彼がそれらの木の間を歩いて、彼らに「よくお聞きなさい。もし君たちが実を結ばなければ、君たちは切り倒されてしまうのですよ」と言ったか、語って聞かせました。それらの木は翌年果実を生じたのです。

クリシュナムルティは私のことを彼の弟、「守護天使」と呼びました。一九八四年に「グスタードのすぐ上手にある」シェーンリードで彼は私を抱きしめて、私に彼と一緒に暮らしたらどうかと示唆しました。私はそれがどういう意味か知っていました。彼はすでに何人かの人に、彼が彼らと一緒に仕事ができるように、すぐそばで暮らすよう求めていました。そうすれば彼らは変わるだろうと言っていたのです。が、私はこの全面的変化の覚悟はできていませんでした。あらゆるものを手放すことなど、想像できなかったのです。では、十年後の今、その覚悟ができているでしょうか？　私にはわかりません。

彼の人生の最後にKは、誰も彼が何を言わんとしていたのか理解できなかったと言いました。彼がよく言っていたジョークの一つ、「誰もが死ななければなりません——多分、私自身も。」になぞらえるなら、こう言いうるでしょう。「誰も彼を理解しませんでした——多分、私自身も。」

クリシュナムルティの主にインドでの足跡を詳しくたどった長大な伝記『クリシュナムルティ伝』（ププル・ジャヤカール著。邦訳なし）の冒頭には、次のようなウパニシャッドの言葉が掲げられている。

目覚めよ、起きよ。偉大な師にまみえたからには、学びにいそしめ。
道は険しく、行路の難所は剃刀の鋭き刃のように渡りがたい。
——カタ・ウパニシャッド

実に多くの人が、前出のグローエのように、クリシュナムルティの講話を聞き、彼と個人的会見をし、あるいは彼の本を読むことによって学んできた。本書『クリシュナムルティの生と死』も『クリシュナムルティ生誕百年を記念して』もそのことを十二分に示している。本書の結論部分（第23章）でルティエンスは次のように言っている。「多くの人は、クリシュナムルティの謎を解こうとするいかなる企ても単に時間の無駄であるだけでなく、まったく取るに足りないと感じるであろう。重要なのは教えであって、人物ではないと。」これには一理がある。そこで最後に、独自の立場に立ってクリシュナムルティの教えに学び、その成果を数冊の本として発表したインド人哲学者、A・D・ドペシュワルカール教授の言葉を紹介しておきたい。同教授は、このあとがきの冒頭に紹介したウッドハウスの教え子で、長じて西洋哲学を学んだが、その後クリシュナムルティがインド独立後インドに戻った時に彼に出会い、彼が主宰していた小グループでの学習・討論会に足繁く通い、彼の教えの中に現代人が最も必要としているものがあるのを発見した。

教えは教師よりも偉大であるが、教師が彼の教えと同じくらい偉大だと考えている人は多い。クリシュナムルティを個人的に、長期間にわたり知ってきた人々は、彼の教えを通して素晴らしい人格が開花するのを目の当たりにしている。彼の人生についての本をお読みになれば、彼がしたことおよびしないでおいたことから貴重な教訓を得られるであろう。

彼の人生の早い段階で、クリシュナムルティはある深い、変容を促す体験を経たが、それは強制的に彼を駆り立てていた個人的関心から彼を解放し、海図にない海への発見の旅、真実との新たな出会いへの旅、あらゆる固定した取り組み方と態度からの自由への旅へと乗り出させた。この解放をもたらす体験は、しかしながら、幸運なものではなかった。その前には痛ましい疑念と困難な探求の過酷な時期があった。真理を見出すために、彼は真理を他のいかなるものよりも上に掲げなければならなかったのだ。

クリシュナムルティが、彼の言葉に傾聴すべく心がけるあらゆる人と共にすることを望んでいるのは、この解放をもたらす体験である。彼は、言葉では体験を他の人に伝えることはできないということを明らかにしてはいるが。それはわれわれ各々の中に新たに生まれなければならないのである。彼にできることはただ、彼の聴衆がそのような体験に立ちはだかっている障害物を発見し、吟味検証し、かくしてまさにそれらの原因と結果に気づくことによって彼らがそれらを取り除くのを助けることだけである。以前のいかなる準備も、例外的な才能も不必要である。誰であれ心から関心のある人は、現在の自分および自分が知っていることから始めることができるのである。

クリシュナムルティは、明らかに、一般に是認された意味での哲学者ではない。彼は考案するのではなく、発見する。彼は推論するのではなく、ただ［事実を］述べる。彼はいかなる理論も提出せず、いかなる方式も築き上げない。彼の説明の仕方は普通のそれとは異なる。というのは、彼は説得したり、主張したりせず、もっぱら探究し、議論を深めていくからである。彼の説き方はソクラテス的に思われるが、実はそうではない。なぜなら、ソクラテスが彼の生徒たちを明確な結論へと導いたのに対して、クリシュナムルティは彼の聴衆を「発見の旅」、探究の冒険へと連れ出し、しかもその結果は彼自身にもあらかじめ知られてはいないのである。なぜなら、……真実は知識の中に納められないからである。それは予測できず、常に新たに発見されなければならないのだ。

彼は自分の主題に大いなる単純さでもって取り組む。彼はナショナリズム、嫉妬または孤独のような何らかの特定の心理的問題を取り上げる――彼はどんな主題が選ばれたかには無関心らしく思われ、非常にしばしば選択を聴衆に一任する――が、それを議論した後、最後にあるポイントに至っても、彼はそれを形式的に述べることを拒む。なぜなら、それは結論ではなく、体験だからである。聴衆は彼の取り組み方の率直さ、彼らの精神《マインド》の隠れた働きを明るみに出す彼のやり方の明晰さ、および扱われている主題に不意に加えられる付随的説明に感銘を受ける。が、聴衆が彼の教えを公式化し、それを自分の精神にしっかり銘記すべく試みると、彼らはそれが形式の枠内に収められないことを見出す。形式的思考に慣れている彼らは、青写真なしの状態で途方に暮れ、さらなる啓発を求めて再びやって来るのだが、今度は以前の主題がすっかり放棄され、別の新しい話題が取り上げられて新たに議論され、以前の結論には何の言及もされぬままに終わることを見出すだけである。

この、絶えざる刷新を遂げつつなされる探究は非常にクリシュナムルティに特徴的である。真の芸術家のように、彼はすでに彫刻された大理石に彫刻すること、絵の上に絵を描くこと、既存の音符の間に彼の曲を書き込むことを拒む。毎回彼は新たに出発するのである。真理を求めて彼は、いかなる先例も――彼自身の発見のそれをも――受け入れることなく、真実《リアリティ》という未踏の岩に切り込んでいく。彼は誰の先例にもならわない。彼自身のそれにも。奔放果断に、彼は自分が言い、書いてきたすべてを捨て去り、新たに探究し始める。絶えざる刷新、過去に対する絶えざる死以外には、彼の教え方にはなんら永続的なものはない。読者は、もし最初から方法や教義を求めなければ首尾よくいくであろう。なぜなら、クリシュナムルティは提供すべきいかなる方法も教義も持ち合わせていないからである。彼はただ、人が自分自身、それゆえ真実を自分で発見することの前に立ちはだかっている障害物を取り除くのを助けるだけである。

■著者——メアリー・ルティエンス(Mary Lutyens)

1908年英国に生まれる。3歳の時に母親のエミリー夫人に連れられてクリシュナムルティに出会い、以来1986年の彼の死まで親交を重ねる。1999年没。3冊のクリシュナムルティ伝、*KRISHNAMURTI: The Years of Awakening*(『目覚めの時代』)、*The Years of Fulfilment*(『実践の時代』)、*The Open Door*(『開いた扉』)の他、以下のものを含む著作がある。*Effie in Venice, Millais and the Ruskins, The Lyttons in India, Edwin Lutyens: by his daughter, To Be Young: An Autobiography*

■訳者——大野純一(おおの・じゅんいち)

1944年、東京浅草生まれ。一橋大学経済学部卒。翻訳家。主な訳書に、クリシュナムルティ『生と覚醒のコメンタリー・1〜4』『英知の教育』『未来の生』『生の全変容』『瞑想と自然』『自由とは何か』、ケン・ウィルバー『万物の歴史』(以上、春秋社)、『クリシュナムルティの瞑想録』『生の全体性』『楽園の蛇』(平河出版社)、『気づきの探究』『クリシュナムルティ・懐疑の炎』(めるくまーる社) 他。

■ クリシュナムルティの生と死

Krishnamurti: His Life and Death

2007年11月17日　初版発行

発行所　㈲コスモス・ライブラリー
発行者　大野　純一
〒113-0033 東京都文京区本郷3-23-5 ハイシティ本郷204
Tel. 03-3813-8726　Fax. 03-5684-8705
E-mail: kosmos-aeon@tcn-catv.ne.jp
http://www.kosmos-lby.com
郵便振替: 00110-1-112214
装幀　瀬川　潔
発売所　㈱星雲社
〒112-0012 東京都文京区大塚3-21-10
Tel. 03-3947-1021　Fax. 03-3947-1617
印刷／製本　モリモト印刷㈱
ISBN978-4-434-11359-8 C0011
定価はカバー等に表示してあります。

「コスモス・ライブラリー」のめざすもの

古代ギリシャのピュタゴラス学派にとって〈コスモス Kosmos〉とは、現代人が思い浮かべるようなたんなる物理的宇宙（cosmos）ではなく、物質から心および神にまで至る存在の全領域が豊かに織り込まれた〈全体〉を意味していた。が、物質還元主義の科学とそれが生み出した技術と対応した産業主義の急速な発達とともに、もっぱら五官に隷属するものだけが重視され、人間のかけがえのない一半を形づくる精神界は悲惨なまでに忘却されようとしている。しかし、自然の無限の浄化力と無尽蔵の資源という、ありえない仮定の上に営まれてきた産業主義は、いま社会主義経済も自由主義経済もともに、当然ながら深刻な環境破壊と精神・心の荒廃というつけを負わされ、それを克服する本当の意味で「持続可能な」社会のビジョンを提示できぬまま、立ちすくんでいるかに見える。

環境問題だけをとっても、真の解決には、科学技術的な取組みだけではなく、それを内面から支える新たな環境倫理の確立が急務であり、それには、環境・自然と人間との深い一体感、環境を破壊することは自分自身を破壊することにほかならないことを、観念ではなく実感として把握しうる精神性、真の宗教性、さらに言えば〈霊性〉が不可欠である。が、そうした深い内面的変容は、これまでごく限られた宗教者、覚者、賢者たちにおいて実現されるにとどまり、また文化や宗教の枠に阻まれて、人類全体の進路を決める大きな潮流をなすには至っていない。

「コスモス・ライブラリー」の創設には、東西・新旧の知恵の書の紹介を通じて、失われた〈コスモス〉の自覚を回復したい、様々な英知の合流した大きな潮流の形成に寄与したいという切実な願いがこめられている。そのような思いの実現は、いうまでもなく心ある読者の幅広い支援なしにはありえない。来るべき世紀に向け、破壊と暗黒ではなく、英知と洞察と深い慈愛に満ちた世界が実現されることを願って、「コスモス・ライブラリー」は読者と共に歩み続けたい。